SOBRE OS LIMITES OBJETIVOS DA APELAÇÃO CIVIL

ANDERSON CORTEZ MENDES
Juiz de Direito do Tribunal de Justiça do Estado de São Paulo.
Graduado, mestre e doutorando pela Faculdade de Direito da Universidade de São Paulo. Professor Assistente do Curso de Especialização em Direito Processual Civil da Escola Paulista da Magistratura.

SOBRE OS LIMITES OBJETIVOS DA APELAÇÃO CIVIL

GZ EDITORA

Rio de Janeiro
2021

1ª edição – 2021

Presidente do Conselho Editorial
Nelson Nery Costa

Diagramação
Olga Martins

CIP – Brasil. Catalogação-na-fonte.
Sindicato Nacional dos Editores de Livros, RJ.

M49s

Mendes, Anderson Cortez
Sobre os limites objetivos da apelação civil / Anderson Cortez Mendes. - 1. ed. - Rio de Janeiro: GZ, 2021.
266 p.; 24 cm.

Inclui bibliografia e índice
ISBN 978-65-5813-022-2

1. Direito civil - Brasil. 2. Processo civil - Brasil. 3. Apelação (Processo civil) - Brasil. I. Título.

21-70407
CDU: 347.956(81)

contato@editoragz.com.br
www.editoragz.com.br
Av. Erasmo Braga, 299 – sala 202 – 2º andar – Castelo – RJ
CEP: 20020-000 – Rio de Janeiro – RJ
Tels.: (0XX21) 2240-1406 / 2240-1416 – Fax: (0XX21) 2240-1511

Impresso no Brasil
Printed in Brazil

A Gabriele, não só por cuidar tão bem das nossas filhas, mas por debater e revisar todo o trabalho que ora se apresenta. Obrigado por participar de cada passo da minha caminhada nessa fascinante jornada que é o viver.

A Júlia e Lívia, luzes que me iluminam nas etapas mais íngremes e sinuosas. Um simples sorriso torna tudo plano e retilíneo.

A Gilberto Antonio Capiotto, que se graduou tardiamente e chegou ao fim do seu trajeto sem realizar o sonho de continuar seus estudos. A Daniel Young Chi, que partiu para colorir outras trilhas com sua arte.

Agradeço ao Professor Doutor José Carlos Baptista Puoli que, mesmo sem conhecer então seu autor, acreditou no seu projeto. Auxiliou-o a lhe dar substância. Podou seus excessos quando foi necessário. Se dessa dissertação colherem-se frutos, vieram também por suas mãos.

PREFÁCIO

O estudo do processo civil tem, já há tempos, procurado fazer com que a análise da técnica e das garantias processuais seja uma aliada na busca pela realização da tutela jurisdicional em tempo razoável. O estudo do princípio do duplo grau de jurisdição e dos recursos em espécie se insere nesse esforço. Anderson Cortez Mendes escolheu também participar dessa empreitada, e desde que iniciou o mestrado em Processo Civil, na Faculdade de Direito da Universidade de São Paulo, elegeu como objeto de pesquisa os limites objetivos da apelação. Trata-se de tema que, a despeito de ser clássico, se mostra rico para o estudioso que, como Anderson, tenha condição de aliar efetiva dedicação à pesquisa teórica à aguçada sensibilidade na eleição de problemas práticos que a atualidade apresenta. Para bem desempenhar essa tarefa foi importantíssima a experiência que Anderson acumulou como magistrado que, em seu dia-a-dia no Tribunal de Justiça do Estado de São Paulo, tem a missão de prestar a tutela jurisdicional, buscando modos de resolver eficazmente as demandas ajuizadas. De meu lado, tive a honra de, como orientador, auxiliar a pesquisa que Anderson se propôs a realizar e que, com brilho, resultou na dissertação de mestrado que foi defendida de forma exitosa perante a Banca Examinadora formada pelos Professores Heitor Vitor Mendonça Sica, Milton Paulo de Carvalho Filho e Swarai Cervone de Oliveira, e por mim presidida. Relembro os intensos e instigantes debates que tive com Anderson ao longo do desenvolvimento de sua dissertação, e destaco a felicidade na correlação feita entre a estabilização da controvérsia havida no desenvolvimento da relação processual junto à primeira instância e as regras legais que fazem com que, em grau recursal, o apelante faça um recorte destes temas, oferecendo em seu recurso o material a ser analisado pelo Tribunal. E, neste aspecto, Anderson também teve oportunidade de examinar, com maestria, situações em que, mesmo sem haver prévio e efetivo exame de aspectos ou pedidos da causa, terá o Tribunal condição de dar maior proveito ao julgamento do recurso, decidindo desde logo questões de mérito, numa bem-vinda mitigação ao dogma da "supressão de instância". Neste contexto, se insere uma das mais importantes conclusões do trabalho, quando menciona que "despeito de limitada a extensão da devolução, sua profundidade é ampla. Dentro dos capítulos impugnados e dos dependentes, variada gama de pontos, questões e provas é submetida ao conhecimento do órgão recursal".

Mas não fica nisso. Com um estilo elegante e didático de escrita, Anderson nos convida ao estudo de temas relevantíssimos da teoria geral dos recursos, como por exemplo o da vedação à "reformatio in pejus", e/ou o da possibilidade do julgamento ter também de se confrontar com temas supervenientes de fato e/ou de Direito. De outro lado, questões importantíssimas e específicas também são tratadas de forma precisa, tal como ocorre com a análise da sucumbência em grau recursal, e a da possibilidade de aplicação de sanções por mau uso dos recursos. Destaco esses, dentre vários outros tópicos muito bem examinados no livro que agora tenho a honra de apresentar ao público em geral, com o título Sobre os limites objetivos da apelação civil.

Indico a leitura para advogados, promotores de justiça e magistrados que, nesta obra, irão localizar informações valiosas para resolver questões da prática forense, solucionando desafios postos pelo advento do Código de Processo Civil de 2015. Também recomendo a leitura do texto de Anderson Cortez Mendes aos estudantes e pesquisadores do Direito Processual que, por certo, encontrarão nesse importante livro informações necessárias para enriquecer sua formação e/ou sua pesquisa.

São Paulo, outubro de 2020.

José Carlos Baptista Puoli
Professor Doutor de Direito Processual Civil
Faculdade de Direito da Universidade de São Paulo

SUMÁRIO

4
A SUPERVENIÊNCIA NA APELAÇÃO

INTRODUÇÃO

A busca pela efetividade e razoável duração do processo, bem como a necessidade de sistematização das alterações que foram introduzidas ao longo da sua vigência no Código de Processo Civil de 1973, levaram o legislador a optar pela elaboração de um novo diploma processual. Assim, foi instituída a comissão de juristas destinada a elaborar o anteprojeto de novo Código de Processo Civil pelo ato do Presidente do Senado Federal n. 379/09, culminando na sanção pela Presidente da República, em 16 de março de 2015, da Lei n. 13.105. De rigor, pois, ao jurista revisitar os temas clássicos à luz do novel diploma, que entrou em vigor em 18 de março de 2016[1].

Entre a variada gama de modificações consagradas, os limites objetivos da apelação civil sofreram sensíveis alterações. Limites objetivos correspondem à pretensões, pontos, questões e provas que podem ser objeto de cognição pelo órgão recursal por ocasião da interposição do recurso. Logo, pretende-se examinar no presente estudo a extensão e a profundidade da devolução pela apelação do material produzido em primeiro grau, assim como a disciplina da superveniência no segundo grau de jurisdição, sob o prisma do Código de Processo Civil de 2015. Verifica-se a disciplina do tema, sobretudo, nos seus artigos 1.002, 1.013 e 1.014[2]. Entretanto, outros dispositivos do diploma legal têm incidência na regulação da matéria, como os artigos 342, *caput* e inciso I, e 493.

Almeja-se responder às indagações sobre em que medida no recurso de apelação as pretensões deduzidas pelas partes comportam novo julgamento e eventualmente o conhecimento direto pelo órgão *ad quem*, bem como os elementos de cognição produzidos frente ao órgão *a quo* devem ser considerados. De outro lado, suprimido o agravo retido e restringidas as hipóteses de cabimento do agravo de instrumento, investigar a devolução das questões decididas no curso do procedimento em primeiro grau de jurisdição. Por fim, enfrentar a admissão de novas alegações e a produção de novas provas por ocasião do seu julgamento.

Com efeito, a despeito das alterações verificadas na legislação brasileira nas ondas de renovação que acometeram o processo civil, a aplicação dos dispositivos que disciplinam a profundidade e a extensão da devolução no julgamento da apelação, bem como a superveniência perante o órgão recursal, vem ocorrendo de forma aquém dos imperativos de efetividade e razoável duração do processo. Fundadas em dogmas como o da supressão de instância, doutrina e jurisprudência têm se valido de exegese que não galga extrair do recurso toda a aptidão que lhe foi conferida pelo legislador, impondo o retorno do processo ao primeiro grau de jurisdição para novo julgamento, quando o tribunal, incontinenti, deveria dar adequada solução às pretensões exercidas, sem qualquer prejuízo aos direitos e garantias das partes.

Como premissas inerentes ao tratamento dos limites objetivos da apelação, procede-se ao breve estudo do *status* e do conteúdo do duplo grau de jurisdição no ordenamento jurídico pátrio; da demanda, com enfoque nos seus elementos objetivos e na disciplina da sua estabilização; do mérito e do objeto do processo civil; das matérias cognoscíveis de ofício e do princípio dispositivo; dos provimentos jurisdicionais e seus capítulos; da preclusão e da coisa julgada. Analisa-se, outrossim, o conceito, a natureza, as hipóteses de cabimento e os requisitos de admissibilidade de seu conhecimento; a causa de pedir, o pedido, o mérito e o objeto do processo na apelação; a contenção da eficácia da sentença ("efeito suspensivo") e outros de seus "efeitos". Cuida-se, ainda, da assimilação havida entre o agravo de instrumento interposto contra as decisões parciais terminativas e de mérito e a apelação, a fim de se perquirir o alcance daquele pela disciplina dos limites objetivos desta.

Adentrando aos seus limites objetivos, estuda-se a extensão da devolução, com a apreciação da limitação da cognição aos capítulos impugnados; a aplicação da teoria da causa madura e a correção de nulidades em segundo grau de jurisdição. Segue-se com a profundidade da devolução na apelação, com a matéria impugnada, as questões suscitadas e discutidas no processo, os fundamentos do pedido ou da defesa não apreciados em primeiro grau de jurisdição, as matérias cognoscíveis de ofício e as questões anteriores à sentença, decididas ou não. Trata-se da *reformatio in peius,* dos honorários de sucumbência e da aplicação de sanções processuais em grau de recurso. Finaliza-se, então, com o debate acerca da possibilidade de arguição de fato novo, fato superveniente e direito superveniente frente ao órgão recursal.

Para desenvolvimento das questões propostas, além da análise da doutrina nacional e estrangeira, serão colacionadas algumas das soluções dadas pela jurisprudência. Tem-se por objetivo extrair do arcabouço normativo que regra o tema interpretação que dote de maior efetividade a disciplina normativa dos limites objetivos do recurso de apelação, sem a provocação de qualquer prejuízo às partes.

1

PREMISSAS

A fixação do *status* e do conteúdo do duplo grau de jurisdição em dado ordenamento jurídico permite estabelecer a admissão do conhecimento de pontos, questões e provas, assim como o julgamento de pretensões, diretamente pelo órgão recursal. Tomado como princípio ou regra constitucional absoluta, o legislador ordinário ficaria obstado de permitir que a apelação levasse qualquer material de cognição ao tribunal sem que antes fosse objeto de apreciação no grau de jurisdição inferior. Desvestido de absolutez, nada impediria que o recurso trouxesse em seu bojo pontos, questões e provas que passaram ao largo da decisão impugnada. O tema é objeto de debate na doutrina, a tornar imperativo o seu estudo.

Por outro giro, há institutos fundamentais do processo civil cujo adequado transporte ao recurso de apelação pode ter o condão de aclarar o alcance das disposições que o regem. A demanda pode ser alterada em grau recursal? O pedido na petição inicial e o "pedido" na apelação têm idêntica natureza e submetem-se às mesmas regras, em especial acerca de sua interpretação? O mérito do processo é idêntico ao "mérito" da apelação? O objeto do processo comporta alargamento em segundo grau de jurisdição? Admite-se irrestritamente o conhecimento de questões de ofício pelo tribunal? O órgão recursal pode se avançar, por ocasião do julgamento do recurso, sobre capítulos cujo resultado as partes se conformaram? Fixam-se, então, as premissas necessárias para a tentativa de respostas destas dentre tantas outras perguntas que exsurgem do estudo dos limites objetivos da apelação civil.

1.1. Conteúdo e *status* do duplo grau de jurisdição

O exercício do poder jurisdicional efetiva-se por meio do processo[1]. Portanto, o processo consiste no instrumento pelo qual o aparato estatal solve os conflitos de interesses nascidos no substrato social, aplicando as normas insertas na ordem jurídica, com o objetivo de pacificá-lo. A jurisdição, porém, não se limita à solução de conflitos individuais, tampouco exige a oposição de resistência, devendo ser vista sob um prisma

1 Cf. CARNELUTTI, Francesco. *Sistema de direito processual civil*, v. I. Tradução Hiltomar Martins Oliveira. 2. ed. São Paulo: Lemos e Cruz, 2004, p. 97.

de maior amplitude[2]. Para além da solução de litígios, o Estado-juiz diz sobre a validade das normas em si, produto da atividade legislativa do Poder Legislativo e do Poder Executivo em confronto com outras de hierarquia superior, bem como exerce o controle da consecução de políticas públicas e a tutela de direitos transindividuais[3]. A atuação do Poder Judiciário é necessária, ainda, sobre direitos e obrigações cuja regulação não é admitida pela vontade exclusiva das partes, exigindo o legislador sua intervenção para a incidência da norma jurídica, por vislumbrar um interesse geral[4]. Dá-se, assim, na jurisdição voluntária[5].

---

2 Cf. OLIVEIRA, Swarai Cervone de. *Jurisdição voluntária: perspectiva atual à luz da teoria geral e da instrumentalidade do processo civil reflexos sobre o âmbito da aplicação da discricionariedade judicial.* Tese de Doutorado. São Paulo: Faculdade de Direito da Universidade de São Paulo, 2011, p. 73-77.

3 Cf. GRINOVER, Ada Pellegrini. O controle jurisdicional de políticas públicas. *O controle jurisdicional de políticas públicas.* Coordenação GRINOVER, Ada Pellegrini; WATANABE, Kazuo. 2. ed. Rio de Janeiro: Forense, 2013, p. 125-150, *passim*; MARINONI, Luiz Guilherme ARENHART, Sergio Cruz; MITIDIERO, Daniel. *Novo curso de processo civil*, v. I. São Paulo: Revista Tribunais, 2015, p. 158-159; OLIVEIRA, Swarai Cervone de. *Jurisdição voluntária: perspectiva atual à luz da teoria geral e da instrumentalidade do processo civil reflexos sobre o âmbito da aplicação da discricionariedade judicial.* Tese de Doutorado. São Paulo: Faculdade de Direito da Universidade de São Paulo, 2011, p. 84-110; PUOLI, José Carlos Baptista. *Os poderes do juiz e as reformas do processo civil.* São Paulo: Juarez de Oliveira, 2001, p. 129-133.

4 Cf. OLIVEIRA, Swarai Cervone de. *Jurisdição voluntária: perspectiva atual à luz da teoria geral e da instrumentalidade do processo civil reflexos sobre o âmbito da aplicação da discricionariedade judicial.* Tese de Doutorado. São Paulo: Faculdade de Direito da Universidade de São Paulo, 2011, p. 77-84.

5 Cf. BEDAQUE, José Roberto dos Santos. *Poderes instrutórios do juiz.* 4. ed. São Paulo: Revista dos Tribunais, 2009, p. 30; OLIVEIRA, Swarai Cervone de. *Jurisdição voluntária: perspectiva atual à luz da teoria geral e da instrumentalidade do processo civil reflexos sobre o âmbito da aplicação da discricionariedade judicial.* Tese de Doutorado. São Paulo: Faculdade de Direito da Universidade de São Paulo, 2011, p. 42. Há posições no sentido de que, em virtude da ausência de lide, a jurisdição voluntária não seria propriamente jurisdição, mas mera administração pública de interesses privados (cf. CINTRA, Antonio Carlos de Araújo; GRINOVER, Ada Pellegrini; DINAMARCO, Cândido Rangel. *Teoria geral do processo.* 17. ed. São Paulo: Malheiros, 2001, p. 153-155); ou, ainda, uma categoria autônoma, com características tanto de atividade administrativa quanto jurisdicional (cf. FAZZALARI, Elio. *Instituições de direito processual.* Tradução Elaine Nassif. Campinas: Bookseller, 2006, p. 118-119). Contudo, a jurisdição voluntária é exercida pelo Estado como corolário da sua soberania do mesmo modo que a jurisdição contenciosa e visa à atuação da ordem jurídica por meio do processo, inexistindo fundamento à diferenciação da natureza de ambas.

Na tutela individual ou coletiva, no processo subjetivo ou objetivo[6], na jurisdição contenciosa ou voluntária, assume o processo duas missões: afirma o ordenamento jurídico e legitima a atuação do Estado-juiz. Consequentemente, a decisão imposta aos litigantes adota vestes de legitimidade à medida que respeitado o devido processo legal. Há que se entender como compreendido nessa formulação o conjunto de princípios e regras cuja observância é exigida dos órgãos jurisdicionais com vista a permitir a sua escorreita atuação e a assegurar às partes o exercício dos seus poderes, faculdades, deveres e ônus processuais. Assim, a atividade exercida pelo Poder Judiciário há de observar o mecanismo previamente definido pelo legislador constitucional e infraconstitucional para a aplicação do direito ao caso concreto. Definitivamente, por meio da garantia do devido processo legal, "confere-se ao juiz o poder de conduzir os trabalhos", todavia, "segundo regras previamente estabelecidas"[7]. Todavia, não está isento da avaliação da sua adaptação à hipótese *sub judice*[8], segundos os resultados que o legislador, ao prevê-las, buscou alcançar[9]. Com sua consagração, assegura-se o "perfil democrático do processo"[10].

Dentro dos poderes, faculdades, deveres e ônus conferidos aos litigantes pelo legislador encontra-se a possibilidade de revisão, por meio da interposição do recurso previamente estatuído na legislação, das decisões proferidas que venham a lhes prejudicar. Nessa esteira, o direito

6 O processo objetivo consiste naquele no qual o responsável pela sua instauração não atua na defesa de situações subjetivas, porém age, fundamentalmente, com o escopo de garantir a tutela do interesse público (MENDES, Gilmar Ferreira; BRANCO, Paulo Gustavo Gonet. *Curso de direito constitucional*. 7. ed. São Paulo: Saraiva, 2012, p. 1.567). Assim, "não conhece partes", tendo por finalidade "tutelar a ordem jurídica abstratamente considerada" e, assim, comportando instauração "independentemente da demonstração de um interesse jurídico específico" (PIGNATARI, Alessandra Aparecida Calvoso Gomes. *Efeitos processuais da declaração de inconstitucionalidade*. Dissertação de Mestrado. São Paulo: Faculdade de Direito da Universidade de São Paulo, 2009, p. 191).

7 BEDAQUE, José Roberto dos Santos. *Efetividade do processo e técnica processual*. 2. ed. São Paulo: Malheiros, 2007, p. 280.

8 Cf. PUOLI, José Carlos Baptista. *Os poderes do juiz e as reformas do processo civil*. São Paulo: Juarez de Oliveira, 2001, p. 67-68.

9 "Como a forma não constitui valor em si mesma, o formalismo processual deve ser examinado à luz dos objetivos a serem alcançados. Assegurada a participação dos interessados na formação do convencimento do julgador – e, portanto, no resultado do processo – o problema da forma acaba passando para segundo plano". Ou seja, "o que importa é o fim, sendo a forma mero meio para atingi-lo" (BEDAQUE, José Roberto dos Santos. *Efetividade do processo e técnica processual*. 2. ed. São Paulo: Malheiros, 2007, p. 46).

10 Cf. DINAMARCO, Cândido Rangel. *Instituições de direito processual civil*, v. I. 3. ed. São Paulo: Malheiros, 2003, p. 246.

de recorrer é assegurado às partes na medida em que disciplinado pelo ordenamento jurídico. Por outro lado, o órgão responsável pelo julgamento do recurso deve proceder em observância aos seus ditames no seu julgamento.

A formulação do duplo grau de jurisdição surgiu, historicamente, da necessidade de limitação ao manejo de sucessivos recursos pelas partes, permitindo o reexame da causa por, no máximo, dois órgãos jurisdicionais. Visava, pois, a coibir o seu emprego abusivo e não a garantir o direito à interposição do recurso[11].

Nas legislações contemporâneas, na construção dos diversos procedimentos voltados ao exercício do poder jurisdicional, invariavelmente, dá-se abrigo ao duplo grau de jurisdição[12]. O seu conteúdo cuida-se de opção legislativa, variando segundo a diretriz política vigente à época[13]. Assim, a possibilidade de interposição de recurso pelos litigantes a fim de impugnar as decisões que lhe são desfavoráveis é admitida, em diferentes medidas, nas diversas ordens jurídicas[14]. A impugnação da decisão que desfavorece a parte, no entanto, não pode ser prolongada ao infinito, com a consequente eternização do conflito[15]. Busca-se a conciliação entre a célere solução dos litígios, trazendo paz ao substrato social com a formação da coisa julgada material a se espraiar para além do processo, e a necessidade de segurança das decisões proferidas pelo

---

11 APRIGLIANO, Ricardo de Carvalho. *A apelação e seus efeitos*. 2. ed. São Paulo: Atlas, 2007, p. 209.

12 Cf. GUIMARÃES, Luiz Machado. Efeito devolutivo da apelação. *Estudos de direito processual*. Rio de Janeiro: Jurídica e Universitária, 1969, p. 216-226, p. 216; REZENDE FILHO, Gabriel José Rodrigues de. *Curso de direito processual civil*, v. III. 7. ed. São Paulo: Saraiva, 1966, p. 83.

13 Cf. BARBOSA MOREIRA, José Carlos. *Comentários ao Código de Processo Civil*, v. V. 15. ed. Rio de Janeiro: Forense, 2010, p. 229; PONTES DE MIRANDA, Francisco Cavalcanti. *Comentários ao* Código de *Processo Civil*, t. VII. Rio de Janeiro: Forense, 1999, p. 175, nota 213.

14 Em Roma, no direito justinianeu, admitia-se a sucessiva impugnação das sentenças até que Justiniano proibiu nova irresignação após a terceira pronúncia, desde que revestida de validade (cf. ORESTANO, Riccardo. Appello (Diritto Romano). *Enciclopedia del diritto*, v. II. Milano: Giuffrè, 1958, p. 708-717, p. 712).

15 "Razões conhecidas induzem as leis processuais a abrir a porta a reexames. A multiplicação desmedida dos meios tendentes a propiciá-los, entretanto, acarreta o prolongamento indesejável do feito, aumenta-lhe o custo, favorece a chicana e, em muitos casos, gera para os tribunais superiores excessiva carga de trabalho. Convém, pois, envidar esforços para que as partes se dêem por satisfeitas com a sentença e se abstenham de impugná-la" (BARBOSA MOREIRA, José Carlos. Breve notícia sobre a reforma do processo civil alemão. *Temas de direito processual*, 8. série, São Paulo: Saraiva, 2004, p. 199-210, p. 201).

Poder Judiciário, propiciando-se a correção de possíveis erros[16]. Em geral, então, abre-se às partes, ao menos, o questionamento da decisão que julga as pretensões deduzidas, conferindo-se, então, a admissibilidade da discussão dos atos que lhe são antecedentes. Assegura-se a possibilidade de duplicidade de exame, embora incorram em resultados diversos, prevalecendo, neste caso, o último.

Diversos são os fundamentos aludidos pela doutrina a favor e em contrário ao duplo grau de jurisdição. Afirma-se que o legislador tem por objetivo revestir de maior legitimidade a solução imposta pelo aparato estatal ao estatuir a recorribilidade das decisões, porquanto a maior amplitude do debate, em princípio, induziria à conformação das partes com a correção do resultado[17]. Todavia, na realidade, a sucessão de juízos, comumente, não reduz no vencido a sensação de que o Poder Judiciário se equivocou ao julgar o seu caso[18].

Oreste Nestor de Souza Laspro arrola outras vantagens apontadas pela adoção do duplo grau de jurisdição, como o exame mais aprofundado pelo órgão recursal; a maior experiência e instrução dos julgadores; a menor possibilidade de erro; a menor probabilidade de prevaricação; o controle psicológico exercido sobre os juízes de primeiro grau e o atendimento à necessidade de controle da atividade jurisdicional. De outro lado, enumera como as desvantagens que lhe são levantadas o prejuízo ao acesso à justiça, por alongar a duração do processo; o desprestígio ou inutilidade do primeiro grau se, respectivamente, reformada ou mantida a decisão impugnada; a quebra da unidade do poder jurisdicional por demonstrar a divergência; o afastamento da "verdade real" e da oralidade. Conclui que, apartada a tradição e ponderados seus prós e contras, não se identifica critério objetivo ou respaldo científico a atestar que a decisão de segundo grau é melhor do que aquela proferida em primeiro[19].

---

16 Cf. BARBOSA MOREIRA, José Carlos. *Comentários ao Código de Processo Civil*, v. V. 15. ed. Rio de Janeiro: Forense, 2010, p. 229; CARNELUTTI, Francesco. *Como se faz um processo*. Tradução Ricardo Rodrigues Gama. Campinas: Russel, 2009, p. 110; NERY JUNIOR, Nelson. *Princípios fundamentais: teoria geral dos recursos*. 4. ed. São Paulo: Revista dos Tribunais, 1997, p. 168; ROSENBERG, Leo. *Tratado de derecho procesal civil*, t. II. Tradução Angela Romera Vera. Buenos Aires: Ediciones Jurídicas Europa-América, 1955, p. 352-353.

17 Cf. PUOLI, José Carlos Baptista. *Os poderes do juiz e as reformas do processo civil*. São Paulo: Juarez de Oliveira, 2001, p. 194; SANTOS, Moacyr Amaral. *Primeiras linhas de direito processual civil*, v. III. 26. ed. Atualização Maria Beatriz Amaral Santos Köhnen. São Paulo: Saraiva, 2013, p. 106.

18 Cf. CARNELUTTI, Francesco. *Como se faz um processo*. Tradução Ricardo Rodrigues Gama. Campinas: Russel, 2009, p. 111.

19 *Duplo grau de jurisdição no direito processual civil*. São Paulo: Revista dos Tribunais, 1995, p. 98 e 114-117.

Enfim, se o órgão responsável pela apreciação do recurso for mais apto que aquele que prolatou a decisão impugnada, melhor seria que, desde logo, cuidasse do julgamento; se sua qualidade fosse idêntica ou inferior, não haveria motivo para que viesse a intervir, proferindo novo juízo sobre a matéria já decidida[20]. Definitivamente, o julgamento pelo órgão recursal não é necessariamente melhor do que aquele proferido pelo juízo monocrático, mas sim hierarquicamente superior na escala jurisdicional[21]. Já se colhia do texto de Ulpiano, no Digesto 49,1,1,1, que "ninguém desconhece quão frequente e necessário é o uso da apelação, porque certamente corrige a iniqüidade ou a imperícia dos julgadores, embora às vêzes reforme para pior sentenças bem proferidas; pois o julgar por último não é razão para julgar melhor"[22].

Como bem ensina Luiz Machado Guimarães. a justificativa da previsão do duplo grau de jurisdição pelo legislador deve repousar sobre a constatação de que, ao longo do procedimento, as questões objeto de conhecimento para decisão das pretensões vão sendo depuradas, vindo ao tribunal, quando da interposição do recurso, como regra, os pontos que, de fato, restaram controvertidos, de sorte a se ater o seu julgamento a contornos mais restritos[23]. Com efeito, portanto, a recorribilidade das decisões não deve se orientar pela melhor qualidade do julgamento do órgão recursal, mas sim pela menor probabilidade de erro, em virtude da possibilidade de fazer uso dos elementos colhidos e da sua valoração em primeiro grau[24].

---

20 GUIMARÃES. Luiz Machado. Efeito devolutivo da apelação. *Estudos de direito processual*. Rio de Janeiro: Jurídica e Universitária, 1969, p. 216-226, p. 217.

21 Cf. ASSIS, Araken de. *Manual dos recursos*. 6. ed. São Paulo: Revista Tribunais, 2014, p. 84.

22 *Apud* REZENDE FILHO, Gabriel José Rodrigues de. *Curso de direito processual civil*, v. III. 7. ed. São Paulo: Saraiva, 1966, p. 79. Caminham na mesma direção as traduções do *Corpus Iuris Civilis* de Giovanni Vignali, bem como de Bartolomé Rodriguez de Fonseca e José Maria de Ortega (respectivamente, *Corpo del diritto*. Napoli: Achille Morelli, 1859, p. 850; *Cuerpo del derecho civil*. Barcelona: Narciso Ramirez y Compañia, 1874, p. 1.172-1.173).

23 Efeito devolutivo da apelação. *Estudos de direito processual*. Rio de Janeiro: Jurídica e Universitária, 1969, p. 216-226, p. 217.

24 No mesmo sentido, BARBOSA MOREIRA, José Carlos. *Comentários ao Código de Processo Civil*, v. V. 15. ed. Rio de Janeiro: Forense, 2010, p. 237; COMOGLIO, Luigi Paolo; FERRI, Corrado; TARUFFO, Michele. *Lezioni sul processo civile*, v. I. 5. ed. Bolonha: Il Mulino, 2011, p. 665; LIMA, Alcides de Mendonça. *Introdução aos recursos cíveis*. 2. ed. São Paulo: Revista dos Tribunais, 1976, p. 133; PROTO PISANI. Andrea. Appunti sull'appello civile (alla stregua della L. 353/90). *Il Foro Italiano*, Roma: Società Editrice Il Foro Italiano, n. 117, p. 193-209, 1994, p. 193.

Entretanto, medida de rigor ponderar o legislador outros valores na estipulação dos recursos, em especial o tempo de tramitação do processo e a relação do juiz com a produção da prova. Nesse diapasão, a organização do sistema processual com a possibilidade de dois juízos sobre as questões objeto do processo deve ser relegada à opção legislativa, na ausência de elementos que apontem no sentido de que sua adoção é melhor do que aquele fincado em juízo único. Se o recurso traz as questões debatidas com maior clareza ao órgão recursal, o imperativo de razoável duração do processo e o afastamento dos seus integrantes das provas produzidas indicam que o acolhimento irrestrito do duplo grau de jurisdição não é sempre desejável. Quanto maior o grau de oralidade do procedimento e mais presentes os seus corolários de concentração, imediatidade e identidade física, menos o duplo juízo acerca dos fatos é aconselhável, devendo ser relegado às questões jurídicas. De todo modo, a escolha cabe ao legislador.

Ausente, pois, qualquer amarra imposta ao legislador ordinário para estabelecer a disciplina do cabimento dos recursos, podendo, inclusive prever o conhecimento de questões diretamente pelo órgão recursal. Na clássica lição de Mario Vellani, com a apelação se atua o duplo grau de jurisdição, por força do qual cada controvérsia, como um todo, deve poder passar, salvo os casos taxativamente previstos, por duas instâncias de exame de fato e de direito, embora não exija que cada questão seja examinada duas vezes[25]. Já afirmava Giuseppe Chiovenda que a necessidade do duplo grau de jurisdição refere-se às demandas deduzidas e não às simples questões[26]. Entre nós, João Monteiro dizia que "appellação tem por escopo corrigir o erro ou reparar a injustiça da sentença do primeiro grau; mas este erro ou esta injustiça tanto se pode concretisar de modo positivo, isto é, no que ficou explicito no dispositivo do julgado, como de modo negativo, isto é, no que deixou de ser considerado e resolvido no juízo *a quo*". Em consequência, "seria illidir o proprio recurso da appellação si ao appellante se negasse o direito de provocar e obter, do segundo juizo, creado para re-examinar *a causa,* que supprisse as lacunas e omissões do primeiro julgamento"[27].

25 Appello (Diritto Processuale Civile). *Enciclopedia del diritto*, v. II. Milano: Giuffrè, 1958, p. 718-756, p. 719.

26 *Instituições de direito processual civil*. Tradução Paolo Capitanio. 4. ed. Campinas: Bookseller, 2009, p. 1.227; *Idem*. *Principios de derecho procesal civil*, t. II. Tradução José Casáis y Santaló. Madrid: Editorial Reus, 1925, p. 492

27 *Programma do curso de processo civil: ou apontamentos para as lições da 3. cadeira do 4. anno da Faculdade de Direito de S. Paulo*, v. III. São Paulo: Typografhia da Industrial, 1901, p. 193.

Destarte, o duplo grau de jurisdição ostenta, exatamente, o alcance que o legislador lhe confere. Cabe, pois, ao intérprete extrair seu conteúdo da análise de dado ordenamento jurídico, não comportando, *a priori*, sua definição[28].

Quando previsto o cabimento do recurso, os diversos ordenamentos cominam, como regra, o seu julgamento a um órgão colegiado[29]. Fundam-se no ideal tradicionalmente acolhido na doutrina de maior segurança à tutela jurisdicional[30]. Todavia, a colegialidade não se consubstancia em forma inerente às decisões proferidas em segundo grau de jurisdição. Nada impede que a estipulação legal estabeleça a possibilidade de decisão monocrática para julgamento do recurso em determinadas hipóteses com vistas a conferir maior celeridade à prestação jurisdicional. Não haverá violação ao duplo grau de jurisdição, tampouco ao devido processo legal, inexistindo mandamento constitucional que cerceie a atuação do legislador ordinário na estipulação do modo de julgamento dos recursos que tipifica, ressalvada a previsão do artigo 97 da Constituição Federal, que exige voto da maioria absoluta dos membros do tribunal ou dos membros do respectivo órgão especial para a declaração de inconstitucionalidade de lei ou ato normativo do Poder Público[31]. É, aliás, de bom alvitre, diante do volume de recursos julgados pelos tribunais, a restrição da imposição da colegialidade aos casos em que as questões postas ao seu julgamento não estejam pacificadas no seu seio ou dos órgãos jurisdicionais superiores. Do contrário, ver-se-á o acompanhamento pelos demais partícipes da decisão do relator, vez que impossibilitados de se debruçarem sobre a integralidade dos recursos, o que já vem indicando a doutrina[32].

Em verdade, sequer é da essência do duplo grau que o segundo julgamento seja levado a efeito por órgão jurisdicional diferente e superior àquele que proferiu a decisão impugnada[33]. Não obstante, esta opção é

---

28 Cf. ASSIS, Araken de. *Manual dos recursos*. 6. ed. São Paulo: Revista Tribunais, 2014, p. 90; BARBOSA MOREIRA, José Carlos. *Comentários ao Código de Processo Civil*, v. V. 15. ed. Rio de Janeiro: Forense, 2010, p. 239; RASCIO, Nicola. *L´oggetto dell´appello civile*. Napoli: Jovene, 1996, p. 55.

29 Cf. MARINONI, Luiz Guilherme ARENHART, Sergio Cruz; MITIDIERO, Daniel. *Novo curso de processo civil*, v. II. São Paulo: Revista Tribunais, 2015, p. 515.

30 Cf. PUOLI, José Carlos Baptista. *Os poderes do juiz e as reformas do processo civil*. São Paulo: Juarez de Oliveira, 2001, p. 201.

31 Cf. PUOLI, José Carlos Baptista. *Os poderes do juiz e as reformas do processo civil*. São Paulo: Juarez de Oliveira, 2001, p. 201-202.

32 Cf. *Idem*. *Ibidem*, p. 202.

33 Cf. ASSIS, Araken de. *Manual dos recursos*. 6. ed. São Paulo: Revista Tribunais, 2014, p. 90; BONIZZI, Marcelo José Magalhães. *Princípios do processo no novo Código de*

adotada frequentemente, com esteio na pressuposição de que um órgão colegiado, com composição por julgadores mais experientes, tem melhores condições de proceder à revisão do julgado. Assim, na generalidade dos ordenamentos jurídicos, o legislador organiza o Poder Judiciário em diferentes órgãos, com vistas a possibilitar, na presença de expressa disposição legal, a revisão da decisão do órgão inferior pelo superior na hierarquia jurisdicional[34].

A Constituição Federal não estatui o duplo grau de jurisdição, o qual, tampouco, tem previsão em qualquer norma de índole infraconstitucional ou é imperativo de justiça das decisões[35]. Há que ser reconhecida a possibilidade de interposição de recurso pela parte como ínsita ao devido processo legal, a despeito de não se consubstanciar em um desdobramento que lhe é necessário[36]. Portanto, o duplo grau de ju-

Processo Civil. São Paulo: Saraiva, 2016, p. 161-162, nota 217; GUIMARÃES, Luiz Machado. Efeito devolutivo da apelação. *Estudos de direito processual*. Rio de Janeiro: Jurídica e Universitária, 1969, p. 216-226, p. 216. Contra Flávio Cheim Jorge, segundo o qual para a configuração do duplo grau de jurisdição é imprescindível "que a segunda análise seja feita por um órgão de hierarquia superior" (*Teoria geral dos recursos*. 7. ed. São Paulo: Revista dos Tribunais, 2015, p. 262).

34 A regra abraçada na ordem jurídica pátria é objeto de exceções. Nesse passo, as sentenças proferidas em execuções fiscais de valor igual ou inferior a cinquenta Obrigações Reajustáveis do Tesouro Nacional - ORTN só são impugnáveis por embargos infringentes e de declaração (artigo 34, *caput*, da Lei n. 6.830/80). Os embargos infringentes são julgados, porém, pelo órgão jurisdicional de primeiro grau que prolatou a decisão impugnada, tanto quanto os embargos de declaração (artigo 34, §2°, da Lei n. 6.830/80), o que reputou constitucional, em várias oportunidades, o Supremo Tribunal Federal (RE 700452, Relator Ministro Luiz Fux, DJe 03/09/2012; ARE 637975-RG, Relator Ministro Cezar Peluso, DJe 31/08/2011; RE 460.162-AgR, Relator Ministro Março Aurélio, Primeira Turma, DJ 13/03/2009; AI 710.921-AgR, Relator Ministro Eros Grau, Segunda Turma, DJ 27/06/2008; RE 140.301, Octavio Gallotti, Primeira Turma, DJ 28/02/1997). De outro lado, no sistema dos Juizados Especiais, os recursos contra as sentenças são julgados por órgão julgador diverso, porém composto de juízes de primeiro grau (artigo 41, §1º, da Lei n. 9.099/95).

35 Cf. ASSIS, Araken de. *Manual dos recursos*. 6. ed. São Paulo: Revista Tribunais, 2014, p. 431; MARINONI, Luiz Guilherme; ARENHART, Sergio Cruz; MITIDIERO, Daniel. *Novo curso de processo civil*, v. II. São Paulo: Revista Tribunais, 2015, p. 508-509; STF, RHC 79785, Tribunal Pleno, Rel. Min. Sepúlveda Pertence, j. 29/03/2000, DJ 22-11-2002; RE 357311, Primeira Turma, Rel. Min. Moreira Alves, j. 19/11/2002, DJ 21-02-2003. Contra NERY JUNIOR, Nelson. *Princípios fundamentais: teoria geral dos recursos*. 4. ed. São Paulo: Revista dos Tribunais, 1997, p. 37-38.

36 Cf. FELICIANO, Guilherme Guimarães. A função revisora dos tribunais na perspectiva histórica e jusfundamental: o direito de recorrer. Origens e limites externos. *Revista Jurídica LEX*, n. 81, São Paulo: Lex, p. 11-28, maio a junho 2016,

risdição não subsiste, de per si, não se tratando de garantia ou regra de índole constitucional, sequer de princípio expresso ou implícito na Constituição Federal[37]. Se um princípio geral se pode extrair da formulação é a recorribilidade das decisões de primeiro grau[38], o qual sequer assumiria vestes absolutas, comportando exceção[39].

A exigência do duplo grau de jurisdição presente na Constituição de 1824[40] não foi renovada nas Constituições subsequentes, que se limitaram a arrolar as funções revisoras dos tribunais[41]. O arranjo do Poder Judiciário em dois graus de jurisdição e com tribunais de sobreposição com função de garantia da observância da Constituição e da legislação federal não implica que todas as partes tenham a possibilidade de que os processos em que litigam sejam submetidos a julgamento por

p. 18; MALLET, Estêvão. Reforma da sentença terminativa e julgamento imediato do mérito no processo do trabalho. *Revista da Faculdade de Direito*. São Paulo: Universidade de São Paulo, v. 98, p. 245-268, 2003, p. 249.

37 Princípios são normas dotadas de elevado grau de abstração, exigindo sua concretização pelo legislador e pelo juiz. Estruturam o ordenamento jurídico, consubstanciando-se no fundamento de validade das regras. Contrariamente, as regras ostentam abstração reduzida e são suscetíveis de aplicação direta (cf. CANOTILHO, José Joaquim Gomes. *Direito constitucional e teoria da Constituição*. 7. ed. Coimbra: Almedina, 2008, p. 1.160-1.161). Os princípios exigem "que algo seja realizado na maior medida possível dentro das possibilidades jurídicas e fáticas existentes. Nesse sentido, eles não contêm um *mandamento definitivo*, mas apenas *prima facie*". De seu turno, as "regras exigem que seja feito exatamente aquilo que elas ordenam, elas têm uma determinação da extensão de seu conteúdo no âmbito das possibilidades jurídicas e fáticas. Essa determinação pode falhar diante de impossibilidades jurídicas e fáticas; mas, se isso não ocorrer, então, vale definitivamente aquilo que a regra prescreve" (ALEXY, Robert. *Teoria dos direitos fundamentais*. Tradução Virgílio Afonso da Silva. 2. ed. São Paulo, Malheiros: 2012, p. 103-104). Garantias são instrumentos destinados à proteção de direito e que com estes não se confundem, impondo ao aparato estatal a consagração dos meios processuais adequados para a sua tutela (cf. CANOTILHO, José Joaquim Gomes. *Direito constitucional e teoria da Constituição*. 7. ed. Coimbra: Almedina, 2008, p. 888).

38 Cf. PROTO PISANI. Andrea. Appunti sull'appello civile (alla stregua della L. 353/90). *Il Foro Italiano*, Roma: Società Editrice Il Foro Italiano, n. 117, p. 193-209, 1994, p. 202.

39 Cf. ASSIS, Araken de. *Manual dos recursos*. 6. ed. São Paulo: Revista Tribunais, 2014, p. 88-89.

40 Dizia o artigo 158 que "para julgar as Causas em segunda, e ultima instancia haverá nas Provincias do Imperio as Relações, que forem necessarias para commodidade dos Povos".

41 Cf. FELICIANO, Guilherme Guimarães. A função revisora dos tribunais na perspectiva histórica e jusfundamental: o direito de recorrer. Origens e limites externos. *Revista Jurídica LEX*, n. 81, São Paulo: Lex, p. 11-28, maio a junho 2016, p. 19.

todos os órgãos da organização judiciária. Da mera organização da estrutura judiciária com órgãos situados em diferentes graus não decorre, implicitamente, a possibilidade de todas as partes a eles recorrerem para fazer valer suas pretensões. Não se induz, especialmente, que para a legitimação do provimento jurisdicional, em cada relação processual individualmente tomada, todas as questões que lhe são objeto venham a ser, necessariamente, conhecidas por ao menos duas vezes e por dois órgãos jurisdicionais diversos situados em hierarquia diferente na organização judiciária[42].

A obrigatoriedade do duplo grau de jurisdição nos processos de índole civil sequer se extrai da Declaração Universal dos Direitos Humanos ou da Convenção Americana sobre Direitos Humanos. O artigo 8º da primeira assegura o acesso efetivo aos tribunais nacionais competentes a fim de remediar violações a direitos fundamentais que sejam garantidos pela Constituição ou pela lei. O equívoco da interpretação da previsão de guarida do direito universal de recorrer pelo dispositivo deriva da tradução de *recours effectif, effective remedy* por recurso efetivo, ao invés de, corretamente, por remédio efetivo[43]. Por sua vez, o artigo 8, item "2", alínea "h", da segunda, de fato, afirma o direito de recorrer contra as sentenças contra si proferidas, contudo, sua aplicação é restrita ao processo penal[44].

Afastado seu *status* de garantia, regra ou princípio constitucional, o duplo grau de jurisdição não se faz imperativo em favor de todos os litigantes, nos processos de qualquer natureza[45]. De todo modo, embora compreendido como de índole constitucional, o duplo grau de jurisdição não é absoluto, admitindo que o legislador constitucional ou infraconstitucional não imponha sua observância na generalidade dos casos. O manejo do recurso somente quando previsto em lei é um direito subjetivo da parte que se repute prejudicada por uma decisão que conside-

42 Cf. ARAÚJO CINTRA, Antônio Carlos de. *Sobre os limites objetivos da apelação civil.* Tese. São Paulo: [s.n.], 1986, p. 106; LEONEL, Ricardo de Barros. Objeto litigioso do processo e o princípio do duplo grau de jurisdição. *Causa de pedir e pedido no processo civil: questões polêmicas.* Coordenação BEDAQUE, José Roberto dos Santos; CRUZ E TUCCI, José Rogério. São Paulo: Revista Tribunais, 2002, p. 343-410, p. 376.

43 Cf. FELICIANO, Guilherme Guimarães. A função revisora dos tribunais na perspectiva histórica e jusfundamental: o direito de recorrer. Origens e limites externos. *Revista Jurídica LEX*, n. 81, São Paulo: Lex, p. 11-28, maio a junho 2016, p. 22.

44 Cf. *Idem. Ibidem*, p. 24-25.

45 Contra SÁ, Djanira Maria Radamés de. *Duplo grau de jurisdição: conteúdo e alcance constitucional.* São Paulo: Saraiva, 1999, p. 102

re injusta ou ilegítima, provocando seu controle[46]. Logo, a observância do duplo grau de jurisdição será cogente tão-somente quando imposto pelo legislador como etapa de legitimação procedimental do provimento jurisdicional.

Na Espanha, igualmente, não se alcança como imperativo extraído da sua Constituição que o legislador ordinário estabeleça recurso contra todas as decisões judiciais[47]. Afirma-se que o ordenamento espanhol, ao estabelecer dois graus de jurisdição, não atribui aos jurisdicionados nenhum direito, constitucional ou legal, de que seus litígios sejam objeto de duas sentenças de mérito[48]. Na Itália, do mesmo modo, repudia-se o *status* constitucional do duplo grau de jurisdição. Assinala-se que não foi positivado na Constituição Italiana como princípio que impõe a submissão de todas as questões que foram o objeto da decisão em primeiro grau de jurisdição a uma nova cognição, devendo ser realizado nos limites em que admitido na estrutura da apelação[49]. Cuida-se, então, de uma simples diretiva ao legislador ordinário[50].

Os ordenamentos estrangeiros dão guarida a sentenças que não se sujeitam a recurso. Na Alemanha, por exemplo, o recurso de apelação (*Berufung*) é cabível contra sentenças com conteúdo econômico superior a seiscentos euros (§ 511,2,1). Do contrário, o direito de recorrer fica ao crivo do julgador de primeiro grau (§ 511,2,2), que deve declará-lo nas hipóteses em que presente questão de direito com significação fundamental ou se vislumbrar que o julgamento pelo tribunal poderá colaborar com a evolução da interpretação do direito ou com a unificação da jurisprudência (§ 511,4,1 e 2). No silêncio, presume-se que a decisão é irrecorrível[51]. Na Espanha, a apelação (*apelación*) tem por alvo

46 Cf. PROTO PISANI. Andrea. Appunti sull'appello civile (alla stregua della L. 353/90). *Il Foro Italiano*, Roma: Società Editrice Il Foro Italiano, n. 117, p. 193-209, 1994, p. 193-194.

47 Cf. ORMAZÁBAL SÁNCHEZ, Guillermo. *Introducción al derecho procesal*. 6. ed. Madrid: Marcial Pons, 2016, p. 125.

48 Cf. OLIVA SANTOS, Andrés de la. DÍEZ-PICAZO GIMÉNEZ, Ignacio; VEGAS TORRES, Jaime. *Curso de derecho procesal civil*, v. II. 3. ed. Madrid: Universitaria Ramón Areces, 2016, p. 281.

49 Cf. PROTO PISANI. Andrea. Appunti sull'appello civile (alla stregua della L. 353/90). *Il Foro Italiano*, Roma: Società Editrice Il Foro Italiano, n. 117, p. 193-209, 1994, p. 202; *Idem*. *Lezioni di diritto processuale civile*. Atualização Remo Caponi. 6. ed. Napoli: Jovene, 2014, p. 484 e 492.

50 Cf. COMOGLIO, Luigi Paolo; FERRI, Corrado; TARUFFO, Michele. *Lezioni sul processo civile*, v. I. 5. ed. Bolonha: Il Mulino, 2011, p. 665.

51 Cf. PÉREZ RAGONE, Álvaro J.; ORTIZ PRADILLO, Juan Carlos. *Código Procesal Civil alemán (ZPO)*.Tradução com estudo introdutório ao proceso civil alemão contemporâneo Hanns Prütting e Sandra de Falco. Montevidéu: Fundación Konrad-Adenauer, 2006, p. 118.

as sentenças pronunciadas em todos os tipos de procedimentos, as decisões definitivas e aquelas outras que a lei expressamente assinala, com exceção das sentenças prolatadas em juízos orais cujo proveito econômico não ultrapasse três mil euros (artigo 455, 1). Noticia-se que a restrição da apelação deu-se pelo legislador fundada no seu manejo às vezes abusivo, e muitas vezes desnecessário[52]. Interpreta-se, aliás, o artigo 152, 1, da Constituição Espanhola, que trata da organização dos Poderes nas comunidades autônomas, como permissivo de um sistema sem pluralidade de instâncias[53]. Na Itália, são apeláveis as sentenças proferidas em primeiro grau de jurisdição, salvo a exclusão do recurso pela lei ou por acordo das partes na forma do artigo 360, que permite a supressão do cabimento da apelação para que sejam impugnáveis, diretamente, pelo recurso de cassação (artigo 339). Contudo, são, por exemplo, inapeláveis as sentenças que decidem o mérito com base na equidade, em consonância ao artigo 114, que admite seu emprego ante o requerimento conjunto das partes em processos que versem sobre direitos disponíveis (artigo 339); litígios individuais trabalhistas com valor inferior a vinte e cinco euros e oitenta e dois centavos (artigo 440); concurso de credores (artigo 512); matéria de oposição aos atos executivos (artigo 618). As sentenças prolatadas pelos juízes de paz, segundo a equidade como consagra o artigo 113, comportam apelação, exclusivamente, por violação das normas procedimentais, constitucionais ou comunitárias ou, ainda, dos princípios reguladores da matéria (artigo 339). Em Portugal, a possibilidade de apelação, em regra[54], restringe-se às decisões proferidas em processo com valor atribuído à causa superior à alçada do órgão jurisdicional e de que resulte sucumbente a parte ao equivalente à metade do montante (artigo 629)[55]. Aponta-se que "com a regulação da recorribilidade em função do valor ou da sucumbência, o legislador visou compatibilizar o interesse da segurança jurídica potenciado por múltiplos graus de jurisdição, com outros ligados à celeridade processual, à racionalização dos meios

52 Cf. MONTERO AROCA, Juan; GÓMEZ COLOMER, Juan Luis; BARONA VILAR, Silvia; CALDERÓN CUADRADO, Maria Pía. *Derecho jurisdiccional*, v. II. 23. ed. Valência: Tirant lo Blanch, 2015, p. 437.

53 Cf. OLIVA SANTOS, Andrés de la. DÍEZ-PICAZO GIMÉNEZ, Ignacio; VEGAS TORRES, Jaime. *Curso de derecho procesal civil*, v. II. 3. ed. Madrid: Universitaria Ramón Areces, 2016, p. 282.

54 Para exame circunstanciado das exceções, ABRANTES GERALDES, António Santos. *Recursos no novo Código de Processo Civil*. 3. ed. Coimbra: Almedina, 2016, p. 42.

55 Em primeiro grau, a alçada atinge, atualmente, cinco mil euros, segundo a Lei n. 61/13.

humanos e materiais ou à dignificação e valorização dos Tribunais Superiores"[56].

Conclui-se, pois, que tão-somente caso imposto pelo legislador constitucional ou infraconstitucional que determinada pretensão ou questão seja submetida a dois órgãos jurisdicionais diversos, o duplo grau de jurisdição é indispensável em respeito ao devido processo legal. A possibilidade de interposição de recurso pela parte contra a decisão que lhe desfavorece existe nos exatos moldes em que prevista no ordenamento jurídico. Mesmo quem o reputa como regra ou princípio constitucional, admite que o duplo grau de jurisdição comporta exceção pelo legislador ordinário[57]. Conseguintemente, o duplo grau de jurisdição pode ser restringido e até excepcionalmente suprimido pelo legislador infraconstitucional. Bastaria para sua preservação a mera previsão de recorribilidade[58].

Na mesma linha, anota José Carlos Barbosa Moreira que o duplo grau de jurisdição "não está definido em texto algum, nem tem significação universal definida *a priori*: seu alcance será aquele que resulta do *ius positum*, e portanto discutir se o infringe ou não a disposição legal como a que ora se comenta é inverter os termos da questão"[59]. Nelson Nery Junior defende que o legislador infraconstitucional pode restringir

56 ABRANTES GERALDES, António Santos. *Recursos no novo Código de Processo Civil*. 3. ed. Coimbra: Almedina, 2016, p. 39.

57 Cf. APRIGLIANO, Ricardo de Carvalho. *A apelação e seus efeitos*. 2. ed. São Paulo: Atlas, 2007, p. 208; BERMUDES, Sérgio. Considerações sobre a apelação no sistema recursal do Código de Processo Civil. *Revista da Escola da Magistratura do Estado do Rio de Janeiro*. Rio de Janeiro: Escola da Magistratura do Estado do Rio de Janeiro, v. 2, n. 6, p. 117-125, 1999, p. 119; BONIZZI, Marcelo José Magalhães. *Princípios do processo no novo Código de Processo Civil*. São Paulo: Saraiva, 2016, p. 162-163; FREDERICO MARQUES, José. *Manual de direito processual civil*, v. I. São Paulo: Saraiva, 1974, p. 75-76; JORGE, Flávio Cheim. *Teoria geral dos recursos*. 7. ed. São Paulo: Revista dos Tribunais, 2015, p. 262-263; LEONEL, Ricardo de Barros. Cognição judicial em grau de apelação, à luz das reformas do CPC. *Justitia*. São Paulo: Ministério Público do Estado de São Paulo, v. 64, n. 197, p. 199-210, julho a dezembro de 2007, p. 203; MARCATO, Ana Cândida Menezes. *O princípio do duplo grau de jurisdição e a reforma do Código de Processo Civil*. São Paulo: Atlas, 2006, p. 32; SIQUEIRA, Thiago Ferreira. Duplo grau de jurisdição e "teoria da causa madura" no Novo Código de Processo Civil. *Processos nos tribunais e meios de impugnação às decisões judiciais*. Organização MACÊDO, Lucas Buril; PEIXOTO, Ravi; FREIRE, Alexandre. Salvador: JusPodivm, 2015, p. 583-610, p. 591.

58 Cf. MALLET, Estêvão. Reforma da sentença terminativa e julgamento imediato do mérito no processo do trabalho. *Revista da Faculdade de Direito*. São Paulo: Universidade de São Paulo, v. 98, p. 245-268, 2003, p. 248.

59 *Comentários ao Código de Processo Civil*, v. V. 15. ed. Rio de Janeiro: Forense, 2010, p. 431.

o direito de recorrer, inclusive no que toca à apelação[60]; entretanto, com hipóteses de cabimento previstas na Constituição Federal, "não poderá haver limitação ao cabimento do recurso especial ou extraordinário"[61]. Cândido Rangel Dinamarco, a despeito de considerar o duplo grau de jurisdição princípio integrante da tutela constitucional do processo, admite que "este não é imposto pela Constituição com a exigência de ser inelutavelmente observado pela lei"[62]. Ricardo de Barros Leonel afirma que o princípio do duplo grau de jurisdição "não foi adotado expressamente pelo nosso texto constitucional (...); nada impede que seja até mesmo reduzido o seu âmbito de incidência e de atuação pelo próprio legislador infraconstitucional, embora não possa ser absolutamente extirpado do ordenamento, sob pena de violação do direito de ampla defesa e ainda ao devido processo legal"[63]. Guilherme Guimarães Feliciano diz que "é cediço que o sistema processual constitucionalmente delimitado admite a existência de sentenças de única instância"[64]. Oreste Nestor de Souza Laspro assinala que "o duplo grau de jurisdição não é um direito constitucional e que sua simples supressão não levaria ao afastamento das garantias fundamentais das partes, em especial ao que se refere ao devido processo legal"[65].

A interpretação do conteúdo e da hierarquia do duplo grau de jurisdição nos moldes expostos vem ao encontro da razoável duração do processo, agora insculpida no artigo 5º, inciso LXXVIII, da Constituição Federal[66], que não se trata de mera garantia individual da parte, mas obrigação imposta ao Estado, nas suas esferas executiva, legislativa e judiciária[67]. Com

---

60 *Princípios fundamentais: teoria geral dos recursos.* 4. ed. São Paulo: Revista dos Tribunais, 1997, p. 39-41.

61 *Princípios do processo na Constituição Federal.* 10. ed. São Paulo: Revista Tribunais, 2010, p. 285.

62 *Instituições de direito processual civil*, v. I. 3. ed. São Paulo: Malheiros, 2003, p. 240.

63 Objeto litigioso do processo e o princípio do duplo grau de jurisdição. *Causa de pedir e pedido no processo civil: questões polêmicas.* Coordenação BEDAQUE, José Roberto dos Santos; CRUZ E TUCCI, José Rogério. São Paulo: Revista Tribunais, 2002, p. 343-410, p. 376.

64 A função revisora dos tribunais na perspectiva histórica e jusfundamental: o direito de recorrer. origens e limites externos. *Revista Jurídica LEX*, n. 81, São Paulo: Lex, p. 11-28, maio a junho 2016, p. 21.

65 *Duplo grau de jurisdição no direito processual civil.* São Paulo: Revista dos Tribunais, 1995, p. 172.

66 A razoável duração do processo já encontrava acolhida no artigo 8.1 da Convenção Americana dos Direito Humanos (Pacto de San José da Costa Rica).

67 Cf. GAJARDONI, Fernando da Fonseca. O princípio constitucional da tutela jurisdicional sem dilações indevidas e o julgamento *antecipadíssimo* da lide. *Revista da Escola Paulista da Magistratura.* São Paulo: Escola Paulista da Magistratura, n. 2, p. 103-136, julho a dezembro de 2006, p. 112.

sua consagração no plano constitucional, "a regra da economia processual, de natureza precipuamente técnica, transformou-se em postulado político"[68]. O conceito de duração razoável tem por conteúdo um processo sem dilações indevidas, tomando em conta a complexidade da causa, o comportamento das partes e a sua condução pelo juiz[69]. Como já anotava Antônio Carlos de Araújo Cintra no passado, "apesar da imprecisão do princípio do duplo grau da jurisdição, a influência deste tem levado a uma orientação que acentuou, no Direito brasileiro, a distinção entre a função rescindente e a função substitutiva da apelação, com um caráter marcadamente mecânico, em detrimento de uma orientação mais sensível às exigências da celeridade e da economia processual"[70], o que, a toda evidência, não se pode maisadmitir.

O conteúdo do duplo grau de jurisdição, por conseguinte, é aquele que o legislador lhe confere, segundo sua escolha política. Cuida-se de mero corolário do devido processo legal, não se assumindo *status* de garantia, regra ou princípio constitucional. Assim sendo, o direito de revisão das decisões proferidas em seu desfavor assiste às partes em processo judicial nas hipóteses e na estrita medida em que consagrada sua previsão no ordenamento jurídico.

1.2. Demanda

A demanda tem caráter processual, trazendo em seu bojo a pretensão da parte à obtenção de determinado bem ou de uma nova situação jurídica[71]. É decorrência do acesso à justiça, que assegura o direito ao justo processo, segundo as garantias mínimas estabelecidas na Constituição[72].

---

68 CRUZ E TUCCI, José Rogério. *A* causa petendi *no processo civil*. 3. ed. São Paulo: Revista Tribunais, 2009, p. 188.

69 Cf., nesse sentido, os julgados do Tribunal Europeu de Direitos Humanos, especialmente o caso König *versus* Alemanha, datado de 28 de junho de 1978. Na mesma linha, CRUZ E TUCCI, José Rogério. Garantia do processo sem dilações indevidas: responsabilidade do Estado pela intempestividade da prestação jurisdicional. *Revista da Faculdade de Direito*. São Paulo: Universidade de São Paulo, v. 97, p. 323-345, 2002, p. 327; LEONEL, Ricardo de Barros. Revisitando a teoria geral dos recursos: o efeito suspensivo. *Aspectos polêmicos e atuais dos recursos cíveis e assuntos afins*, v. IX. Organização NERY JUNIOR, Nelson; WAMBIER, Teresa Arruda Alvim. São Paulo: Revista dos Tribunais, 2006, p. 466-526, p. 520.

70 *Sobre os limites objetivos da apelação civil*. Tese. São Paulo: [s.n.], 1986, p. 106-107.

71 Cf. DINAMARCO, Cândido Rangel. O conceito de mérito em processo civil. *Fundamentos do processo civil moderno*, t. I. 6. ed. São Paulo: Malheiros, 2010, p. 299-348, p. 315.

72 Cf. COMOGLIO, Luigi Paolo; FERRI, Corrado; TARUFFO, Michele. *Lezioni sul processo civile*, v. I. 5. ed. Bolonha: Il Mulino, 2011, p. 263.

A propositura da demanda dá ensejo à intervenção do Poder Judiciário na regulação de direitos e obrigações das partes, por meio do processo e com a afirmação do ordenamento jurídico. Todas as pretensões exercidas em juízo têm por substrato o direito constitucional de ação e são veiculadas por intermédio de uma demanda.

A demanda limita-se a colocar as pretensões das partes frente ao aparato jurisdicional. Não desencadeia, porém, o direito à obtenção do bem da vida ou da nova situação jurídica almejada. Deduzida a demanda, em que pese aspirar uma decisão de mérito que venha a julgar as pretensões formuladas, surge à parte meramente o direito de ter proferida uma sentença, conquanto terminativa[73]. Por conseguinte, sequer induz a prolação de uma sentença que extingua o processo, com resolução de mérito.

Inerte a jurisdição e, assim, vedada sua atuação de ofício, a propositura da demanda é pressuposto indispensável à instauração do processo[74]. Os processos de natureza jurisdicional são dependentes da iniciativa da parte. Afirma-se, então, que "onde não houver autor não há juiz"[75]. As exceções à inércia do exercício da jurisdição não prescindem de previsão legal[76]. A demanda é o ato de iniciativa da parte por força da qual a jurisdição é colocada em movimento, constituindo-se, pois, como o ato formal de instauração da relação processual quando levada a efeito perante um órgão detentor do poder jurisdicional. Tampouco quando cuide de direitos indisponíveis o provimento jurisdicional pode se dis-

73 Cf. CONSOLO, Claudio. Domanda giudiziale. *Digesto delle discipline privatistiche – sezione civile*, v. VII. Torino: UTET, 1998, p. 52.

74 Cf. DINAMARCO, Cândido Rangel. O conceito de mérito em processo civil. *Fundamentos do processo civil moderno*, t. I. 6. ed. São Paulo: Malheiros, 2010, p. 299-348, p. 302.

75 Cf. JAUERNIG, Othmar. *Direito processual civil*. 25. ed., totalmente refundida, da obra criada por Friedrich Lent. Tradução F. Silveira Ramos. Coimbra: Almedina, 2002, p. 219.

76 O artigo 989 do Código de Processo Civil de 1973 admitia a abertura do inventário dos bens de pessoa falecida, de ofício, pelo juiz. A disposição, no entanto, foi extirpada do Código de Processo Civil de 2015. Subsistem em nosso sistema processual a execução de ofício das contribuições sociais que decorram da prolação de sentenças e da homologação de acordos na Justiça do Trabalho (artigo 114, inciso VIII, combinado com o artigo 195, incisos I, alínea "a", e II, da Constituição Federal e artigo 876, parágrafo único, da Consolidação das Leis do Trabalho); a execução de ofício das sentenças proferidas e dos acordos entabulados na Justiça do Trabalho, se a parte não estiver representada por advogado (artigo 878 da Consolidação das Leis do Trabalho, com a redação que lhe foi dada pela Lei n. 13.467/17)); e a condenação ao pagamento de alimentos, quando do reconhecimento da paternidade, em caso de necessidade do filho (artigo 7 da Lei n. 8.560/92).

tanciar da demanda da parte. Logo, em ação de alimentos fundada na filiação ajuizada por incapaz, não pode o juiz condenar o réu ao pagamento de pensão maior do que aquela requerida[77].

O processo existe sem a presença do réu, formando-se com a propositura da demanda pelo autor perante o órgão investido de jurisdição. Quando o réu é integrado à relação processual após sua citação, é possível que se mantenha inerte ou, ao se manifestar, não se oponha à demanda. Em regra, porém, resiste ao acolhimento da pretensão contra si exercida[78]. Ou seja, na sua resposta à demanda, o réu pretende que o autor não obtenha a tutela jurisdicional que pediu. Pode, no entanto, também o réu formular uma pretensão contra o autor[79] ou contra um terceiro[80].

Destarte, a demanda é deduzida, a princípio, pelo autor. Contudo, no curso da mesma relação processual, pode ocorrer a veiculação de demanda pelo réu, por meio de reconvenção (artigo 343), pedido contraposto (artigo 556 e artigo 31, *caput*, da Lei n. 9.099/95), denunciação da lide (artigos 125 a 129) e chamamento ao processo (artigos 130 a 132)[81]. Terceiros, igualmente, podem deduzir demandas, quando, ad-

---

77 Contra BARIONI, Rodrigo. *Efeito devolutivo da apelação civil*. São Paulo: Revista dos Tribunais, 2008, p. 135.

78 Para Andrés de la Oliva Santos, há, aqui, a formulação de uma contrapretensão (*Objeto del proceso y cosa juzgada en el proceso civil*. Madrid: Civitas, 2005, p. 33).

79 Cf. FREDERICO MARQUES, José. *Manual de direito processual civil*, v. II. São Paulo: Saraiva, 1974, p. 91; MANDRIOLI, Crisanto. CARRATA, Antonio. *Diritto processuale civile*, v. I, 25. ed. Torino: G. Giappichelli, 2016, p. 160-161; SANTOS, Moacyr Amaral. *Primeiras linhas de direito processual civil*, v. II. 22. ed. Atualização Aricê Moacyr Amaral Santos. São Paulo: Saraiva, 2002, p. 225.

80 Cf. MANDRIOLI, Crisanto. CARRATA, Antonio. *Diritto processuale civile*, v. I, 25. ed. Torino: G. Giappichelli, 2016, p. 165.

81 Na vigência do Código de Processo Civil de 1973, a ação declaratória incidental e o incidente de falsidade traziam demandas formuladas tanto pelo autor como pelo réu. A ação declaratória incidental não veio prevista expressamente no Código de Processo Civil de 2015, uma vez que a questão prejudicial reveste-se da autoridade da coisa julgada material, embora julgada incidentalmente no processo. Agora, o ajuizamento de ação declaratória incidentalmente ao processo já pendente entre as partes deve-se restringir às hipóteses não englobadas pelo artigo 503 (cf. CABRAL, Antonio do Passo. *Breves comentários ao novo Código de Processo Civil*. Coordenação WAMBIER, Teresa Celina de Arruda Alvim; DIDIER JUNIOR, Fredie; TALAMINI, Eduardo; DANTAS, Bruno. São Paulo: Revista dos Tribunais, 2015, p. 1294). O incidente de falsidade, agora, é mera arguição de falsidade, com regramento nos artigos 430 a 433, a ser veiculada na contestação, réplica ou quinze dias após a juntada do documento. A requerimento da parte, a decisão sobre a questão pode vir a ser julgada como questão principal e assumir a autoridade da coisa julgada material.

mitida a intervenção litisconsorcial voluntária[82], postulam contra o réu, tornando-se partes[83]. Consequentemente, não só na petição inicial, mas também em outras peças processuais, inclusive na própria contestação, pode-se verificar a propositura da demanda e, no curso da marcha processual, as partes e terceiros podem aditar suas demandas, na forma admitida pela lei (artigo 329). Logo, a demanda não é ato exclusivo do autor, tampouco se liga, necessariamente, à instauração do processo, a despeito de depender a formação da relação processual da sua dedução.

Em consequência, pode ser definida a demanda como o ato de concretização do direito de ação por meio do qual a parte vem perante o Estado-juiz deduzir sua pretensão de obtenção de um bem jurídico ou de uma nova situação jurídica. É integrada pelas partes, causa de pedir e pedido[84]. As partes consistem no seu elemento subjetivo; ao passo que a causa de pedir e o pedido, nos seus elementos objetivos[85].

Os elementos da demanda consubstanciam-se no esquema mínimo a ser trazido na peça de postulação inicial para o exercício de uma pretensão[86].

---

82 A possibilidade da intervenção litisconsorcial voluntária na generalidade dos procedimentos é tormentosa na doutrina (Cf. COELHO, Gláucia Mara. *Sistematização da assistência litisconsorcial no processo civil brasileiro: conceituação e qualificação jurídica*. Tese de Doutorado. São Paulo: Faculdade de Direito da Universidade de São Paulo, 2013, p. 88-92), admitindo-na a Lei de Mandado de Segurança até o "despacho da petição inicial" (artigo 10, 2º) (cf. BUENO, Cassio Scarpinella. *A nova lei do mandado de segurança*. 2. ed. São Paulo: Saraiva, 2010, p. 97).

83 Cf. BUENO, Cassio Scarpinella. *A nova lei do mandado de segurança*. 2. ed. São Paulo: Saraiva, 2010, p. 97; COELHO, Gláucia Mara. *Sistematização da assistência litisconsorcial no processo civil brasileiro: conceituação e qualificação jurídica*. Tese de Doutorado. São Paulo: Faculdade de Direito da Universidade de São Paulo, 2013, p. 93; DINAMARCO, Cândido Rangel. *Instituições de direito processual civil*, v. II. 2. ed. São Paulo: Malheiros, 2002, p. 278; MACHADO, Marcelo Pacheco. *Demanda e tutela jurisdicional: estudo sobre forma, conteúdo e congruência*. Tese de Doutorado. São Paulo: Faculdade de Direito da Universidade de São Paulo, 2013, p. 173-174.

84 Cf. CHIOVENDA, Giuseppe *Instituições de direito processual civil*. Tradução Paolo Capitanio. 4. ed. Campinas: Bookseller, 2009, p. 430; DINAMARCO, Cândido Rangel. *Instituições de direito processual civil*, v. II. 2. ed. São Paulo: Malheiros, 2002, p. 112-113.

85 Cf. FREDERICO MARQUES, José. *Manual de direito processual civil*, v. I. São Paulo: Saraiva, 1974, p. 153.

86 Cf. DINAMARCO, Cândido Rangel. *Instituições de direito processual civil*, v. II. 2. ed. São Paulo: Malheiros, 2002, p. 129-130. É claro que, tratando-se o direito de uma ciência da argumentação, as partes coligirão aos autos outros tantos elementos voltados à formação do convencimento do julgador em seu favor, como fatos secundários, qualificação jurídica dos fatos principais narrados, fundamentação legal, precedentes obrigatórios, outros julgados que venham ao encontro de sua pretensão, etc.. Contudo, todos são prescindíveis para que se consume o julgamento da pretensão.

São determinantes do conteúdo e dos limites da decisão de mérito, configurando-se como "verdadeiro *projeto do provimento desejado*"[87]. Em torno do conjunto das demandas postas a julgamento "se permitirá o exercício da jurisdição em cada caso concreto, ao juiz não sendo lícito desconsiderá-lo, ampliá-lo por sua iniciativa ou pronunciar-se acerca de outro objeto"[88]. Identificá-las é imprescindível para a verificação da litispendência e da coisa julgada, assim como da possibilidade de cumulação e modificação da demanda[89].

1.2.1. Causa de pedir

O exercício da pretensão, por meio da propositura da demanda, exige venha ela fundamentada, o que se consubstancia na sua causa de pedir. A *causa petendi*, portanto, é "elemento causal da pretensão"[90]. Por conseguinte, a causa de pedir é um elemento necessário da demanda, permitindo a identificação da pretensão deduzida em juízo e o exercício pelo réu da sua defesa. Uma demanda privada de *causa petendi* é uma demanda inapta a propiciar o julgamento do mérito do processo, devendo ser rejeitada liminarmente, caso não sanado o vício[91].

As divergências acerca do conteúdo da causa de pedir dividiram os estudiosos, dando origem à contraposição entre as teorias da substanciação e da individuação. Para a teoria da substanciação, a fundamentação do exercício da pretensão exige a narrativa do conjunto de fatos constitutivos do direito do demandante, ao passo que, para a teoria da individuação, suficiente para amparar a pretensão apenas a especificação da relação jurídica que lhe dá substrato[92]. Na primeira teoria, em consequência, é indiferente que o autor não qualifique juridicamente os

---

87 DINAMARCO, Cândido Rangel. O conceito de mérito em processo civil. *Fundamentos do processo civil moderno*, t. I. 6. ed. São Paulo: Malheiros, 2010, p. 299-348, p. 302.

88 *Idem*. *Ibidem*, p. 304. Em idêntica direção, CONSOLO, Claudio. Domanda giudiziale. *Digesto delle discipline privatistiche – sezione civile*, v. VII. Torino: UTET, 1998, p. 52.

89 Cf. CRUZ E TUCCI, José Rogério. A denominada "situação substancial" como objeto do processo na obra de Fazzalari. *Revista da Associação dos Juízes do Rio Grande do Sul*. Porto Alegre: Departamento Revista da AJURIS, n. 60, p. 63-77, março 1994, p. 63.

90 Cf. *Idem*. *Ibidem*, p. 64.

91 Cf. HABSCHEID, Walther Jakob. L´oggetto del processo nel diritto processuale civile tedesco. Tradução Angela Loaldi. *Rivista di Diritto Processuale*. Padova: Cedam, n. 3, p. 454-464, 1980, p. 461-462.

92 Cf. CRUZ E TUCCI, José Rogério. *A* causa petendi *no processo civil*. 3. ed. São Paulo: Revista Tribunais, 2009, p. 62; *Idem*. A denominada "situação substancial" como objeto do processo na obra de Fazzalari. *Revista da Associação dos Juízes do Rio Grande do Sul*. Porto Alegre: Departamento Revista da AJURIS, n. 60, p. 63-77, março 1994, p. 64-65.

fatos constitutivos do seu direito ou se equivoque na sua qualificação, uma vez que esta tarefa cabe ao juiz, aplicando-se as máximas *narra mihi factum, dabo tibi ius* e *iura novit curia*[93]. Na segunda teoria, imprescindível a alegação da relação jurídica, com restrição da incidência das máximas *narra mihi factum, dabo tibi ius* e *iura novit curia*[94].

Como antecedente histórico da distinção, no processo formular romano, o autor tinha o ônus de precisar os fatos constitutivos do seu direito nas ações pessoais, porém nas ações reais bastava a afirmação de seu direito absoluto, restando facultada sua explicitação para que não ficasse acobertada pela imutabilidade da coisa julgada a pretensão de reivindicar, com base em fundamento diverso, o mesmo bem[95]. Nas ações reais, a indicação da causa de pedir não exigia a descrição dos fatos constitutivos, porque uma pessoa não poderia ser detentora de um direito real absoluto por mais de um título. Contrariamente, nas ações pessoais, cuidando de direitos relativos e, assim, comportando a assunção da sua titularidade por títulos diversos, o fato constitutivo deveria ser veiculado.

Da posterior evolução do debate sobre a causa de pedir, surge a diferenciação entre demandas autodeterminadas e demandas heterodeterminadas. Nas primeiras, cuidando de direitos absolutos, os elementos estruturais da relação jurídica afirmada têm aptidão de possibilitar a identificação da demanda; nas segundas, correspondendo aos direitos relativos, faz-se necessário o conhecimento dos fatos que deram vida à relação jurídica aduzida para a identificação da demanda, com o objetivo de distingui-la de outra demanda fundada em relação jurídica de conteúdo idêntico[96].

Augusto Cerino Canova assinala que, nas demandas autodeterminadas, a individuação da demanda ocorre pelo sujeito e pelo conteúdo do direito; enquanto, nas demandas heterodeterminadas, por meio do fato constitutivo do direito. As demandas autodeterminadas são identificadas pelo direito em si e não estão circunscritas a um fato que lhe é constitutivo, porque contemplam potencialmente todos os títulos

---

93 Cf. OLIVEIRA, Bruno Silveira de. *Conexidade e efetividade processual*. São Paulo: Revista dos Tribunais, 2007, p. 40.

94 Cf. JAUERNIG, Othmar. *Direito processual civil*. 25. ed., totalmente refundida, da obra criada por Friedrich Lent. Tradução F. Silveira Ramos. Coimbra: Almedina, 2002, p. 206.

95 Cf. CRUZ E TUCCI, José Rogério. *A* causa petendi *no processo civil*. 3. ed. São Paulo: Revista Tribunais, 2009, p. 49; *Idem*; AZEVEDO, Luiz Carlos de. *Lições de história do processo civil romano*. 2. ed. São Paulo: Revista dos Tribunais, 2013, p. 86-87.

96 CHIOVENDA, Giuseppe. *Instituições de direito processual civil*. Tradução Paolo Capitanio. 4. ed. Campinas: Bookseller, 2009, p. 437-438.

de aquisição relevantes. A identificação da demanda por intermédio do seu sujeito e do conteúdo do direito se justifica pela unicidade e impossibilidade de repetição da mesma relação jurídica entre as mesmas pessoas. Englobam os direitos reais, ressalvados os de garantia, os direitos e *status* de família, os direitos de personalidade e *status civitatis*, os direitos que têm por conteúdo uma prestação específica. Todos são únicos para cada uma das posições em que se constituem e reclamam, por isto, um tratamento processual idêntico àquele adotado para a propriedade. As demandas heterodeterminadas, por sua vez, exigem a narrativa fática que dá supedâneo ao direito para sua identificação. Abarcam direitos reais de garantia, penhora e hipoteca em particular, que podem existir várias vezes entre as mesmas partes e incidir mais de uma vez para o mesmo crédito. Também englobam os créditos a uma prestação em dinheiro ou a coisas fungíveis, porque se o credor formula sua pretensão a uma prestação pecuniária, é preciso identificar o fato gerador do crédito para determinar o respectivo débito[97].

Hodiernamente, nos sistemas processuais que a adotam, a aplicação da teoria da individuação, em que basta a narração da relação jurídica para sustentar a pretensão, tem aplicação somente nas demandas autodeterminadas. Sua incidência nas demandas heterodeterminadas não é admitida, tendo em vista a possibilidade de mais de uma relação jurídica estear a formulação de idêntica pretensão, a exigir a descrição dos seus fatos constitutivos[98]. Verificou-se, pois, sua mitigação.

A diferença entre as teorias da substanciação e da individuação corresponde ao conteúdo da causa de pedir remota ativa. Para Andrea Proto Pisani, a ausência de alegação do fato constitutivo nas demandas heterodeterminadas acarreta a extinção do processo, sem resolução de mérito; enquanto nas demandas autodeterminadas tem como consequência sua improcedência[99]. Nas duas teorias, a causa de pedir remota passiva, ou seja, a conduta contrária ao direito tem qualificação idêntica e deve ser exposta para caracterizar a necessidade de tutela jurisdicional[100]. A adoção

---

97 La domanda giudiziale ed il suo contenuto. *Commentario del Codice di Procedura Civile*, l. II, t. I. Coordenação ALLORIO, Enrico. Torino: UTET, 1980, p. 177-180. No mesmo sentido, MANDRIOLI, Crisanto. CARRATA, Antonio. *Diritto processuale civile*, v. I, 25. ed. Torino: G. Giappichelli, 2016, p. 186-189; PROTO PISANI. Andrea. *Lezioni di diritto processuale civile*. Atualização Remo Caponi. 6. ed. Napoli: Jovene, 2014, p. 66-67.

98 Cf. PROTO PISANI. Andrea. *Lezioni di diritto processuale civile*. Atualização Remo Caponi. 6. ed. Napoli: Jovene, 2014, p. 66.

99 Cf. *Idem*. *Ibidem*, p. 68.

100 Cf. OLIVEIRA, Bruno Silveira de. *Conexidade e efetividade processual*. São Paulo: Revista dos Tribunais, 2007, p. 47-48 e 60.

de uma ou de outra, porém, resulta em regimes diferentes no que toca, sobretudo, à estabilização, identificação e modificação da demanda, bem como aos limites objetivos da coisa julgada[101].

Com relação à estabilização da demanda, abraçada a teoria da individuação, não vige, amiúde, a regra da eventualidade, de sorte que o autor não tem a obrigação de alegar toda a matéria fática no ato de propositura da demanda[102]. Logo, no curso do processo, novos fatos, mesmo constitutivos do direito, ainda que já conhecidos, podem ser aduzidos.. Posterga-se a preclusão acerca da alegação dos fatos, a exigir retrocesso procedimental e, por vezes, a necessidade de reabertura da dilação probatória. O entendimento gera consequências negativas, podendo dificultar a defesa do réu e contribuir para o prolongamento do desfecho do processo. Por outro lado, porém, obsta a dedução de todos os fatos - deduzidos e dedutíveis - para amparar a mesma pretensão após o seu exercício, vindo ao encontro do ideal de pacificação do conflito. Para a teoria da substanciação, a descrição da relação jurídica fica em segundo plano frente à necessidade de narração dos fatos que lhe dão esteio. Exigida a descrição dos fatos constitutivos pelo autor no seu ato de postulação inicial, incide, em linha de princípio, a regra da eventualidade[103]. O exercício da pretensão com espeque em outros fatos constitutivos do direito que não foram deduzidos exige, então, nova demanda. Facilita-se a defesa do réu, que tem conhecimento de toda a matéria fática alegada antes da oferta de sua resposta, e evita-se o retorno a fases procedimentais superadas. A possibilidade de instauração de novos processos a fim de permitir a alegação de fatos que poderiam ter sido levantados no processo pendente entre as partes, todavia, vai de encontro à economia processual.

Na teoria da individuação, se mantida a mesma descrição fática, mas modificada a relação jurídica, verifica-se a alteração da demanda.

---

101 Cf. RICCI, Gian Franco. Individuazione o sostanziazione nella riforma del processo civile. *Rivista Trimestrale di Diritto e Procedura Civile.* Milano: Giuffré, n. 4, p. 1.227-1.251, dezembro de 1995, p. 1.228.

102 Cf. PROTO PISANI. Andrea. *Lezioni di diritto processuale civile.* Atualização Remo Caponi. 6. ed. Napoli: Jovene, 2014, p. 67. Em que pese os sistemas que acolhem a teoria da individuação, preponderantemente, adotarem modelos processuais de menor rigidez procedimental, o regime preclusivo trata-se de opção legislativa e, desta forma, é neutro frente à concepção tomada do conteúdo da causa de pedir remota ativa (cf. RICCI, Gian Franco. Individuazione o sostanziazione nella riforma del processo civile. *Rivista Trimestrale di Diritto e Procedura Civile.* Milano: Giuffré, n. 4, p. 1.227-1.251, dezembro de 1995, p. 1.247).

103 Cf. CRUZ E TUCCI, José Rogério. *A* causa petendi *no processo civil.* 3. ed. São Paulo: Revista Tribunais, 2009, p. 92-93 e 161; *Idem.* A regra da eventualidade como pressuposto da denominada teoria da substanciação. *Revista do Advogado.* São Paulo: Associação dos Advogados de São Paulo, n. 40, p. 39-43, 1993, p. 42

Logo, a autoridade da coisa julgada circunscreve-se à relação jurídica objeto de julgamento, porém, alcança os fatos deduzidos e os fatos dedutíveis quando da propositura da demanda[104]. Nova relação jurídica arguida, entretanto, tem o condão de admitir a propositura de nova demanda com fundamento no mesmo conjunto fático. Na teoria da substanciação, a alteração dos fatos implica a modificação da demanda e a *auctoritas rei iudicatae* limita-se à descrição fática invocada, independendo da relação jurídica afirmada[105]. Com base nos mesmos fatos constitutivos e violadores do direito, a alteração da relação jurídica que deles exsurge não tem aptidão de amparar novo exercício da pretensão. Ou seja, na individuação, a coisa julgada reveste a relação jurídica; na substanciação, o substrato fático[106].

Cada uma das teorias possui pontos favoráveis e contrários, tratando-se sua guarida de opção legislativa[107]. Prega a doutrina a conciliação de ambas, com a adoção de um procedimento de menor rigidez, com a estabilização da demanda em fase mais adiantada, a fim de que coincida o quanto possível com o conflito social que lhe é subjacente[108]. Como bem assinala Andrés de la Oliva Santos, as duas teorias são insuficientes e tem-se buscado as virtudes de cada uma delas para alcance dos escopos do processo. Não se pode prescindir, em muitas hipóteses, nem da relação jurídica havida entre as partes, tampouco do relato dos seus fatos constitutivos. Algumas vezes, a alteração da relação jurídica pode causar desordem processual; outras vezes, a modificação dos fatos no curso do processo pode ser indevida, provocando surpresa à parte adversa e prejuízo para o exercício de sua defesa. A virtualidade das teorias, pois, é relativa, sendo úteis conforme os problemas que se haja deparado dos diversos existentes acerca da estabilização da demanda[109].

---

104 Cf. PROTO PISANI. Andrea. *Lezioni di diritto processuale civile*. Atualização Remo Caponi. 6. ed. Napoli: Jovene, 2014, p. 67.

105 Cf. *Idem. Ibidem*, p. 67.

106 Cf. RICCI, Gian Franco. Individuazione o sostanziazione nella riforma del processo civile. *Rivista Trimestrale di Diritto e Procedura Civile*. Milano: Giuffré, n. 4, p. 1.227-1.251, dezembro de 1995, p. 1.230 e 1.235.

107 Cf. OLIVEIRA, Bruno Silveira de. *Conexidade e efetividade processual*. São Paulo: Revista dos Tribunais, 2007, p. 54.

108 Cf. RICCI, Gian Franco. Individuazione o sostanziazione nella riforma del processo civile. *Rivista Trimestrale di Diritto e Procedura Civile*. Milano: Giuffré, n. 4, p. 1.227-1.251, dezembro de 1995, p. 1.237.

109 *Objeto del proceso y cosa juzgada en el proceso civil*. Madrid: Civitas, 2005, p. 52-53 e 58-59.

Os sistemas processuais não admitem qualquer das teorias, em sua pureza, na integralidade das demandas[110]. Pendeu nosso ordenamento para a adoção da teoria da substanciação no artigo 319, inciso III[111]. O dispositivo legal impõe que a petição inicial indique "o fato e os fundamentos jurídicos do pedido", não exigindo a veiculação da relação jurídica que esteia o exercício da pretensão. Assim se posicionava a doutrina na vigência do Código de Processo Civil de 1973, em que o artigo 282, inciso III, assumia idêntica redação[112]; não obstante a presença de posições divergentes em seu seio[113]. Nessa ordem de ideias, a causa de pedir deve ser definida, em nossa ordem jurídica, como o fato ou conjunto de fatos que amparam juridicamente a pretensão exercida pela parte ao deduzir sua demanda. O conceito é o mesmo trate-se de demandas autodeterminadas ou heterodeterminadas, não tendo o direito pátrio acolhido a diferenciação[114].

---

110 Cf. OLIVEIRA, Bruno Silveira de. *Conexidade e efetividade processual*. São Paulo: Revista dos Tribunais, 2007, p. 42.

111 Cf. BONIZZI, Marcelo José Magalhães. *Princípios do processo no novo Código de Processo Civil*. São Paulo: Saraiva, 2016, p. 192. SICA, Heitor Vitor Mendonça. *Cognição do juiz na execução civil*. São Paulo: Revista dos Tribunais, 2017, p. 100.

112 Cf. CRUZ E TUCCI, José Rogério. Reflexões sobre a cumulação subsidiária de pedidos. *Revista dos Tribunais*. São Paulo: Revista dos Tribunais, v. 90, n. 786, p. 57-67, 2001, p. 57; DINAMARCO, Cândido Rangel. *Instituições de direito processual civil*, v. II. 2. ed. São Paulo: Malheiros, 2002, p. 127; FREDERICO MARQUES, José. *Manual de direito processual civil*, v. I. São Paulo: Saraiva, 1974, p. 155; OLIVEIRA, Bruno Silveira de. *Conexidade e efetividade processual*. São Paulo: Revista dos Tribunais, 2007, p. 55; SANTOS, Moacyr Amaral. *Primeiras linhas de direito processual civil*, v. II. 22. ed. Atualização Aricê Moacyr Amaral Santos. São Paulo: Saraiva, 2002, p. 140.

113 Para José Ignácio Botelho de Mesquita, não houve "filiação à teoria da substanciação", visto que "a lei processual brasileira adotou uma posição de grande equilíbrio entre ambas as correntes conflitantes, dando importância tanto aos fatos constitutivos, como aos elementos de direito, na medida em que sirvam para individuar a pretensão do autor" (A *causa petendi* nas ações reivindicatórias. *Revista da Associação dos Juízes do Rio Grande do Sul*. Porto Alegre: Departamento Revista da AJURIS, n. 20, p. 166-180, novembro de 1980, p. 180). Para Milton Paulo de Carvalho, o conteúdo da causa de pedir "foi-se definindo, no direito brasileiro, com os contributos das teorias da substanciação e da individuação, à margem da própria letra da lei", de forma a "ser apurada a chamada causa próxima, ou fundamento jurídico, da conjugação da descrição do fato (causa remota) com a pretensão formulada" (*Do pedido no processo civil*. Porto Alegre: Sérgio Antonio Fabris, 1992, p. 92-93). Para Ovídio Araújo Baptista da Silva, os "princípios que se extraem de nosso sistema correspondem a uma atenuação da teoria da substanciação, pois a lei exige que os fatos sejam expostos como fundamento do pedido, mas tão-só os atos essenciais" (Limites objetivos da coisa julgada no atual direito brasileiro. *Sentença e coisa julgada: ensaios e pareceres*. 4. ed. Rio de Janeiro: Forense, 2003, p. 103-137, p. 134).

114 Cf. BEDAQUE, José Roberto dos Santos. Os elementos objetivos da demanda examinados à luz do contraditório. *Causa de pedir e pedido no processo civil: questões*

Portanto, a causa de pedir compreende os acontecimentos da vida que se sucedem em determinado lapso temporal e que ostentam transcendência jurídica, isto é, são supostos de uma norma que lhes atribui efeitos ou consequências jurídicas[115]. Integram-na a descrição fática e a conotação jurídica dela extraída para a formulação do pedido. Então, pode ser decomposta em causa de pedir remota e causa de pedir próxima. Por sua vez, a causa de pedir remota subdivide-se em causa de pedir remota ativa e causa de pedir remota passiva.

A exposição fática consiste na causa de pedir remota, que deve ser compreendida como o estado de fato, ou seja, exatamente, o fato constitutivo e o fato violador do direito que dão substrato à pretensão, não o encadeamento histórico que os precede ou sucede[116]. Há, portanto, que se diferenciar o fato essencial ou principal, que integra "o núcleo central da *causa petendi*, concebido como fato ocorrido e enquadrável *sub specie iuris*"[117], e o fato simples ou secundário, que não a compõe, mas é indiciário, possibilitando, por presunção, quando provado, a conclusão sobre fato essencial ou principal desconhecido[118]. Os fatos essenciais ou principais são, pois, aqueles que integram a descrição abstrata inserta pelo

---

polêmicas. Coordenação BEDAQUE, José Roberto dos Santos; CRUZ E TUCCI, José Rogério. São Paulo: Revista Tribunais, 2002, p. 13-52, p. 27.

---

115 Cf. CANOVA, Augusto Cerino. La domanda giudiziale ed il suo contenuto. *Commentario del Codice di Procedura Civile*, l. II, t. I. Coordenação ALLORIO, Enrico. Torino: UTET, 1980; p. 16, nota 43; MANDRIOLI, Crisanto. CARRATA, Antonio. *Diritto processuale civile*, v. I, 25. ed. Torino: G. Giappichelli, 2016, p. 182, nota 35; MONTERO AROCA, Juan; GÓMEZ COLOMER, Juan Luis; BARONA VILAR, Silvia; CALDERÓN CUADRADO, Maria Pía. *Derecho jurisdiccional*, v. II. 23. ed. Valência: Tirant lo Blanch, 2015, p. 159; MONTERO AROCA, Juan. La nueva Ley de Enjuiciamiento Civil española y la oralidade. *Revista de la Facultad Derecho*. Lima: Pontificia Universidad Católica del Perú, n. 53, p. 583-668, 2000, p. 637.

116 Cf. CONSOLO, Claudio. Domanda giudiziale. *Digesto delle discipline privatistiche – sezione civile*, v. VII, Torino: UTET, 1.998, p. 70; HABSCHEID, Walther Jakob. L'oggetto del processo nel diritto processuale civile tedesco. Tradução Angela Loaldi. *Rivista di Diritto Processuale*. Padova: Cedam, n. 3, p. 454-464, 1980, p. 460.

117 CRUZ E TUCCI, José Rogério. *A* causa petendi *no processo civil*. 3. ed. São Paulo: Revista dos Tribunais, 2009, p. 163.

118 Cf. PIMENTA, Paulo. *Processo civil declarativo*. Coimbra: Almedina, 2015, p. 138; PISSARA, Nuno Andrade. O conhecimento de factos supervenientes relativos ao mérito da causa pelo tribunal de recurso em processo civil. *Revista da Ordem dos Advogados*. Lisboa: Ordem dos Advogados, ano 72, v. I, p. 287-334, janeiro a março de 2012, p. 292; TEIXEIRA DE SOUSA, Miguel. Aspectos do novo processo civil português. *Revista de Processo*. São Paulo: Revista dos Tribunais, n. 86, p. 174-184, abril a junho de 1997, p. 179.

legislador na norma jurídica[119]. A causa de pedir remota ativa refere-se ao fato constitutivo do direito. A causa de pedir remota passiva, de seu turno, ao fato que enseja a violação ou caracteriza a ameaça de violação do ordenamento jurídico, desencadeando o exercício da pretensão. Nos direitos potestativos a uma modificação jurídica em que a intervenção do Poder Judiciário é imprescindível, o interesse de agir constata-se *in re ipsa*, bastando seus fatos constitutivos para a individuação da *causa petendi*[120]. Tome-se, por exemplo, o artigo 1.639, §2º, do Código Civil, que consagra a possibilidade de os cônjuges alterarem seu regime de bens, na constância do casamento, mediante autorização judicial. Suficiente, para tanto, a motivação do pedido e a inexistência de prejuízos a terceiros[121].

Em uma demanda voltada à resolução do contrato de compra e venda, com a restituição do preço pago, por vício redibitório da coisa, a causa de pedir remota ativa é a celebração do liame contratual entre comprador e vendedor, ao passo que a causa de pedir remota passiva, o vício oculto que inquina a coisa adquirida. Fatos relativos à negociação havida entre as partes ou aos dissabores suportados pelo comprador, no caso, não integram a causa de pedir, embora, caso controvertida, possam servir para elucidar a existência e a natureza do contrato de compra e venda e a presença do vício no bem que lhe foi objeto. Cuidam-se estes, pois, de fatos secundários.

Os fundamentos jurídicos correspondem à causa de pedir próxima, não se confundindo com os fundamentos legais ou com a qualificação jurídica, os quais são dotados de abstração e podem referir-se a variados fatos da vida social[122]. Consubstanciam-se no direito afirmado, como entidade concreta; não como categoria abstrata, como vontade da lei[123]. Por conseguinte, não se exige ao litigante aludir ao artigo 186 ou ao

119 Cf. BEDAQUE, José Roberto dos Santos. Os elementos objetivos da demanda examinados à luz do contraditório. *Causa de pedir e pedido no processo civil: questões polêmicas*. Coordenação BEDAQUE, José Roberto dos Santos; CRUZ E TUCCI, José Rogério. São Paulo: Revista Tribunais, 2002, p. 13-52, p. 33.

120 Cf. MANDRIOLI, Crisanto. CARRATA, Antonio. *Diritto processuale civile*, v. I, 25. ed. Torino: G. Giappichelli, 2016, p. 183.

121 Cf. GONÇALVES, Carlos Roberto. *Direito civil brasileiro*, v. VI. 3. ed. São Paulo: Saraiva, 2007, p. 386; STJ, REsp 1446330 SP, Terceira Turma, Rel. Min. Moura Ribeiro, j. em 17/03/2015, DJe 27/03/2015.

122 Cf. CHIOVENDA, Giuseppe *Instituições de direito processual civil*. Tradução Paolo Capitanio. 4. ed. Campinas: Bookseller, 2009, p. 435; MONTERO AROCA, Juan; GÓMEZ COLOMER, Juan Luis; BARONA VILAR, Silvia; CALDERÓN CUADRADO, Maria Pía. *Derecho jurisdiccional*, v. II. 23. ed. Valência: Tirant lo Blanch, 2015, p. 158.

123 Cf. MANDRIOLI, Crisanto. CARRATA, Antonio. *Diritto processuale civile*, v. I, 25. ed. Torino: G. Giappichelli, 2016, p. 180-181.

artigo 927, parágrafo único, do Código Civil para amparar sua pretensão de reparação moral, tampouco à configuração da responsabilidade civil subjetiva ou objetiva. Basta alinhavar as consequências jurídicas que o direito cominaria aos fatos que esteiam sua pretensão concretizada no pedido. A parte meramente aduz que o ordenamento jurídico lhe produz uma situação de vantagem[124], ou seja, a posição jurídica alegada "é, sempre, uma conjectura, dependente ou sujeita a verificação"[125]. Os fundamentos jurídicos *são, destarte,* os efeitos jurídicos que uma dada previsão da ordem jurídica atribuiria ao suporte fático narrado, consoante a mera afirmação abstrata da parte, independentemente do seu acerto na especificação do instrumento legal ou da categoria jurídica em que enquadrado[126]. Assim, a situação fática exposta não é causa ou concausa da produção de efeitos jurídicos, mas sim objeto de valoração pelo ordenamento jurídico, precipitando sua produção[127].

Imprescindível, por ocasião da formulação da demanda, a dedução da causa de pedir próxima tanto quanto da causa de pedir remota, como, aliás, deixa extreme de dúvidas o artigo 319, inciso III. Assim, aplicam-se as regras *mihi factum dabo tibi ius* e *iura novit curia* no que toca aos fundamentos legais e à qualificação jurídica dos fatos pelo julgador[128]. Logo,

---

124 Cf. CRUZ E TUCCI, José Rogério. A denominada "situação substancial" como objeto do processo na obra de Fazzalari. *Revista da Associação dos Juízes do Rio Grande do Sul.* Porto Alegre: Departamento Revista da AJURIS, n. 60, p. 63-77, março 1994, p. 70.

125 FAZZALARI, Elio. *Instituições de direito processual.* Tradução Elaine Nassif. Campinas: Bookseller, 2006, p. 336.

126 Cf. ORMAZÁBAL SÁNCHEZ, Guillermo. *Iura novit curia: la vinculación del juez a la calificación jurídica de la demanda.* Madrid: Marcial Pons, 2007, p. 98-99. Partilhando de posição semelhante, BARBOSA MOREIRA, José Carlos. *O novo processo civil brasileiro.* 28. ed. Rio de Janeiro: Forense 2010, p. 17; BEDAQUE, José Roberto dos Santos. Os elementos objetivos da demanda examinados à luz do contraditório. *Causa de pedir e pedido no processo civil: questões polêmicas.* Coordenação BEDAQUE, José Roberto dos Santos; CRUZ E TUCCI, José Rogério. São Paulo: Revista Tribunais, 2002, p. 13-52, p. 33; CARVALHO, Milton Paulo de. *Do pedido no processo civil.* Porto Alegre: Sérgio Antonio Fabris, 1992, p. 93; FREDERICO MARQUES, José. *Manual de direito processual civil,* v. II, São Paulo: Saraiva, 1974, p. 53; MACHADO, Marcelo Pacheco. *Demanda e tutela jurisdicional: estudo sobre forma, conteúdo e congruência.* Tese de Doutorado. São Paulo: Faculdade de Direito da Universidade de São Paulo, 2013, p. 86-87; MARINONI, Luiz Guilherme; ARENHART, Sergio Cruz; MITIDIERO, Daniel. *Novo curso de processo civil,* v. II. São Paulo: Revista Tribunais, 2015, p. 151-152.

127 Cf. CATAUDELLA, Antonino. *Fattispecie. Enciclopedia del diritto,* v. XVI, Milano: Giuffrè, 1967, p. 933-934.

128 Por mais que ausente o ônus imposto à parte de alegar os fundamentos legais e a qualificação jurídica dos fatos, presente o interesse de fazê-los conhecer ao juiz, a fim de formar em seu favor o seu convencimento (cf. BAUR, Fritz. Da importância da dicção "iuria novit curia". Tradução José Manoel de Arruda Alvim Netto. *Revista*

julgada improcedente uma demanda sob o fundamento da negativa de existência do efeito jurídico afirmado pela parte, não será possível sua nova propositura com espeque em uma norma do direito positivo que não foi examinada pelo julgador[129] ou amparada em nova qualificação jurídica conferida pela parte aos mesmos fatos.

Tome-se, por exemplo, uma demanda que visa ao despejo, por falta de pagamento. A causa de pedir remota ativa trata-se do contrato de locação firmado entre as partes. A causa de pedir remota passiva, da inadimplência. Os pedidos correspondem à declaração de resolução do contrato, o qual pode ter restado implícito na peça de postulação, e à condenação à desocupação do imóvel, sob pena de despejo. A causa de pedir próxima é a consequência que, segundo a parte, confere o ordenamento jurídico ao inadimplemento daquele que assumiu o dever de pagar aluguéis em decorrência da celebração de um contrato de locação, isto é, o desfecho da relação contratual e a perda da posse do bem locado.

Em uma demanda fundada em responsabilidade civil extracontratual derivada de acidente causado culposamente no trânsito de veículos automotores, a causa de pedir remota ativa cuida-se da incolumidade física ou patrimonial da sua vítima. A causa de pedir remota passiva, do descumprimento do dever de cuidado objetivo pelo causador do dano. Os pedidos consistem na condenação ao ressarcimento por danos materiais e à reparação por danos morais. A causa de pedir próxima é a consequência que afirma a o litigante comina a ordem jurídica ao ato daquele que agiu negligente ou imprudentemente, provocando danos, isto é, o dever de indenizar.

Igualmente, os efeitos jurídicos alinhavados pela parte na sua peça de postulação não admitem alteração pelo juiz, na medida em que compõem a causa de pedir e tem como consequência o pedido levado a efeito[130]. Não proíbe, todavia, o ordenamento jurídico a alteração pelo juiz dos fundamentos legais e da qualificação jurídica conferida pelas partes aos fatos, fugindo a problemática do conteúdo da demanda[131]. O

de Processo. São Paulo: Revista dos Tribunais, n. 3, p. 169-177, julho a setembro de 1976, p. 170-171).

129 Cf. HABSCHEID, Walther Jakob. L´oggetto del processo nel diritto processuale civile tedesco. Tradução Angela Loaldi. *Rivista di Diritto Processuale*. Padova: Cedam, n. 3, p. 454-464, 1980, p. 461-463.

130 Assumindo posição diversa, Heitor Vitor Mendonça Sica define a causa de pedir próxima como "enquadramento jurídico da espécie", a qual não vincularia o juiz (*Cognição do juiz na execução civil*. São Paulo: Revista dos Tribunais, 2017, p. 99).

131 Cf. MANDRIOLI, Crisanto. CARRATA, Antonio. *Diritto processuale civile*, v. I, 25. ed. Torino: G. Giappichelli, 2016, p. 181.

que se exige tão-somente é a observância do contraditório (artigo 10)[132]. Defesa tão-somente a modificação dos fatos e dos efeitos jurídicos que lhes cominam os litigantes.

1.2.2. Pedido

O pedido é a concretização da pretensão processual deduzida pela parte em juízo[133]. A pretensão processual, por sua vez, consiste em uma declaração de vontade formulada perante um órgão jurisdicional, fundada em um acontecimento determinado da vida, e voltada a pleitear contra outrem um bem da vida ou uma nova situação jurídica[134]. Ostenta natureza bifronte: uma faceta consistente no requerimento de tutela jurisdicional deduzido (pedido imediato); outra envolvendo os bens da vida ou novas situações jurídicas pleiteadas (pedido mediato)[135].

---

132 Cf. BEDAQUE, José Roberto dos Santos. Os elementos objetivos da demanda examinados à luz do contraditório. *Causa de pedir e pedido no processo civil: questões polêmicas.* Coordenação BEDAQUE, José Roberto dos Santos; CRUZ E TUCCI, José Rogério. São Paulo: Revista Tribunais, 2002, p. 13-52, p. 38; MONTERO AROCA, Juan; GÓMEZ COLOMER, Juan Luis; BARONA VILAR, Silvia; CALDERÓN CUADRADO, Maria Pía. *Derecho jurisdiccional*, v. II. 23. ed. Valência: Tirant lo Blanch, 2015, p. 321.

133 Cf. CRUZ E TUCCI, José Rogério. Reflexões sobre a cumulação subsidiária de pedidos. *Revista dos Tribunais.* São Paulo: Revista dos Tribunais, v. 90, n. 786, p. 57-67, 2001, p. 57; SANTOS, Moacyr Amaral. *Primeiras linhas de direito processual civil*, v. II. 22. ed. Atualização Aricê Moacyr Amaral Santos. São Paulo: Saraiva, 2002, p. 153; TJÄDER, Ricardo Luiz da Costa. *Cumulação eventual de pedidos.* Porto Alegre: Livraria do Advogado, 1998, p. 31.

134 Cf. MONTERO AROCA, Juan; GÓMEZ COLOMER, Juan Luis; BARONA VILAR, Silvia; CALDERÓN CUADRADO, Maria Pía. *Derecho jurisdiccional*, v. II. 23. ed. Valência: Tirant lo Blanch, 2015, p. 152.

135 Cf. CANOVA, Augusto Cerino. La domanda giudiziale ed il suo contenuto. *Commentario del Codice di Procedura Civile*, l. II, t. I. Coordenação ALLORIO, Enrico. Torino: UTET, 1980; p. 16; CHIOVENDA, Giuseppe *Instituições de direito processual civil.* Tradução: Paolo Capitanio. 4. ed. Campinas: Bookseller, 2009, p. 71; DINAMARCO, Cândido Rangel. *Capítulos de sentença.* 4. ed. São Paulo: Malheiros, 2009, p. 38-39; FREDERICO MARQUES, José. *Manual de direito processual civil*, v. II. São Paulo: Saraiva, 1974, p. 46-47; MACHADO, Marcelo Pacheco. *Demanda e tutela jurisdicional: estudo sobre forma, conteúdo e congruência.* Tese de Doutorado. São Paulo: Faculdade de Direito da Universidade de São Paulo, 2013, p. 69; MANDRIOLI, Crisanto. CARRATA, Antonio. *Diritto processuale civile*, v. I, 25. ed. Torino: G. Giappichelli, 2016, p. 178-179; MONTERO AROCA, Juan; GÓMEZ COLOMER, Juan Luis; BARONA VILAR, Silvia; CALDERÓN CUADRADO, Maria Pía. *Derecho jurisdiccional*, v. II. 23. ed. Valência: Tirant lo Blanch, 2015, p. 155-157; PROTO PISANI. Andrea. *Lezioni di diritto processuale civile.* Atualização Remo Caponi. 6. ed. Napoli: Jovene, 2014, p. 57; SICA, Heitor Vitor Mendonça. *Cognição do juiz na execução civil.* São Paulo: Revista dos Tribunais, 2017, p. 96-97.

Desdobra-se, pois, na pretensão puramente processual no provimento jurisdicional, de natureza declaratória, constitutiva ou condenatória; e na pretensão igualmente processual, mas com repercussão no plano do direito material, no bem da vida ou na nova situação jurídica almejada com seu exercício (*diritto fatto valere*)[136].

Os pedidos podem ser unitários ou múltiplos. Os pedidos múltiplos podem ser cumulados ou não cumulados. Os pedidos múltiplos cumulados subdividem-se em simples e sucessivos. Os pedidos múltiplos não cumulados subdividem-se em alternativos e subsidiários. A classificação dos pedidos em múltiplos cumulados e múltiplos não cumulados justifica-se porque nestes a cumulação é imprópria, vez que "não há uma verdadeira cumulação de pedidos, mas uma possibilidade de opção entre duas ou mais alternativas"[137].

O pedido é unitário quando um único bem da vida ou uma nova situação jurídica é pleiteada pela parte para a sua satisfação. Os pedidos são múltiplos quando a parte requer mais de um bem da vida ou mais de uma nova situação jurídica para a sua satisfação. Os pedidos múltiplos podem ser cumulados na hipótese em que o litigante almeja para sua satisfação todos os bens da vida ou novas situações jurídicas indicadas (cumulação própria). Os pedidos múltiplos cumulados podem ser simples, ocasião em que o acolhimento de cada um deles pode se dar de forma isolada; ou sucessivos, nos casos em que há relação de dependência entre os pedidos, de forma que a rejeição do primeiro obsta prosperem os subsequentes. A cumulação sucessiva estabelece relação de prejudicialidade entre os pedidos, de modo que uma vez improcedente o primeiro, os demais seguem a mesma sorte; ou de preliminariedade, nas hipóteses em que a rejeição do primeiro impede o julgamento dos demais. Os pedidos múltiplos podem não ser cumulados, se a parte busca para sua satisfação apenas um entre dois ou mais bens da vida ou novas situações jurídicas objeto de sua peça de postulação (cumulação imprópria). Os pedidos múltiplos não cumulados podem ser alternativos, se admitem que a escolha entre as formas de satisfação dê-se pelo réu; ou subsidiários, caso a opção seja estabelecida pelo autor.

Quem pede a entrega de coisa certa faz pedido unitário. Os pleitos de ressarcimento por danos materiais e de reparação por danos morais correspondem a pedidos múltiplos cumulados simples. Pedidos múlti-

---

136 Cf. DINAMARCO, Cândido Rangel. O conceito de mérito em processo civil. *Fundamentos do processo civil moderno*, t. I. 6. ed. São Paulo: Malheiros, 2010, p. 299-348, p. 303; PROTO PISANI. Andrea. *Lezioni di diritto processuale civile*. Atualização Remo Caponi. 6. ed. Napoli: Jovene, 2014, p. 57.

137 TJÄDER, Ricardo Luiz da Costa. *Cumulação eventual de pedidos*. Porto Alegre: Livraria do Advogado, 1998, p. 32-33.

plos cumulados sucessivos prejudiciais são identificados quando se pretende a resolução do contrato, por inadimplemento, com a consequente indenização por perdas e danos. Pedidos múltiplos cumulados sucessivos preliminares verificam-se na restituição de quantia em espécie objeto de mútuo bancário, com seus respectivos encargos compensatórios e moratórios. O demandante que pleiteia do demandado o conserto do bem fornecido com vício, em trinta dias, ou a devolução do preço pago deduz pedidos múltiplos não cumulados alternativos. Aquele que requer a anulação do contrato por lesão ou, se não acolhida, a diminuição do montante da contraprestação por sua onerosidade excessiva formula pedidos múltiplos não cumulados subsidiários.

A admissão da formulação de pedidos cumulados tem por fundamento a economia processual e a harmonia de julgados[138]. Aproveitam-se os atos de um único processo para a dedução de diversas pretensões, com economia de recursos às partes e ao aparato estatal. De outro lado, mais do que o conflito prático, evita-se o conflito lógico de julgados, uma vez que os pedidos formulados em demandas conexas objeto de processos diversos, se não reunidos para decisão conjunta, podem ensejar julgamentos com esteio em fundamentos que se contradizem[139]. A cumulação de pedidos não prescinde, porém, da existência, ao menos, de afinidade entre as demandas, ou seja, a existência de ponto comum de fato ou de direito a dar espeque às pretensões. Do contrário, as diferentes pretensões devem ser exercidas em processos diversos.

A diversidade de causas de pedir não implica, necessariamente, multiplicidade de pedidos[140]. Diferentes fatos constitutivos ou violadores do direito podem amparar idêntica pretensão. Pleiteados, assim, ali-

138 Cf. CRUZ E TUCCI, José Rogério. Reflexões sobre a cumulação subsidiária de pedidos. *Revista dos Tribunais*. São Paulo: Revista dos Tribunais, v. 90, n. 786, p. 57-67, 2001, p. 57.

139 Propostas as demandas dentro do prazo prescricional, inexiste obstáculo legal para que um mesmo autor postule contra um mesmo réu, em processos diversos, o ressarcimento por danos materiais e a reparação por danos morais com amparo em um único ato ilícito. A reunião para decisão conjunta pode ser inviável, por exemplo, operando-se o trânsito em julgado em um dos processos. Exceto se a questão prejudicial tenha assumido a autoridade da coisa julgada material, porquanto preenchidos os requisitos do artigo 503, nada impede que, a despeito do reconhecimento da ilicitude do ato no primeiro processo, com a condenação ao ressarcimento por danos materiais; no segundo, a ilicitude seja negada, com a rejeição do pedido de reparação por danos morais. Haverá conflito lógico, mas não conflito prático entre os julgados. Todavia, tanto quanto possível, é imperativo ao sistema preservar a uniformidade lógica dos julgamentos, o que a técnica de cumulação de pedidos vem ao encontro.

140 Cf. ELIAS, Carlos Eduardo Stefen. *Apelação: os limites objetivos do efeito devolutivo*. São Paulo: Atlas, 2010, p. 47.

mentos com espeque no parentesco biológico ou socioafetivo, o mesmo pedido funda-se em causas de pedir distintas. Postulada a resolução do contrato de locação, com o despejo do réu, fundada no seu termo *ad quem*, vigorando por prazo indeterminado a avença, e no descumprimento do dever de pagar aluguéis, há um único pedido esteado em duas causas de pedir diversas. No primeiro exemplo, constatam-se fatos constitutivos do direito diferentes; enquanto, no segundo, fatos violadores diversos.

Exige-se do pedido certeza e determinação, assim como sua interpretação deve tomar em conta o conjunto da postulação e observar o princípio da boa-fé, em conformidade aos artigos 322, *caput* e §2°, e 324, *caput*. A sentença deve estar adstrita aos limites do pedido, por força dos artigos 141 e 492, *caput*.

A certeza corresponde à qualificação do que é pedido, caracterizando adequadamente o bem da vida ou a nova situação jurídica desejada. A determinação liga-se à sua especificação e quantificação, o que, no pedido condenatório, quando o bem da vida pleiteado é o pagamento de quantia em espécie, refere-se à sua liquidez. O artigo 324, §1°, admite a formulação excepcional de pedido genérico, sinalizando suas hipóteses a impossibilidade de o autor determinar, desde logo, o que exatamente busca obter. Assim, o pedido genérico é admitido nas ações universais, se o autor não puder individuar os bens pretendidos (inciso I); quando não for possível determinar, desde logo, as consequências do ato ou do fato (inciso II); quando a determinação do objeto ou do valor da condenação depender de ato que deva ser praticado pelo réu (inciso III). O artigo 95 do Código de Defesa do Consumidor permite o pedido genérico nas ações coletivas. No processo de execução, inviável a veiculação de pedido genérico, porque a obrigação retratada no título executivo deve ser certa, líquida e exigível, sob pena de falecer ao exequente interesse de agir (artigos 783 e 786, *caput*). Todavia, não subtrai a liquidez da obrigação a simples exigência de cálculos aritméticos para se apurar o *quantum debeatur* (artigo 786, parágrafo único).

A linguagem empregada na formulação do pedido deve ser clara, todavia, não se exige fórmulas sacramentais ao se propor a demanda, podendo se consumar sua dedução implicitamente na peça de postulação[141]. Entretanto, por vezes, necessária sua interpretação, o que se mostra fundamental para a delimitação do mérito ou do objeto litigioso do processo e da atuação dos diferentes sujeitos processuais[142]. De fato,

141 Cf. CONSOLO, Claudio. Domanda giudiziale. *Digesto delle discipline privatistiche – sezione civile*, v. VII, Torino: UTET, 1998, p. 53.

142 Cf. COSTA E SILVA, Paula, *Acto e processo – o dogma da irrelevância da vontade na interpretação e nos vícios do acto postulativo*. Coimbra: Coimbra, 2003, p. 375; FREDERICO MARQUES, José. *Manual de direito processual civil*, v. II. São Paulo: Saraiva, 1974, p. 51-52.

a vontade desejada e a vontade declarada nem sempre são correspondentes. Sem embargo de inexistir dúvida acerca da vontade de demandar com o protocolamento da petição inicial, a delimitação do bem da vida ou da nova situação que se almeja pode exigir exegese. Em consequência, o pedido exige, como a lei, o negócio jurídico e os provimentos jurisdicionais, a decodificação da linguagem empregada e o exercício de uma escolha entre os possíveis significados.

Fora do campo do artigo 190[143], os atos processuais são atos jurídicos em sentido estrito, com finalidade predeterminada, diferindo, pois, dos negócios jurídicos, cujos efeitos derivam da declaração jurídico-negocial manifestada no ato[144]. No campo processual, a vontade tem papel diminuto[145], sem embargo de existente, sobretudo nos atos postulatórios[146]. Assim, a parte, ao formular um pedido, exprime a sua vontade quanto ao conteúdo possível da decisão. A vontade, pois, pode ter influência na interpretação no pedido, entretanto, com menor força do que no direito material[147]. Nas relações negociais, em regra, há um único

---

143 O dispositivo permite entabular negócios jurídicos nos processos que versem acerca de direitos que admitam autocomposição antes ou durante o seu curso. O intrincado problema das regras sobre sua interpretação não serão objeto de análise, haja vista que não interessa ao tema tratado no presente trabalho.

144 Cf. CARVALHO, Milton Paulo de. *Do pedido no processo civil*. Porto Alegre: Sérgio Antonio Fabris, 1992, p. 117; GOLDSCHMIDT, James. *Princípios gerais do processo civil*. Tradução de Hiltomar Martins Oliveira. Belo Horizonte: Líder, 2004, p. 80.

145 Negando a importância da consideração da vontade nos atos processuais, LIEBMAN, Enrico Tullio. *Manual de direito processual civil*, v. I. Intelectos: Tocantins, 2003, p. 196; SATTA, Salvatore. *Direito processual civil*, v. I. Tradução Ricardo Rodrigues Gama. Campinas: LZN, 2003, p. 301. Paula Costa e Silva assinala a consagração pela doutrina do dogma da irrelevância da vontade nos atos processuais, "estando vedado o recurso a elementos estranhos à declaração". A parte teria a opção de praticar, ou não, o ato, produzindo-se da sua escolha os efeitos predeterminados pelo legislador (*Acto e processo – o dogma da irrelevância da vontade na interpretação e nos vícios do acto postulativo*. Coimbra: Coimbra, 2003, p. 19-20).

146 COSTA E SILVA, Paula, *Acto e processo – o dogma da irrelevância da vontade na interpretação e nos vícios do acto postulativo*. Coimbra: Coimbra, 2003, p. 44.

147 Paula Costa e Silva defende que o "acto processual da parte está submetido ao regime de interpretação do acto jurídico unilateral, negocial e formal, não havendo que se construir qualquer regime especial de interpretação para aquele tipo de acto". Conclui, ao fim do seu substancioso trabalho, que o dogma da irrelevância da vontade aplica-se ao ato de postulação na mesma medida em que incidente na regulação de todos os demais tipos de atos jurídicos unilaterais, negociais e formais, ou seja, a vontade é relevante nos mesmos termos para o ato praticado no processo ou fora dele (*Acto e processo – o dogma da irrelevância da vontade na interpretação e nos vícios do acto postulativo*. Coimbra: Coimbra, 2003, p. 450-451). Claudio Consolo aduz que a interpretação dos elementos da demanda deve observar as regras aplicáveis aos atos singulares e concretos, notadamente aque-

destinatário da manifestação da vontade, que, ordinariamente, conhece as circunstâncias de sua emissão. Nos atos processuais, são ao menos dois, a parte adversa e o juiz, os quais, contrariamente, nem sempre tem conhecimento das circunstâncias da declaração de vontade.

Havendo dúvida acerca do pedido, o juiz deve, incontinenti, concitar a parte a levar a efeito seu aclaramento, o que vem ao encontro do disposto pelo artigo 6º. Assim, deve determinar a emenda ou complementação da petição inicial (artigo 321, *caput*), bem como, se o caso, designar audiência, com a possibilidade de inquirir o próprio autor sobre seus termos (artigos 139, inciso VIII, e 357, §3º). A intepretação autêntica do ato, ou seja, aquela realizada pela parte que o praticou, deve prevalecer[148]. Entretanto, a providência nem sempre é passível de adoção, especialmente, em segundo grau de jurisdição. Logo, duas regras hermenêuticas devem ser observadas: prevalência do sentido apreendido pelas partes e, na existência de controvérsia, preponderância da vontade manifestada sobre a real intenção do praticante do ato[149]. O juiz está necessariamente alheio à relação material havida e, por conseguinte, "existindo uma convergência das partes quanto ao sentido que devem ser compreendidos os comportamentos processuais", é-lhe defeso consagrar entendimento oposto[150]. Contudo, diversamente do disposto pelo artigo 112 do Código Civil, que trata da declaração de vontade nos

les que disciplinam a interpretação dos negócios jurídicos, salvo quando pressupõem a bilateralidade do ato, em contraposição aos atos normativos de caráter geral e abstrato. Entretanto, não devem incidir, em regra, as disposições que se atentam à formação e manifestação da vontade e, assim, aos vícios de vontade e à disciplina da simulação, ressalvada a hipótese de processos constitutivos, em que a manifestação de vontade volta-se, como na civilistica genuína, à produção de um efeito modificativo, tendo, pois, índole negocial (Domanda giudiziale. *Digesto delle discipline privatistiche – sezione civile*, v. VII, Torino: UTET, 1998, p. 53-54). Em direção contrária, James Goldschmidt propugna a impossibilidade de aplicação do regime dos atos jurídicos de direito privado aos atos processuais, especialmente dos negócios jurídicos, devendo se dar sua valoração em conformidade à sua idoneidade de produzir efeitos (*Princípios gerais do processo civil*. Tradução de Hiltomar Martins Oliveira. Belo Horizonte: Líder, 2004, p. 80-81). Igualmente, Emilio Betti afirma que "seja qual for a classe a que pertençam, os atos processuais não são regulados por outra lei além daquela processual. Inadmissível é uma aplicação, ainda que analógica, de normas especificas do direito privado" (*Interpretação da lei e dos atos jurídicos*. Tradução Karina Jannini. São Paulo: Martins Fontes, 2007, p. 338).

148 Cf. COSTA E SILVA, Paula, *Acto e processo – o dogma da irrelevância da vontade na interpretação e nos vícios do acto postulativo*. Coimbra: Coimbra, 2003, p. 404-405.

149 Cf. *Idem*. *Ibidem*, p. 445-446.

150 *Idem*. *Ibidem*, p. 377.

atos da vida civil, divergindo as partes, como corolário da necessidade de se garantir o contraditório e a ampla defesa, a vontade declarada deve sobrepujar a vontade desejada como critério de interpretação do pedido[151]. O ato do juiz de interpretação da vontade da parte ao deduzir seu pedido se sujeita ao contraditório, evitando decisões surpresas, e admite impugnação[152].

A exegese do pedido deve ser feita com recurso à exposição da causa de pedir que esteia a pretensão exercida ou de outros elementos da peça de postulação para o seu alcance[153]. Nesta medida, o pedido implícito é admissível. Da tradição forense a elaboração da petição inicial iniciando-se pela indicação e qualificação das partes, seguindo-se pela exposição dos fundamentos de fato e de direito, e findando-se com a formulação do pedido ou dos pedidos e dos demais requerimentos (citação do réu, protesto pela produção de provas, etc.). Na hipótese de veiculação concreta da pretensão na parte da peça processual que não aquela destinada à sua explicitação, em desrespeito a melhor técnica, há que se acolher o pedido implicitamente formulado, contanto inexista prejuízo ao exercício do contraditório e da ampla defesa pela parte adversa.

Como exemplo, alega-se a inexistência de relação jurídica entre as partes e pede-se a supressão da inscrição do nome do autor como inadimplente e a reparação dos danos morais suportados. Evidentemente, implícita a pretensão de declaração de inexigibilidade do débito. Pede-se,

---

151 Peremptoriamente, leciona Emilio Betti, que "nos atos processuais, os vícios do elemento subjetivo não têm, em linha de princípio, aquela relevância que possuem nos negócios jurídicos de direito privado", porquanto "para o ordenamento processual, também é indiferente se à declaração da parte corresponde efetivamente uma intenção e justamente a intenção declarada" (*Interpretação da lei e dos atos jurídicos*. Tradução Karina Jannini. São Paulo: Martins Fontes, 2007, p. 338). Como anota Paula Costa e Silva, vige, majoritariamente, na doutrina, a posição segundo a qual "ao acto processual deverá ser fixado o sentido que tenha apoio na forma, estando vedado o recurso a elementos extrínsecos ao próprio acto. A natureza estritamente formal destes actos, impediria que se pudesse considerar uma vontade diversa daquela que teria sido manifestada no acto. Por outro lado, sendo os actos das partes declarações recipiendas, deverá dar-se prevalência ao sentido que o declaratário possa inferir da declaração" (*Acto e processo – o dogma da irrelevância da vontade na interpretação e nos vícios do acto postulativo*. Coimbra: Coimbra, 2003, p. 367).

152 Cf. CONSOLO, Claudio. Domanda giudiziale. *Digesto delle discipline privatistiche – sezione civile*, v. VII, Torino: UTET, 1998, p. 54.

153 Cf. CARVALHO, Milton Paulo de. *Do pedido no processo civil*. Porto Alegre: Sérgio Antonio Fabris, 1992, p. 95 e 119; CRUZ E TUCCI, José Rogério. *Comentários ao Código de Processo Civil*, v. VII. Coordenação GOUVÊA José Roberto Ferreira; BONDIOLI, Luís Guilherme Aidar; FONSECA, João Francisco Naves da. São Paulo: Saraiva, 2016, p. 89-90.

em ação cautelar, a sustação de protesto de título de crédito e, em ação principal, a nulidade deste. Da mesma forma, implícita a pretensão de cancelamento do ato cambial. A sentença, nestes casos, deve dar guarida às pretensões, a despeito da ausência de pedido expresso.

Portanto, a formulação do pedido não precisa dar-se, exclusivamente, no item "do pedido"[154]. Pode advir, implicitamente, dos fatos narrados e dos fundamentos jurídicos levantados na petição inicial[155], como, agora, vem expresso no artigo 322, §2º, que impõe a consideração do conjunto da postulação na interpretação do pedido. Não se pode permitir, entretanto, que o pedido seja ocultado pelo demandante, tampouco formulado intencionalmente de forma que venha a prejudicar o exercício do contraditório e da ampla defesa pelo demandado. Dai a imposição da regra hermenêutica de boa-fé imposta como informadora da recepção do ato de postulação[156].

Correção monetária, juros legais[157], honorários advocatícios e outros encargos gerados pela sucumbência, parcelas vincendas, sanção por litigância de má-fé, entre outros, são efeitos produzidos pela lei, em que pese a ausência de pedido pela parte (artigos 81, *caput*, 82, §2º, 322, §1º, 323)[158]. Prescindindo de requerimento do litigante, a declaração de

---

154 Cf. MACHADO, Marcelo Pacheco. *Demanda e tutela jurisdicional: estudo sobre forma, conteúdo e congruência*. Tese de Doutorado. São Paulo: Faculdade de Direito da Universidade de São Paulo, 2013, p. 139.

155 Na lição de Paula Costa e Silva, "na fixação do sentido da exteriorização deve o intérprete procurar o pensamento, que na exteriorização se alberga, não se limitando a uma interpretação semântica do texto". O "sentido do texto, enquanto unidade, não corresponderá à soma do sentido das diversas parcelas que o compõem. Pelo que o texto deve ser interpretado no seu conjunto e, se se integrar numa ordem mais vasta, deve ser interpretado no conjunto dessa mesma ordem". O "texto surge num dado contexto e é pensado num dado contexto. Este contexto auxiliará o intérprete na busca do sentido da exteriorização" (*Acto e processo – o dogma da irrelevância da vontade na interpretação e nos vícios do acto postulativo*. Coimbra: Coimbra, 2003, p. 350).

156 Cf. BONIZZI, Marcelo José Magalhães. *Princípios do processo no novo Código de Processo Civil*. São Paulo: Saraiva, 2016, p. 50-52.

157 Os juros podem ser compensatórios e moratórios. Os primeiros representam a remuneração pela utilização do capital alheio. Os segundos consistem penalização pelo adimplemento imperfeito ou inadimplemento de uma obrigação. Em regra, os juros compensatórios são convencionais, embora possam decorrer da lei, enquanto os juros moratórios decorrem da lei ou do contrato (GONÇALVES, Carlos Roberto. *Direito civil brasileiro*, v. II. 3. ed. São Paulo: Saraiva, 2007, p. 379).

158 Cf. CHIOVENDA, Giuseppe. *Principios de derecho procesal civil*, t. II. Tradução José Casáis y Santaló. Madrid: Editorial Reus, 1925, p. 407; DINAMARCO, Cândido Rangel. *Instituições de direito processual civil*, v. II. 2. ed. São Paulo: Malheiros, 2002, p. 659; TJÄDER, Ricardo Luiz da Costa. *Cumulação eventual de pedidos*. Porto Alegre: Livraria do Advogado, 1998, p. 28; STF, Súmula n. 256.

vontade é indiferente à sua guarida na decisão judicial. Todavia, ausente pronunciamento do julgador, não poderá o vencedor executar o vencido, sob o fundamento de condenação implícita ou exigi-los por meio da propositura de demanda diversa[159]. Assente que "condenação 'implícita' é condenação *inexistente*"[160], faltando, pois, título executivo para o cumprimento de sentença. Ficam, no entanto, ressalvados os honorários advocatícios de sucumbência, uma vez que, caso omissa sua fixação na decisão transitada em julgado, remanesce ao advogado o direito autônomo de ação para o exercício da pretensão de sua apuração e cobrança (artigo 85, §18)[161].

A imposição de certeza e determinação do pedido e sua correlação com a sentença obstam ao julgador dar à parte mais ou menos ou, então, coisa diversa do que pediu, salvo expressa disposição legal. Ilumina a disciplina da matéria os princípios da inércia jurisdicional ou da demanda e, sobretudo, do contraditório e da ampla defesa[162], os quais o legislador visa sistematicamente a preservar. Definitivamente, a intepretação extensiva do pedido ou a admissão da prolação de sentença para além dos seus limites permitiria ao aparato estatal imiscuir-se na esfera individual das partes sem provocação e prejudicaria o exercício pelo réu da sua defesa, impedindo se opusesse adequadamente à pretensão exercida.

---

159 Cf. BARBOSA MOREIRA, José Carlos, Ações cumuladas. Necessidade de julgamento explícito de todas. *Temas de direito processual*, 2. série. 2. ed. São Paulo, Saraiva, 1988, p. 138.

160 *Idem. Ibidem*, p. 143.

161 Destarte, cai por terra o entendimento jurisprudencial segundo o qual não poderia o vencedor cobrá-los em ação própria (cf. STJ, Súmula n. 453).

162 Cf. CRUZ E TUCCI, José Rogério. *Comentários ao Código de Processo Civil*, v. VII. Coordenação GOUVÊA José Roberto Ferreira; BONDIOLI, Luís Guilherme Aidar; FONSECA, João Francisco Naves da. São Paulo: Saraiva, 2016, p. 85; DINAMARCO, Cândido Rangel. O conceito de mérito em processo civil. *Fundamentos do processo civil moderno*, t. I. 6. ed. São Paulo: Malheiros, 2010, p. 299-348, p. 304-305; TJÄDER, Ricardo Luiz da Costa. *Cumulação eventual de pedidos*. Porto Alegre: Livraria do Advogado, 1998, p. 26-27. Especificamente, avultando a importância do contraditório e da ampla defesa frente ao princípio da inércia jurisdicional ou da demanda no que toca à certeza e determinação do pedido, à sua interpretação restritiva e à necessidade de adstrição da sentença aos seus limites, BARBOSA MOREIRA, José Carlos. Correlação entre pedido e sentença. *Revista de Direito do Tribunal de Justiça do Estado do Rio de Janeiro*. Rio de Janeiro: Tribunal de Justiça do Estado do Rio de Janeiro, v. 26, p. 52-59, janeiro a março 1996, *passim*; BEDAQUE, José Roberto dos Santos. Os elementos objetivos da demanda examinados à luz do contraditório. *Causa de pedir e pedido no processo civil: questões polêmicas*. Coordenação BEDAQUE, José Roberto dos Santos; CRUZ E TUCCI, José Rogério. São Paulo: Revista Tribunais, 2002, p. 13-52, p. 34-35.

Todos os efeitos decorrentes da lei são exceções à regra da congruência, adstrição ou correlação entre o provimento jurisdicional e a demanda e devem ser objeto da decisão de mérito. Há efeitos, no entanto, que derivam por imperativo legal da mera prolação do provimento jurisdicional, independendo não só de pedido da parte, mas também de pronunciamento expresso do juiz no bojo do ato. São os denominados "efeitos secundários da sentença"[163]. Assim se constata na hipoteca judiciária, valendo a decisão condenatória ao pagamento de prestação em dinheiro e a que converte a obrigação de fazer, não fazer ou dar coisa em prestação pecuniária como títulos aptos à sua constituição, por força do artigo 495, *caput*[164]. De clareza solar neste sentido o §2º do dispositivo, que proclama que a hipoteca judiciária poderá ser realizada mediante apresentação de cópia da sentença perante o cartório de registro imobiliário, independentemente de ordem judicial, de declaração expressa do juiz ou de demonstração de urgência.

Admite-se, ainda, sem expressa previsão legal, excepcionalmente, a produção pela sentença de alteração na esfera de direitos e obrigações das partes sem pedido expresso por qualquer delas. São efeitos que decorrem da natureza da relação jurídica que foi modificada pelo próprio julgamento. Verifica-se, por exemplo, na resolução do contrato. Em razão da restauração das partes ao *status quo ante* por imposição do direito material, a devolução das prestações recebidas por cada contratante é de rigor. Do mesmo modo, ocorre na ação rescisória de uma sentença já executada. Uma vez julgada procedente, os valores levantados pelo exequente devem ser repetidos, sem a necessidade de prévio processo de conhecimento.

O efeito que se produz pela lei ou que deriva da natureza da relação de direito material não admite sua qualificação como pedido implícito. O pedido tem por origem a declaração de vontade e, assim, exige, necessariamente, sua formulação pela parte, conquanto possível depreendê-lo da sua peça de postulação[165].

---

163 LIEBMAN, Enrico Tullio. *Eficácia e autoridade da sentença e outros escritos sobre a coisa julgada material*. Tradução Alfredo Buzaid, Benvindo Aires e, dos textos posteriores a 1945, Ada Pellegrini Grinover. 4. ed. Rio de Janeiro: Forense, 2007, p. 72.

164 Cf. BARBOSA MOREIRA, José Carlos, Ações cumuladas. Necessidade de julgamento explícito de todas. *Temas de direito processual*, 2. série. 2. ed. São Paulo, Saraiva, 1988, p. 133-145, p. 143.

165 Cf. MACHADO, Marcelo Pacheco. *Demanda e tutela jurisdicional: estudo sobre forma, conteúdo e congruência*. Tese de Doutorado. São Paulo: Faculdade de Direito da Universidade de São Paulo, 2013, p. 145.

1.3. Estabilização dos elementos objetivos da demanda

Na generalidade dos ordenamentos jurídicos, ressalvadas as exceções expressamente previstas, os elementos demanda não podem ser modificados a partir de determinado momento processual. A estabilização tem por finalidade determinar a matéria que será objeto do contraditório, da prova e da sentença; possibilitar o reconhecimento da conexão e da prejudicialidade, evitando julgamentos conflitantes; obstar nova propositura da mesma demanda[166]. Impede a provocação de prejuízo à parte demandada e à administração da justiça. Este estudo, diante da sua influência sobre o tema proposto, focará na disciplina da estabilização da causa de pedir e do pedido.

Em conformidade ao Código de Processo Civil Alemão, uma vez estabilizada, é possível a modificação da demanda com limitação. É admitida se o demandado se mostra concorde e o tribunal a estima conveniente, antevendo que a alteração evitará a instauração de um novo processo (§ 263). Na lição de Othmar Jauernig, é presumido o consentimento do demandado se, na tratativa oral, tomar posição sobre as novas alegações, sem impugnar a alteração da demanda, embora não venha a reconhecê-la expressamente[167]. Contudo, segundo Leo Rosenberg, a concordância não adviria da ausência de sua oposição expressa[168]. Adolf Schönke aduz que a limitação da possibilidade de modificação da demanda tem por fundamento proteger o demandado, além de permitir um desfecho célere ao processo. Porém, não deve servir para dificultar desnecessariamente a gestão do processo, mostrando-se conveniente se com ela se decida definitivamente a matéria em discussão entre as partes e se evite um possível novo litígio, ainda que dificulte a defesa do demandado ou haja a necessidade de dilação probatória[169]. Na mesma linha de ideias, Othmar Jauernig afirma que deve ser determinante para o julgador que a modificação permita que o litígio seja resolvido no processo em curso, evitando-se a instauração de outro para sua solução, sobretudo se a matéria permanecerá praticamente a mesma[170]. Não se considera modi-

166 Cf. OLIVA SANTOS, Andrés de la. *Objeto del proceso y cosa juzgada en el proceso civil*. Madrid: Civitas, 2005, p. 67.

167 *Direito processual civil*. 25. ed., totalmente refundida, da obra criada por Friedrich Lent. Tradução F. Silveira Ramos. Coimbra: Almedina, 2002, p. 232.

168 *Tratado de derecho procesal civil*, t. II. Tradução Angela Romera Vera. Buenos Aires: Ediciones Jurídicas Europa-América, 1955, p. 387-388.

169 *Direito processual civil*. Tradução Karina Andrea Fumberg, Vera Longuini e Diego Alejandro Fabrizio. Campinas: Romana, 2003, p. 231-232 e 235.

170 *Direito processual civil*. 25. ed., totalmente refundida, da obra criada por Friedrich Lent. Tradução F. Silveira Ramos. Coimbra: Almedina, 2002, p. 232.

ficação da demanda a retificação ou complementação das alegações de fato e de direito das partes, a ampliação ou limitação do pedido relativo à pretensão principal ou às pretensões acessórias; e a alteração do objeto do pedido, em virtude de mudança ocorrida posteriormente à sua formulação (§ 264). Em primeiro grau, a permissão introdução de meios de ataque e defesa que não foram, oportunamente, deduzidos submete-se às ressalvas consagradas no § 296. Diz-se que as preclusões "são compatíveis com o direito de ser ouvido, porque o seu afastamento só é admissível se a alegação foi atrasada de modo censurável e, além disso, a sua tomada em consideração atrasaria o processo"[171].

A *Ley de Enjuiciamiento Civil* Espanhola flexibiliza a possibilidade de alteração dos elementos da demanda[172]. Veda a *mutatio libelli* após a oferta da demanda, da contestação e de eventual reconvenção (artigo 412, 1), a fim de garantir o exercício de sua defesa pelo demandado e o desenvolvimento ordenado do procedimento[173]. Até a oferta da contestação, o autor pode cumular pedidos ou dirigir aqueles realizados contra novos réus (artigo 401, 2). Na audiência prévia, os litigantes, sem alterar substancialmente as pretensões e seus fundamentos, podem efetuar alegações complementares em relação ao exposto pela parte adversa ou aclarar as alegações que formularam e retificar os limites secundários de suas pretensões (artigo 426, 1 e 2). Podem ser formulados pedidos acessórios ou complementares, caso concorde a parte adversa ou, opondo-se, decida o juiz que sua veiculação, na ocasião, não a impede de exercer sua defesa em condições de igualdade (artigo 426, 3). Os aclaramentos ou retificações da petição inicial ou da contestação podem ser determinados, de ofício, pelo julgador (artigo 426, 6).

O Código de Processo Civil Italiano adotou um modelo mais rígido de estabilização da demanda, com a entrada em vigor, em 1994, da Lei n. 353/90, que alterou o regime que vigorava desde 1950. Permitiu que as partes deduzissem novas alegações, novos pedidos e novas exceções, como regra, somente até a primeira audiência. A modificação legislativa introduzida impôs a necessidade de determinação do bem da vida ou nova situação jurídica objeto da demanda na petição inicial, com seu respectivo pedido, bem como de exposição dos fatos e dos fundamentos jurídicos que a esteiam (artigo 163, 3 e 4). De seu turno, exigiu a for-

171 JAUERNIG, Othmar. *Direito processual civil*. 25. ed., totalmente refundida, da obra criada por Friedrich Lent. Tradução F. Silveira Ramos. Coimbra: Almedina, 2002, p. 375.

172 Cf. OLIVA SANTOS, Andrés de la. *Objeto del proceso y cosa juzgada en el proceso civil*. Madrid: Civitas, 2005, p. 72-73.

173 Cf. MONTERO AROCA, Juan; GÓMEZ COLOMER, Juan Luis; BARONA VILAR, Silvia; CALDERÓN CUADRADO, Maria Pía. *Derecho jurisdiccional*, v. II. 23. ed. Valência: Tirant lo Blanch, 2015, p. 332.

mulação pelo réu, em sua resposta, de todas as suas defesas, tomando posição sobre os fatos postos pelo autor em apoio à sua demanda (artigo 167). Na primeira audiência designada para comparecimento e discussão do processo, as partes podem precisar e modificar a demanda, as exceções e os pedidos já formulados (artigo 183)[174]. Para alguns, a *emendatio libelli* é livre, enquanto a *mutatio libelli* exige autorização do juiz[175]. Para outros, tanto o mero aclaramento quanto a alteração das demandas e exceções ficam ao exclusivo alvedrio das partes[176]. Entretanto, não obstante a parte poder precisar ou modificar sua demanda, defeso alterar sua essência individualizadora[177]. Como anota Giuseppe Tarzia, a interpretação dada pela doutrina à matéria da estabilização da demanda não é unânime. Enquanto "alguns autores entendem que existe, ao menos para o réu, o princípio da eventualidade, outros se orientaram em favor de uma interpretação inspirada ao princípio da 'trattazione' oral". Assim, estes admitem que "as partes possam alegar ulteriores fatos, também não dependentes daqueles alegados pela parte contrária, como conseqüência do desenvolvimento dialético do processo"[178]. Andrea Proto Pisani, por exemplo, considera possível a dedução pelo autor de *reconventio reconventionis*, demanda declaratória incidental (artigo 34) e novas exceções que são consequências das defesas, independentemente de serem relativas à mesma relação jurídica em que se funda a demanda originária; ao passo que o réu pode veicular novas exceções que decorram da réplica[179]. De todo modo, a preclusão abarcaria somente os fatos

---

174 "Parece clara, pois, a diretiva ao Juiz a fim de que autorize largamente a *emendatio* de demanda, exceções e conclusões. A *emendatio* poderá parecer oportuna aos defensores não só com base nos resultados do interrogatório e do 'colóquio processual' instaurado, ou de qualquer situação, que justifique o atraso, mas também com base em um repensamento da linha defensiva" (TARZIA, Giuseppe. O novo processo civil de cognição na Itália. Tradução Clayton Maranhão. *Revista da Associação dos Juízes do Rio Grande do Sul*. Porto Alegre: Departamento Revista da AJURIS, n. 65, p. 73-91, novembro de 1995, p. 79).

175 Cf. TARZIA, Giuseppe. O novo processo civil de cognição na Itália. Tradução Clayton Maranhão. *Revista da Associação dos Juízes do Rio Grande do Sul*. Porto Alegre: Departamento Revista da AJURIS, n. 65, p. 73-91, novembro de 1995, p. 79.

176 Cf. PROTO PISANI. Andrea. *Lezioni di diritto processuale civile*. Atualização Remo Caponi. 6. ed. Napoli: Jovene, 2014, p. 97.

177 Cf. CONSOLO, Claudio. *Mutatio libelli*: l'accettazione tacita o presunta e l'eccezione di domanda nuova, ovvero di un construtto giurisprudenziale incoerente. *Rivista di Diritto Processuale*. Padova: CEDAM, n. 45, p. 620-649, 1990, p. 626.

178 O novo processo civil de cognição na Itália. Tradução Clayton Maranhão. *Revista da Associação dos Juízes do Rio Grande do Sul*. Porto Alegre: Departamento Revista da AJURIS, n. 65, p. 73-91, novembro de 1995, p. 80.

179 *Lezioni di diritto processuale civile*. Atualização Remo Caponi. 6. ed. Napoli: Jovene, 2014, p. 96.

principais, isto é, constitutivos, modificativos, impeditivos ou extintivos do direito e as exceções não cognoscíveis de ofício, de modo que os fatos secundários e as exceções cognoscíveis de ofício por ela não seriam acobertados[180].

O Código de Processo Civil Português estabelece a estabilização da demanda com a citação do réu, não admitindo a alteração das partes, da causa de pedir e do pedido, salvo as exceções legais (artigo 260). A estabilidade não se confunde, porém, com imutabilidade[181]. É, então, permitida a modificação da demanda, em primeiro e segundo grau de jurisdição, pelo acordo entre as partes, desde que não atravanque a instrução, debate e o julgamento do processo (artigo 264). Na falta de acordo, é lícita alteração ou ampliação da causa de pedir, em razão da confissão feita pelo réu e aceita pelo autor; a redução do pedido em qualquer estágio processual; e a ampliação do pedido até ao encerramento do procedimento em primeiro grau, caso seja desenvolvimento ou a consequência do pedido primitivo (artigo 265, 1 e 2).

No Brasil, nas Ordenações Afonsinas, Manuelinas e Filipinas, o sistema processual era flexível. O libelo deveria conter o nome das partes, a narração do fato, a exposição do direito ou causa de pedir e a conclusão[182]. Entretanto, admitia-se que os litigantes deduzissem novos fatos durante a marcha do processo, inclusive no recurso de apelação contra sentenças definitivas[183]. Havia, porém, quem entendesse que o aditamento do libelo poderia ocorrer somente até a litiscontestação, ressalvando-se o aclaramento de dúvidas e a correção de erros que contivesse, que seria permitido até o julgamento da causa[184]. O Regulamento n. 737, de 25 de novembro de 1850, que sucedeu as Ordenações do Reino, com a extensão da sua aplicação a todas as causas civis pelo Decreto n. 763, de 19 de setembro de 1890, não dispôs sobre a possibilidade de alteração da causa de pedir e do pedido. A rigidez da fixação dos elementos objetivos da demanda veio somente em alguns códigos estaduais posteriores,

---

180 TARZIA, Giuseppe. O novo processo civil de cognição na Itália. Tradução Clayton Maranhão. *Revista da Associação dos Juízes do Rio Grande do Sul*. Porto Alegre: Departamento Revista da AJURIS, n. 65, p. 73-91, novembro de 1995, p. 80; PROTO PISANI. Andrea. Appunti sull'appello civile (alla stregua della L. 353/90). *Il Foro Italiano*, Roma: Società Editrice Il Foro Italiano, n. 117, p. 193-209, 1994, p. 201.

181 Cf. PIMENTA, Paulo. *Processo civil declarativo*. Coimbra: Almedina, 2015, p. 164.

182 Cf. PEREIRA E SOUSA, Joaquim José Caetano. *Primeiras linhas sobre o processo civil*, t. I. Lisboa: Typografia Rollandiana, 1863, p. 75.

183 Cf. *Idem. Ibidem*, p. 21.

184 Cf. PAULA BAPTISTA, Francisco de. *Compendio de theoria e pratica do processo civil comparado com o commercial e de hermeneutica jurídica, para uso das faculdades de direito do Brasil*. 6. ed. Rio de Janeiro: H. Garnier Livreiro-Editor, 1901, p. 128.

sendo definitivamente consagrada no Código de Processo Civil de 1939, em seu artigo 181, *caput*, segundo o qual, "apresentada a contestação, o autor não poderá, sem consentimento do réu, alterar o pedido ou sua causa, nem desistir da ação".

No Código de Processo Civil de 1973, o artigo 294 dispunha que, antes da citação, o autor poderia aditar o pedido. O artigo 264, *caput*, estabelecia que, com a citação, consumar-se-ia a estabilização da demanda, de modo que defesa a modificação da causa de pedir e do pedido, salvo consentimento do réu, mantendo-se as mesmas partes, ressalvadas as alterações subjetivas autorizadas pela lei. O parágrafo único do mesmo dispositivo legal obstava a variação dos elementos objetivos da demanda, mesmo com o consentimento do réu, depois de saneado o processo.

No Código de Processo Civil de 2015, a disciplina da estabilização dos elementos objetivos da demanda não foi substancialmente alterada. Autoriza o artigo 329, inciso I, ao autor aditar ou alterar o pedido ou a causa de pedir até a citação, independentemente de consentimento do réu. Após a triangularização da relação processual, o artigo 329, inciso II, permite ao autor aditar ou alterar o pedido e a causa de pedir até o saneamento do processo, desde que com consentimento do réu, assegurado o contraditório mediante a possibilidade de manifestação deste no prazo mínimo de quinze dias, facultado o requerimento de prova suplementar. Então, depois do saneamento, a modificação dos elementos objetivos da demanda é vedada, afora as exceções consagradas pelo legislador.

Todavia, mesmo nas hipóteses em que admitida, a alteração da causa de pedir não é irrestrita. Não comporta mudança, em nenhuma hipótese, o fato constitutivo do direito apto a modificar a essência da demanda[185]. Em consequência, cobrando o autor do réu o pagamento da quantia de R$10.000,00 com base em contrato de mútuo, não se concebe que, posteriormente, alegue que, em verdade, a natureza do seu crédito deriva da compra e venda de um bem. Para pleitear o valor, imprescindível a instauração de outro processo, com a dedução de nova demanda.

Paralelamente à disciplina da estabilização da demanda logo no fecho da fase postulatória, acolheu o vigente sistema processual civil brasileiro a regra da eventualidade e adotou um regime severo de preclusões. Exige a arguição pelo réu, em sua contestação, de toda a matéria de defesa, expondo as razões de fato e de direito a amparar sua oposição ao pedido de tutela jurisdicional (artigo 336). Impõe a suscitação de nu-

185 Cf. CARVALHO, Milton Paulo. Pedido novo e aditamento do pedido. O art. 294 do Código de Processo civil na sua nova redação. *Processo civil, evolução, 20 anos de vigência*. Coordenação CRUZ E TUCCI, José Rogério. São Paulo: Saraiva, 1995, p. 169-177, p. 172; CRUZ E TUCCI, José Rogério. *A* causa petendi *no processo civil*. 3. ed. São Paulo: Revista Tribunais, 2009, p. 159 e 198.

lidade relativa na primeira oportunidade de manifestação da parte nos autos (artigo 278, *caput*), torna de rigor a instrução da petição inicial e da resposta à demanda com os documentos destinados à prova da alegação das partes (artigo 434, *caput*)[186], assim como veda a rediscussão de questões já decididas sobre as quais se consumou a preclusão (artigo 507). Adotado, pois, um modelo processual rígido no sistema processual brasileiro vigente.

1.4. O mérito e o objeto do processo civil

Os estudos do processo civil repousaram por muito tempo no Brasil, sobretudo, no direito de ação e seus corolários. Não se negam os avanços da ciência processual ao assumir, definitivamente, vestes de autonomia frente aos demais ramos do direito. Contudo, a exacerbação da técnica gerou prejuízo à efetividade do processo, com seu distanciamento do direito material, o que não a isentou de críticas[187].

---

186 De se anotar que o disposto pelo artigo 434, *caput* merece interpretação consentânea com o artigo 320, atenuando a rigidez da preclusão da produção da prova documental, de sorte a se admitir, ressalvada a verificação de má-fé a fim de dificultar o exercício do contraditório pelo *ex adverso*, a juntada de documentos até a audiência de instrução e julgamento.

187 Fábio Peixinho Gomes Corrêa, criticando a adoção da ação como polo metodológico do processo e propugnando o retorno à noção de tutela jurisdicional, bem afirma que o "que importa acima de tudo, para a vida das pessoas, são os resultados do exercício da jurisdição, não só da ação" (*O objeto litigioso no processo civil.* São Paulo: Quartier Latin, 2009, p. 39). Como anota Kazuo Watanabe, "uma das vertentes mais significativas das preocupações dos processualistas contemporâneos é a da efetividade do processo como instrumento da tutela de direitos. Do conceptualismo e das abstrações dogmáticas que caracterizam a ciência processual e que lhe deram foros de ciência autônoma, partem hoje os processualistas para a busca de um instrumentalismo mais efetivo do processo (...). É a tendência ao instrumentalismo que se denominaria substancial em contraposição ao instrumentalismo meramente nominal ou formal" (*Cognição no processo civil.* 4. ed. São Paulo: Saraiva, 2012, p. 19-20). Fundada a tradição processual brasileira nos elementos na ação, não é o caso de abandoná-los. Entretanto, as formas de tutela do direito material devem suplantar a importância da ação, sobrepondo-se o mérito às suas condições. Nessa esteira, a adoção da teoria da asserção tem se mostrado adequada, na prática, para aferição das condições da ação, impondo sua verificação, em regra, *in statu assertiones*, ou seja, segundo a afirmação da parte no seu ato postulatório inicial (cf. BEDAQUE, José Roberto dos Santos. *Poderes instrutórios do juiz.* 4. ed. São Paulo: Revista dos Tribunais, 2009. p. 52-53). Contudo, há que reconhecer a dificuldade da teoria no tratamento do interesse processual na tutela declaratória e, quando controvertida a exigibilidade do crédito, na tutela condenatória. Vejam-se aos casos as soluções propugnadas por José Roberto dos Santos Bedaque (*Efetividade do processo e técnica processual.* 2. ed. São Paulo: Malheiros, p. 301-309 e 320-324).

Na Alemanha, o foco, por sua vez, sempre foi o objeto litigioso do processo[188]. Há duas teorias acerca do objeto litigioso do processo no direito alemão: a teoria processual e a teoria substancial[189]. No século XIX, a doutrina processual alemã, malgrado a dificuldade de defini-lo exatamente, identificava o objeto litigioso do processo com o direito material afirmado pelo autor[190]. Contudo, a jurisprudência demonstrou com a aplicação das máximas *iura novit curia* e *da mihi factum dabo tibi ius* que a concepção substancial era demasiadamente estreita[191]. Como aponta Fritz Baur, com a sua consagração, "necessário seria reconhecer-se ao demandado o direito de propor uma reconvenção para a finalidade de constatar que a ação não é fundada, sob nenhum ponto-de-vista jurídico"[192]. Com a obra de Nikisch, datada de 1935, vigeu por muito tempo a noção puramente processual de objeto litigioso do processo, definido como a pretensão do autor individualizada pelos fatos que a fundamentam[193]. Veja-se a lição de Adolf Schönke, para quem o objeto litigioso é a pretensão processual, consistente na afirmação jurídica feita pelo autor, não se confundindo com a pretensão material, consagrada no §194 do Código Civil Alemão, correspondente à possibilidade de se exigir de outrem que se faça ou deixe de fazer alguma coisa[194].

O debate voltou à tona, em 1954, com a obra de Karl Heinz Schwab, que define o objeto litigioso como o pedido do autor com vistas ao pronunciamento de uma sentença de declaração, constituição ou condena-

---

188 Sobre a evolução do debate na ciência processual alemã acerca do objeto litigioso do processo, de forma pormenorizada, confira-se BUZAID, Alfredo. Da lide: estudo sobre o objeto litigioso. *Estudos e pareceres de direito processual civil.* São Paulo: Revista dos Tribunais, 2002, p. 72-132, *passim.*

189 Cf. HABSCHEID, Walther Jakob. L´oggetto del processo nel diritto processuale civile tedesco. Tradução Angela Loaldi. *Rivista di Diritto Processuale.* Padova: Cedam, n. 3, p. 454-464, 1980, p. 455.

190 Cf. HABSCHEID, Walther Jakob. L´oggetto del processo nel diritto processuale civile tedesco. Tradução Angela Loaldi. *Rivista di Diritto Processuale.* Padova: Cedam, n. 3, p. 454-464, 1980, p. 456.

191 Cf. HABSCHEID, Walther Jakob. L´oggetto del processo nel diritto processuale civile tedesco. Tradução Angela Loaldi. *Rivista di Diritto Processuale.* Padova: Cedam, n. 3, p. 454-464, 1980, p. 456.

192 Da importância da dicção "iuria novit curia". Tradução José Manoel de Arruda Alvim Netto. *Revista de Processo.* São Paulo: Revista dos Tribunais, n. 3, p. 169-177, julho a setembro de 1976, p. 172.

193 Cf. HABSCHEID, Walther Jakob. L´oggetto del processo nel diritto processuale civile tedesco. Tradução Angela Loaldi. *Rivista di Diritto Processuale.* Padova: Cedam, n. 3, p. 454-464, 1980, p. 456.

194 *Direito processual civil.* Tradução Karina Andrea Fumberg, Vera Longuini e Diego Alejandro Fabrizio. Campinas: Romana, 2003. p. 224.

ção, afirmando que só em alguns casos os fatos expostos para fins de fundamentação servem para individualizar, mas nunca com a consequência de se converterem em elemento do objeto litigioso do processo[195]. Walther Jakob Habscheid critica a posição, porque simplista e contrária ao ordenamento vigente na Alemanha, que, em seu § 253, 2, 2, exige a descrição do objeto e da causa da pretensão. Partindo da teoria processual, defende, então, uma noção de objeto litigioso do processo que é composta por duas partes: a pretensão do autor, a qual desponta de seus pedidos, e o estado de fato sobre o qual se baseia tal pretensão[196]. Generalizada, atualmente, a afirmação na doutrina alemã de que consiste o objeto litigioso do processo na pretensão processual, preponderando a concepção processual à concepção material[197].

Nessa ordem de ideais, o objeto litigioso do processo deve ser compreendido como sinônimo das pretensões processuais deduzidas pelo autor, assim como, quando autorizados pela lei, pelo réu e por terceiros, concretizadas em seus pedidos, mas aclaradas pela causa de pedir[198].

---

195 *El objeto litigioso en el proceso civil.* Tradução Tomas A. Banzhaf. Buenos Aires: Livraria dos Advogados, 1968, p. 244-245 e 251.

196 L´oggetto del processo nel diritto processuale civile tedesco. Tradução Angela Loaldi. *Rivista di Diritto Processuale.* Padova: Cedam, n. 3, p. 454-464, 1980, p. 457-459.

197 Cf. DINAMARCO, Cândido Rangel. O conceito de mérito em processo civil. *Fundamentos do processo civil moderno*, t. I. 6. ed. São Paulo: Malheiros, 2010, p. 299-348, p. 340. Ao passo que o presente estudo adota objeto litigioso do processo e objeto do processo, o autor emprega, na sua obra, respectivamente, objeto do processo e objeto do conhecimento do juiz para nomear idênticos institutos. A divergência, no entanto, é meramente terminológica.

198 Em senso diverso, colocando como elementos do objeto litigioso do processo tanto a causa de pedir quanto o pedido, CRUZ E TUCCI, José Rogério. A denominada "situação substancial" como objeto do processo na obra de Fazzalari. *Revista da Associação dos Juízes do Rio Grande do Sul.* Porto Alegre: Departamento Revista da AJURIS, n. 60, p. 63-77, março 1994, p. 74; FREDERICO MARQUES, José. *Manual de direito processual civil*, v. II. São Paulo: Saraiva, 1974, p. 45-46; MANDRIOLI, Crisanto. CARRATA, Antonio. *Diritto processuale civile*, v. I, 25. ed. Torino: G. Giappichelli, 2016, p. 180; SANCHES, Sidney. Objeto do processo e objeto litigioso do processo. *Revista de Jurisprudência do Tribunal de Justiça do Estado de São Paulo.* São Paulo: Tribunal de Justiça do Estado de São Paulo, n. 55, p. 13-28, novembro a dezembro de 1978, p. 24; SICA, Heitor Vitor Mendonça. *Cognição do juiz na execução civil.* São Paulo: Revista dos Tribunais, 2017, p. 100. Para Elio Fazzalari, sequer se poderia teorizar em torno de um objeto litigioso do processo, porque cada ato processual tem um conteúdo e um objeto, "no sentido de que a norma lhe determina para a avaliação, em abstrato, uma certa conduta como lícita ou devida", de sorte que o processo seria composto de uma série de conteúdos e de objetos diversos (*Instituições de direito processual.* Tradução Elaine Nassif. Campinas: Bookseller, 2006, p. 422-423).

Com o exercício de novas pretensões no curso da marcha processual, verifica-se a ampliação do objeto litigioso do processo[199]. A causa de pedir não integra o conceito de objeto litigioso do processo, porque o juiz dela conhece, mas decide apenas sobre o pedido[200]. Todavia, a *causa petendi* possui importância na sua determinação, a fim diferenciá-lo do objeto litigioso de processo diverso[201]. Pleiteada a condenação ao pagamento de R$10.000,00 em processos diversos, entre as mesmas partes, têm-se a aparente similitude entre os objetos litigiosos. De fato, o provimento jurisdicional aspirado é uma sentença condenatória e o bem da vida requerido é a quantia de R$10.000,00. Logo, para sua individuação, necessário o recurso aos fatos constitutivos do direito afirmado (*v.g.*, responsabilidade contratual e responsabilidade extracontratual, contrato de compra e venda e contrato de locação, contrato diferentes de mesma natureza, obrigações diversas decorrentes de um mesmo contrato).

O conceito de mérito é correlato às pretensões processuais exercidas e, portanto, ao objeto litigioso do processo[202]. Todo processo visa à prolação de um provimento jurisdicional a respeito de um bem da vida ou de nova situação jurídica, quer se cuide de tutela de conhecimento,

---

199 Cf. SANCHES, Sidney. Objeto do processo e objeto litigioso do processo. *Revista de Jurisprudência do Tribunal de Justiça do Estado de São Paulo*. São Paulo: Tribunal de Justiça do Estado de São Paulo, n. 55, p. 13-28, novembro a dezembro de 1978, p. 23. Giuseppe Chiovenda já reconhecia a formação progressiva do objeto litigioso do processo, com seu alargamento por meio do ajuizamento de ação declaratória incidental ou de reconvenção (*Instituições de direito processual civil*. Tradução Paolo Capitanio. 4. ed. Campinas: Bookseller, 2009, p. 91).

200 Cf. DINAMARCO, Cândido Rangel. O conceito de mérito em processo civil. *Fundamentos do processo civil moderno*, t. I. 6. ed. São Paulo: Malheiros, 2010, p. 299-348, p. 348; WATANABE, Kazuo. *Cognição no processo civil*. 4. ed. São Paulo: Saraiva, 2012, p. 115. Embora, igualmente, exclua a causa de pedir da definição do objeto litigioso do processo, Paulo Pimenta reputa que o integram somente os pedidos controvertidos (*Processo civil declarativo*. Coimbra: Almedina, 2015, p. 280-281).

201 Cf. JAUERNIG. Othmar. *Direito processual civil*. 25. ed., totalmente refundida, da obra criada por Friedrich Lent. Tradução F. Silveira Ramos. Coimbra: Almedina, 2002, p. 214; LEONEL, Ricardo de Barros. *Causa de pedir e pedido: o direito superveniente*. São Paulo: Método, 2006, p. 104.

202 Cf. BEDAQUE, José Roberto dos Santos. *Efetividade do processo e técnica processual*. 2. ed. São Paulo: Malheiros, 2007, p. 244 e 250; CORRÊA, Fábio Peixinho Gomes. *O objeto litigioso no processo civil*. São Paulo: Quartier Latin, 2009, p. 193; DINAMARCO, Cândido Rangel. O conceito de mérito em processo civil. *Fundamentos do processo civil moderno*, t. I. 6. ed. São Paulo: Malheiros, 2010, p. 299-348, p. 306; SCHWAB, Karl Heinz. *El objeto litigioso en el proceso civil*. Tradução Tomas A. Banzhaf. Buenos Aires: Livraria dos Advogados, 1968, p. 5.

cautelar ou de execução[203]. O mérito corresponde a esta pretensão exercida pela parte em busca de satisfação perante o Estado-juiz, por meio do processo.

A pretensão que compõe o mérito tem natureza processual, materializando-se no pedido[204]. Não se confunde com aquela de índole exclusivamente material retratada no artigo 189 do Código Civil[205]. A pretensão material refere-se à exigibilidade do direito violado ou da imposição de óbice à iminência de sua violação[206], ligando-se, exclusivamente, à tutela condenatória[207]. Tampouco se identifica com uma relação jurídica ou uma situação jurídica material das quais podem surgir diversas pretensões com aptidão de se constituírem como objetos litigiosos de diferentes processos[208]. A pretensão processual prescinde da existência do direito afirmado e pode ter caráter declaratório, positivo ou negativo, e constitutivo[209].

Nesse diapasão, a sentença ou decisão parcial que o julga deve decidir a integralidade das pretensões processuais, ou seja, do mérito, e não deve resolver aquilo que não o integra[210]. O juiz conhece de uma

---

203 Cf. DINAMARCO, Cândido Rangel. O conceito de mérito em processo civil. *Fundamentos do processo civil moderno*, t. I. 6. ed. São Paulo: Malheiros, 2010, p. 299-348, p. 324.

204 Cf. SCHWAB, Karl Heinz. *El objeto litigioso en el proceso civil*. Tradução Tomas A. Banzhaf. Buenos Aires: Livraria dos Advogados, 1968, p. 5-6.

205 Cf. BEDAQUE, José Roberto dos Santos. *Efetividade do processo e técnica processual*. 2. ed. São Paulo: Malheiros, 2007, p. 244; SCHWAB, Karl Heinz. *El objeto litigioso en el proceso civil*. Tradução Tomas A. Banzhaf. Buenos Aires: Livraria dos Advogados, 1968, p. 3; SICA, Heitor Vitor Mendonça. *Cognição do juiz na execução civil*. São Paulo: Revista dos Tribunais, 2017, p. 93-94.

206 Cf. CARVALHO, Milton Paulo de. *Do pedido no processo civil*. Porto Alegre: Sérgio Antonio Fabris, 1992, p. 77; GONÇALVES, Carlos Roberto. *Direito civil brasileiro*, v. I. 4. ed. São Paulo: Saraiva, 2007; p. 469-470; PEREIRA, Caio Mário da Silva. *Instituições de direito civil*, v. I. 21. ed. Atualização Maria Celina Bodin de Moraes. Rio de Janeiro: Forense, 2005, p. 682; TEPEDINO, Gustavo; BARBOSA, Maria Helena; MORAES, Maria Celina Bodin de. *Código Civil interpretado conforme a Constituição da República*, v. I. 2. ed. Rio de Janeiro: Renovar, 2007, p. 354-355.

207 Cf. SCHWAB, Karl Heinz. *El objeto litigioso en el proceso civil*. Tradução Tomas A. Banzhaf. Buenos Aires: Livraria dos Advogados, 1968, p. 5; SICA, Heitor Vitor Mendonça. *Cognição do juiz na execução civil*. São Paulo: Revista dos Tribunais, 2017, p. 94.

208 Cf. MONTERO AROCA, Juan; GÓMEZ COLOMER, Juan Luis; BARONA VILAR, Silvia; CALDERÓN CUADRADO, Maria Pía. *Derecho jurisdiccional*, v. II. 23. ed. Valência: Tirant lo Blanch, 2015, p. 152.

209 Cf. SICA, Heitor Vitor Mendonça. *Cognição do juiz na execução civil*. São Paulo: Revista dos Tribunais, 2017, p. 94.

210 Cf. OLIVA SANTOS, Andrés de la. *Objeto del proceso y cosa juzgada en el proceso civil*. Madrid: Civitas, 2005, p. 25.

série de questões, inclusive de ofício, mas decide tão-somente o mérito, em torno do qual gira o exercício do contraditório pelas partes e os atos instrutórios a fim de que, consequentemente, o provimento jurisdicional seja proferido[211].

Não se deve confundir a ação, a demanda, o processo ou as questões de mérito com o próprio mérito. Ação trata-se do direito público subjetivo de se invocar a tutela jurisdicional a fim de restaurar a violação ou afastar a iminência de violação de um direito de que se afirma titular[212]. A demanda é o ato de concretização da ação, trazendo frente ao Estado-juiz as pretensões da parte. O processo cuida-se do procedimento em contraditório[213], meio pelo qual o Estado-juiz exerce o poder jurisdicional decorrente de sua soberania. As questões relativas ao mérito são aquelas de fato e de direito atinentes à relação de direito material havida entre as partes a sustentar as pretensões e contrapretensões objeto do processo[214]. Como todas as demais, as questões de mérito são decididas incidentalmente na fundamentação da sentença, ao passo que o mérito é decidido no seu dispositivo[215].

---

211 Cf. DINAMARCO, Cândido Rangel. O conceito de mérito em processo civil. *Fundamentos do processo civil moderno*, t. I. 6. ed. São Paulo: Malheiros, 2010, p. 299-348, p. 305; WATANABE, Kazuo. *Cognição no processo civil*. 4. ed. São Paulo: Saraiva, 2012, p. 113.

212 Cf. LIEBMAN, Enrico Tullio. *Manual de direito processual civil*, v. I. Intelectos: Tocantins, 2003, p. 137.

213 Na lição de Elio Fazzalari, o processo é "um procedimento do qual participam (são habilitados a participar) aqueles em cuja esfera jurídica o ato final é destinado a desenvolver efeitos: em contraditório e de modo que o autor do ato não possa obliterar as suas atividades" (*Instituições de direito processual*. Tradução Elaine Nassif. Campinas: Bookseller, 2006, p. 118-119). De seu turno, o procedimento se apresenta "como uma seqüência de 'atos', os quais são previstos e valorados pelas normas", devendo ser "visto como uma série de 'faculdades', 'poderes', 'deveres', quantas e quais sejam as posições subjetivas possíveis de serem extraídas das normas em discurso e que resultam também elas necessariamente ligadas" (*Idem. Ibidem*, p. 114).

214 Como bem aponta Cândido Rangel Dinamarco, da mesma forma que não se identificam as questões de mérito e o próprio mérito, "as dúvidas sobre a regularidade do processo se definem como *questões processuais* mas não se confundem com o processo em si mesmo" (O conceito de mérito em processo civil. *Fundamentos do processo civil moderno*, t. I. 6. ed. São Paulo: Malheiros, 2010, p. 299-348, p. 329).

215 Do contrário, "a ação rescisória teria também finalidade de afastar os fundamentos da sentença rescindenda" e "a jurisdição valeria para o fim de aclarar questões e lançar soluções definitivas na interpretação do direito e na determinação da verdade ou inverdade de proposições de fato" (DINAMARCO, Cândido Rangel. O conceito de mérito em processo civil. *Fundamentos do processo civil moderno*, t. I. 6. ed. São Paulo: Malheiros, 2010, p. 299-348, p. 312).

Imprescindível, no entanto, assinalar que o Código de Processo Civil de 2015 quebrou o encadeamento lógico outrora havido entre demanda, sentença e limites objetivos da coisa julgada. Agora, a questão prejudicial reveste-se da autoridade da coisa julgada material, embora julgada incidentalmente no processo (artigo 503, §1º). Para tanto, há que se verificar, cumulativamente[216], que da resolução da questão prejudicial dependa o julgamento do mérito, o contraditório tenha sido exercido prévia e efetivamente, afastando sua aplicação à revelia, e o juízo seja competente em razão da matéria e da pessoa para solvê-la como questão principal (artigo 503, §1º, incisos I, II e III). O processo, por sua vez, não pode se submeter a restrições probatórias ou de cognição que obstem o aprofundamento do exame da questão prejudicial (artigo 503, §2º). Deu-se, pois, a desvinculação entre mérito e coisa julgada.

O mérito, igualmente, não se identifica com a lide[217]. O conceito consagrado por Francesco Carnelutti, segundo o qual lide é um conflito de interesses qualificado por uma pretensão resistida[218], traz ínsito seu modo de ser, antecedendo ao processo e ostentando cunho sociológico[219]. Validamente, a lide é fenômeno extraprocessual e nem sempre é integralmente trazida ao processo[220], assim como os antagonistas po-

---

216 Cf. DIDIER JUNIOR, Fredie Souza. Extensão da coisa julgada à resolução da questão prejudicial incidental no novo Código de Processo Civil brasileiro. *Civil Procedure Review*, v.6, n. 1, p. 81-94, janeiro a abril de 2015, p. 87.

217 Não obstante, a exposição de motivos do Código de Processo Civil de 1973 empregava lide em sentido correspondente ao mérito. Assim, em seu Capítulo II, número 6, assentava que "lide é, portanto, o objeto principal do processo e nela se exprimem as aspirações em conflito de ambos os litigantes". O diploma, também, usava a expressão mérito em suas disposições (*v.g.*, artigos 265, 267, 301, 330, inciso I, 474 e 485) e o vocábulo lide em sentido diverso daquele enunciado em sua exposição de motivos (*v.g.*, artigos 5º, 22, 46, 47, 110, 126, 132, 325, 330, 462, 468, 470, 475-G). O Código de Processo Civil de 2015 persiste no equívoco, denominando o mérito de lide no artigo 509, §4º.

218 Cf. *Teoria geral do direito*. Tradução Antônio Carlos Ferreira. São Paulo: Lejus, 2000, p. 108-109.

219 "Como *conceito sociológico*, a lide presta-se com muita utilidade a justificar didaticamente a necessidade do processo e do exercício da jurisdição quando se trata de matéria disponível (especialmente, direito das obrigações), sendo possível a satisfação da pretensão pela mesma pessoa a quem é dirigida e, portanto, sendo relevante sua resistência. Fora disso o conceito mostra-se inadequado e, mesmo com as adequações que vão sendo tentadas, não serve para figurar assim no centro da ciência do processo" (DINAMARCO, Cândido Rangel. O conceito de mérito em processo civil. *Fundamentos do processo civil moderno*, t. I. 6. ed. São Paulo: Malheiros, 2010, p. 299-348, p. 322)

220 Cf. BEDAQUE, José Roberto dos Santos. *Poderes instrutórios do juiz*. 4. ed. São Paulo: Revista dos Tribunais, 2009, p. 28; DINAMARCO, Cândido Rangel. *Instituições*

dem encontrar a razão para limitar a satisfação da necessidade de um, a fim de que possa ser satisfeita a alheia, sem recurso ao Estado-juiz[221]. Os fatos deduzidos na relação processual podem não retratar fielmente o conflito ocorrido no plano sociológico, para além das hipóteses em que, embora ausente a colisão de pretensões, o processo é necessário para a regulação de direitos e obrigações. Mostra-se, ainda, inadequada a qualificação da lide correspondendo ao mérito ou ao objeto litigioso do processo, porquanto antes da contestação, na revelia, no reconhecimento jurídico do pedido e na fase ou processo de execução não se constata a resistência a uma pretensão e, no entanto, o processo não estaria destituído de objeto[222].

Não se pode conceber que o mérito seja formado pela relação jurídica controvertida, porque o processo busca, justamente, averiguar se esta relação existe ou não, além do que a fase ou processo de execução seria despido de objeto[223]. Nem o ato de julgar é necessário ao mérito. Posto o processo voltar-se à prática de atos materiais com vistas à satisfação do exequente, o mérito está presente na execução mesmo que diverso daquele objeto da tutela de conhecimento[224]. Entretanto, somente na impugnação à fase de cumprimento de sentença ou nos embargos à execução é admissível, em regra, o julgamento da pretensão executiva; na execução, não[225]. Todavia, a relegação da apreciação das questões de mérito do procedimento executivo ao incidente de impugnação instaurado (artigo 525) ou à ação autônoma de conhecimento, na qual se consubstanciam os embargos à execução (artigos 914 a 920)[226], não significa que não havia mérito na fase de cumprimento de sentença ou no processo de execução.

de direito processual civil, v. II. 2. ed. São Paulo: Malheiros, 2002, p. 183; FREDERICO MARQUES, José. *Manual de direito processual civil*, v. I. São Paulo: Saraiva, 1974, p. 123.

221 Cf. CARNELUTTI, Francesco. *Sistema de direito processual civil*, v. I. Tradução Hiltomar Martins Oliveira. 2. ed. São Paulo: Lemos e Cruz, 2004, p. 62.

222 Cf. DINAMARCO, Cândido Rangel. O conceito de mérito em processo civil. *Fundamentos do processo civil moderno*, t. I. 6. ed. São Paulo: Malheiros, 2010, p. 299-348, p. 321-322.

223 *Idem. Ibidem*, p. 316; FREDERICO MARQUES, José. *Manual de direito processual civil*, v. I. São Paulo: Saraiva, 1974, p. 114-115.

224 Cf. ASSIS, Araken de de. *Manual da execução*. 11. ed. São Paulo: Revista dos Tribunais, 2007, p. 475.

225 Cf. DINAMARCO, Cândido Rangel. O conceito de mérito em processo civil. *Fundamentos do processo civil moderno*, t. I. 6. ed. São Paulo: Malheiros, 2010, p. 299-348, p. 330.

226 Cf. LIEBMAN, Enrico Tullio. *Embargos do executado*. Campinas: Bookseller, 2003, p. 210.

O objeto do processo abarca e é mais amplo do que o objeto litigioso do processo ou o mérito. Este corresponde ao objeto de decisão do juiz (*iudicium*), ou seja, todas as pretensões exercidas no processo, mesmo que no seu curso e não só pelo autor, mas também pelo réu e por terceiros. Aquele engloba todas as questões conhecidas incidentalmente pelo juiz (*cognitio*), não apenas na fundamentação da decisão de mérito, mas também no curso da marcha processual, provindas de qualquer dos sujeitos processuais e, assim, além de questões de mérito, também aquelas afetas a pressupostos processuais, condições da ação, nulidades, incidentes processuais, etc.[227].

As exceções podem ser processuais ou materiais, se corresponderem, respectivamente, à relação processual em si ou à relação substancial que lhe é objeto. Todas integram o objeto do processo. A oposição do réu assume maior relevância para o objeto do processo sempre que seus fundamentos fáticos e jurídicos se distinguem da negação dos fundamentos fáticos e jurídicos da pretensão do autor[228]. Os efeitos de algumas exceções materiais, como, por exemplo, compensação e nulidade do negócio jurídico sobre o qual se funda a pretensão, vão além da alegação de um fato impeditivo, modificativo ou extintivo do direito afirmado, tendo importância quase idêntica àquela de uma demanda deduzida pelo réu, não perdendo, entretanto, sua natureza de defesa[229].

Não obstante, as exceções materiais não integram o mérito[230]. De fato, a improcedência não é produto de um pedido realizado pelo réu contra o autor, tanto assim que pode se suceder como resultado nos casos de revelia ou de julgamento liminar (artigo 332). Revestindo-se,

227 Cf. CARVALHO, Milton Paulo de. *Do pedido no processo civil.* Porto Alegre: Sérgio Antonio Fabris, 1992, p. 61; DINAMARCO, Cândido Rangel. O conceito de mérito em processo civil. *Fundamentos do processo civil moderno,* t. I. 6. ed. São Paulo: Malheiros, 2010, p. 299-348, p. 325; SANCHES, Sidney. Objeto do processo e objeto litigioso do processo. *Revista de Jurisprudência do Tribunal de Justiça do Estado de São Paulo.* São Paulo: Tribunal de Justiça do Estado de São Paulo, n. 55, p. 13-28, novembro a dezembro de 1978, p. 23.

228 Cf. OLIVA SANTOS, Andrés de la. *Objeto del proceso y cosa juzgada en el proceso civil.* Madrid: Civitas, 2005, p. 34.

229 Cf. MANDRIOLI, Crisanto. CARRATA, Antonio. *Diritto processuale civile,* v. I, 25. ed. Torino: G. Giappichelli, 2016, p. 152.

230 Cf. CARVALHO, Milton Paulo de. *Do pedido no processo civil.* Porto Alegre: Sérgio Antonio Fabris, 1992, p. 123; MACHADO, Marcelo Pacheco. *Demanda e tutela jurisdicional: estudo sobre forma, conteúdo e congruência.* Tese de Doutorado. São Paulo: Faculdade de Direito da Universidade de São Paulo, 2013, p. 191; MANDRIOLI, Crisanto. CARRATA, Antonio. *Diritto processuale civile,* v. I, 25. ed. Torino: G. Giappichelli, 2016, p. 153; MONTERO AROCA, Juan; GÓMEZ COLOMER, Juan Luis; BARONA VILAR, Silvia; CALDERÓN CUADRADO, Maria Pía. *Derecho jurisdiccional,*

entretanto, da natureza de questão prejudicial e caso preenchidos os requisitos do artigo 503, §§1º e 2º, a exceção material é revestida da autoridade da coisa julgada material, de forma que, decidida expressamente, é vedada sua rediscussão.

1.5. Princípio dispositivo e matérias cognoscíveis de ofício

O processo é instrumento do direito material e assume natureza pública. Deve ser visto por duas óticas. Sob o prisma do interesse público, como meio empregado pelo aparato estatal para a consagração do ordenamento jurídico. Sob o viés privado, como instrumento de que se vale a parte para a defesa de seus interesses, influindo na formação do convencimento do julgador. Evidentemente, o conhecimento e correta solução de todas as questões postas no processo interessa ao Estado-juiz na sua missão de distribuição da justiça. Entretanto, sua atuação deve ser levada a efeito em consonância aos princípios da inércia jurisdicional ou da demanda e dispositivo.

O Poder Judiciário não atua de ofício. Ordinariamente, os processos judiciais exigem a iniciativa da parte para sua instauração. O exercício da jurisdição depende da demanda proposta pelo autor. Consagrado o princípio da inércia jurisdicional ou da demanda, segundo o qual a regulação da órbita material de direitos e obrigações das partes depende de provocação[231]. Assim, por meio do exercício do direito de ação, concretizado

v. II. 23. ed. Valência: Tirant lo Blanch, 2015, p. 153; OLIVA SANTOS, Andrés de la. *Objeto del proceso y cosa juzgada en el proceso civil.* Madrid: Civitas, 2005, p. 38. Contra Fredie Souza Didier Junior, segundo qual a supressão da autoridade da coisa julgada material sobre os contradireitos vai de encontro aos princípios da segurança jurídica, inafastabilidade da jurisdição e igualdade (Contradireitos, objeto litigioso do processo e improcedência no CPC-2015. *Coleção grandes temas do novo CPC – improcedência*, v. IV. Coordenação MOUZALAS, Rinaldo; SILVA, Blecaute Oliveira; MARINHO, Rodrigo Saraiva. Coordenação Geral DIDIER JUNIOR, Fredie Souza. Salvador: JusPodivm, 2015, p. 61-72, p. 66). Diverge, com ainda maior intensidade, Heitor Vitor Mendonça Sica, para quem "quando o réu apresenta resposta à demanda do autor, atacando-a quanto ao mérito, suscitando razões fáticas ou jurídicas, novas ou não, formula um pedido de tutela jurisdicional, baseada numa afirmação de direito seu, a qual seria plenamente suficiente para embasar uma demanda autônoma. Não vemos nenhuma razão para negar que haja aí uma verdadeira pretensão processual, antitética à do autor". Arremata, então, que "ela tem aptidão de ampliar o objeto litigioso do processo. A solução da demanda do réu passará a fazer, portanto, parte do *meritum causae*" (*O direito de defesa no processo civil brasileiro: um estudo sobre a posição do réu.* São Paulo: Atlas, 2011, p . 252 e 257).

231 "A idéia de inércia da jurisdição é um dos corolários da vedação que o Estado impôs ao uso do autotutela. Com efeito, o Estado, ao mesmo tempo que impede que

pela propositura da demanda, a parte demandante formula o pedido de tutela jurisdicional. Então, legitimada a atuação do Estado-juiz voltada à afirmação da ordem jurídica no caso concreto posto a seu julgamento, o qual se deve limitar aos bens da vida e às novas situações jurídicas objeto do processo. A impossibilidade do Poder Judiciário atuar sem provocação alcança relações materiais disponíveis e indisponíveis[232].

Corolários do princípio da liberdade insculpido como direito fundamental no artigo 5º, *caput*, da Constituição Federal, o princípio da inércia jurisdicional ou da demanda atua, em matéria processual, conjuntamente com o princípio dispositivo[233]. O princípio dispositivo dá supedâneo aos atos de disposição das partes levados a efeito no bojo do processo instaurado[234]. Ao invés do momento de sua instauração como o princípio da inércia jurisdicional ou da demanda, o princípio dispositivo espraia seus efeitos no curso do processo, atuando com idêntica intensidade na esfera recursal[235]. Diferem, ainda, na medida em que o princípio da inércia jurisdicional ou da demanda obsta o Estado de se imiscuir, sem

---

os interessados possam ter atuação direta na imposição coercitiva de seus interesses, faz solene promessa de que as situações de interesses conflitantes serão resolvidas por um representante seu, o qual atuará de forma imparcial na busca da composição dos interesses dos envolvidos" (PUOLI, José Carlos Baptista. *Os poderes do juiz e as reformas do processo civil.* São Paulo: Juarez de Oliveira, 2001, p. 29).

---

232 Cf. BEDAQUE, José Roberto dos Santos. *Poderes instrutórios do juiz.* 4. ed. São Paulo: Revista dos Tribunais, 2009, p. 92-93.

233 A expressão "princípio dispositivo" é equívoca (cf. BADARÓ, Gustavo Henrique Ivahy. Ônus da prova no processo penal. São Paulo: Revista dos Tribunais, 2003, p. 63; BEDAQUE, José Roberto dos Santos. *Poderes instrutórios do juiz.* 4. ed. São Paulo: Revista dos Tribunais, 2009, p. 88). Há quem identifique o princípio da inércia jurisdicional ou da demanda com o princípio dispositivo (cf. APRIGLIANO, Ricardo de Carvalho. *Ordem pública e processo.* São Paulo: Atlas, 2011, p. 7; BONIZZI, Marcelo José Magalhães. *Princípios do processo no novo Código de Processo Civil.* São Paulo: Saraiva, 2016, p. 184-185; FREDERICO MARQUES, José. *Manual de direito processual civil,* v. I. São Paulo: Saraiva, 1974, p. 371; JORGE, Flávio Cheim. *Teoria geral dos recursos.* 7. ed. São Paulo: Revista dos Tribunais, 2015, p. 308). Outros diferenciam o princípio dispositivo do princípio da disponibilidade, atuando o primeiro, exclusivamente, no que toca à iniciativa probatória (cf. CINTRA, Antonio Carlos de Araújo; GRINOVER, Ada Pellegrini; DINAMARCO, Cândido Rangel. *Teoria geral do processo.* 17. ed.. São Paulo: Malheiros, 2001, p. 64).

234 Cf. BARBOSA MOREIRA, José Carlos. O problema da "divisão do trabalho" entre juiz e partes: aspectos terminológicos. *Temas de direito processual,* 4. série. São Paulo: Saraiva, 1989, p. 35-44, p. 42; BEDAQUE, José Roberto dos Santos. *Poderes instrutórios do juiz.* 4. ed. São Paulo: Revista dos Tribunais, 2009, p. 91.

235 Cf. BARBOSA MOREIRA, José Carlos. *Comentários ao Código de Processo Civil,* v. V. 15. ed. Rio de Janeiro: Forense, 2010, p. 436.

provocação, na esfera material de direitos e obrigações das partes, ao passo que o princípio dispositivo garante a liberdade de atuação no curso do processo para tanto instaurado. A liberdade das partes em matéria processual convive harmonicamente, com o princípio do impulso oficial, segundo o qual a marcha processual segue independentemente da vontade das partes. Pelo princípio do impulso oficial, a título de exemplo, abre-se e encerra-se, oportunamente, a fase de instrução processual, podendo a parte, no seu interim, desincumbir-se, ou não, de seu ônus de prova.

O princípio dispositivo é a faceta processual da autonomia da vontade[236]. Abarca a disponibilidade da tutela que o ordenamento jurídico outorga aos direitos subjetivos e a organização interna do instrumento voltado à sua consecução[237]. Pode, então, ser visto sob o enfoque material, oportunidade em que o ato de disposição desencadeia reflexos no direito material debatido; ou sob o enfoque meramente processual, quando o ato de disposição tem por objeto um poder, faculdade, dever ou ônus processual[238]. Iniciada a relação processual, por meio da propositura da demanda, os litigantes detêm ampla liberdade para transacionar seus direitos e obrigações, bem como exercer ou abrir mão das suas situações subjetivas processuais. Cada parte atuará como e quando quiser, omitindo-se caso prefira, ressalvadas excepcionais hipóteses quando objeto do processo relações jurídicas indisponíveis[239]. Por exemplo, em demanda voltada à atribuição da guarda e à fixação de período de convivência dos genitores divorciado com o filho menor, havendo a alegação de violência ou abuso sexual, o juiz não poderá homologar acordo entre as partes que permita fique o infante na companhia do suposto abusador, sem sequer ter sido produzido estudo psicossocial.

Pode a parte no exercício do princípio dispositivo desistir da ação até antes da prolação da sentença, formulando seu pleito até a oferta de resposta à demanda ou contando com a concordância do adversário;

---

236 Cf. JAUERNIG, Othmar. *Direito processual civil*. 25. ed., totalmente refundida, da obra criada por Friedrich Lent. Tradução F. Silveira Ramos. Coimbra: Almedina, 2002, p. 131; ORMAZÁBAL SÁNCHEZ, Guillermo. *Introducción al derecho procesal*. 6. ed. Madrid: Marcial Pons, 2016, p. 156.

237 Cf. CARNACINI, Tito. Tutela jurisdiccional y tecnica del proceso. Tradução Aurélio Romo. *Revista de la Facultad de Derecho de México*. Ciudad de México: Universidad Nacional Autónoma de México, n. 12, p. 97-182, outubro a dezembro de 1953, p. 182.

238 Cf. BADARÓ, Gustavo Henrique Ivahy. Ônus da prova no processo penal. São Paulo: Revista dos Tribunais, 2003, p. 97-98.

239 Interesses indisponíveis são aqueles cuja "tendência protetiva" estatal "chega a ponto de impedir que os titulares" tenham a possibilidade de, "por intermédio de atos de sua livre e espontânea vontade, dispor, ou seja, abrir mão dos bens a ele ligados" (PUOLI, José Carlos Baptista. *Os poderes do juiz e as reformas do processo civil*. São Paulo: Juarez de Oliveira, 2001, p. 24).

renunciar ao seu direito; reconhecer o direito alheio; transacionar; desistir do recurso; renunciar ao direito de recorrer; deixar de interpor o recurso cabível; impugnar somente parte da decisão que lhe prejudica; não executar o julgado que lhe é favorável; entre tantas outras de suas decorrências. A decisão judicial quando exigida para a homologação do ato de disposição é meramente controladora da validade da vontade manifestada pela parte, não produzindo, de per si, efeitos[240].

Em matéria processual, a liberdade comporta mitigação, reconhecido deter o juiz poderes instrutórios, bem como de condução e organização do processo[241]. O processo visto até o início do século XX como coisa de interesse, exclusivamente, das partes passa a exigir postura mais ativa do juiz na sua condução, sob a influência do pensamento do austríaco Franz Klein, que propôs o redimensionamento do princípio dispositivo[242]. Cede a visão eminentemente privatista do processo em prol do compromisso com a outorga de uma tutela jurisdicional justa. Posta a salvo sua imparcialidade, é missão do juiz cuidar da qualidade da prestação jurisdicional, afirmando o ordenamento jurídico e pacificando a sociedade[243].

Não há uma relação necessária entre disponibilidade do direito e poderes do juiz no processo[244]. Entretanto, em geral, a possibilidade de disposição dos poderes, faculdades, deveres e ônus processuais pelas partes é maior à medida que a atuação das normas jurídicas que lhes são subjacentes interessa menos à coletividade[245]. Inversamente, age de

240 Cf. BADARÓ, Gustavo Henrique Ivahy. Ônus da prova no processo penal. São Paulo: Revista dos Tribunais, 2003, p. 91; BARBOSA MOREIRA, José Carlos. O problema da "divisão do trabalho" entre juiz e partes: aspectos terminológicos. *Temas de direito processual*, 4. série. São Paulo: Saraiva, 1989, p. 35-44, p. 42-43.

241 Cf. BEDAQUE, José Roberto dos Santos. *Poderes instrutórios do juiz*. 4. ed. São Paulo: Revista dos Tribunais, 2009, p. 160; DINAMARCO, Cândido Rangel. *Instituições de direito processual civil*, v. I. 3. ed. São Paulo: Malheiros, 2003, p. 234-235; SCHÖNKE, Adolf. *Direito processual civil*. Tradução Karina Andrea Fumberg, Vera Longuini e Diego Alejandro Fabrizio. Campinas: Romana, 2003, p. 49.

242 Cf. CÔRREA, Fábio Peixinho Gomes. *Governança judicial*. São Paulo: Quartier Latin, 2012, p. 122.

243 Cf. PUOLI, José Carlos Baptista. *Os poderes do juiz e as reformas do processo civil*. São Paulo: Juarez de Oliveira, 2001, p. 26

244 Cf. BADARÓ, Gustavo Henrique Ivahy. Ônus da prova no processo penal. São Paulo: Revista dos Tribunais, 2003, p. 153.

245 "Fala-se que, no modelo *adversarial*, prepondera o *princípio dispositivo*, e, no modelo *inquisitorial*, o *princípio inquisitivo*. Princípio, aqui, é termo utilizado não no sentido de 'espécie normativa', mas, sim, de 'fundamento', 'orientação preponderante' etc. Assim, quando o legislador atribui às partes as principais tarefas relacionadas à condução e instrução do processo, diz-se que se está respeitando o

ofício o aparato destinado ao exercício da jurisdição, ou seja, sem provocação ou mesmo em contrário à manifestação da parte, quanto mais a atuação das normas jurídicas que lhes são subjacentes interessa à coletividade. Portanto, a admissão e a limitação da atuação estatal no processo são valoradas segundo a preponderância do interesse coletivo sobre o interesse particular.

Nessa linha de ideias, questões de ordem pública correspondem àquelas que interessam com maior proximidade ao interesse público, transcendendo o interesse individual dos litigantes[246]. O conceito é único e, assim, aplicável a todos os ramos do direito, porém aberto, exigindo exegese do intérprete. De fato, inexiste no ordenamento jurídico a definição do que seria ordem pública, devendo se dar a ponderação no caso concreto do interesse público que afeta a questão em consonância com os valores envolvidos. O que se modifica, por conseguinte, é o interesse público em cada caso concreto, alterando-se os valores a serem sopesados em cada ramo do direito, não o conceito de ordem pública.

Em sentido contrário, Ricardo de Carvalho Aprigliano defende que "o conceito e as consequências do conhecimento da matéria de ordem pública podem variar significativamente, pois é diverso o enfoque que cada disciplina confere a este relevante e universal instituto"[247]. Entretanto, o conceito de ordem pública é imutável nos diversos ramos do direito, como o é, por exemplo, o conceito de boa-fé objetiva e, aliás, parece afirmar o doutrinador adiante em sua obra[248]. Na seara civil, a omissão de informação ao outro contratante violará a boa fé objetiva, se essencial ao negócio jurídico entabulado. Contudo, em matéria processual, a omissão de qualificação jurídica aos fatos que desfavorece o litigante não merece idêntica mácula. Do mesmo modo, no processo civil, a ausência de dada formalidade para a consumação do ato citatório é

denominado *princípio dispositivo*; tanto mais poderes forem atribuídos ao magistrado, mais condizente com o *princípio inquisitivo* o processo será" (DIDIER JUNIOR, Fredie Souza. Os três modelos de direito processual: inquisitivo, dispositivo e cooperativo. *Ativismo judicial e garantismo processual*. DIDIER JUNIOR, Fredie Souza; NALINI, José Renato; RAMOS, Glauco Gumerato; LEVY, Wilson. Salvador: Juspodivm, 2013, p. 207-217, p. 208-209). A doutrina alemã, ao invés de princípio inquisitivo, que regeria o processo penal, prefere a denominação princípio da livre investigação (SCHÖNKE, Adolf. *Direito processual civil*. Tradução Karina Andrea Fumberg, Vera Longuini e Diego Alejandro Fabrizio. Campinas: Romana, 2003, p. 42 e 49).

246 Cf. DINAMARCO, Cândido Rangel. *Instituições de direito processual civil*, v. I. 3. ed. São Paulo: Malheiros, 2003, p. 69.

247 *Ordem pública e processo*. São Paulo: Atlas, 2011, p. 5.

248 APRIGLIANO, Ricardo de Carvalho. *Ordem pública e processo*. São Paulo: Atlas, 2011, p. 7.

questão de ordem pública, como a falta de emissão de carta ao endereço do réu citado por hora certa. Entretanto, em direito internacional privado, a falta de sua observância pode não obstar a homologação de uma sentença estrangeira por não violar a ordem pública. Aparentemente, a propósito, esta é a operação que faz o processualista ao definir a ordem pública no direito civil, no direito internacional privado e na arbitragem internacional, pregando a valoração das hipóteses segundo a autonomia da vontade, nas primeiras, e o comércio internacional, na última[249]. Igualmente, ao afirmar que os "valores que informam a ordem pública, como não poderia deixar de ser, são extraídos das sociedades" e, em consequência, aspectos "tidos como relevantes e de interesse geral em certa época perdem importância, outros anteriormente secundários se tornam essenciais, e todas estas variações influem diretamente nos elementos que passam a integrar a ordem pública"[250].

Em matéria processual, as questões de ordem pública ligam-se à preponderância do interesse público do escorreito exercício da jurisdição com a afirmação da ordem jurídica justa sobre o interesse egoístico de cada litigante de fazer prevalecer sua pretensão[251]. O direito processual é ramo do direito público[252]. A maioria das normas processuais é de caráter público[253] e cogente[254], imperando o interesse público da administração da justiça a sobrepujar o interesse das partes. Não obstante, algumas contemplam predominantemente interesses individuais e mesmo dentre aquelas que assumem as vestes de ordem pública nem todas são cogentes, pois parte se sujeita à disposição dos litigantes, por opção do legislador[255]. Há, ainda, questões que não afetam o interesse público,

---

249 APRIGLIANO, Ricardo de Carvalho. *Ordem pública e processo*. São Paulo: Atlas, 2011, p. 8-9, p. 302.

250 APRIGLIANO, Ricardo de Carvalho. *Ordem pública e processo*. São Paulo: Atlas, 2011, p. 12-13.

251 Ricardo de Carvalho Aprigliano conceitua a ordem pública processual como "o conjunto de regras técnicas que o sistema concebe para o controle tempestivo da regularidade do processo, necessariamente, voltadas para o objetivo maior de permitir que seus escopos sejam atingidos, com rapidez, economia e racionalidade" (*Ibidem*, p. 106).

252 Cf. BÜLOW, Oskar Von. *A teoria ds exceções processuais e dos pressupostos processuais*. Tradução Ricardo Rodrigues Gama. Campinas: LZN, 2005, p. 6-7.

253 Cf. FAZZALARI, Elio. *Instituições de direito processual*. Tradução Elaine Nassif. Campinas: Bookseller, 2006, p. 27.

254 Cf. SICA, Heitor Vitor Mendonça. *Preclusão processual civil*. 2. ed. São Paulo: Atlas, 2008, p. 252.

255 Cf. APRIGLIANO, Ricardo de Carvalho. *Ordem pública e processo*. São Paulo: Atlas, 2011, p. 10; LACERDA, Galeno Vellinho de. *Despacho saneador*. 3. ed. Porto Alegre: Sérgio Antonio Fabris, 1990, p. 107).

todavia, devem ser conhecidas de ofício, por expressa disposição legal, em qualquer tempo e grau de jurisdição. Logo, não apenas questões de ordem pública podem ser objeto de cognição sem sua veiculação pelas partes no processo. Veja-se, a propósito, a prescrição da pretensão quanto a direitos disponíveis. Tanto é verdade que o artigo 882 do Código Civil obsta a repetição do que foi pago por dívida prescrita.

De se anotar que o artigo 190, *caput*, ao prever a possiblidade de celebração entre as partes de convenções, atenuou a imperatividade das normas processuais. De fato, por seu intermédio, é admitida a alteração do procedimento e a disposição sobre ônus, poderes, faculdades e deveres processuais. Normas, portanto, que fora do campo de incidência da disposição são cogentes, agora admitem a celebração de negócios jurídicos processuais pelos litigantes, mesmo previamente à instauração do processo. Em sede de convenções processuais, "nas condições e limites que ela traça, a lei processual tolera tudo o que não seja explícita ou implicitamente por ela vedado", o que não afasta "que certas matérias podem e devem ser conhecidas de ofício pelo juiz"[256]. O controle pelo juiz fica restrito aos casos de nulidade, ou de inserção abusiva em contrato de adesão ou em que alguma parte se encontre em manifesta situação de vulnerabilidade (artigo 190, parágrafo único)[257].

Não se constata, portanto, coincidência absoluta entre questões de ordem públicas e matérias cognoscíveis de ofício[258]. Não se sustenta, destarte, o entendimento em conformidade ao qual as questões de ordem pública de direito processual são cognoscíveis de ofício, não precluem e são passíveis de exame a qualquer tempo e grau de jurisdição. O conceito, na verdade, tem conteúdo correspondente às suas consequências jurídicas e que sequer são absolutas.

Em matéria processual, são cognoscíveis, *ex officio*, questões referentes às nulidades absolutas[259]; à inexistência ou nulidade da citação, à

---

256 YARSHELL, Flávio Luiz. Convenção das partes em matéria processual no Novo CPC. *Revista do Advogado*. São Paulo: Associação dos Advogados de São Paulo, n. 126, p. 89-94, maio de 2015, p. 92.

257 "O juiz, em relação à convenção, é um terceiro. Não obstante, realizará uma função de controle da validade da avença; porém, não sendo o caso de invalidade, o juiz deverá não apenas cumprir os acordos processuais, como também, dar-lhes cumprimento (...). A homologação, seja exigida por força de lei ou pela própria convenção, é uma condição de eficácia do negócio" (CABRAL, Antonio do Passo. *Convenções processuais*. Salvador: JusPodivm, 2016, p. 238).

258 Cf. GIANNICO, Maurício. *A preclusão no direito processual civil brasileiro*. São Paulo: Saraiva, 2005, p. 241; SICA, Heitor Vitor Mendonça. *Preclusão processual civil*. 2. ed. São Paulo: Atlas, 2008, p. 252.

259 Em processo, nulidades absolutas são aquelas cujo "desvio é tal que se torna indispensável suprimir os seus efeitos, já que aquele desvio (*error in procedendo*)

incompetência absoluta; à incorreção do valor da causa; à inépcia da petição inicial; à conexão; à incapacidade da parte, defeito de representação ou falta de autorização; à falta de caução ou de outra prestação que a lei exige como preliminar; à indevida concessão do benefício de gratuidade de justiça; aos pressupostos de constituição e de desenvolvimento válido e regular do processo; à existência de perempção, de litispendência ou de coisa julgada; à ausência de legitimidade ou de interesse processual; à morte da parte, nas ações que se postula por direito ou obrigação intransmissível por disposição legal; à decadência e prescrição.

O rol não é exaustivo, comportando dilação, sempre adstrita, porém, à conceituação de ordem pública. Sempre que a matéria buscar resguardar ao interesse público com maior intensidade do que o interesse particular assumirá o caráter de ordem pública, admitindo cognição de ofício nos graus ordinários de jurisdição[260]. Reconhece-se, assim, a qualidade de questões de ordem pública, a título de exemplo, aos requisitos

ocasiona, em regra, uma tal redução de garantias que torna perigosa a sua subsistência" (COUTURE, Eduardo Juan. *Fundamentos de direito processual civil*. Tradução de Henrique de Carvalho. Florianópolis: Conceito Editorial, 2008, p. 212). Contrapõem-se às nulidades relativas, em que o vício corresponde à inobservância das formas prescritas em lei para a realização do ato, exigindo sua oportuna arguição pela parte, sob pena de convalescimento (*Idem*. *Ibidem*, p. 212-213). A cominação da pecha de invalidade não é essencial à diferenciação das nulidades absolutas e relativas, de modo que na "grande maioria das vezes, para identificar a natureza do vício, é preciso o intérprete buscar a razão de ser da exigência legal e verificar se a finalidade é a proteção do interesse público ou particular" (BEDAQUE, José Roberto dos Santos. Nulidades processuais e apelação. *Revista de Direitos e Garantias Fundamentais*. Vitória: Faculdade de Direito de Vitória, n. 1, p. 225-254, 2006, p. 229-230). Em sentido ligeiramente diverso, Roque Komatsu aduz que as nulidades absolutas têm por substrato normas cogentes voltadas à preservação do interesse público; as nulidades relativas, normas cogentes que tutelam o interesse particular; e as anulabilidade, normas dispositivas que protegem o interesse das partes. As primeiras devem ser declaradas de ofício; as segundas, podem ser reconhecidas independentemente de provocação; e as terceiras exigem requerimento das partes (*Da invalidade no processo civil*. São Paulo: Revista dos Tribunais, 1991, p. 209-211).

260 Reiteradamente, tem afirmado o Superior Tribunal de Justiça que as questões de ordem pública podem ser arguidas e acolhidas a qualquer tempo junto às instâncias ordinárias (AgRg no REsp 1.130.314/SP, Rel. Ministro Benedito Gonçalves, Primeira Turma, julgado em 21/9/2010, DJe 28/9/2010; AgRg no REsp 1111069/RJ, Rel. Ministro Sérgio Kukina, Primeira Turma, julgado em 17/10/2013, DJe 22/10/2013; EDcl no REsp 1.054.269/RS, Rel. Ministro Mauro Campbell Marques, Segunda Turma, DJe 28/6/2010; REsp 1111976/DF, Primeira Turma, Rel. Ministro Sérgio Kukina, DJe 19/8/2009; EDcl no RMS 26.004/AM, Rel. Ministro Castro Meira, Segunda Turma, DJe 23/4/2009; REsp 818.453/MG, Rel. Ministro Luiz Fux, Primeira Turma, DJe 02/10/2008).

de admissibilidade de conhecimento dos recursos[261]. Fora das hipóteses expressamente previstas na legislação, por sua vez, as questões que afetam, exclusivamente, aos interesses das partes exigem oportuno requerimento para seu conhecimento.

Nesta sede, há ligeira alteração da disciplina vigente no sistema processual pelo Código de Processo Civil de 2015, como se depreende dos artigos 278, parágrafo único, 337, §5º, 485, §3º, e 487, inciso II. O artigo 267, §3º, do Código de Processo Civil de 1973 não arrolava a morte da parte, nas ações que se postula por direito ou obrigação intransmissível, nem o artigo 301, a correção do valor da causa e o controle da outorga da assistência judiciária como hipóteses de conhecimento de ofício das questões. Agora, houve sua guarida nos artigos 337, §5º, e 485, §3º, consagrando entendimento doutrinário e jurisprudencial[262]. No mais, o estatuto processual antigo repetia, nos artigos 219, 245, parágrafo único, 267 e 301, o regramento do novel diploma. O artigo 219, §5º, com a redação que lhe foi dada pela Lei n. 11.280/06, admitia o reconhecimento de ofício da prescrição, vindo em complemento ao disposto pelos artigos 210 e 211 do Código Civil, que trata da cognição da decadência. O artigo 487, inciso II, do Código de Processo Civil de 2015 não inova na matéria, devendo ser interpretado em consonância aos dispositivos da legislação civilista, de sorte que a decadência estabelecida por lei deve ser conhecida de ofício; a decadência convencional, não[263].

As questões de ordem pública indicam, em regra, a existência de normas cogentes, dotadas de imperatividade, suprimindo a liberdade das partes de disporem de modo diverso. Por conseguinte, geralmente, devem ser conhecidas de ofício. Deve, no entanto, o julgador deixar de reconhecer sua violação quando a decisão a ser proferida com a sua

---

261 Cf. APRIGLIANO, Ricardo de Carvalho. *Ordem pública e processo*. São Paulo: Atlas, 2011, p. 12; JORGE, Flávio Cheim; SIQUEIRA, Thiago Ferreira. Um novo paradigma para o juízo de admissibilidade dos recursos cíveis. *Revista do Advogado*. São Paulo: Associação dos Advogados de São Paulo, n. 126, p. 83-88, maio de 2015, p. 84; LEONEL, Ricardo de Barros. Cognição judicial em grau de apelação, à luz das reformas do CPC. *Justitia*. São Paulo: Ministério Público do Estado de São Paulo, v. 64, n. 197, p. 199-210, julho a dezembro de 2007, p. 205; NERY JUNIOR, Nelson. *Princípios fundamentais: teoria geral dos recursos*. 4. ed. São Paulo: Revista dos Tribunais, 1997, p. 363.

262 Cf. sobre o valor da causa, DINAMARCO, Cândigo Rangel, *Instituições de direito processual civil*, v. III. 2. ed. São Paulo: Malheiros, 2002, p. 377; STJ, REsp 753.147/SP, Sexta Turma, Rel. Min. Hamilton Carvalhido, j. 03.10.2006, DJ 05.02.2007; sobre a assistência judiciária. DINAMARCO, Cândigo Rangel. *Instituições de direito processual civil*, v. II. 2. ed. São Paulo: Malheiros, 2002, p. 682.

263 Cf. DUARTE, Nestor. *Código Civil comentado*. Coordenação PELUSO, Antonio Cezar. Barueri: Manole, 2007, p. 143.

desconsideração privilegiar a parte a quem a norma que a estipula visa a proteger[264]. Nesse diapasão, a despeito de se consubstanciarem em questões de ordem pública, imperativa a aplicação dos princípios que regem as nulidades processuais, sobretudo a instrumentalidade das formas e a ausência de prejuízo, aos demais requisitos de admissibilidade do julgamento do mérito[265]. Logo, o exame dos requisitos prejudiciais à admissibilidade do seu julgamento e do mérito propriamente dito não obedeceria, necessariamente, à ordem estabelecida no modelo previsto pelo legislador para solução das controvérsias[266]. A doutrina pátria, porém, fundada no dogma da precedência, extraído das lições de Oskar Van Bülow[267], não admitia, em nenhuma hipótese, o conhecimento do mérito na falta de requisito de sua admissibilidade[268]. Contudo, o dogma da precedência veio a ser quebrado pelo Código de Processo Civil de 2015, em seu artigo 488, ao afirmar que, "desde que possível, o juiz resolverá o mérito sempre que a decisão for favorável à parte a quem aproveitaria eventual pronunciamento nos termos do art. 485", que traz as hipóteses de decisões proferidas sem resolução do mérito.

1.6. Provimentos jurisdicionais e seus capítulos

No curso da marcha processual, o juiz pratica atos, realizando atividades de colheita de material para a formação de seu convencimento[269], bem como proferindo provimentos. Os provimentos jurisdicionais consubstanciam-se em despachos, decisões interlocutórias e sentenças. Os despachos são atos de ordenação do processo, praticados de ofício ou a requerimento da parte, desvestidos de caráter decisório. As decisões interlocutórias assumem carga decisória e são

---

264 Cf. APRIGLIANO, Ricardo de Carvalho. *Ordem pública e processo*. São Paulo: Atlas, 2011, p. 102.

265 Cf. BEDAQUE, José Roberto dos Santos. *Efetividade do processo e técnica processual*. 2. ed. São Paulo: Malheiros, 2007, p. 206.

266 Cf. *Idem*. *Ibidem*, p. 207; DINAMARCO, Cândido Rangel. O conceito de mérito em processo civil. *Fundamentos do processo civil moderno*, t. I. 6. ed. São Paulo: Malheiros, 2010, p. 299-348, p. 325.

267 *A teoria ds exceções processuais e dos pressupostos processuais*. Tradução Ricardo Rodrigues Gama. Campinas: LZN, 2005, p. 10-11.

268 Cf. BARBOSA MOREIRA, José Carlos. Sobre pressupostos processuais. *Temas de direito processual*, 4.série. Rio de Janeiro: Forense, 1989, p 89-90; FREDERICO MARQUES, José. *Manual de direito processual civil*, v. II. São Paulo: Saraiva, 1974, p. 156.

269 A título ilustrativo, são expedidos ofícios a outras autoridades, realizadas oitivas de partes e testemunhas, levada a cabo a inspeção de pessoas e coisas (cf. CHIOVENDA, Giuseppe. *Instituições de direito processual civil*. Tradução: Paolo Capitanio. 4. ed. Campinas: Bookseller, 2009, p. 979).

prolatadas no desenrolar do procedimento, contudo, não se enquadram no conceito de sentença.

A sentença consiste no provimento jurisdicional que retrata uma das hipóteses arroladas pelos artigos 485 e 487 do Código de Processo Civil, tendente a encerrar a fase cognitiva, a fase de cumprimento de sentença ou o processo de execução fundado em título executivo extrajudicial[270]. O conceito somente tem aplicação excepcionada nos procedimentos especiais que eventualmente contem com a fase de conhecimento subdividida em duas subfases, com a prolação de duas sentenças, de sorte que a primeira não a finaliza. A definição veio a ser consagrada no artigo 203, §1º, do Código de Processo Civil de 2015, que conjugou os conceitos retratados no artigo 162, §1º, do Código de Processo Civil de 1973 antes e depois do advento da Lei n. 11.232/05[271]. Disse-se, com acerto, que o conceito legal vigente é "até criticável, mas menos imperfeito"[272].

Necessário advertir que a prolação do provimento jurisdicional pelo órgão recursal não o desnatura, tampouco a forma adotada. Proferido em segundo grau de jurisdição, monocrática ou colegiadamente, terá

270 Cf. BEDAQUE, José Roberto dos Santos. *Breves comentários ao novo Código de Processo Civil.* Coordenação WAMBIER, Teresa Celina de Arruda Alvim; DIDIER JUNIOR, Fredie; TALAMINI, Eduardo; DANTAS, Bruno. São Paulo: Revista dos Tribunais, 2015, p. 833.

271 Inicialmente, a sentença era o ato pelo qual o juiz colocava termo ao processo, decidindo ou não o mérito da causa. Severamente criticado o conceito topológico (cf. BARBOSA MOREIRA, José Carlos. A nova definição de sentença (Lei nº 11.232). *Revista Dialética de Direito Processual*, n. 39, São Paulo: Saraiva, p. 78-85, junho 2006, p. 78-79; DINAMARCO, Cândido Rangel. *Instituições de direito processual civil*, v. II. 2. ed. São Paulo: Malheiros, 2002, p. 493), foi substituído por conceito típico, vinculado ao conteúdo do ato judicial, a fim de se adequar ao modelo sincrético de execução introduzido pela Lei n. 11.232/05. Com a modificação operada, a sentença tornou-se o ato judicial que tinha por objeto quaisquer das hipóteses dos artigos 267 e 269. Entretanto, a definição trazida propiciava a prolação de diversas sentenças no curso do processo, porquanto sempre que verificada uma das situações dos artigos 267 e 269, como na exclusão de litisconsorte, o provimento cuidava-se de sentença. Não bastasse destoar da acepção generalizadamente consagrada, segundo a qual a sentença é o ato judicial final (cf. JAUERNIG, Othmar. *Direito processual civil.* 25. ed., totalmente refundida, da obra criada por Friedrich Lent. Tradução F. Silveira Ramos. Coimbra: Almedina, 2002, p. 301; LIEBMAN, Enrico Tullio. *Manual de direito processual civil*, v. I. Intelectos: Tocantins, 2003, p. 207), o conceito típico gerou problema pela inviável impugnação de sentenças proferidas no curso processo por meio de apelação, que seria o recurso cabível na linha do artigo 513, uma vez que não admitia a forma de instrumento e a marcha processual prosseguia em primeiro grau de jurisdição.

272 Cf. YARSHELL, Flávio Luiz. Brevissimas reflexões sobre o sistema recursal no novo Código de Processo Civil. *Cadernos Jurídicos.* São Paulo: Escola Paulista da Magistratura, v. 16, p. 27-31, 2015, p. 29.

a natureza sempre de despacho, decisão interlocutória ou sentença. Assim, é despacho o provimento que remete os autos à mesa para julgamento do recurso ou que, olvidada a providência no órgão *a quo*, intima o recorrido para respondê-lo. É decisão interlocutória o provimento que anula a sentença que indeferiu a petição inicial e remete os autos ao primeiro grau de jurisdição para para prosseguimento, com oferta de contestação pelo réu. É sentença o provimento que reforma o *decisum* impugnado para extinguir o processo, sem resolução de mérito, ou para julgar procedente ou improcedente a demanda. É, também, sentença o provimento que mantém pelos mesmos ou por diversos fundamentos a sentença que o recurso ataca. É, ainda, sentença o provimento que anula o *decisum* impugnado e, desde logo, profere novo para substituí-lo.

O processo desenvolve-se em consonância ao devido processo legal, a fim de propiciar o exercício pelas partes das garantias do contraditório e da ampla defesa, com o objetivo a ter como desfecho o julgamento das pretensões exercidas perante o Estado-juiz. A decisão que acolhe ou rejeita as pretensões trazidas pelas partes qualifica-se como sentença de mérito (artigo 487, inciso I), tendo aptidão, após a interposição do último recurso cabível ou o decurso do prazo recursal, para ter seus efeitos revestidos de imutabilidade pela autoridade da coisa julgada material.

O legislador, também, confere a sentenças de conteúdo diverso a qualidade da sentença de mérito. Tem por objetivo tornar imutáveis os seus efeitos, com seu acobertamento pela coisa julgada material. O fenômeno ocorre nas hipóteses de renúncia ao direito, reconhecimento do pedido, transação, prescrição e decadência (artigo 487, incisos II e III). Não se julga a pretensão deduzida em juízo. Ao contrário, na prescrição e na decadência, o próprio legislador dá por extinta, respectivamente, a pretensão ou o direito potestativo pelo decurso do prazo estabelecido para o seu exercício. No reconhecimento do pedido, transação, renúncia ao direito, finaliza-se o litígio pela vontade de uma ou de ambas as partes, tendo a decisão do órgão jurisdicional natureza meramente homologatória da vontade manifestada.

Entretanto, o processo nem sempre alcança seu desfecho esperado. O acesso à justiça, garantido constitucionalmente, não assegura que o litigante terá sua pretensão acolhida, sequer apreciada. Como garantia do respeito ao devido processo legal, do contraditório e da ampla defesa, para a apreciação do pedido de tutela jurisdicional, impõe-se que o processo constitua-se e desenvolva-se de forma válida e regular, não se revista de nulidade, inexista qualquer outra questão que venha a impedir seu prosseguimento, a ação observe todas as suas condicionantes e a pretensão ou o direito potestativo não estejam extintos pelo decurso do prazo previsto em lei. Para abrigo do pedido de tutela jurisdicional, deve-se somar, ainda, a comprovação das suas alegações e da sua adequada subsunção ao efeito jurídico afirmado pela parte. Em verdade, pois, o acesso à justiça garante que a pretensão seja simplesmente exercida perante o aparato jurisdicional.

O julgamento do mérito se sujeita, portanto, ao afastamento de todas as questões que lhe são prejudiciais. Cuidam-se de questões prejudiciais à admissibilidade do julgamento do mérito os pressupostos de constituição e desenvolvimento válido e regular do processo, as nulidades, os pressupostos negativos, as condições da ação, a prescrição e a decadência. São pressupostos de constituição e desenvolvimento válido e regular do processo a propositura da demanda, a investidura jurisdicional do órgão destinatário, a capacidade do autor, a personalidade jurídica do réu e a regularidade da demanda proposta. Consistem os pressupostos negativos na litispendência, na coisa julgada, na perempção, na convenção de arbitragem, na morte da parte em caso de direitos personalíssimos, na confusão, na desistência da ação e no abandono do processo. São condições da ação a legitimidade *ad causam* e o interesse de agir em juízo. Todas tratam-se de matérias avaliadas pelo juiz, ordinariamente, antes do exame do mérito, que corresponde às pretensões deduzidas em juízo, ou seja, aquilo que deve o juiz decidir e não meramente conhecer[273].

A falta dos requisitos para a admissibilidade do julgamento do mérito pode ocasionar dois resultados diferentes: extinção do processo, sem ou com falsa resolução de mérito (artigo 354); ou então apenas a dilação do trâmite procedimental, como ocorre com o reconhecimento da inexistência ou nulidade da citação, incompetência ou conexão. Extinto, sem ou com falsa resolução do mérito, o processo tem seu desfecho anômalo. Validamente, o processo tem por escopo o julgamento do seu mérito. Há crise no processo na oportunidade em que seu desenlace resulta na inviabilidade do julgamento do seu mérito[274].

Pode-se, então, identificar três gêneros de sentenças. As sentenças propriamente de mérito, as quais julgam as pretensões deduzidas pelas partes. As "falsas sentenças de mérito", que, não obstante não retratarem o julgamento das pretensões pelo aparato estatal, são equiparadas pelo legislador às sentenças de mérito, a fim de se vestirem do manto da coisa julgada material[275]. As sentenças de extinção do processo, sem resolução de mérito, cujo conteúdo expressa julgamento que não alcança

---

273 Cf. DINAMARCO, Cândido Rangel. O conceito de mérito em processo civil. *Fundamentos do processo civil moderno*, t. I. 6. ed. São Paulo: Malheiros, 2010, p. 299-348, p. 322.

274 Cf. DINAMARCO, Cândido Rangel. *Instituições de direito processual civil*, v. III. 2. ed. São Paulo: Malheiros, 2002, p. 181.

275 Cf. *Idem. Ibidem*, p. 258-259.

as pretensões exercidas em juízo, por falta do preenchimento dos seus pressupostos de admissibilidade. Os dois primeiros gêneros de sentenças, acobertadas pela *auctoritas rei iudicatae*, obstando a propositura de demanda idêntica ou de nova demanda com vistas a contrastar seu conteúdo, são denominadas definitivas. O último gênero de sentença é chamada de terminativa, pondo fim à relação processual, porém não impedindo a propositura de idêntica demanda, caso suprimido o vício que deu ensejo à sua prolação.

No Código de Processo Civil de 2015, a prolação de decisões parciais de mérito foi expressamente prevista no artigo 356 do Código de Processo Civil de 2015[276]. Embora à mingua de previsão legal, no entanto, o fracionamento do julgamento das pretensões deduzidas no processo já era defendido na vigência do Código de Processo Civil de 1973[277]. Assim, na hipótese de uma ou mais das pretensões ou de suas parcelas restarem incontroversas ou não dependerem da produção de provas, o juiz deve, incontinenti, levar a cabo o seu julgamento, prosseguindo-se com a instauração da fase de instrução para propiciar a decisão sobre o remanescente do mérito do processo. Quebram-se os dogmas da unicidade do julgamento de mérito e da reserva do julgamento de mérito para as sentenças[278]. Admite-se, outrossim, a prolação de decisões par-

276 Para além da previsão genérica, por exemplo, têm natureza de decisões interlocutórias que versam sobre o mérito do processo aquelas que declaram o dever de prestar contas na demanda em que estas são exigidas (artigo 550, §5º), bem como que declararam a dissolução da sociedade, ante a concordância de seus sócios (artigo 603, *caput*).

277 Cf. AMBRIZZI, Tiago Ravazzi. *Julgamento fracionado do mérito no processo civil brasileiro*. Dissertação de Mestrado. São Paulo: Faculdade de Direito da Universidade de São Paulo, 2015, p. 201-206; ARAÚJO, Luciano Vianna. *Sentenças parciais?* São Paulo: Saraiva, 2011, p. 181; CORREIA FILHO, Antonio Carlos Nachif. *Julgamentos parciais no processo civil*. Dissertação de Mestrado. São Paulo: Faculdade de Direito da Universidade de São Paulo, 2015, p. 170-175; NOGUEIRA, Gláucia Assalin. *O julgamento parcial: possibilidade de cisão do julgamento de mérito relativamente à parte incontroversa da demanda*. Dissertação de Mestrado. São Paulo: Faculdade de Direito da Universidade de São Paulo, 2009, p. 154-159.

278 Vejam-se, a propósito, DINAMARCO, Cândido Rangel. Ação rescisória contra decisão interlocutória. *Nova era do processo civil*. 3. ed. São Paulo: Malheiros, 2009, p. 283-292, 284-285; GIANNICO, Maurício. *A preclusão no direito processual civil brasileiro*. São Paulo: Saraiva, 2005, p. 142-143; MONIZ DE ARAGÃO, Egas Dirceu. Preclusão. *Saneamento do processo: estudos em homenagem ao Prof. Galeno Lacerda*. Organização OLIVEIRA, Carlos Alberto Alvaro de. Porto Alegre: Sérgio Antonio Fabris, 1989, p. 141-183, p. 175-176; SICA, Heitor Vitor Mendonça. *Preclusão processual civil*. 2. ed. São Paulo: Atlas, 2008, p. 204. Como aponta Luciano Vianna Araújo, ainda por ocasião da tramitação legislativa do diploma, "a decisão interlocutória passa (pela primeira vez, na história processual brasileira) a poder, sim, apreciar o mérito da causa" (*Sentenças parciais?* São Paulo: Saraiva, 2011, p. 173-174).

ciais de extinção do processo, sem ou com "falsa" resolução de mérito (artigo 354, parágrafo único). Logo, dentre tantas outras hipóteses, ilegítima a parte autora para o exercício de uma pretensão, o processo pode prosseguir, caso necessária a produção de provas, para o julgamento das demais. As decisões, não dando cabo à fase de conhecimento, têm natureza interlocutória[279], o que, aliás, exsurge cristalino do artigo 1.015, *caput*, combinado com o inciso II.

Sem embargo de formalmente dotada de unidade, toda sentença é fracionável, compondo-se de partes ou, mais precisamente, capítulos[280]. O que ora se exprime aplica-se integralmente às decisões parciais de mérito e de extinção do processo, sem ou com "falsa" resolução de mérito. Com Nicola Rascio, deve se advertir que a exclusão ou atribuição da qualificação de parte ou capítulo do provimento jurisdicional opera-se, sobretudo, segundo as normas que tratam dos recursos[281]. A disciplina que segue, pois, respeita ao recurso de apelação como concebido em nossa legislação.

Na lição de Enrico Tullio Liebman, a sentença é um ato com duplo conteúdo: uma disposição imperativa e uma atividade lógica realizada pela autoridade jurisdicional para alcançar a prolação da decisão. Os

---

279 Cf. LUCON, Paulo Henrique dos Santos. Inovações do Código de Processo Civil de 2015 e seus reflexos em matéria recursal. *O Novo Código de Processo Civil*. Organização MENDES, Aluisio Gonçalves de Castro. Rio de Janeiro: Escola da Magistratura Regional Federal da 2ª Região, 2016, p. 307-319, p. 311; OLIVEIRA, Pedro Miranda. O regime especial do agravo de instrumento contra a decisão parcial de mérito. *Revista de Processo*. São Paulo: Revista dos Tribunais, n. 264, p. 183-204, fevereiro 2017, p. 184-185; SILVA, Ricardo Alexandre da. *Breves comentários ao novo Código de Processo Civil*. Coordenação WAMBIER, Teresa Celina de Arruda Alvim; DIDIER JUNIOR, Fredie; TALAMINI, Eduardo; DANTAS, Bruno. São Paulo: Revista dos Tribunais, 2015, p. 963. Na vigência do Código de Processo Civil de 1973, ante a redação dada ao artigo 162, §1º, pela Lei n. 11.232/05, colhia-se posicionamento no sentido de assumir o provimento jurisdicional vestes de sentença parcial (cf. OLIVEIRA, Bruno Silveira de. A "interlocutória faz de conta" e o "recurso ornitorrinco". *Revista de Processo*. São Paulo: Revista dos Tribunais, v. 37, n. 203, p. 73-96, janeiro 2012, p. 74-76). O conceito de sentença expresso no artigo 203, §1º, do Código de Processo Civil de 2015, exigindo que ponha fim à fase cognitiva do procedimento comum ou extinga a execução, põe uma pá de cal na discussão.

280 Cf. LIEBMAN, Enrico Tullio. Parte o capo di sentenza. *Rivista di Diritto Processuale*. Padova: CEDAM, n. 19, p. 47-63, 1964, p. 47. José Carlos Barbosa Moreira, reputando equívoco o conceito de capítulo na doutrina, denomina sentenças objetivamente complexas aquelas que contêm mais de uma decisão em seu dispositivo (Sentença objetivamente complexa, trânsito em julgado e rescindibilidade. *Revista da Academia Brasileira de Letras Jurídicas*. Rio de Janeiro: Academia Brasileira de Letras Jurídicas, n. 29, p. 93-106, 2006, p. 96).

281 *L'oggetto dell'appello civile*. Napoli: Jovene, 1996, p. 112.

elementos imperativo e lógico formam uma unidade incindível, tratando-se um de resultado do outro, porém materialmente distintos, com a localização de um no dispositivo e outro na fundamentação do provimento jurisdicional. Assim, é possível dividi-lo em dois planos diversos: um horizontal, contendo o comando imperativo, e outro vertical, formado pelo processo de sua formação lógica[282].

O fracionamento da sentença, no plano horizontal, resulta no alcance das diversas deliberações cumuladas, formando os seus capítulos cada singular unidade elementar que ostente a propriedade essencial do todo, ou seja, em uma menor extensão, qualifica-se como uma sentença[283]. Por sua vez, no plano vertical, separar a solução das várias questões postas ao exame do órgão julgador tem função estritamente instrumental, porque, isoladamente, não contém qualquer resultado útil, o que só se atinge ao tomá-las em conta em seu complexo, no seu contexto, cada qual em seu posto na série completa que forma a convicção do juízo, desembocando na efetiva decisão[284].

Cada capítulo, portanto, corresponde a uma unidade autônoma do decisório da sentença, "no sentido de que cada um deles expressa uma deliberação especifica; cada uma dessas deliberações é distinta das contidas nos demais capítulos e resulta da verificação de pressupostos próprios, que não se confundem com os pressupostos das outras"[285]. Decisões sobre questões de fato e de direito não se qualificam como unidades portadoras de concretos preceitos imperativos sobre o processo ou sobre o mérito, não originando novos capítulos[286]. A divisão da sentença em capítulos atém-se à sua parte dispositiva, na qual julgadas as pretensões, com a desconsideração da multiplicidade das questões solucionadas na fundamentação[287]. Não integram, pois, os capítulos da sentença as questões de mérito que serviram de premissas para as diversas

282 Parte o capo di sentenza. *Rivista di Diritto Processuale*. Padova: CEDAM, n. 19, p. 47-63, 1964, p. 48-49.

283 CALAMANDREI, Piero. Appunti sulla "reformatio in peius". *Rivista di Diritto Processuale*. Padova: CEDAM, v. 6, n. 1, p. 297-307, 1929, p. 300; LIEBMAN, Enrico Tullio. Parte o capo di sentenza. *Rivista di Diritto Processuale*. Padova: CEDAM, n. 19, p. 47-63, 1964, p. 50.

284 Cf. LIEBMAN, Enrico Tullio. Parte o capo di sentenza. *Rivista di Diritto Processuale*. Padova: CEDAM, n. 19, p. 47-63, 1964, p. 50.

285 DINAMARCO, Cândido Rangel. *Capítulos de sentença*. 4. ed. São Paulo: Malheiros, 2009, p. 34.

286 Cf. *Idem. Ibidem*, p. 37.

287 Cf. *Idem. Ibidem*, p. 96.

deliberações que pode conter[288]. Diversamente ocorre com as questões de natureza processual, uma vez que sua solução, tem um efeito imediato sobre o mérito, tornando possível ou impossível o seu julgamento, com a assunção de roupagem de deliberação autônoma que não se confunde com as outras contidas na sentença[289].

Os capítulos podem, pois, ser processuais ou de mérito. Capítulos processuais cuidam dos requisitos de admissibilidade do julgamento do mérito: pressupostos de constituição e desenvolvimento válido e regular do processo, condições da ação, nulidades, pressupostos negativos, prescrição e decadência. Capítulos de mérito tratam de cada bem da vida ou cada nova situação jurídica pleiteada. Cada pretensão exercida seja por autor, réu ou terceiro que venha a se tornar parte corresponde a um capítulo[290]. Contudo, somente os capítulos de mérito tem autonomia absoluta e, por conseguinte, aptidão para se constituírem em objetos de julgamento em processos diversos, dando origem a diferentes sentenças[291]. Os capítulos processuais somente são autônomos internamente ao processo[292].

Dois ou mais capítulos processuais, dois ou mais capítulos de mérito, bem como capítulos processuais e capítulos de mérito podem conviver na mesma sentença[293]. Verifica-se, então, a presença de capítulos homogêneos, nas duas primeiras hipóteses, e de capítulos heterogêneos,

---

288 Nicola Rascio não vê como sinônimas as palavras "capítulo" e "parte". Entende que aquela alude a uma entidade singularmente perfeita, ao passo que nesta, embora não se possa excluir a qualificação, a indepedência do conjunto não lhe é característica peculiar. Logo, a segunda seria mais genérica do que a primeira e, uma vez empregada, como ocorrido na Itália, com o advento do Código de Processo Civil de 1940, pode indicar também a solução de questões (*L´oggetto dell´appello civile*. Napoli: Jovene, 1996, p. 123). Nesta mesma direção, Luigi Paolo Comoglio, Corrado Ferri e Michele Taruffo, para quem as partes ou capítulos podem referir-se às decisões sobre questões que podem se constituir em exclusivos objetos de uma sentença (*Lezioni sul processo civile*, v. I. 5. ed. Bolonha: Il Mulino, 2011, p. 652).

289 Cf. LIEBMAN, Enrico Tullio. Parte o capo di sentenza. *Rivista di Diritto Processuale*. Padova: CEDAM, n. 19, p. 47-63, 1964, p. 54-55. Contra CHIOVENDA, Giuseppe. *Instituições de direito processual civil*. Tradução Paolo Capitanio. 4. ed. Campinas: Bookseller, 2009, p. 1.128.

290 Cf. BETTI, Emilio. *Interpretação da lei e dos atos jurídicos*. Tradução Karina Jannini. São Paulo: Martins Fontes, 2007, p. 334; LIEBMAN, Enrico Tullio. Parte o capo di sentenza. *Rivista di Diritto Processuale*. Padova: CEDAM, n. 19, p. 47-63, 1964, p. 51.

291 Cf. DINAMARCO, Cândido Rangel. *Capítulos de sentença*. 4. ed. São Paulo: Malheiros, 2009, p. 34 e 42-43.

292 Cf. *Idem*. *Ibidem*, p. 43.

293 Cf. LIEBMAN, Enrico Tullio. Parte o capo di sentenza. *Rivista di Diritto Processuale*. Padova: CEDAM, n. 19, p. 47-63, 1964, p. 55.

na última[294]. A cumulação de capítulos processuais exige o conhecimento na sentença de requisitos de admissibilidade do julgamento do mérito que desencadeariam, se acolhidos, a extensão do curso do processo com outros que acarretem a extinção do processo[295]. Do contrário, existe um capítulo único a respeito de toda a matéria processual, com a extinção do processo, sem resolução de mérito, por falta de um ou mais dos requisitos para a admissibilidade do seu julgamento ou a afirmação de que todos os requisitos para a admissibilidade do seu julgamento estão preenchidos e, portanto, o mérito deve ser decidido[296].

Os capítulos podem ser independentes ou dependentes, caso um deles subsista, ou não, logicamente com o julgamento negativo do outro[297]. Nos capítulos dependentes, há uma relação de subordinação ou condicionamento, uma vez que um deles pode obstar a presença de outros ou pode determinar o conteúdo dos subsequentes[298]. Há relação de subordinação entre capítulos processuais e de mérito. As questões prejudiciais ao seu julgamento são preliminares ao mérito, de modo que reconhecido ausente um dos requisitos de sua admissibilidade, resta inibido o pronunciamento sobre o bem da vida ou a nova situação jurídica. Logo, a sentença não possuíra um capítulo de mérito. De seu turno, capítulos de mérito podem assumir relação de condicionamento entre si. Assim, verifica-se na demanda objetivando à declaração de resolução do contrato cumulada com à condenação da parte inadimplente por perdas e danos. Julgada improcedente a pretensão à declaração de resolução, igualmente improcedente a pretensão à condenação por perdas e danos[299].

A multiplicidade de capítulos na sentença pode se dar pela possibilidade de divisão quantitativa da pretensão que, a despeito de formalmente única, almeja coisa passível de contagem, medição, pesagem ou outra forma de quantificação[300]. Pedida a condenação ao pagamento de

---

294 Cf. DINAMARCO, Cândido Rangel. *Capítulos de sentença.* 4. ed. São Paulo: Malheiros, 2009, p. 40.

295 "É o que se dá, por exemplo, quando o juiz rejeita a preliminar de incompetência absoluta, prosseguindo a julgar, mas em seguida extingue o processo, por carência de ação" (*Idem. Ibidem*, p. 41).

296 Cf. *Idem. Ibidem*, p. 41.

297 Cf. CHIOVENDA, Giuseppe. *Principios de derecho procesal civil*, t. II. Tradução José Casáis y Santaló. Madrid: Editorial Reus, 1925, p. 664.

298 Cf. DINAMARCO, Cândido Rangel. *Capítulos de sentença.* 4. ed. São Paulo: Malheiros, 2009, p. 46.

299 Cf. *Idem. Ibidem*, p. 45.

300 Cf. DINAMARCO, Cândido Rangel. *Capítulos de sentença.* 4. ed. São Paulo: Malheiros, 2009, p. 47; LIEBMAN, Enrico Tullio. Parte o capo di sentenza. *Rivista di Diritto Processuale.* Padova: CEDAM, n. 19, p. 47-63, 1964, p. 53.

R$10.000,00, uma vez julgada parcialmente procedente a demanda para condenar o réu ao pagamento de R$5.000,00, a sentença divide-se em dois capítulos: um outorgando e outro negando R$5.000,00 ao autor.

Alguns efeitos decorrentes da lei, como correção monetária, juros legais, honorários advocatícios e outros encargos gerados pela sucumbência, parcelas vincendas, sanção por litigância de má-fé, entre outros, quando objeto da sentença, dão forma a um novo capítulo[301]. Por conta da necessidade de se dispor sobre os custos do processo, pode-se se afirmar que, no sistema procesual brasileiro, toda sentença possui ao menos dois capítulos[302].

1.7. Preclusão e coisa julgada

A preclusão consiste em fenômeno que obsta as partes suscitarem ou rediscutirem e o juiz redecidir uma questão. Trata-se de técnica empregada a fim de assegurar o regular andamento da marcha processual, impedindo retrocessos que a prejudiquem e o arbítrio judicial na sua condução. Reveste, assim, de celeridade, ordem e segurança o instrumento de consecução do direito material. A preclusão tem efeitos meramente endoprocessuais, não obstando, de per si, a rediscussão da questão em processo diverso no qual novamente surgida[303].

Dirige-se à atividade das partes, no que se denomina preclusão de situações subjetivas processuais[304], e à atuação do juiz, no que se chama

301 Cf. COMOGLIO, Luigi Paolo; FERRI, Corrado; TARUFFO, Michele. *Lezioni sul processo civile*, v. I. 5. ed. Bolonha: Il Mulino, 2011, p. 677.

302 Cf. AMORIM, José Roberto Neves. *Coisa julgada parcial no processo civil*. Rio de Janeiro: Elsevier, 2011, p. 212.

303 Cf. CHIOVENDA, Giuseppe. *Instituições de direito processual civil*. Tradução Paolo Capitanio. 4. ed. Campinas: Bookseller, 2009, p. 1.123; GIANNICO, Maurício. *A preclusão no direito processual civil brasileiro*. São Paulo: Saraiva, 2005, p. 141-142; SICA, Heitor Vitor Mendonça. *Preclusão processual civil*. 2. ed. São Paulo: Atlas, 2008, p. 200.

304 A "situação subjetiva equivaleria, assim, à posição na qual se encontra um sujeito que detém todas as condições para a eventual prática de um ato ou exercício de um comportamento, o qual será valorado positiva ou negativamente, segundo a sua conformidade ou não com um modelo previamente estabelecido na norma". Ou seja, a "situação subjetiva é a possibilidade de ser, pretender ou fazer algo, nos limites atributivos das regras de direito", ao passo que o direito subjetivo apenas passa a existir no momento em que a situação subjetiva configura uma pretensão, aliada à exigibilidade de uma prestação ou de um ato de outrem (ABDO, Helena Najjar. *Abuso do processo*. São Paulo: Revista dos Tribunais, 2007, p. 61-62). A "noção de situação subjetiva processual está intimamente ligada àquela de ato processual" (*Idem. Ibidem*, p. 63).

preclusão sobre questões decididas[305]. A segunda denominação ostenta maior rigor técnico do que preclusão *pro iudicato*[306]. Esta foi cunhada por Enrico Redenti para designar a qualidade que reveste provimentos jurisdicionais que não implicam ou requerem a declaração de um direito e, consequentemente, são insuscetíveis de assumirem o manto da coisa julgada material, mas que, não obstante, tornam-se incontrastáveis. Logo, o direito não declarado pode ser rediscutido entre as partes em outros processos, desde que não afetem o resultado prático do provimento jurisdicional anterior. O fenômeno ocorre no processo de execução fundado em título extrajudicial, que se extingue com a satisfação do exequente, sem a oposição de embargos pelo executado, bem como no processo monitório, nas hipóteses em que o demandado não oferta embargos e, então, o mandado se converte em título executivo judicial[307]. Ostentam regimes diferenciados as preclusões aos litigantes e ao juiz, fundando a atividade dos primeiros no seu próprio interesse e do segundo no interesse público da administração da justiça.

As partes gozam no processo de poderes, faculdades, deveres e, sobretudo, ônus processuais. A preclusão dirigida à atividade das partes se consubstancia na perda "da possibilidade de praticar os atos correspondentes a uma dessas posições subjetivas"[308]. Dela decorre a ineficácia do ato para produção dos efeitos desejados, não alcançando sua validade[309]. Assume comumente na doutrina três modalidades: temporal, lógica e consumativa[310]. A preclu-

305 No sentido do alcance pela preclusão dos litigantes e do juiz, GIANNICO, Maurício. *A preclusão no direito processual civil brasileiro*. São Paulo: Saraiva, 2005, p. 123; MONIZ DE ARAGÃO, Egas Dirceu. Preclusão. *Saneamento do processo: estudos em homenagem ao Prof. Galeno Lacerda*. Organização OLIVEIRA, Carlos Alberto Alvaro de. Porto Alegre: Sérgio Antonio Fabris, 1989, p. 141-183, p. 142; SICA, Heitor Vitor Mendonça. *Preclusão processual civil*. 2. ed. São Paulo: Atlas, 2008, p. 279.

306 Cf. NEVES, Daniel Amorim Assumpção. *Preclusões para o juiz: preclusão* pro iudicato *e preclusão judicial no processo civil*. São Paulo: Método, 2004, p. 311; SICA, Heitor Vitor Mendonça. *Preclusão processual civil*. 2. ed. São Paulo: Atlas, 2008, p. 278.

307 Cf. REDENTI, Enrico; VELLANI, Mario. *Diritto processuale civile*. Milano: Giuffrè, 2011, p. 44-45.

308 BEDAQUE, José Roberto dos Santos. *Efetividade do processo e técnica processual*. 2. ed. São Paulo: Malheiros, 2007, p. 129.

309 Cf. SICA, Heitor Vitor Mendonça. *Preclusão processual civil*. 2. ed. São Paulo: Atlas, 2008, p. 156-157.

310 Cf. CHIOVENDA, Giuseppe. *Instituições de direito processual civil*. Tradução Paolo Capitanio. 4. ed. Campinas: Bookseller, 2009, p. 1.122; FREDERICO MARQUES, José. *Manual de direito processual civil*, v. II. São Paulo: Saraiva, 1974, p. 169; NERY JUNIOR, Nelson; NERY, Rosa Maria de Andrade. *Comentários ao Código de Processo Civil*. São Paulo: Revista dos Tribunais, 2015, p. 1.240; NEVES, Daniel Amorim Assumpção. *Preclusões para o juiz: preclusão* pro iudicato *e preclusão judicial no processo civil*. São Paulo: Método, 2004, p. 30.

são temporal extingue a situação subjetiva processual pelo transcurso do prazo ou superação da fase do processo em que deveria ser exercida. A preclusão lógica acarreta a perda da situação subjetiva processual pela prática de um ato com ela incompatível. A preclusão consumativa dá-se com o exercício da situação subjetiva processual, o que não permitiria nova prática. Contudo, como bem assinala Heitor Vitor Mendonça Sica, não haveria que se falar em preclusão consumativa· porque ou se pratica duas vezes o mesmo ato, o que afasta a necessidade de declaração de inadmissibilidade daquele que nada acrescenta, ou se pratica o segundo ato para sanar o defeito formal do primeiro dentro do prazo para seu exercício, sanando-o "como se o primeiro jamais tivesse existido"[311]. O que se verificaria seria "a falta de interesse processual da parte em praticar determinado ato novamente, ou a impossibilidade temporal ou lógica de emendar o ato já praticado, jamais a consumação do direito da parte pelo exercício do direito processual"[312].

A preclusão sobre questões decididas impõe ao juiz obstáculo a reconsiderar questões incidentais já solvidas, se não autorizado pela lei, como ocorre, por exemplo, no juízo de retratação ante a interposição de alguns recursos. Assim se verifica na apelação contra as sentenças que indeferem a petição inicial, terminativas em geral ou que julgam a demanda improcedente liminarmente, no agravo de instrumento e no agravo interno (artigo 331, *caput*, 485, §7º, 332, §3º, 1.018, §1º, e 1.021, §2º). A inadequação do ato judicial importa em nulidade[313]. Estabiliza a preclusão tão-somente as questões efetivamente decididas. A motivação é condição de validade das decisões judiciais (artigo 93, inciso IX, da Constituição Federal). Logo, não há que se falar em questões implicitamente decididas, as quais, assim, escapam da preclusão[314]. A preclusão

311 *Preclusão processual civil*. 2. ed. São Paulo: Atlas, 2008, p. 152.

312 Cf. SICA, Heitor Vitor Mendonça. *Preclusão processual civil*. 2. ed. São Paulo: Atlas, 2008, p. 154.

313 Cf. *Idem*. *Ibidem*, p. 181.

314 Cf. CHIOVENDA, Giuseppe. *Instituições de direito processual civil*. Tradução Paolo Capitanio. 4. ed. Campinas: Bookseller, 2009, p. 461; CRUZ E TUCCI, José Rogério. Sobre a eficácia preclusiva da decisão declaratória de saneamento. *Saneamento do processo: estudos em homenagem ao Prof. Galeno Lacerda*. Organização OLIVEIRA, Carlos Alberto Alvaro de. Porto Alegre: Sérgio Antonio Fabris, 1989, p. 275-290, p. 284; GIANNICO, Maurício. *A preclusão no direito processual civil brasileiro*. São Paulo: Saraiva, 2005, p. 151; NEVES, Daniel Amorim Assumpção. *Preclusões para o juiz: preclusão* pro iudicato *e preclusão judicial no processo civil*. São Paulo: Método, 2004, p. 235; SICA, Heitor Vitor Mendonça. *Preclusão processual civil*. 2. ed. São Paulo: Atlas, 2008, p. 211. Contra *Súmula n. 424 do Supremo Tribunal Federal;* BARBOSA MOREIRA, José Carlos. *O novo processo civil brasileiro*. 28. ed. Rio de Janeiro: Forense 2010, p. 53; FREDERICO MARQUES, José. *Manual de direito pro-*

voltada à atividade do julgador exige a identidade entre as questões, o que faz necessário tenham estas por conteúdo o mesmo ponto de fato ou de direito, bem como que a decisão tenha por substrato o mesmo suporte fático e probatório[315].

Definitivamente, não impugnando a questão decidida em seu desfavor por meio do recurso cabível, há obstáculo à rediscussão da questão pela parte e ao seu conhecimento pelo juiz, caso a lei, excepcionalmente, não a admita[316]. Embora a decisão interlocutória não seja imediatamente confrontável pelo manejo do agravo de instrumento, mas apenas por ocasião da interposição da apelação, o juiz não pode livremente se retratar[317]. Não assumindo carga decisória e destinando-se ao impulso do processo, os despachos, todavia, não são acometidos pela preclusão, comportando sempre revisão pelo juiz[318].

Fogem da preclusão sobre questões decididas as matérias cognoscíveis de ofício, como os pressupostos processuais, as condições da ação e as nulidades absolutas, assim como o exercício de poderes instrutórios, de poderes no emprego de medidas de apoio à execução e à efetivação da tutela de urgência e de poderes administrativos pelo juiz (*v.g.* poderes de polícia, exigibilidade da taxa judiciária)[319]. Podem ser reapreciadas pelo juízo superior, em que pese objeto de decisão pelo juízo inferior.

---

cessual civil, v. II. São Paulo: Saraiva, 1974, p. 171-172; MONIZ DE ARAGÃO, Egas Dirceu. Preclusão. *Saneamento do processo: estudos em homenagem ao Prof. Galeno Lacerda*. Organização OLIVEIRA, Carlos Alberto Alvaro de. Porto Alegre: Sérgio Antonio Fabris, 1989, p. 141-183, p. 163; SEABRA FAGUNDES, Miguel. *Dos recursos ordinários em matéria civil*. Rio de Janeiro: Forense, 1946, p. 287-288.

---

315 Cf. SICA, Heitor Vitor Mendonça. *Preclusão processual civil*. 2. ed. São Paulo: Atlas, 2008, p. 199.

316 Cf. GIANNICO, Maurício. *A preclusão no direito processual civil brasileiro*. São Paulo: Saraiva, 2005, p. 138; NEVES, Daniel Amorim Assumpção. *Preclusões para o juiz: preclusão* pro iudicato *e preclusão judicial no processo civil*. São Paulo: Método, 2004, p. 50.

317 Cf. SICA, Heitor Vitor Mendonça. *Recorribilidade das interlocutórias e sistema de preclusões no novo CPC – primeiras impressões*, p. 29.

318 Cf. GIANNICO, Maurício. *A preclusão no direito processual civil brasileiro*. São Paulo: Saraiva, 2005, p. 139; NEVES, Daniel Amorim Assumpção. *Preclusões para o juiz: preclusão* pro iudicato *e preclusão judicial no processo civil*. São Paulo: Método, 2004, p. 51.

319 Cf. LACERDA, Galeno Vellinho de. *Despacho saneador*. 3. ed. Porto Alegre: Sérgio Antonio Fabris, 1990, p. 177; MONIZ DE ARAGÃO, Egas Dirceu. Preclusão. *Saneamento do processo: estudos em homenagem ao Prof. Galeno Lacerda*. Organização OLIVEIRA, Carlos Alberto Alvaro de. Porto Alegre: Sérgio Antonio Fabris, 1989, p. 141-183, p. 170-175; SICA, Heitor Vitor Mendonça. *Preclusão processual civil*. 2. ed. São Paulo: Atlas, 2008, p. 250-251.

Amparando-se em normas cogentes que mais interessam à administração da justiça do que ao interesse das partes, não obstante decidida a questão, é medida de rigor mesmo a retratação do seu próprio julgador, de ofício ou a requerimento dos litigantes, uma vez reconhecido o erro incorrido[320]. Decidida, no entanto, a questão pelo órgão jurisdicional superior o juízo inferior fica obstado de revê-la[321], salvo se ocorreu a introdução nos autos de novos elementos de convicção.

Esgotado o ofício jurisdicional na fase de conhecimento, com a prolação da sentença, fora as exceções legais, consuma-se uma preclusão "típica (e forte), a qual impede o juiz de primeiro grau de redecidir o que foi resolvido na sentença"[322]. Assim, é-lhe lícito apenas conhecer de erro material, inclusive de ofício, acolher embargos de declaração para sanar omissão, obscuridade ou contradição, ou se retratar nas apelações interpostas contra sentenças que indeferem a petição inicial, terminativas em geral ou que julgam a demanda improcedente liminarmente (artigo 494, 1.022, 331, *caput*, 485, §7º, 332, §3º).

O óbice à apreciação de questões que deveriam, mas não foram, alegadas pelas partes não se confunde com a preclusão para o juiz. Naquele caso, "o juiz não 'perde' o poder de se manifestar sobre determinada questão", já que "esse poder somente surge quando a questão é efetivamente proposta"[323]. Trata-se de efeito da lei, insculpido o artigo 141, que acomete o juiz, obstando o conhecimento de ofício de questões que dependam sejam suscitadas pelas partes. Se preclusão houve, consumou-se no que toca à situação jurídica subjetiva do litigante.

Como bem ensina José Roberto dos Santos Bedaque, a preclusão é "solução atinente à técnica processual", de modo que "se for possível verificar que o reconhecimento da preclusão em determinado caso concreto, além de não favorecer a celeridade do processo, irá proporcionar tutela jurisdicional a quem não tem direito a ela, deverá o juiz

---

320 Cf. CRUZ E TUCCI, José Rogério. Sobre a eficácia preclusiva da decisão declaratória de saneamento. *Saneamento do processo: estudos em homenagem ao Prof. Galeno Lacerda*. Organização OLIVEIRA, Carlos Alberto Alvaro de. Porto Alegre: Sérgio Antonio Fabris, 1989, p. 275-290, p. 280.

321 Cf. GIANNICO, Maurício. *A preclusão no direito processual civil brasileiro*. São Paulo: Saraiva, 2005, p. 234; MONIZ DE ARAGÃO, Egas Dirceu. Preclusão. *Saneamento do processo: estudos em homenagem ao Prof. Galeno Lacerda*. Organização OLIVEIRA, Carlos Alberto Alvaro de. Porto Alegre: Sérgio Antonio Fabris, 1989, p. 141-183, p. 175 e 182; SICA, Heitor Vitor Mendonça. *Preclusão processual civil*. 2. ed. São Paulo: Atlas, 2008, p. 224.

322 Cf. SICA, Heitor Vitor Mendonça. *Preclusão processual civil*. 2. ed. São Paulo: Atlas, 2008, p. 215.

323 SICA, Heitor Vitor Mendonça. *Preclusão processual civil*. 2. ed. São Paulo: Atlas, 2008, p. 184.

afastá-la"[324]. De fato, o imperativo de justiça das decisões deve suplantar a segurança e a celeridade. Com igual precisão, Heitor Vitor Mendonça Sica aduz que se deve "afastar a preclusão sempre que não tiver sido respeitado o contraditório", uma vez que novos argumentos podem, validamente, ser trazidos à formação do convencimento do juiz, e "sempre que não houver nenhuma possibilidade de prejuízo ou quebra da regra de isonomia entre as partes"[325].

A coisa julgada, por sua vez, funda-se no valor da segurança jurídica. Ostenta duas espécies: formal e material. Para a formação da coisa julgada formal, o provimento jurisdicional terminativo ou de mérito deve ser tornar impassível de interposição de recurso com vistas a impugná-lo[326]. A decisão torna-se, então, imutável naquele processo, porque ultrapassado o prazo previsto em lei para a irresignação recursal, praticado um ato com ela incompatível ou manejado o último recurso cabível. A coisa julgada formal, portanto, é fenômeno interno ao processo.. Quando, porém, a imutabilidade reveste os efeitos do *decisum*, espraiando-se para além da relação processual no qual prolatado, consuma-se a coisa julgada material[327]. Atinge as decisões de mérito (artigo 502).

A coisa julgada material cuida-se de qualidade que envolve os efeitos do julgado, não, propriamente, de um de seus efeitos[328]. Tem por pressuposto a formação da coisa julgada formal sobre o provimento ju-

324 *Efetividade do processo e técnica processual.* 2. ed. São Paulo: Malheiros, 2007, p. 129. No mesmo passo, LUCON, Paulo Henrique dos Santos. Art. 515, 3º, do Código de Processo Civil, ordem pública e prequestionamento. *Os poderes do juiz e o controle das decisões judiciais: estudos em homenagem à professora Teresa Celina de Arruda Alvim Wambier.* Coordenação MEDINA, José Miguel Garcia; CRUZ, Luana Pedrosa de Figueiredo; CERQUEIRA, Luis Otavio Sequeira de. GOMES JÚNIOR, Luiz Manoel. São Paulo: Revista dos Tribunais, 2008, p. 37-46, p. 41.

325 *Preclusão processual civil.* 2. ed. São Paulo: Atlas, 2008, p. 338.

326 DINAMARCO, Cândido Rangel. *Instituições de direito processual civil,* v. III. 2. ed. São Paulo: Malheiros, 2002, p. 305; JAUERNIG, Othmar. *Direito processual civil.* 25. ed., totalmente refundida, da obra criada por Friedrich Lent. Tradução F. Silveira Ramos. Coimbra: Almedina, 2002, p. 315-316.

327 Cf. DINAMARCO. Cândido Rangel. *Instituições de direito processual civil,* v. III. 2. ed. São Paulo: Malheiros, 2002, p. 301; LIEBMAN, Enrico Tullio. *Eficácia e autoridade da sentença e outros escritos sobre a coisa julgada material.* Tradução Alfredo Buzaid, Benvindo Aires e, dos textos posteriores a 1945, Ada Pellegrini Grinover. 4. ed. Rio de Janeiro: Forense, 2007, p. 51.

328 Cf. DINAMARCO. Cândido Rangel. *Instituições de direito processual civil,* v. III. 2. ed. São Paulo: Malheiros, 2002, p. 304; LIEBMAN, Enrico Tullio. *Eficácia e autoridade da sentença e outros escritos sobre a coisa julgada material.* Tradução Alfredo Buzaid, Benvindo Aires e, dos textos posteriores a 1945, Ada Pellegrini Grinover. 4. ed. Rio de Janeiro: Forense, 2007, p. 55.

risdicional[329]. Estabelece "entre as partes e em relação ao litígio que foi julgado, uma situação de absoluta firmeza quanto aos direitos e obrigações que os envolvem, ou que não os envolvem", tanto que nada poderá ser feito "por outro juiz, nem pelo próprio legislador, que venha a contrariar o que foi decidido"[330]. A alteração somente é possível pelas próprias partes que, a despeito do trânsito em julgado, sempre podem estipular livremente acerca do seus direitos e obrigações.

A coisa julgada material ostenta função negativa e positiva. A função negativa da coisa julgada material "impedirá a propositura de demanda com objeto idêntico", enquanto a sua função positiva "vinculará os juízes de processos futuros a tomar a decisão como premissa sempre que a situação jurídica definida despontar como questão prejudicial"[331]. Sem embargo de não transitarem materialmente em julgado, as decisões terminativas obstam igualmente a reiteração de demanda idêntica, sem que o vício que prejudicou a admissibilidade do julgamento do mérito seja sanado (artigo 486, §1º)[332]

A *auctoritas rei iudicatae* alcança, como se depreende do artigo 502, tanto a decisão parcial como a sentença[333]. Com efeito, o vocábulo "sentença" presente no artigo 467 que a regulava no Código de Processo Civil de 1973 foi substituído por "decisão de mérito". Idêntica adaptação ocorreu no artigo 966, que cuida da ação rescisória, frente à antiga redação do artigo 485.

A coisa julgada consolida-se de forma progressiva, alcançando os capítulos do provimento jurisdicional que não tenham sido objeto de oportuno ataque pela via recursal[334]. Assim sendo, os capítulos não im-

---

329 JAUERNIG, Othmar. *Direito processual civil*. 25. ed., totalmente refundida, da obra criada por Friedrich Lent. Tradução F. Silveira Ramos. Coimbra: Almedina, 2002, p. 316; ROSENBERG, Leo. *Tratado de derecho procesal civil*, t. II. Tradução Angela Romera Vera. Buenos Aires: Ediciones Jurídicas Europa-América, 1955, p. 442.

330 DINAMARCO. Cândido Rangel. *Instituições de direito processual civil*, v. III. 2. ed. São Paulo: Malheiros, 2002, p. 301-302.

331 LOPES, Bruno Vasconcelos Carrilho. *Limites objetivos e eficácia preclusiva da coisa julgada*. São Paulo: Saraiva, 2012, p. 16.

332 Cf. DINAMARCO, Cândido Rangel. *A reforma da reforma*. 6. ed. São Paulo: Malheiros, 2003, p. 74; HABSCHEID, Walter J. L´oggetto del processo nel diritto processuale civile tedesco. Tradução Angela Loaldi. *Rivista di Diritto Processuale*, anno XXXV, n. 3. Padova: Cedam, 1980, p. 463.

333 Cf. ARAÚJO, Luciano Vianna. *Sentenças parciais?* São Paulo: Saraiva, 2011, p. 187.

334 Cf. AMORIM, José Roberto Neves. *Coisa julgada parcial no processo civil*. Rio de Janeiro: Elsevier, 2011, p. 209; ARAÚJO, Luciano Vianna. *Sentenças parciais?* **São Paulo: Saraiva, 201**1, p. 147; BARBOSA MOREIRA, José Carlos. *Comentários ao Código de Processo Civil*, v. V. 15. ed. Rio de Janeiro: Forense, 2010, p. 355; *Idem*. Sentença objetivamente complexa, trânsito em julgado e rescindibilidade. *Revista*

pugnados comportam, desde logo, execução definitiva[335], seja decisão parcial ou sentença de mérito. Ressalvam-se os capítulos que sejam dependentes de outros que foram impugnados, porquanto o provimento do recurso pode alcançá-los, devolvendo-os à cognição do tribunal[336].

---

da Academia Brasileira de Letras Jurídicas. Rio de Janeiro: Academia Brasileira de Letras Jurídicas, n. 29, p. 93-106, 2006, p. 98; BONIZZI, Marcelo José Magalhães. *Capítulos de sentença e efeitos dos recursos*. São Paulo: RCS, 2006, p. 107; CHIOVENDA, Giuseppe. *Instituições de direito processual civil*. Tradução Paolo Capitanio. 4. ed. Campinas: Bookseller, 2009, p. 1.128; DIDIER JUNIOR, Fredie Souza. CUNHA, Leonardo Carneiro da. *Curso de direito processual civil*, v. III. 13. ed. Salvador: JusPodivm, 2016, p. 178-179; DINAMARCO, Cândido Rangel. *Capítulos de sentença*. 4. ed. São Paulo: Malheiros, 2009, p. 97; GIANNICO, Maurício. *A preclusão no direito processual civil brasileiro*. São Paulo: Saraiva, 2005, p. 149; JORGE, Flávio Cheim. *Teoria geral dos recursos*. 7. ed. São Paulo: Revista dos Tribunais, 2015, p. 310 e 350; LEONEL, Ricardo de Barros. Cognição judicial em grau de apelação, à luz das reformas do CPC. *Justitia*. São Paulo: Ministério Público do Estado de São Paulo, v. 64, n. 197, p. 199-210, julho a dezembro de 2007, p. 202; LIMA, Alcides de Mendonça. *Introdução aos recursos cíveis*. 2. ed. São Paulo: Revista dos Tribunais, 1976, p. 346; Cf. MONTERO AROCA, Juan; GÓMEZ COLOMER, Juan Luis; BARONA VILAR, Silvia; CALDERÓN CUADRADO, Maria Pía. *Derecho jurisdiccional*, v. II. 23. ed. Valência: Tirant lo Blanch, 2015, p. 470; PONTES DE MIRANDA, Francisco Cavalcanti. *Comentários ao código de processo civil*, t. VII. Rio de Janeiro: Forense, 1999, p. 143; PROTO PISANI. Andrea. *Lezioni di diritto processuale civile*. Atualização Remo Caponi. 6. ed. Napoli: Jovene, 2014, p. 486; PUOLI, José Carlos Baptista. Breves considerações a respeito dos efeitos da apelação. *Direito processual civil*, v. II. Coordenação CARVALHO, Milton Paulo de; CASTRO, Daniel Penteado de. São Paulo: Quartier Latin, 2011, p. 387-399, p. 393; REZENDE FILHO, Gabriel José Rodrigues de. *Curso de direito processual civil*, v. III. 7. ed. São Paulo: Saraiva, 1966, p. 101; SANTOS, Moacyr Amaral. *Primeiras linhas de direito processual civil*, v. III. 26. ed. Atualização Maria Beatriz Amaral Santos Köhnen. São Paulo: Saraiva, 2013, p. 135; SICA, Heitor Vitor Mendonça. *Preclusão processual civil*. 2. ed. São Paulo: Atlas, 2008, p. 221; SILVA, José Afonso da. *Do recurso adesivo no processo civil brasileiro*. São Paulo: Universidade de São Paulo, 1973, p. 174. Contra MARINONI, Luiz Guilherme ARENHART, Sergio Cruz; MITIDIERO, Daniel. *Novo curso de processo civil*, v. II. São Paulo: Revista Tribunais, 2015, p. 505-506.

---

335 Cf. BARBOSA MOREIRA, José Carlos. Sentença objetivamente complexa, trânsito em julgado e rescindibilidade. *Revista da Academia Brasileira de Letras Jurídicas*. Rio de Janeiro: Academia Brasileira de Letras Jurídicas, n. 29, p. 93-106, 2006, p. 99; DINAMARCO, Cândido Rangel. *Capítulos de sentença*. 4. ed. São Paulo: Malheiros, 2009, p. 106; PUOLI, José Carlos Baptista. Breves considerações a respeito dos efeitos da apelação. *Direito processual civil*, v. II. Coordenação CARVALHO, Milton Paulo de; CASTRO, Daniel Penteado de. São Paulo: Quartier Latin, 2011, p. 387-399, p. 393.

336 Cf. BONIZZI, Marcelo José Magalhães. *Capítulos de sentença e efeitos dos recursos*. São Paulo: RCS, 2006, p. 113-114.

A formação progressiva da coisa julgada tem ressonância nos artigos 1.002 e 1.008, segundo os quais a "decisão pode ser impugnada no todo ou em parte" e o "julgamento proferido pelo tribunal substituirá a decisão impugnada no que tiver sido objeto de recurso"[337]. Na mesma esteira, a sentença é ato processual e, conforme o artigo 281, 2ª parte, "a nulidade de uma parte do ato não prejudicará as outras que dela sejam independentes". A conclusão já era extraída dos artigos 468 e 248, 2ª parte, do Código de Processo Civil de 1973, de forma que, nesta seara, não inovou o Código de Processo Civil de 2015.

A coisa julgada parcial não passa ao largo dos sistemas processuais estrangeiros. O artigo 329, segunda parte, do Código de Processo Civil Italiano estipula que a impugnação parcial importa em aquiescência com as partes da sentença não impugnadas, o que se refere ao seu trânsito em julgado, salvo se dependentes daquelas que foram objeto da irresignação[338]. Do mesmo modo, o Código de Processo Civil Português, em seu artigo 635.5, estabelece que os efeitos do julgado, na parte não recorrida, não podem ser prejudicados pela decisão do recurso, nem pela anulação do processo[339].

---

337 Cf. aresto do Supremo Tribunal Federal: "Alegação de matéria de ordem pública. Acórdão confirmado pelo TSE, sob fundamento de operância do efeito translativo do recurso ordinário. Inadmissibilidade. Trânsito em julgado do capítulo decisório que absolveu o vice-prefeito. Matéria não devolvida pelo recurso do prefeito. Restabelecimento da sentença até o julgamento do recurso extraordinário já admitido. Liminar concedida. Ação cautelar julgada procedente. Ofensa à coisa julgada. Interpretação do art. 5º, XXXVI, da CF, e dos arts. 2º, 262, 467, 509 e 515, todos do CPC. Sob pena de ofensa à garantia constitucional da coisa julgada, não pode tribunal eleitoral, sob invocação do chamado efeito translativo do recurso, no âmbito de cognição do que foi interposto apenas pelo prefeito, cujo diploma foi cassado, por captação ilegal de sufrágio, cassar de ofício o diploma do vice-prefeito absolvido por capítulo decisório da sentença que, não impugnado por ninguém, transitou em julgado" (AC 112, Tribunal Pleno, Rel. Min. Cezar Peluso, j. 01/12/2004, DJ 04-02-2005). A formação progressiva da coisa julgada, entretanto, era refutada pelo Superior Tribunal de Justiça na vigência do Código de Processo Civil de 1973, ao afirmar o termo *a quo* para ajuizamento da ação rescisória (cf. REsp 404.777/DF, Segunda Turma, Rel. Min. Francisco Peçanha Martins, j. 21/11/2002, DJ 09/06/2003).

338 Cf. CONSOLO, Claudio. *Spiegazioni di diritto processuale civile*, v. II. 10. ed. Torino: G. Giappichelli, 2015, p. 421 e 439; LIEBMAN, Enrico Tullio. Parte o capo di sentenza. *Rivista di Diritto Processuale*. Padova: CEDAM, n. 19, p. 47-63, 1964, p. 58; PROTO PISANI. Andrea. Appunti sull'appello civile (alla stregua della L. 353/90). *Il Foro Italiano*, Societa Editrice Il Foro Italiano, n. 117, p. 193-209, 1994, p. 196; RASCIO, Nicola. *L´oggetto dell´appello civile*. Napoli: Jovene, 1996, p. 115-116.

339 Cf. ABRANTES GERALDES, António Santos. *Recursos no novo Código de Processo Civil*. 3. ed. Coimbra: Almedina, 2016, p. 96-97.

2

O RECURSO DE APELAÇÃO CIVIL

A apelação cuida-se de recurso cabível para sanar falhas havidas no juízo de primeiro grau, voltando-se a responder a uma exigência eterna, não só do processo civil, de se tentar corrigir o erro humano[1]. É listada pelo Código de Processo Civil de 2015, em seu artigo 994, entre os meios de impugnação de decisões judiciais, ao lado do agravo de instrumento, do agravo interno, dos embargos de declaração, do recurso ordinário, do recurso especial, do recurso extraordinário, do agravo em recurso especial ou extraordinário e dos embargos de divergência.

Indispensável, porém, previamente ao estudo dos seus limites objetivos, o exame dos seus principais caracteres. Deve ser repelida a ideia de um modelo ontológico de apelação, variando sua disciplina nos diferentes ordenamentos jurídicos[2]. Assim, focar-se-á na disciplina estatuída pelo nosso legislador ao recurso, socorrendo-se, pontualmente, à comparação jurídica na medida de sua aproximação com o regramento havido nos sistemas processuais estrangeiros.

2.1. Conceito

Historicamente, os remédios admitidos para a impugnação de decisões judiciais eram classificados entre recursos e ações impugnativas autônomas (*querela nullitatis*). Ao passo que os primeiros comportavam manejo antes da formação da coisa julgada, visando ao ataque de *errores in iudicando*; as segundas tinham por alvo decisões já revestidas do seu manto, com vistas à denúncia de graves *errores in procedendo*[3]. Seguindo a evolução verificada em tantos outros países, o direito pátrio reuniu dentre as possibilidades para a interposição de recursos os vícios de julgamento e de procedimento, com a absorção das ações impugnativas

---

1 Cf. CAPONI, Remo. L'appello nel sistema delle impugnazioni civili (note di comparazione anglo-tedesca). *Rivista di Diritto Processuale*. Padova: CEDAM, ano 64, n. 3, p. 631-645, maio a junho 2009, p. 631.

2 Cf. *Idem. Ibidem*, p. 634.

3 Cf. BARBOSA MOREIRA, José Carlos. *Comentários ao* Código de *Processo Civil*, v. V. 15. ed. Rio de Janeiro: Forense, 2010, p. 229-230; LIEBMAN. Enrico Tullio. *Manual de direito processual civil*, v. III. Intelectos: Tocantins, 2003, p. 38; PROTO PISANI. Andrea. *Lezioni di diritto processuale civile*. Atualização Remo Caponi. 6. ed. Napoli: Jovene, 2014, p. 458.

autônomas[4]. Assim, verificou-se também na Itália[5]. Em outros ordenamentos jurídicos, foi consagrada a distinção entre recursos ordinários e recursos extraordinários, respectivamente, interpostos antes ou depois do trânsito em julgado da decisão impugnada[6]. É o que se verifica em Portugal à luz do artigo 628 do seu Código de Processo Civil[7].

Recurso, em sentido amplo, "é espécie ou modalidade de remédio ou de meio processual", que visa a "defender ou preservar um direito"; entretanto, do ponto-de-vista técnico-processual, "sua significação é mais específica, abrangendo, apenas, ataques ou impugnação a uma decisão"[8]. Recorrer, neste sentido, traz ínsita a ideia de se fazer "voltar a julgar"[9]. Sua definição, em sentido estrito, porém, não prescinde que se valha do direito posto, a quem compete, com exclusividade, qualificar quais remédios processuais cuidam-se de recursos[10].

No Brasil, a Lei de Introdução às Normas do Direito Brasileiro, em seu artigo 6º, §3º, diz que a coisa julgada somente se forma sobre a decisão contra a qual não caiba mais recurso. Destarte, conclui-se da disposição legal que não se qualifica como recurso, em nossa ordem jurídica, remédio ou meio processual empregado para ataque ou impugnação de decisão transitada em julgado; não obstante, não é recurso, necessaria-

---

4 Cf. BARBOSA MOREIRA, José Carlos. *Comentários ao* Código de *Processo Civil*, v. V. 15. ed. Rio de Janeiro: Forense, 2010, p. 231; PONTES DE MIRANDA, Francisco Cavalcanti. *Comentários ao código de processo civil*, t. VII. Rio de Janeiro: Forense, 1999, p. 153-154.

5 Cf. CALAMANDREI, Piero. Sobrevivência da querela de nulidade no processo civil vigente. *Instituições de direito processual civil*, v. III. Tradução Douglas Dias Ferreira. 2. ed. Campinas: Bookseller, 2003, p. 257-274, p. 262; CONSOLO, Claudio. *Spiegazioni di diritto processuale civile*, v. II. 10. ed. Torino: G. Giappichelli, 2015, p. 468; PROTO PISANI. Andrea. *Lezioni di diritto processuale civile*. Atualização Remo Caponi. 6. ed. Napoli: Jovene, 2014, p. 458.

6 Cf. BARBOSA MOREIRA, José Carlos. *Comentários ao* Código de *Processo Civil*, v. V. 15. ed. Rio de Janeiro: Forense, 2010, p. 231.

7 Cf. ABRANTES GERALDES, António Santos. *Recursos no novo Código de Processo Civil*. 3. ed. Coimbra: Almedina, 2016, p. 35-36.

8 LIMA, Alcides de Mendonça. *Introdução aos recursos cíveis*. 2. ed. São Paulo: Revista dos Tribunais, 1976, p. 124. Na mesma esteira, NERY JUNIOR, Nelson. *Princípios fundamentais: teoria geral dos recursos*. 4. ed. São Paulo: Revista dos Tribunais, 1997, p. 173-174; REZENDE FILHO, Gabriel José Rodrigues de. *Curso de direito processual civil*, v. III. 7. ed. São Paulo: Saraiva, 1966, p. 77.

9 CARNELUTTI, Francesco. *Como se faz um processo*. Tradução Ricardo Rodrigues Gama. Campinas: Russel, 2009, p. 109.

10 Cf. NERY JUNIOR, Nelson. *Princípios fundamentais: teoria geral dos recursos*. 4. ed. São Paulo: Revista dos Tribunais, 1997, p. 174.

mente, todo remédio ou meio processual empregado para ataque ou impugnação de decisão não transitada em julgado[11].

No direito processual civil brasileiro, José Carlos Barbosa Moreira conceitua recurso como o "remédio voluntário idôneo a ensejar, dentro do mesmo processo, a reforma, a invalidação, o esclarecimento ou a integração de uma decisão judicial que se impugna"[12]. No mesmo passo, Alcides de Mendonça Lima define recurso como "o meio, dentro da mesma relação processual, de que se pode servir a parte vencida em sua pretensão ou quem se julgue prejudicado, para obter a anulação ou a reforma, parcial ou total, de uma decisão"[13]. De seu turno, Nelson Nery Junior, qualifica recurso como "o meio processual que a lei coloca à disposição das partes, do Ministério Público e de um terceiro, a viabilizar, dentro da mesma relação jurídica processual, a anulação, a reforma, a integração ou o aclaramento da decisão judicial impugnada"[14].

Interposto o recurso, não se verifica a formação de outro processo, em que pese, por exemplo, o agravo de instrumento ter interposição em autos diversos[15]. Não se confunde a relação processual com os autos materiais ou eletrônicos que lhe dão substrato. O ato de recorrer exige a manifestação de vontade do legitimado para seu manejo no sentido do ataque ou aclaramento de uma decisão[16]. Os recursos devem observar o princípio da taxatividade, de modo que a assunção da qualidade não prescinde de sua designação como tal na legislação federal, já que à

11 Cf. BARBOSA MOREIRA, José Carlos. *Comentários ao* Código de *Processo Civil,* v. V. 15. ed. Rio de Janeiro: Forense, 2010, p. 232.

12 *Ibidem,* p. 233.

13 *Introdução aos recursos cíveis.* 2. ed. São Paulo: Revista dos Tribunais, 1976, p. 124-125.

14 *Princípios fundamentais: teoria geral dos recursos.* 4. ed. São Paulo: Revista dos Tribunais, 1997, p. 181.

15 Cf. BARBOSA MOREIRA, José Carlos. *Comentários ao* Código de *Processo Civil,* v. V. 15. ed. Rio de Janeiro: Forense, 2010, p. 233; MARINONI, Luiz Guilherme ARENHART, Sergio Cruz; MITIDIERO, Daniel. *Novo curso de processo civil,* v. II. São Paulo: Revista Tribunais, 2015, p. 502; NERY JUNIOR, Nelson. *Princípios fundamentais: teoria geral dos recursos.* 4. ed. São Paulo: Revista dos Tribunais, 1997, p. 175; SEABRA FAGUNDES, Miguel. *Dos recursos ordinários em matéria civil.* Rio de Janeiro: Forense, 1946, p. 204.

16 Cf. BARBOSA MOREIRA, José Carlos. *Comentários ao* Código de *Processo Civil,* v. V. 15. ed. Rio de Janeiro: Forense, 2010, p. 233; MARINONI, Luiz Guilherme ARENHART, Sergio Cruz; MITIDIERO, Daniel. *Novo curso de processo civil,* v. II. São Paulo: Revista Tribunais, 2015, p. 502. Há, no entanto, quem repute que "o relevo emprestado à voluntariedade no recurso soa excessivo", o que transpareceria na remessa necessária (artigo 496) (ASSIS, Araken de. *Manual dos recursos.* 6. ed. São Paulo: Revista Tribunais, 2014, p. 47).

União compete, privativamente, a disciplina do direito processual (artigo 22, inciso I, da Constituição Federal)[17]. Ou seja, somente o meio processual arrolado para impugnação de uma decisão, expressamente, pela lei federal como recurso assim se qualifica.

Há, portanto, meios processuais voltados à impugnação de decisões que não se enquadram na sua conceituação estrita, por não observarem o requisito de expressa previsão como recurso na legislação federal ou por darem ensejo à formação de nova relação processual. Logo, assume a natureza de recurso aquele interposto dentro da mesma relação processual, resultante de um ato voluntário da parte e que observe o princípio da taxatividade. Todas as demais modalidades de impugnação de uma decisão são seus sucedâneos, cujo único ponto de contato com os recursos é a sua finalidade[18].

Compõem os sucedâneos recursais, em sentido amplo, os sucedâneos recursais, em sentido estrito, que são manejados dentro da mesma relação processual, e as ações impugnativas autônomas, que dão ensejo à formação de nova relação processual. São, nesse sentido, sucedâneos recursais, em sentido estrito, o pedido de reconsideração (sem previsão legal), a remessa necessária (artigo 496), a reclamação (artigos 988 a 993), a correição parcial (sem previsão na lei federal)[19], o pedido de suspensão da segurança (artigo 15 da Lei n. 12.016/09), bem como o pedido de suspensão de execução de tutelas de urgência e de sentenças proferidas em ações cautelares, ações populares e ações civil públicas contra o Poder Público e seus agentes (artigo 4º da Lei n. 8.437/92). Cuidam-se de ações impugnativas autônomas a tutela cautelar (artigos 305 a 310), a ação rescisória (artigos 966 a 975), os embargos de terceiro (artigos 674 a 681), o mandado de segurança (artigo 5º, inciso LXIX, da Constituição Federal e Lei nº 12.016/09, em especial artigo 5º, inciso II) e o *habeas corpus* (artigo 5º, inciso LXVIII, da Constituição Federal).

---

17 Cf. ASSIS, Araken de. *Manual dos recursos*. 6. ed. São Paulo: Revista Tribunais, 2014, p. 92; NERY JUNIOR, Nelson. *Princípios fundamentais: teoria geral dos recursos*. 4. ed. São Paulo: Revista dos Tribunais, 1997, p. 46; YARSHELL, Flávio Luiz. Brevissimas reflexões sobre o sistema recursal no novo Código de Processo Civil. *Cadernos Jurídicos*. São Paulo: Escola Paulista da Magistratura, v. 16, p. 27-31, 2015, p. 28.

18 Cf. LIMA, Alcides de Mendonça. *Introdução aos recursos cíveis*. 2. ed. São Paulo: Revista dos Tribunais, 1976, p. 126.

19 A correição parcial vem regulada, no Estado de São Paulo, pelo Decreto-lei Complementar n. 3/69, que institui o Código Judiciário, em seus artigos 93 a 96, tendo por finalidade a "emenda de erro, ou abusos, que importarem inversão tumultuária dos atos e fórmulas de ordem legal do processo, quando para o caso não houver recurso". Tem previsão, igualmente, no regimento interno do Tribunal de Justiça do Estado de São Paulo, nos seus artigos 211 a 215, com incidência restrita ao processo penal.

A apelação é meio processual posto à disposição das partes para a impugnação de uma sentença ou decisão interlocutória não agravável que lhe seja desfavorável, não acarretando a formação de nova relação processual. Tem expressa previsão na legislação federal (artigo 994, inciso I), exigindo a declaração de vontade da parte voltada à anulação ou a reforma, parcial ou total, de um provimento jurisdicional. Trata-se, pois, de recurso, em sentido estrito.

2.2. Natureza e funções

O recurso trata-se de extensão do direito de ação exercido no processo, não de ação autônoma, constituindo-se como um dos vários atos praticados pelas partes para impulso do processo[20]. Evidentemente, o direito de ação assiste ao autor e ao réu, assim como, conquanto de "forma abreviada", ao terceiro prejudicado e ao Ministério Público[21]. O acesso à justiça, garantido constitucionalmente (artigo 5º, inciso XXXV), limita-se à apreciação da lesão ou ameaça a direito pelo Poder Judiciário em um único grau de jurisdição e sequer assume vestes absolutas, comportando condicionamento pelo legislador ordinário, que o submete a presença de interesse e legitimidade (artigo 17). As reflexões sobre a apelação não se correlacionam, portanto, com os escopos do processo civil em cujo seio o recurso se coloca, devendo recair sobre a lógica interna da estipulação de um segundo grau para o exercício da jurisdição, com a afirmação do ordenamento jurídico.

A interposição do recurso de apelação constitui-se como ônus processual, na medida em que busca o recorrente à satisfação de um interesse próprio, não alheio[22]. A ausência de seu manejo oportuno tem como consequência a experimentação pela parte das consequências objeto da decisão que poderia eventualmente obstar, com sua anulação ou reforma. Não dá, no entanto, origem a um novo procedimento, incidental ao principal, como ocorre com a interposição do agravo de instrumento, limitando-se a prolongar a vida do procedimento prin-

---

20 Cf. BARBOSA MOREIRA, José Carlos. *Comentários ao* Código de *Processo Civil*, v. V. 15. ed. Rio de Janeiro: Forense, 2010, p. 235-236; CONSOLO, Claudio. *Spiegazioni di diritto processuale civile*, v. II. 10. ed. Torino: G. Giappichelli, 2015, p. 414; NELSON JUNIOR, Nery. *Princípios fundamentais: teoria geral dos recursos*. 4. ed. São Paulo: Revista dos Tribunais, 1997, p. 187.

21 Cf. BARBOSA MOREIRA, José Carlos. *Comentários ao* Código de *Processo Civil*, v. V. 15. ed. Rio de Janeiro: Forense, 2010, p. 236.

22 Cf. *Idem. Ibidem*, p. 237; NERY JUNIOR, Nelson. *Princípios fundamentais: teoria geral dos recursos*. 4. ed. São Paulo: Revista dos Tribunais, 1997, p. 203.

cipal[23]. Consequentemente, mantida "a pendência da fase cognitiva, todos os efeitos processuais e substanciais da litispendência reputam-se ativos até que novo julgamento sobrevenha e eventualmente a extinção venha a ocorrer"[24].

A apelação tem por função permitir a crítica à decisão impugnada e, assim, possibilitar um novo julgamento, bem como garantir a higidez do procedimento que lhe é antecedente[25]. Volta-se mais à tutela dos direitos da parte que se reputa agravada no caso concreto do que a alcançar o ideal de segurança e uniformidade do ordenamento jurídico. Pode assumir a concepção de *revisio prioris instantiae* ou de *ius novorum*[26]. A diferenciação toca aos limites impostos aos litigantes de suscitar questões e aos poderes do órgão recursal a proceder ao seu exame.

Como *revisio prioris instantiae*, o recurso de apelação não permitirá deduzir novas pretensões e exceções, nem aportar novas provas. Prevalece sua função de controle da correção da sentença de primeiro grau, o que valoriza o procedimento nesta sede e desestimula o comportamento desleal da parte de desfechar seus argumentos somente perante o tribunal. Há a correção do "êrro do juiz, sem que seja possível, porém, reparar as deficiências da conduta processual das partes"[27]. Limita-se o juízo *ad quem* a proferir nova decisão com as alegações e com os elementos de prova, em regra, colhidos no juízo *a quo*.

Como *ius novorum*, serão admitidas novas alegações de fato e direito, assim como a produção de novas provas que por erro, negligência ou ignorância não foram aportadas no grau inferior. É realizado pelo órgão recursal o irrestrito reexame da causa, com a instauração de novas fases postulatória e de instrução. Assim, no segundo grau de jurisdição, "é facultado as partes fazerem tudo aquilo que poderiam ter feito no primeiro"[28]. Logo "o segundo juiz é convocado a estatuir *ex novo*, com

23 Cf. BONIZZI, Marcelo José Magalhães. *Capítulos de sentença e efeitos dos recursos*. São Paulo: RCS, 2006, p. 93-94.

24 Cf. DINAMARCO, Cândido Rangel. Os efeitos dos recursos. *Nova era do processo civil*. 3. ed. São Paulo: Malheiros, 2009, p. 114-161, p. 123.

25 Cf. ELIAS, Carlos Eduardo Stefen. *Apelação: os limites objetivos do efeito devolutivo*. São Paulo: Atlas, 2010, p. 1.

26 Cf. BARBOSA MOREIRA, José Carlos. *Comentários ao* Código de *Processo Civil*, v. V. 15. ed. Rio de Janeiro: Forense, 2010, p. 453; COUTURE, Eduardo Juan. *Fundamentos do direito processual civil*. Tradução Henrique de Carvalho. Florianópolis: Conceito Editorial, 2008, p. 196-199.

27 GUIMARÃES, Luiz Machado. Efeito devolutivo da apelação. *Estudos de direito processual*. Rio de Janeiro: Jurídica e Universitária, 1969, p. 216-226, p. 224.

28 GUIMARÃES, Luiz Machado. Efeito devolutivo da apelação. *Estudos de direito processual*. Rio de Janeiro: Jurídica e Universitária, 1969, p. 216-226, p. 221.

apoio no velho e no novo material"[29]. Em consequência, a regra da eventualidade está ausente e o sistema preclusivo é tênue[30].

Diversas são as opções legislativas entre a irrestrita admissão do *ius novorum* à limitação do recurso de apelação como *revisio prioris instantiae*[31]. Entretanto, nenhum ordenamento adota qualquer de suas duas concepções de modo pleno[32]. Na figura apresentada por Remo Caponi, a extensão objetiva da cognição nos diversos ordenamentos pode ser organizada graficamente ao longo da figura geométrica de um cone, em cujo círculo representa a máxima extensão da cognição, coincidindo com o objeto do juízo de primeiro grau, e o vértice corresponde a extensão mínima da cognição, coincidindo com a censura e requerimento de correção de um erro contido na decisão impugnada[33].

Na Alemanha, o recurso de apelação admite, excepcionalmente, a dedução de novos fatos e a produção de novas provas[34]. O *ius novorum* era amplamente possível até as reformas do Código de Processo Civil de 1924 e 1933, que reduziram consideravelmente suas hipóteses, impondo que as alegações e as provas correspondentes fossem ofertadas em primeiro grau de jurisdição[35]. A partir das reformas de 1976 e 2001, a

---

29 Cf. CHIOVENDA, Giuseppe. *Instituições de direito processual civil.* Tradução Paolo Capitanio. 4. ed. Campinas: Bookseller, 2009, p. 1.222.

30 Cf. MONTERO AROCA, Juan; GÓMEZ COLOMER, Juan Luis; BARONA VILAR, Silvia; CALDERÓN CUADRADO, Maria Pía. *Derecho jurisdiccional,* v. II. 23. ed. Valência: Tirant lo Blanch, 2015, p. 455.

31 Cf. COMOGLIO, Luigi Paolo; FERRI, Corrado; TARUFFO, Michele. *Lezioni sul processo civile,* v. I. 5. ed. Bolonha: Il Mulino, 2011, p. 666-667; OLIVA SANTOS, Andrés de la; DÍEZ-PICAZO GIMÉNEZ, Ignacio; VEGAS TORRES, Jaime. *Curso de derecho procesal civil,* v. II. 3. ed. Madrid: Universitaria Ramón Areces, 2016, p. 280.

32 Cf. MONTERO AROCA, Juan; GÓMEZ COLOMER, Juan Luis; BARONA VILAR, Silvia; CALDERÓN CUADRADO, Maria Pía. *Derecho jurisdiccional,* v. II. 23. ed. Valência: Tirant lo Blanch, 2015, p. 456-457; RASCIO, Nicola. *L'oggetto dell'appello civile.* Napoli: Jovene, 1996, p. 353-354.

33 L'appello nel sistema delle impugnazioni civili (note di comparazione anglo-tedesca). *Rivista di Diritto Processuale.* Padova: CEDAM, ano 64, n. 3, p. 631-645, maio a junho 2009, p. 634.

34 Cf. JAUERNIG, Othmar. *Direito processual civil.* 25. ed., totalmente refundida, da obra criada por Friedrich Lent. Tradução F. Silveira Ramos. Coimbra: Almedina, 2002, p. 372.

35 Cf. GOLDSCHMIDT, James. *Direito processual civil.* Tradução Ricardo Rodrigues Gama. Curitiba: Juruá, 2009, p. 343; JAUERNIG, Othmar. *Direito processual civil.* 25. ed., totalmente refundida, da obra criada por Friedrich Lent. Tradução F. Silveira Ramos. Coimbra: Almedina, 2002, p. 374; ROSENBERG, Leo. *Tratado de derecho procesal civil,* t. II. Tradução Angela Romera Vera. Buenos Aires: Ediciones Jurídicas Europa-América, 1955, p. 351; SCHÖNKE, Adolf. *Direito processual civil.* Tradução Karina Andrea Fumberg, Vera Longuini e Diego Alejandro Fabrizio. Campinas: Romana, 2003, p. 395, 402 e 410.

inovação em segundo grau de jurisdição foi ainda mais limitada[36]. Em segundo grau, a veiculação de novos meios de ataque e defesa segue a disciplina do § 531, 2. Limita-se aos casos que se refiram, alternativamente, a ponto de vista olvidado ou considerado irrelevante pelo juízo inferior (§ 531, 2, 1); que não foram invocados por vício no procedimento (§ 531, 2, 2); cuja omissão não decorreu da negligência da parte (§ 531, 2, 3). Ausente justificativa, isto é, não se dando a veiculação oportuna em primeiro grau, por esquecimento ou desídia da parte, o conhecimento da questão é defeso pelo tribunal[37]. O tribunal responsável pelo julgamento do apelo, contudo, pode determinar a renovação das provas[38].

Na Espanha, a apelação consiste, primordialmente, em *revisio prioris instantiae*[39]. A produção de documentos e a proposição da produção de outros meios de prova ficam restritas àqueles que a parte não conhecia ou não pôde obter para sua juntada aos autos com a petição inicial ou contestação, por causas que não lhe sejam imputadas (artigo 460 combinado com 270). Dentro deste esquadro, a dilação probatória é permitida para sanar defeitos em que se incorreu em primeiro grau, (artigo 460,1), quando conhecidos os elementos de prova após a sentença (artigo 460,2) ou pelo revel que vem a integrar o processo, recorrendo ou respondendo ao recurso do autor (artigo 270). Não se admite a formulação de novos pedidos e a alteração da causa de pedir ou dos fundamentos de defesa, o que não impede, porém, sejam aduzidas razões jurídicas distintas[40].

---

36 Cf. BARBOSA MOREIRA, José Carlos. Breve notícia sobre a reforma do processo civil alemão. *Temas de direito processual*. 8. série. São Paulo: Saraiva, 2004, p. 199-210, p. 203-204; PÉREZ RAGONE, Álvaro J.; ORTIZ PRADILLO, Juan Carlos. *Código Procesal Civil alemán (ZPO)*.Tradução com estudo introdutório ao proceso civil alemão contemporâneo Hanns Prütting e Sandra de Falco. Montevidéu: Fundación Konrad-Adenauer, 2006, p. 126.

37 Cf. CÔRREA, Fábio Peixinho Gomes. Direito processual civil alemão. *Direito processual civil europeu contemporâneo*. Coordenação CRUZ E TUCCI, José Rogério. São Paulo: Lex, 2010, p. 11-53, p. 40.

38 Cf. JAUERNIG, Othmar. *Direito processual civil*. 25. ed., totalmente refundida, da obra criada por Friedrich Lent. Tradução F. Silveira Ramos. Coimbra: Almedina, 2002, p. 374.

39 Cf. MONTERO AROCA, Juan; GÓMEZ COLOMER, Juan Luis; BARONA VILAR, Silvia; CALDERÓN CUADRADO, Maria Pía. *Derecho jurisdiccional*, v. II. 23. ed. Valência: Tirant lo Blanch, 2015, p. 456 e 466; OLIVA SANTOS, Andrés de la. DÍEZ-PICAZO GIMÉNEZ, Ignacio; VEGAS TORRES, Jaime. *Curso de derecho procesal civil*, v. II. 3. ed. Madrid: Universitaria Ramón Areces, 2016, p. 280; SICA, Heitor Vitor Mendonça. Direito processual civil espanhol. *Direito processual civil europeu contemporâneo*. Coordenação CRUZ E TUCCI, José Rogério. São Paulo: Lex, 2010, p. 94.

40 Cf. MONTERO AROCA, Juan; GÓMEZ COLOMER, Juan Luis; BARONA VILAR, Silvia; CALDERÓN CUADRADO, Maria Pía. *Derecho jurisdiccional*, v. II. 23. ed. Valência: Tirant lo Blanch, 2015, p. 464.

Na Itália, desde o diploma de 1865, a apelação tinha natureza precípua de *ius novorum*[41]. Concedia-se às partes a oportunidade de remediar os erros e omissões das alegações veiculadas anteriormente em primeiro grau[42]. Vedava-se, porém, a dedução de novas demandas e, para alguns, a alteração da causa de pedir[43]. A natureza de *revisio prioris instantiae* preponderou no recurso com o advento do Código de Processo Civil de 1940, que alterou a disciplina vigente, mas perdurou somente até a reforma de 1950, que relativizou substancialmente as preclusões[44]. Tornou-se a admitir a inovação de exceções e de meios de prova em segundo grau de jurisdição até a reforma de 1990, quando se deu sua vedação, com vistas a conferir aos litigantes uma tutela jurisdicional célere[45]. Assim, houve a "transformação do juízo de apelação de *novum judicium* a *revisio prioris instantiae*"[46]. Anteriormente, a despeito da proibição de novas demandas, afirmava-se que a apelação conduzia à plena devolução da cognição da causa ao tribunal, de modo que a discussão poderia se "ampliar também a questões que não foram argüidas em primeiro grau", podendo "por isso ser propostas novas exceções, produzidos novos documentos e requerida a admissão de novos meios instrutórios"[47]. Estreitou-se, então, consideravelmente a possibilidade de dedução de novas alegações e

---

41 Cf. CHIOVENDA, Giuseppe. *Instituições de direito processual civil.* Tradução Paolo Capitanio. 4. ed. Campinas: Bookseller, 2009, p. 619.

42 Cf. RASCIO, Nicola. *L´oggetto dell´appello civile.* Napoli: Jovene, 1996, p. 44.

43 Cf. CHIOVENDA, Giuseppe. *Principios de derecho procesal civil,* t. II. Tradução José Casáis y Santaló. Madrid: Editorial Reus, 1925, p. 490-491.

44 Cf. RASCIO, Nicola. *L´oggetto dell´appello civile.* Napoli: Jovene, 1996, p. 49; SATTA, Salvatore. *Direito processual civil,* v. II. Tradução Ricardo Rodrigues Gama. Campinas: LZN, 2003, p. 17; VELLANI, Mario. Appello (Diritto Processuale Civile). *Enciclopedia del diritto,* v. II. Milano: Giuffrè, 1958, p. 718-756, p. 728-729.

45 Cf. COMOGLIO, Luigi Paolo; FERRI, Corrado; TARUFFO, Michele. *Lezioni sul processo civile,* v. I. 5. ed. Bolonha: Il Mulino, 2011, p. 668; FAZZALARI, Elio. *Instituições de direito processual.* Tradução Elaine Nassif. Campinas: Bookseller, 2006, p. 198; RASCIO, Nicola. *L´oggetto dell´appello civile.* Napoli: Jovene, 1996, p. 51.

46 TARZIA, Giuseppe. O novo processo civil de cognição na Itália. Tradução Clayton Maranhão. *Revista da Associação dos Juízes do Rio Grande do Sul.* Porto Alegre: Departamento Revista da AJURIS, n. 65, p. 73-91, novembro de 1995, p. 74. Na mesma direção, MANDRIOLI, Crisanto. CARRATA, Antonio. *Diritto processuale civile,* v. II, 25. ed. Torino: G. Giappichelli, 2016, p. 504.

47 LIEBMAN. Enrico Tullio. *Manual de direito processual civil,* v. III. Intelectos: Tocantins, 2003, p. 64-65.

a produção de novas provas[48]. Tornou-se o *ius novorum* exceção[49]. Anota Nicola Rascio que o sistema tende para a progressiva supressão da função de remédio da apelação para os erros cometidos pelas partes em primeiro grau; contudo, amplos setores da doutrina e da jurisprudência, *de iure condendo*, nos espaços deixados livres no sistema das preclusões, vêm reafirmando a importância do recurso como instrumento de reparação ao litigante desamparado, ou mal defendido ou surpreendido pelo julgamento impugnado[50].

Na redação agora vigente do artigo 345 do Código de Processo Civil Italiano, na apelação, não se pode deduzir novas demandas e novas exceções não cognoscíveis de ofício e, se propostas, devem ser declaradas inadmissíveis. Fatos que se verificaram antes da propositura da demanda ou no curso do processo, que deveriam ser introduzidos em momento anterior, não podem ser aduzidos[51]. Pode-se, no entanto, pedir os direitos, frutos e acessórios consumados, bem como os danos sofridos depois da sentença impugnada, os quais se tratam de mero desenvolvimento da demanda já deduzida em primeiro grau, por economia processual[52]. Para além das exceções que podem ser conhecidas de ofício, é permitida, também, a veiculação de exceções que, apesar de dependerem de iniciativa das partes, emergirem da nova situação de fato e de direito objeto da sentença[53]. Até a reforma operada em 2012 no artigo 345, novas provas consideradas indispensáveis pelo órgão responsável pelo julgamento da apelação podiam ser admitidas[54]. Agora, não são admitidos novos meios

48 Cf. CONSOLO, Claudio. *Spiegazioni di diritto processuale civile*, v. II. 10. ed. Torino: G. Giappichelli, 2015, p. 468; RASCIO, Nicola. *L´oggetto dell´appello civile*. Napoli: Jovene, 1996, p. 360.

49 Cf. PROTO PISANI. Andrea. Appunti sull'appello civile (alla stregua della L. 353/90). *Il Foro Italiano*, Societa Editrice Il Foro Italiano, n. 117, p. 193-209, 1994, p. 198.

50 *L´oggetto dell´appello civile*. Napoli: Jovene, 1996, p. 363.

51 Cf. COMOGLIO, Luigi Paolo; FERRI, Corrado; TARUFFO, Michele. *Lezioni sul processo civile*, v. I. 5. ed. Bolonha: Il Mulino, 2011, p. 686.

52 Cf. CHIOVENDA, Giuseppe. *Principios de derecho procesal civil*, t. II. Tradução José Casáis y Santaló. Madrid: Editorial Reus, 1925, p. 491; COMOGLIO, Luigi Paolo; FERRI, Corrado; TARUFFO, Michele. *Lezioni sul processo civile*, v. I. 5. ed. Bolonha: Il Mulino, 2011, p. 685; MANDRIOLI, Crisanto. CARRATA, Antonio. *Diritto processuale civile*, v. II, 25. ed. Torino: G. Giappichelli, 2016, p. 498; PROTO PISANI. Andrea. *Lezioni di diritto processuale civile*. Atualização Remo Caponi. 6. ed. Napoli: Jovene, 2014, p. 490.

53 Cf. COMOGLIO, Luigi Paolo; FERRI, Corrado; TARUFFO, Michele. *Lezioni sul processo civile*, v. I. 5. ed. Bolonha: Il Mulino, 2011, p. 687.

54 Para Andrea Proto Pisani, na apelação, a produção de novos documentos deveria ser livremente admitida, conferindo-se interpretação à preclusão prevista no arti-

de prova e não podem ser produzidos novos documentos, salvo se a parte demonstrar que não pôde propor-lhe ou produzir-lhe em primeiro grau por circunstância que não lhe é imputável. Do contrário, diz-se que o apelo tornar-se-ia uma pré-cassação inútil[55]. A inimputabilidade exige referência a fatos objetivos, um evento histórico estranho ao processo ou fato atribuído ao adversário[56]. Pode-se, no entanto, sempre deferir o juramento decisório[57], bem como a produção de provas voltadas a sustentar as novas demandas e novas exceções cuja proposição é admitida em grau recursal[58]. Para Andrea Proto Pisani, os juramentos supletório e estimatório também são admissíveis, justificando-se a falta de previsão expressa pela possibilidade de deferimento de ofício e circunscrição, em todo caso, à indispensabilidade[59]. Também, admite-se a negativa pelo réu revel de autenticidade de documento privado[60]. Permite-se, ainda, a formulação de nova demanda, na forma do artigo 344, pelo terceiro que

---

go 184 como funcional, destinada a assegurar a concentração no juízo de primeiro grau (Appunti sull'appello civile (alla stregua della L. 353/90). *Il Foro Italiano*, Societa Editrice Il Foro Italiano, n. 117, p. 193-209, 1994, p. 199). Contudo, com a modificação legislativa, a questão ficou superada, não se admitindo a produção da prova documental no recurso fora da previsão do artigo 345 (cf. MANDRIOLI, Crisanto. CARRATA, Antonio. *Diritto processuale civile*, v. II, 25. ed. Torino: G. Giappichelli, 2016, p. 503).

---

55 Cf. FAZZALARI, Elio. Riflessioni generali sulla reforma. *La riforma del processo civile*. Verona: CEDAM, 1992, p. 291-297, p. 296.

56 Cf. COMOGLIO, Luigi Paolo; FERRI, Corrado; TARUFFO, Michele. *Lezioni sul processo civile*, v. I. 5. ed. Bolonha: Il Mulino, 2011, p. 690-691.

57 O juramento trata-se de meio de prova, fundado na tradição histórica, cuja falsidade faz incorrer em crime tipificado no artigo 371 do Código Penal Italiano. Tem disciplina no artigo 2.736 do Código Civil Italiano. Assume três modalidades: decisório, supletório e estimatório. O juramento decisório é requerido por uma parte diante da outra quando a prova é determinante para a solução integral de uma questão de fato, de um capítulo da demanda ou de uma questão prejudicial. O juramento supletório pode ser pleiteado por uma das partes ou deferido de ofício nas ocasiões em que uma demanda ou exceção não está plenamente provada. O juramento estimatório busca estabelecer o valor de um bem objeto do processo, não sua existência ou se, efetivamente, é devido, dando-se sua imposição de ofício (Cf. COMOGLIO, Luigi Paolo; FERRI, Corrado; TARUFFO, Michele. *Lezioni sul processo civile*, v. I. 5. ed. Bolonha: Il Mulino, 2011, p. 500-501).

58 Cf. MANDRIOLI, Crisanto. CARRATA, Antonio. *Diritto processuale civile*, v. II, 25. ed. Torino: G. Giappichelli, 2016, p. 504.

59 *Lezioni di diritto processuale civile*. Atualização Remo Caponi. 6. ed. Napoli: Jovene, 2014, p. 491.

60 Cf. MANDRIOLI, Crisanto. CARRATA, Antonio. *Diritto processuale civile*, v. II, 25. ed. Torino: G. Giappichelli, 2016, p. 504.

intervém pela primeira vez na apelação[61]. Sustenta-se que o objeto da cognição do juiz de segundo grau corresponde à controvérsia já decidida pelo primeiro juiz, ao invés da exatidão da sentença segundo os motivos levantados no recurso de apelação, a despeito de depender a extensão do seu efeito devolutivo das questões cujas soluções foram analiticamente individuadas como erradas ou inválidas pelo recorrente[62].

No Brasil, nas Ordenações, o recurso de apelação admitia a reprodução do processo em primeiro grau, com ampla possibilidade de manejo de novos meios de ataque e defesa[63]. Afirmava-se possível alegar o não alegado e provar o não provado no grau inferior[64]. O autor, no entanto, não poderia deduzir novas demandas[65] e, para alguns, tampouco o réu poderia alterar substancialmente os fundamentos de sua defesa, não obstante o consentimento expresso de todas as partes[66]. A admissão irrestrita do *novo iudicium* foi suprimida no Código de Processo Civil de 1939[67]. A índole de revisão do julgamento anteriormente proferido com base nos elementos colhidos, em regra, no grau inferior foi mantida nos diplomas de 1973 e de 2015. Em sua essência, pois, adotada a configuração da apelação no Brasil como *revisio prioris instantiae*[68]. Destarte,

---

61 Cf. COMOGLIO, Luigi Paolo; FERRI, Corrado; TARUFFO, Michele. *Lezioni sul processo civile*, v. I. 5. ed. Bolonha: Il Mulino, 2011, p. 686.

62 Cf. CONSOLO, Claudio. *Spiegazioni di diritto processuale civile*, v. II. 10. ed. Torino: G. Giappichelli, 2015, p. 468-469.

63 Cf. CRUZ E TUCCI, José Rogério; AZEVEDO. Luiz Carlos de. *Lições de história do processo civil lusitano*. São Paulo: Revista dos Tribunais, 2009, p. 232 e 234; PAULA BAPTISTA, Francisco de. *Compendio de theoria e pratica do processo civil comparado com o commercial e de hermeneutica jurídica, para uso das faculdades de direito do Brasil*. 6. ed. Rio de Janeiro: H. Garnier Livreiro-Editor, 1901, p. 327; RAMALHO, José Ignacio. *Practica civil e comercial*. São Paulo: Typografia Imparcial de Joaquim Roberto de Azevedo Marques, 1861, p. 252.

64 Cf. PEREIRA E SOUSA, Joaquim José Caetano. *Primeiras linhas sobre o processo civil*, t. II. Lisboa: Typografia Rollandiana, 1863, p. 56.

65 Cf. PAULA BAPTISTA, Francisco de. *Compendio de theoria e pratica do processo civil comparado com o commercial e de hermeneutica jurídica, para uso das faculdades de direito do Brasil*. 6. ed. Rio de Janeiro: H. Garnier Livreiro-Editor, 1901, p. 329-330.

66 Cf. MONTEIRO, João. *Programma do curso de processo civil: ou apontamentos para as lições da 3. cadeira do 4. anno da Faculdade de Direito de S. Paulo*, v. III. São Paulo: Typografhia da Industrial, 1901, p. 189-191.

67 Cf. GUIMARÃES, Luiz Machado. Efeito devolutivo da apelação. *Estudos de direito processual*. Rio de Janeiro: Jurídica e Universitária, 1969, p. 216-226, p. 224; REZENDE FILHO, Gabriel José Rodrigues de. *Curso de direito processual civil*, v. III. 7. ed. São Paulo: Saraiva, 1966, p. 102-103; SEABRA FAGUNDES, Miguel. *Dos recursos ordinários em matéria civil*. Rio de Janeiro: Forense, 1946, p. 212-213.

68 Cf. APRIGLIANO, Ricardo de Carvalho. *A apelação e seus efeitos*. 2. ed. São Paulo: Atlas, 2007, p. 95; ASSIS, Araken de. *Manual dos recursos*. 6. ed. São Paulo: Revista

ordinariamente, não se permite a veiculação em seu âmago de fatos constitutivos do seu direito pelo autor ou de fatos modificativos, impeditivos ou extintivos do direito deste pelo réu que não haviam sido suscitados, tampouco a produção de provas em segundo grau. Admite-se, no entanto, o *ius novorum*, com o conhecimento pelo tribunal de questões que não foram postas em primeiro grau de jurisdição, nas exceções tipicamente estabelecidas na lei[69].

2.3. Hipóteses de cabimento e requisitos de admissibilidade

A apelação é o recurso cabível contra sentenças e decisões interlocutórias que não comportam impugnação por meio de agravo de instrumento[70]. A leitura perfunctória do artigo 1.009, *caput*, pode levar a equivocada conclusão no sentido de que a apelação visa, exclusivamente, à confrontação das sentenças. Contudo, sua exegese em conjunto com o §1º do dispositivo não deixa dúvidas de que as decisões interlocutórias não agraváveis sujeitam-se à anulação ou reforma por meio da apelação[71]. Enuncia, de mais a mais, a exposição de motivos do Código de

Tribunais, 2014, p. 470; BARBOSA MOREIRA, José Carlos. *Comentários ao Código de Processo Civil*, v. V. 15. ed. Rio de Janeiro: Forense, 2010, p. 457; BARIONI, Rodrigo. *Efeito devolutivo da apelação civil*. São Paulo: Revista dos Tribunais, 2008, p. 139; JORGE, Flávio Cheim. *Teoria geral dos recursos*. 7. ed. São Paulo: Revista dos Tribunais, 2015, p. 383; MONIZ DE ARAGÃO, Egas Dirceu. Preclusão. *Saneamento do processo: estudos em homenagem ao Prof. Galeno Lacerda*. Organização OLIVEIRA, Carlos Alberto Alvaro de. Porto Alegre: Sérgio Antonio Fabris, 1989, p. 141-183, p. 155.

69 Cf. CRUZ E TUCCI, José Rogério. *A* causa petendi *no processo civil*. 3. ed. São Paulo: Revista Tribunais, 2009, p. 160 161.

70 Cf. CUNHA, Leonardo Carneiro da; DIDIER JR., Fredie. Apelação contra decisão interlocutória não agravável: a apelação do vencido e a apelação subordinada do vencedor. *Revista de Processo*, n. 241, São Paulo: Revista dos Tribunais, p. 231-242, março 2015, p. 231 e 233; NUNES, Dierle; DUTRA, Victor Barbosa; OLIVEIRA JÚNIOR, Délio Mota. Honorários no recurso de apelação e questões correlatas. *Coleção grandes temas do novo CPC – Honorários advocatícios*, v. II. Coordenação COÊLHO, Marcus Vinícius Furtado; CAMARGO, Luiz Henrique Volpe. 2. ed. Salvador: JusPodivm, 2016, p. 635-661, p. 640.

71 A atual hipótese de cabimento destoa daquela retratada no artigo 513 do Código de Processo Civil de 1973 em que a apelação atacava apenas sentenças. Colhe-se do seu artigo 522 que todas as decisões interlocutórias eram impugnáveis por meio de agravo, na forma retida ou de instrumento. No início da vigência do diploma, as decisões interlocutórias eram impugnáveis por agravo retido ou de instrumento, a critério do agravante (artigo 522, *caput* e §1º). Com as modificações introduzidas pela Lei n. 11.187/05, a regra tornou-se a modalidade retida do recurso, ficando relegado o manejo da via de instrumento às decisões aptas a causar lesão grave

Processo Civil que "todas as decisões anteriores à sentença podem ser impugnadas na apelação". Caso a questão arrolada no artigo 1.015, que trata das hipóteses de cabimento do agravo de instrumento, for objeto de capítulo da sentença, a apelação será o recurso a ser manejado pela parte inconformada (artigo 1.009, §3°). A reforçar o entendimento, o artigo 1.013, §5°, aduz que o capítulo da sentença que confirma, concede ou revoga a tutela provisória é impugnável por apelação.

A prolação da sentença desencadeia tão-somente o início do prazo para a interposição da apelação. Todavia, não altera a realidade estabelecida pelo Código de Processo Civil de 2015: volta-se o recurso ao ataque das sentenças e agora também das decisões interlocutórias não agraváveis[72]. Ocorreu a supressão do agravo retido e as hipóteses de cabimento da interposição do agravo de instrumento estão arroladas no artigo 1.015, cuja taxatividade, no entanto, foi mitigada pelo Superior Tribunal de Justiça, em julgamento de recurso especial repetitivo. Assim, foi permitida "a interposição de agravo de instrumento quando verificada a urgência decorrente da inutilidade do julgamento da questão no recurso de apelação"[73]. A jurisprudência da Corte e a doutrina, aliás, já admitidam a sua interpretação extensiva[74]. Fora do rol extraído do dispositivo e das situações de inutilidade do seu julgamento, a questão objeto de decisão interlocutória deve ser impugnada no recurso de apelação. Portanto, nestes casos, o inconformismo. que outrora exigia imediata manifestação por meio da interposição de agravo retido ou de instrumento. doravante é relegado ao desfecho do procedimento em primeiro

e de difícil reparação, entre as quais, expressamente, àquelas que inadmitiam a apelação ou estabeleciam os efeitos do seu recebimento (artigo 522, *caput*). No Código de Processo Civil de 1939, como se depreendia dos seus artigos 820 e 846, salvo exceções legais, a apelação era o meio de irresignação tão-somente contra as sentenças que extinguiam o processo, com resolução de mérito, visto que que as sentenças que extinguiam o processo, sem resolução de mérito, desafiavam agravo de petição.

72 A nova sistemática é idêntica à adotada no processo do trabalho, em que as decisões interlocutórias não são impugnáveis de imediato, mas apenas quando da interposição do recurso ordinário, que faz às vezes da apelação, conforme o artigo 893, §1º, da Consolidação das Leis do Trabalho.

73 REsp 1696396/MT e 1704520/MT, Corte Especial, Rel. Ministra Nancy Andrighi, j. 05/12/2018 (tema 988).

74 Cf. CUNHA, Leonardo Carneiro da; DIDIER JUNIOR, Fredie Souza. Agravo de instrumento contra decisão que versa sobre competência e a decisão que nega eficácia a negócio jurídico processual na fase de conhecimento. *Revista de Processo*. São Paulo: Revista dos Tribunais, n. 242, p. 275-284, abril 2015, *passim*; STJ, REsp 1.679.909/RS, Quarta Turma, Rel. Ministro Luis Felipe Salomão, j. 14/11/2017.

grau de jurisdição, após prolação da sentença, quando o recurso de apelação pode ser manejado. Nos outros casos, obviamente, não interposto o agravo de instrumento, opera-se a consumação da preclusão.

Logo, a conclusão acerca do cabimento do recurso de apelação envolve a natureza do provimento jurisdicional e a matéria alvo da impugnação. Desafiada uma sentença proferida na jurisdição contenciosa ou voluntária, em fase de conhecimento, fase de cumprimento de sentença ou processo de execução, a apelação será sempre o recurso cabível. Objetada uma decisão interlocutória, faz-se necessária a consideração do artigo 1.015. Se a questão a ser contrastada encontra-se em seu rol ou o seu julgamento será inútil quando da interposição da apelação, o recorrente deve manejar imediatamente o agravo de instrumento. Do contrário, o inconformismo deve ser manifestado, oportunamente, por ocasião do inconformismo manifestado contra a sentença.

Quebra o Código de Processo Civil de 2015 a correlação presente no diploma processual que o antecedeu entre os atos decisórios impugnáveis e os recursos cabíveis. Se antigamente contra a sentença se manejava apelação e contra as decisões interlocutórias, agravo; no sistema recursal vigente, existem decisões interlocutórias apeláveis e decisões interlocutórias agraváveis. Não obstante, todas as decisões interlocutórias persistem recorríveis. Os despachos, sem conteúdo decisório, eram e continuam inatacáveis pela via recursal.

Agora, um único recurso, cujo prazo para interposição inicia-se com a publicação da sentença, pode impugnar mais de uma decisão. A apelação pode, então, impugnar a sentença; a sentença e uma ou várias decisões interlocutórias não agraváveis proferidas no curso do procedimento; ou, exclusivamente, decisões interlocutórias não agraváveis. Admite interposição não só pelo vencido, mas também pelo integralmente vencedor na sentença[75], como nas hipóteses em que teve contra si imposta sanção por litigância de má-fé no curso da fase de conhecimento[76]. O vencido pode também escolher impugnar só a decisão interlocutória não agravável que lhe desfavorece. Para além de hipótese de penalidade

---

75 Cf. BARIONI, Rodrigo. Preclusão diferida, o fim do agravo retido e a ampliação do objeto da apelação no novo Código de Processo Civil. *Revista de Processo*. São Paulo: Revista dos Tribunais, n. 243, p. 269-280, maio de 2015, p. 276; CUNHA, Leonardo Carneiro da; DIDIER JR., Fredie. Apelação contra decisão interlocutória não agravável: a apelação do vencido e a apelação subordinada do vencedor. *Revista de Processo*, n. 241, São Paulo: Revista dos Tribunais, p. 231-242, março 2015, p. 234; SICA, Heitor Vitor Mendonça. *Recorribilidade das interlocutórias e sistema de preclusões no novo CPC – primeiras impressões*, p. 26.

76 Cf. enunciado n. 67 da I Jornada de Direito Processual Civil ("Há interesse recursal no pleito da parte para impugnar a multa do art. 334, § 8º, do CPC por meio de apelação, embora tenha sido vitoriosa na demanda").

processual em seu desfavor, pode, em pretensão de cobrança, na condição de demandado, curvar-se às razões de mérito de sua guarida na sentença, porém debater-se contra decisão interlocutória que afastou a alegação de falta de interesse de agir em juízo, sob a alegação de que não alcançada sua condição suspensiva.

Proibir a parte vencedora no desfecho da fase de conhecimento de se valer do recurso de apelação contra decisão interlocutória que, em seu curso, foi-lhe desfavorável faz incorrer em tratamento desigual frente ao seu adversário, o que o sistema processual proscreve. A decisão interlocutória tornar-se-ia irrecorrível ao vencedor e, assim, impugnável por mandado de segurança, o qual atuaria como sucedâneo recursal (artigo 5º, inciso LXIX, da Constituição Federal e artigo 5º, inciso II, Lei n. 12.016/09). Todavia, o vencido poderia, simplesmente, apelar. Afora a afronta à igualdade, a admissão da impetração de mandado de segurança implica maior oneração ao sistema judiciário. De fato, o procedimento do *writ* exige prestação de informações pela autoridade coatora e intervenção do Ministério Público (artigos 7º, inciso I, e 12, *caput*, Lei n. 12.016/09), bem como citação do outro litigante, porque lhe produziu efeitos jurídicos favoráveis o ato impugnado[77]. Some-se, ainda, que o prazo para sua impetração é de cento e vinte dias e a sentença que denega a segurança, igualmente, pode ser desafiada por recurso ordinário (artigos 105, inciso II, alínea "b", da Constituição Federal, e 18 Lei n. 12.016/09).

Por outro giro, uma única decisão pode ser objeto de dois recursos diferentes. Assim, na decisão que saneia e organiza o processo, tendo requerido uma das partes a exibição de documentos que estariam na posse do adversário, bem como a produção da prova pericial e testemunhal, o juiz pode acolher somente o pleito de concurso de um experto para a solução das questões controvertidas. Não se conformando o litigante, deve manejar agravo de instrumento contra a rejeição do requerimento de exibição de documento (artigo 1.015, inciso VI), ao passo que, se vencido, apelação contra a negativa de oitiva de testemunhas (artigo 1.009, §1º).

A anulação ou reforma da decisão interlocutória não agravável terá como consequência, em regra, a insubsistência da sentença. Entre tantas hipóteses, a reforma da decisão que indeferiu o pleito da parte ré de adiamento da audiência de instrução e julgamento, em que prestaria depoimento pessoal, por motivo justificado (artigo 362, inciso II), gera a invalidação da sentença que julgou procedente a demanda contra si proposta, com base na aplicação da pena de confessa (artigo 385, §1º).

---

77 Cf. STJ, RMS 30.115/SP, Segunda Turma, Rel. Min. Humberto Martins, j. 10/08/2010, DJe 19/08/2010.

Porém, excepcionalmente, é possível que se mantenha incólume a sentença, não obstante reformada decisão interlocutória que lhe é antecedente. Veja-se, por exemplo, a hipótese de aplicação de multa por ato atentatório à dignidade da justiça no curso do procedimento em primeiro grau de jurisdição contra a parte que reste integralmente vencedora na sentença proferida quando do seu desfecho. O provimento da apelação que se volte contra a decisão de índole interlocutória não atingirá a sentença.

O estabelecimento de requisitos de admissibilidade de conhecimento dos recursos busca conferir segurança e impedir, ao se exigir sua interposição no prazo conferido pela lei, que o desfecho da relação processual se prolongue em demasia no tempo[78]. O juízo de admissibilidade é preliminar ao juízo de mérito, antecedendo-o lógica e cronologicamente, e, assim, ausente qualquer um de seus requisitos o órgão responsável pelo seu julgamento cessa sua atividade, deixando de apreciar o conteúdo da impugnação[79]. Logo, faz-se necessário primeiro conhecer do recurso, procedendo ao juízo positivo de sua admissibilidade, para, em seguida, dar-lhe ou negar-lhe provimento, acolhendo, ou não, seus fundamentos, com a consequente reforma ou invalidação da decisão impugnada.

Os requisitos genéricos para a admissibilidade do conhecimento do mérito do recurso de apelação dividem-se em intrínsecos, "concernentes à própria existência do poder de recorrer", e extrínsecos, "relativos ao modo de exercê-lo"[80]. Entre os primeiros enquadram-se cabimento, legitimação e interesse de recursal, inexistência de fato impeditivo ou extintivo do direito de recorrer; e entre os segundos, tempestividade, regularidade formal e preparo[81].

A interposição do recurso de apelação deve observar estritamente suas hipóteses de cabimento. É admitida na generalidade dos casos com vistas à impugnação de sentenças e decisões interlocutórias não agravá-

---

78 Há quem identifique paralelismo entre os pressupostos processuais e as condições da ação com os requisitos de admissibilidade de conhecimento dos recursos (cf. NERY JUNIOR, Nelson. *Princípios fundamentais: teoria geral dos recursos*. 4. ed. São Paulo: Revista dos Tribunais, 1997, p. 202).

79 Cf. BARBOSA MOREIRA, José Carlos. *Comentários ao Código de Processo Civil*, v. V. 15. ed. Rio de Janeiro: Forense, 2010, p. 261-262; *Idem*. Restrições ilegítimas ao conhecimento dos recursos. *Temas de direito processual*, 9. série. São Paulo: Saraiva, 2007, p. 267-282, p. 268; NERY JUNIOR, Nelson. *Princípios fundamentais: teoria geral dos recursos*. 4. ed. São Paulo: Revista dos Tribunais, 1997, p. 221.

80 BARBOSA MOREIRA, José Carlos. *Comentários ao Código de Processo Civil*, v. V. 15. ed. Rio de Janeiro: Forense, 2010, p. 263. Adota Nelson Nery Junior classificação similar, porém, tomando em consideração a decisão impugnada (*Princípios fundamentais: teoria geral dos recursos*. 4. ed. São Paulo: Revista dos Tribunais, 1997, p. 238).

81 Cf. BARBOSA MOREIRA, José Carlos. *Comentários ao Código de Processo Civil*, v. V. 15. ed. Rio de Janeiro: Forense, 2010, p. 263.

veis, independentemente do motivo levantado. Não ostenta, pois, fundamentação vinculada como os recursos de índole excepcional[82]. Existindo dúvida objetiva acerca do cabimento da apelação no caso concreto a gerar controvérsia doutrinária e jurisprudencial, por conta da imprecisão da disposição legal, bem como sobre a natureza da decisão proferida, o recurso deve ser conhecido. Aplica-se o denominado pela doutrina princípio da fungibilidade recursal, porque "não se afigura razoável prejudicar o recorrente que opta por uma ou por outra das vias excogitáveis"[83]. Veja-se, por exemplo, incerteza acerca da inserção da questão na *ratio decidendi* dos recursos especiais repetitivos n. 1696396/MT e 1704520/MT (tema 988) ou no artigo 1.009, §1º. À dúvida objetiva contrapõe-se o erro grosseiro, que leva à negativa de conhecimento do recurso. Caso não exista divergência sobre o recurso cabível na hipótese *sub examine* ou acerca da natureza do ato decisório que visa a impugnar, o juízo de admissibilidade deve ser negativo.

O manejo da apelação não prescinde da verificação do binômio legitimidade e interesse recursal. A legitimidade repousa sobre quem pode recorrer, enquanto o interesse liga-se às hipóteses em que o recurso pode ser manejado.

A legitimidade para interpor o recurso repousa sobre a parte, o terceiro prejudicado e o Ministério Público (artigo 996, *caput*). A condição de parte é aferida em seu aspecto processual, como integrante do processo e, assim, detendo a titularidade dos poderes, faculdades, deveres e ônus que lhe são inerentes[84]. Vindo a intervir no processo, o terceiro torna-se parte e, como tal, pode recorrer da decisão que cause danos à sua esfera de direitos[85]. A assunção da condição de terceiro prejudicado

---

82 O recurso especial e o recurso extraordinário têm natureza "de recurso de direito estrito, dirigido a uma Corte de superposição dentro do aparelhamento judiciário nacional, exigindo pressupostos de base constitucional para sua admissibilidade" (MANCUSO, Rodolfo de Camargo. *Recurso extraordinário e recurso especial.* 12. ed. São Paulo: Revista dos Tribunais, 2013, p. 53). Em virtude de sua índole excepcional, apresentam, aliados aos pressupostos genéricos, pressupostos específicos de admissibilidade extraídos da Constituição, tratando-se de "recursos de fundamentação vinculada" às hipóteses taxativamente previstas de seu cabimento (*Idem. Ibidem*, p. 224).

83 BARBOSA MOREIRA, José Carlos. Restrições ilegítimas ao conhecimento dos recursos. *Temas de direito processual*, 9. série. São Paulo: Saraiva, 2007, p. 267-282, p. 272.

84 Cf. PUOLI, José Carlos Baptista. Breves considerações a respeito dos efeitos da apelação. *Direito processual civil*, v. II. Coordenação CARVALHO, Milton Paulo de; CASTRO, Daniel Penteado de. São Paulo: Quartier Latin, 2011, p. 387-399, p. 389.

85 Cf. PONTES DE MIRANDA, Francisco Cavalcanti. *Comentários ao código de processo civil*, t. VII. Rio de Janeiro: Forense, 1999, p. 52.

impõe detenha interesse jurídico próprio no deslinde do processo, porque lesada, na prática, sua esfera de direitos, não interesse meramente econômico[86]. Vem mais bem aclarada no Código de Processo Civil de 2015 a situação que enseja a possibilidade de recurso por terceiro, com a exigência da demonstração da possibilidade de a decisão sobre a relação jurídica submetida à apreciação judicial atingir direito de que se afirme titular ou que possa discutir em juízo como substituto processual (artigo 996, parágrafo único). O Ministério Público pode vir a recorrer na qualidade de parte ou de fiscal da ordem jurídica.

O interesse em recorrer, por sua vez, mede-se pela sucumbência, total ou parcial[87], ou seja, pela lesão acarretada pela sentença a esfera de direitos da parte recorrente, já que ao Estado não "importa proteger quem usa a justiça para *bis in idem*"[88]. Pelo manejo do recurso, busca-se na nova decisão maior utilidade ou menor prejuízo[89], de modo que do seu provimento resultará uma posição de vantagem ao recorrente. Sua aferição, via de regra, é alcançada pelo dispositivo da sentença, não bastando que uma questão tenha-lhe sido solucionada desfavoravelmente na sua fundamentação[90]. Excepcionalmente, a alteração da fundamentação pode beneficiar a parte, como nas hipóteses retratadas no artigo 103, incisos I e II, do Código de Defesa do Consumidor, já que a falta de provas não obsta que nova ação coletiva seja proposta por outro legitimado. A decisão sobre uma questão pode fazer surgir ao vencedor interesse em recorrer, embora não imediatamente, quando o vencido interpõe seu recurso, no que se denomina sucumbência "virtual ou teórica"[91]. Assim, pode-se consumar pela verificação de um *error in procedendo* ou pela negativa de reconhecimento da presença de questão prejudicial ao julgamento do mérito.

A sucumbência não se constata, necessariamente, pelos pedidos deduzidos pelas partes, que pode tê-los acolhidos em sua integralida-

---

86 Cf. PONTES DE MIRANDA, Francisco Cavalcanti. *Comentários ao código de processo civil*, t. VII. Rio de Janeiro: Forense, 1999, p. 53 e 59.

87 Cf. VELLANI, Mario. Appello (Diritto Processuale Civile). *Enciclopedia del diritto*, v. II. Milano: Giuffrè, 1958, p. 718-756, p. 721-722.

88 PONTES DE MIRANDA, Francisco Cavalcanti. *Comentários ao código de processo civil*, t. VII. Rio de Janeiro: Forense, 1999, p. 149.

89 Cf. CONSOLO, Claudio. *Spiegazioni di diritto processuale civile*, v. II. 10. ed. Torino: G. Giappichelli, 2015, p. 424.

90 Cf. ROSENBERG, Leo. *Tratado de derecho procesal civil*, t. II. Tradução Angela Romera Vera. Buenos Aires: Ediciones Jurídicas Europa-América, 1955, p. 361; VELLANI, Mario. Appello (Diritto Processuale Civile). *Enciclopedia del diritto*, v. II. Milano: Giuffrè, 1958, p. 718-756, p. 722.

91 Cf. CONSOLO, Claudio. *Spiegazioni di diritto processuale civile*, v. II. 10. ed. Torino: G. Giappichelli, 2015, p. 424.

de, porém, não se conformar com a disciplina conferida pelo legislador aos efeitos decorrentes da lei[92]. Assim, presente o interesse de recorrer para alteração do percentual ou base de cálculo dos honorários advocatícios, do índice de correção monetária, do termo inicial ou final dos juros moratórios, entre tantos exemplos, embora não tenham sido pleiteados expressamente. A questão prejudicial apta ao trânsito em julgado pode desencadear o interesse em recorrer daquele que prejudica, não obstante se conforme com o julgamento dos pedidos. Veja-se a hipótese de reconhecimento expresso e incidental, com observância de todos os requisitos dos incisos do artigo 503, §§1º e 2º, do Código de Processo Civil, da existência de sociedade de fato entre as partes em demanda tendo por objetivo o pagamento pelo réu ao autor da quantia de R$1.000,00. Por mais que se resigne com a condenação, o demandado pode ter interesse de evitar que prevaleça o resultado do julgamento da questão prejudicial, que se tornará imutável, diante das futuras consequências que possa vislumbrar em outras demandas contra si ajuizadas pelo demandante.

A interposição da apelação é feita por cada parte de forma independente (artigo 997, *caput*), admitida a adesão de uma ao recurso da outra, em caso de sucumbência recíproca (artigo 997, §§1º e 2º, inciso II). Consequentemente, no prazo para contrarrazões (artigo 997, §2º, inc. I), a parte que se conformou inicialmente com sua derrota parcial pode optar por impugnar o julgado na parte que lhe desfavoreceu[93]. O recurso de apelação, portanto, assume duas modalidades para sua interposição: independente e adesiva. A apelação, na forma adesiva, no entanto, segue a sorte da independente, de modo que a desistência ou inadmissibilidade desta acarreta a negativa de seu conhecimento (artigo 997, §2º, inc. III). Caso a parte tenha recorrido para impugnar alguns dos capítulos em que restou sucumbente, não pode no prazo para responder o recurso da outra recorrer novamente para atacar os outros, porque a modalidade adesiva pressupõe resignação inicial[94].

---

92 Cf. VELLANI, Mario. Appello (Diritto Processuale Civile). *Enciclopedia del diritto*, v. II. Milano: Giuffrè, 1958, p. 718-756, p. 722.

93 A previsão da modalidade adesiva do recurso tem por finalidade dissuadir a parte que se conformou com a decisão que lhe foi parcialmente desfavorável de recorrer, sob o temor de que o seu adversário assim o faça, vindo ao encontro da economia processual (cf. SILVA, José Afonso da. *Do recurso adesivo no processo civil brasileiro*. São Paulo: Universidade de São Paulo, 1973, p. 175). A opção legislativa não afronta ao imperativo de razoável duração do processo, porquanto, com a interposição do recurso independente, dar-se-ia a submissão do feito, de qualquer modo, a julgamento pelo tribunal.

94 Cf. NEVES, Daniel Amorim Assumpção. *Preclusões para o juiz: preclusão* pro iudicato *e preclusão judicial no processo civil*. São Paulo: Método, 2004, p. 33-34.

A desistência do recurso, seja independente ou adesivo, prescinde de anuência do adversário (artigo 998, *caput*). A parte pode, além de desistir do recurso interposto, renunciar ao direito de apelar, o que, igualmente, independente de concordância (artigo 999). A renúncia é prévia ao ato de recorrer; ao passo que a desistência, posterior. Caso aceite expressa ou tacitamente o provimento jurisdicional, a parte tem suprimido o direito de recorrer (artigo 1.000, *caput*). A aceitação tácita consiste na prática, sem nenhuma reserva, de ato incompatível com a vontade de recorrer (artigo 1.000, parágrafo único), como, por exemplo, cumprindo a parte a obrigação que lhe foi imposta na sentença ou pagando a multa aplicada em decisão interlocutória, sem ressalva à interposição de recurso. A desistência do recurso, a renúncia e a prática de ato incompatível constituem-se como fatos impeditivos e extintivos do direito de recorrer.

O prazo para a interposição da apelação é peremptório de quinze dias (artigo 1.003, §5º). Inicia-se o lapso da intimação da sentença (artigo 1.003, *caput* e §§1º e 2º)[95]. Na dúvida acerca da sua intempestivi-

---

95 A intimação da sentença deve se dar à parte com advogado constituído nos autos, preferencialmente, por meio eletrônico (artigo 270) ou, então, por publicação no órgão oficial (artigo 272, *caput*). Na inviabilidade de ambos, o representante da parte deve ser intimado pessoalmente, se domiciliado na sede do juízo (artigo 273, inciso I), ou, do contrário, por carta registrada, com aviso de recebimento (artigo 273, inciso II). A retirada dos autos em carga pelo advogado, por pessoa credenciada a pedido do advogado ou da sociedade de advogados, pela advocacia pública, pela Defensoria Pública ou pelo Ministério Público implica a intimação de todas as decisões até então proferidas (artigo 272, §6º). Não tendo a parte constituído ou caso não esteja, quando da prolação da sentença, representada por advogado, sua intimação realiza-se pela publicação no órgão oficial (artigo 322, *caput*). A disposição atinente ao réu revel deve, analogicamente, ser aplicada ao autor que não regulariza sua representação processual no curso do processo (artigo 76, *caput* e inciso I). As publicações no órgão oficial devem conter os nomes completos das partes e dos advogados, com o respectivo número de inscrição no órgão de classe, ou, se feita a opção, da sociedade de advogados, sob pena de nulidade (artigo 272, §§ 1º, 2º, 3º, 4º e 5º). A intimação do advogado constituído por uma das partes pode, ainda, ser feita pelo advogado da outra, por meio de ofício de intimação, acompanhada de cópia da sentença, pelo correio, com aviso de recebimento (artigo 269, §§ 1º e 2º). A inovação, sobretudo nos processos eletrônicos, terá exígua efetividade prática, diante da automação da publicação de seus atos. As demais intimações a qualquer dos sujeitos processuais são realizadas pelo correio e, caso presentes no local, em cartório (artigo 274). A intimação postal é reputada válida pela remessa da carta ao endereço constante dos autos, embora não tenha sido recebida pessoalmente pelo seu destinatário, iniciando-se o prazo respectivo da juntada do comprovante de recebimento aos autos (artigo 274, parágrafo único). Ministério Público e Defensoria Pública gozam da prerrogativa de intimação pessoal, mediante entrega dos autos em carga (respectivamente, artigo 41, inciso IV, da Lei n. 8.625/93 e artigo 44, inciso I, da Lei Complementar n. 80/94).

dade, compete ao recorrido o ônus de provar a inobservância do prazo legal pelo recorrente[96]. Não tendo sido validamente consumada a intimação, o lapso temporal para manejo do recurso sequer se inicia. O prazo é contado em dias úteis (artigo 219, *caput*). O recurso interposto antes do início do transcurso do prazo é tempestivo (artigo 218, §4º), afastando-se a desarrazoada tese da extemporaneidade[97]. Validamente, adiantando-se a parte no exercício de seu poder ou faculdade, ou no cumprimento de seu dever ou ônus, nenhum prejuízo lhe pode resultar. O recorrido tem prazo de quinze dias para oferecer suas contrarrazões seja à apelação independente ou adesiva (artigo 1.010, §§1º e 2º). Os litisconsortes têm prazo em dobro para recorrer, desde que seus advogados integrem escritórios diversos (artigo 229, *caput*), o que não se estende aos processos eletrônicos (artigo 229, §2). A apelação deve ser protocolada em cartório, ou em conformidade às regras retratadas nas normas de organização judiciária ou, ainda, remetida pelo correio, quando se considera a interposição realizada na data da postagem (artigo 1.003, §§3º e 4º)[98]. É necessária, porém, a prova, no ato de interposição, da ocorrência de feriado local (artigo 1.003, §6º), o que se faz por meio da simples juntada da lista de feriados publicada no órgão oficial ou, na sua ausência, por meio de certidão da serventia em que tramita o processo em primeiro grau.

A apelação é interposta por escrito, em petição dirigida ao juízo de primeiro grau (artigo 1.010, *caput*), onde se encontram os autos do pro-

---

96 Cf. BARBOSA MOREIRA, José Carlos. Restrições ilegítimas ao conhecimento dos recursos. *Temas de direito processual*, 9. série. São Paulo: Saraiva, 2007, p. 267-282, p. 277.

97 A tese encontrava guarida no seio do Supremo Tribunal Federal (cf. ARE 841151 AgR, Segunda Turma, Rel. Ministro Celso de Mello, julgado em 11/11/2014, DJe 05/12/2014; AI 768375 AgR-ED-ED, Primeira Turma, Rel. Ministro Ricardo Lewandowski, julgado em 01/02/2011, DJe-038 24/02/2011) e do Superior Tribunal de Justiça (cf. Súmula n. 418; AgRg no AREsp 648.371/SP, Sexta Turma, Rel. Ministro Sebastião Reis Júnior, julgado em 02/06/2015, DJe 15/06/2015; EDcl no AgRg no Ag 1306564/RJ, Quinta Turma, Rel. Ministro Gilson Dipp, julgado em 22/03/2011, DJe 04/04/2011; EDcl na SEC 3.660/GB, Corte Especial, Rel. Ministro Arnaldo Esteves Lima, julgado em 03/02/2010, DJe 08/03/2010; REsp 1103074/SP, Quinta Turma, Rel. Ministro Felix Fischer, julgado em 21/05/2009, DJe 15/06/2009). A doutrina, no entanto, posicionava-se contra sua aplicação (Cf. BARBOSA MOREIRA, José Carlos. Restrições ilegítimas ao conhecimento dos recursos. *Temas de direito processual*, 9. série. São Paulo: Saraiva, 2007, p. 267-282, p. 274-275).

98 Uma pá de cal é colocada sobre o entendimento do Superior Tribunal de Justiça no sentido de que a "greve ou a falha dos serviços da Empresa Brasileira de Correios e Telégrafos (ECT) não configura força maior ou justa causa apta a ensejar a apreciação do apelo interposto fora do prazo legal" (AgRg no Ag 1370440/SE, Quarta Turma, Rel. Ministro Raul Araújo, julgado em 21/06/2012, DJe 02/08/2012).

cesso, embora eletrônicos, a exigir a juntada da petição ao seu bojo para posterior remessa ao órgão responsável pelo juízo de sua admissibilidade. Deve conter os nomes e a qualificação das partes (artigo 1.010, inciso I), a exposição do fato e do direito (artigo 1.010, inciso II), as razões do pedido de reforma ou de decretação de nulidade (artigo 1.010, inciso III) e o pedido de nova decisão (artigo 1.010, inciso IV). A menção no artigo 514, inciso II, do Código de Processo Civil de 1973 a fundamentos de fato e de direito foi desdobrada. Agora, fica claro que o recorrente deve expor as causas de pedir remota e próxima que amparam sua pretensão, no limite dos capítulos impugnados (exposição do fato e do direito)[99], assim como os motivos para reforma ou anulação da decisão impugnada (razões do pedido de reforma ou de decretação de nulidade).

O manejo do recurso exige capacidade postulatória. A falta de assinatura do advogado, no entanto, não tem como consequência a ausência de conhecimento do recurso, tampouco em irregularidade da representação processual da parte, desde que supridas no prazo conferido para tanto, aplicando-se ao segundo grau de jurisdição o disposto pelo artigo 76 do Código de Processo Civil[100].

A incorreta ou até ausente indicação dos nomes e qualificações das partes não é justificativa para a negativa de conhecimento do recurso de apelação, podendo ser facilmente aferida das peças processuais juntadas ao processo em primeiro grau de jurisdição[101]. Em caso de vários sucumbentes no mesmo polo processual, deve-se compreender que o recurso foi manejado por todos aqueles vencidos no capítulo impugnado cujo advogado subscritor da postulação recursal tem poder para representar. Não indicado o recorrido, presume-se que a irresignação abrange todos os vencedores no capítulo impugnado[102]. A identificação do recorrente, no entanto, impõe-se em se tratando de recurso manejado por terceiro prejudicado.

O requerimento de nova decisão, ainda que ausente, deve ser tomado por inerente à postulação recursal, não se admitindo leve a negativa de seu conhecimento, desde que possível a extração da amplitude do inconformismo dos motivos alinhavados pelo recorrente para a in-

---

99 Cf. PONTES DE MIRANDA, Francisco Cavalcanti. *Comentários ao código de processo civil*, t. VII. Rio de Janeiro: Forense, 1999, p. 163.

100 Cf. BARBOSA MOREIRA, José Carlos. Restrições ilegítimas ao conhecimento dos recursos. *Temas de direito processual*, 9. série. São Paulo: Saraiva, 2007, p. 267-282, p. 278 e 280.

101 Cf. REZENDE FILHO, Gabriel José Rodrigues de. *Curso de direito processual civil*, v. III. 7. ed. São Paulo: Saraiva, 1966, p. 95.

102 Cf. BARBOSA MOREIRA, José Carlos. *Comentários ao Código de Processo Civil*, v. V. 15. ed. Rio de Janeiro: Forense, 2010, p. 428.

validação ou reforma da decisão impugnada[103]. O que importa, no recurso de apelação, são as razões levantadas para anulação ou reforma da decisão impugnada. A motivação serve não só ao julgamento pelo órgão *ad quem*, mas também ao recorrido para propiciar a formulação de sua resposta[104]. Ausentes ou dissociadas da sentença objeto da impugnação, o recurso não pode ser conhecido, o que prescinde da outorga de prazo para complementação[105]. As razões do inconformismo são, por conseguinte, um requisito para sua admissibilidade, gerando irregularidade formal sua omissão ou defeito (artigo 932, inciso III)[106]. O recorrente, no ato de interposição do recurso, não pode se limitar a pleitear a revisão genérica da decisão impugnada. Deve, ao contrário, delimitar especificamente o alcance do seu inconformismo, alinhavando os fundamentos para a reforma dos capítulos da sentença que impugna. Afirma-se, assim, que "fundamentar o recurso nada mais é, em regra, que criticar a decisão recorrida"[107]. *É necessária, então, a exposição das razões de reforma do julgado impugnado, não se admitindo, exclusivamente, a mera reprodução do conteúdo das peças processuais apresentadas no juízo a quo*[108]. A oferta das razões em separado da peça de interposição do recurso, desde que observado o prazo

103 Contra BARBOSA MOREIRA, José Carlos. *Comentários ao Código de Processo Civil*, v. V. 15. ed. Rio de Janeiro: Forense, 2010, p. 428.

104 Cf. *Idem*. Restrições ilegítimas ao conhecimento dos recursos. *Temas de direito processual*, 9. série. São Paulo: Saraiva, 2007, p. 267-282, p. 277; NERY JUNIOR, Nelson. *Princípios fundamentais: teoria geral dos recursos*. 4. ed. São Paulo: Revista dos Tribunais, 1997, p. 147-148; PUOLI, José Carlos Baptista. Breves considerações a respeito dos efeitos da apelação. *Direito processual civil*, v. II. Coordenação CARVALHO, Milton Paulo de; CASTRO, Daniel Penteado de. São Paulo: Quartier Latin, 2011, p. 387-399, p. 390; SEABRA FAGUNDES, Miguel. *Dos recursos ordinários em matéria civil*. Rio de Janeiro: Forense, 1946, p. 101-102.

105 Cf. STF, ARE 953221, Primeira Turma, Rel. Min. Luiz Fux, julgado em 07/06/2016, DJe 04-08-2016; JORGE, Flávio Cheim. *Teoria geral dos recursos*. 7. ed. São Paulo: Revista dos Tribunais, 2015, p. 243.

106 Cf. NERY JUNIOR, Nelson. *Princípios fundamentais: teoria geral dos recursos*. 4. ed. São Paulo: Revista dos Tribunais, 1997, p. 147-148; PONTES DE MIRANDA, Francisco Cavalcanti. *Comentários ao código de processo civil*, t. VII. Rio de Janeiro: Forense, 1999, p. 164; SEABRA FAGUNDES, Miguel. *Dos recursos ordinários em matéria civil*. Rio de Janeiro: Forense, 1946, p. 102-104; WAMBIER, Teresa Celina de Arruda Alvim. *Os agravos no CPC brasileiro*. 4. ed. São Paulo: Revista dos Tribunais, 2006, p. 256; STF, Súmula n. 284.

107 BARBOSA MOREIRA, José Carlos. *Comentários ao Código de Processo Civil*, v. V. 15. ed. Rio de Janeiro: Forense, 2010, p. 253.

108 Cf. STJ, AgRg no Ag 807.531/MS, Terceira Turma, Rel. Min. Humberto Gomes de Barros, j. 18/10/2007, DJ 31/10/2007.

legal, consubstancia-se em mera irregularidade inapta a acarretar a negativa de seu conhecimento[109].

A apelação deve vir acompanhada, no ato de sua interposição, do preparo[110], englobando o porte de remessa e retorno (artigo 1.007, *caput*)[111]. A insuficiência do preparo impõe a intimação para sua regularização no prazo de cinco dias, sob pena de deserção (artigo 1.007, §2º). A ausência de preparo não mais resulta na imediata deserção do recurso, mas exige seu recolhimento dobrado em cinco dias da intimação (artigo 1.007, §4º), ficando, porém, vedada sua complementação posterior (artigo 1.007, §5º). O preenchimento incorreto da guia de recolhimento do preparo não gera deserção, contanto regularizado o vício no prazo de cinco dias da intimação do recorrente para tanto (artigo 1.007, §7º). Recolhido o valor do preparo dentro do prazo legal, sua prova nos autos em data posterior não pode acarretar a negativa de conhecimento do recurso[112].

O duplo juízo de admissibilidade foi suprimido pelo legislador. Após a juntada das contrarrazões ou a certificação do decurso do prazo para sua oferta pela serventia, os autos devem ser remetidos, imediatamente, ao órgão recursal (artigo 1.010, §3º). Buscou-se eliminar impugnações, por meio de agravo de instrumento, quando negativo o juízo de admissibilidade levado a efeito em primeiro grau, o que levaria a questão, de todo modo, ao conhecimento do tribunal. A interposição do recurso perante o órgão que prolatou a decisão impugnada ou junto àquele que se incumbirá de seu julgamento trata-se de opção legislativa, variando na generalidade dos ordenamentos jurídicos[113].

Incumbe ao relator, em decisão monocrática, a apreciação dos requisitos de admissibilidade do conhecimento da apelação (artigo 1.011,

---

109 Cf. BARBOSA MOREIRA, José Carlos. Restrições ilegítimas ao conhecimento dos recursos. *Temas de direito processual*, 9. série. São Paulo: Saraiva, 2007, p. 267-282, p. 277; SEABRA FAGUNDES, Miguel. *Dos recursos ordinários em matéria civil*. Rio de Janeiro: Forense, 1946, p. 108.

110 Não se sustenta, pois, o enunciado n. 97 do Fórum Permanente de Processualistas Civis que afirma que "é de cinco dias o prazo para efetuar o preparo", por se dissociar da clara disposição legal. A parte pode vir a realizar o preparo no prazo de cinco dias, porém, de forma dobrada e sem possibilidade de futura complementação.

111 O porte de remessa e retorno é inexigível nos processos eletrônicos (artigo 1007, §3º), uma vez que sua transmissão ao segundo grau dá-se pelo sistema de dados do respectivo tribunal, não exigindo o transporte dos autos.

112 Cf. BARBOSA MOREIRA, José Carlos. Restrições ilegítimas ao conhecimento dos recursos. *Temas de direito processual*, 9. série. São Paulo: Saraiva, 2007, p. 267-282, p. 282.

113 Cf. *Idem*. *Ibidem*, p. 268.

inciso I, combinado com artigo 932, inc. III). Compete-lhe, pois, ao ter distribuída a apelação, aferir se interposta no prazo de quinze dias, se devidamente preparada, se impugna eficazmente a decisão *a quo* em suas razões, se não houve renúncia ao direito de recorrer ou desistência do recurso, se a decisão impugnada tem natureza de sentença ou decisão interlocutória não agravável, se o apelante podia manejar o recurso e se restou, ainda que minimamente, sucumbente. Contudo, o recurso manifestamente inadmissível, por incabível ou intempestivo, deve ter negado o seu seguimento pelo juízo *a quo*. Imaginem-se as situações em que a apelação é interposta contra despacho ou manejada meses após a prolação da sentença. Remetê-la ao juízo *ad quem* gerará tumulto processual indevido, já que os autos para lá deverão ser remetidos, e poderá dar azo ao emprego do expediente pelo apelante com intuito protelatório.

A apreciação dos requisitos de admissibilidade de conhecimento dos recursos deve-se fincar na estrita imposição legal, não se admitindo o juízo negativo com amparo em interpretações desfavoráveis ao recorrente, com a atribuição de exigência que o legislador não estipula[114]. Na dúvida do julgador passível de aclaramento, sem prejuízo sensível ao tempestivo julgamento do recurso, imperativo concitar as partes a dissipá-la[115]. Havendo, ainda, a possibilidade de suprimento da irregularidade, defesa a negativa de conhecimento sem a prévia outorga de oportunidade ao recorrente a tanto[116]. Admitem correção regularidade formal e preparo, o que não se sucede, entretanto, com a tempestividade, cabimento, legitimidade, interesse e inexistência de fato impeditivo e extintivo[117]. Por conseguinte, nesses casos, o juízo de inadmissibilidade do recurso de apelação não prescinde da outorga de prévia oportunidade pelo relator para que, no prazo de cinco dias, o litigante sane o vício ou complemente a documentação necessária ao seu julgamento (artigo 1.017, §3º, combinado com o artigo 932, parágrafo único).

---

114 Cf. BARBOSA MOREIRA, José Carlos. Restrições ilegítimas ao conhecimento dos recursos. *Temas de direito processual*, 9. série. São Paulo: Saraiva, 2007, p. 267-282, p. 270.

115 Cf. *Idem. Ibidem*, p. 276.

116 Cf. JORGE, Flávio Cheim; SIQUEIRA, Thiago Ferreira. Um novo paradigma para o juízo de admissibilidade dos recursos cíveis. *Revista do Advogado*. São Paulo: Associação dos Advogados de São Paulo, n. 126, p. 83-88, maio de 2015, p. 86.

117 Cf. JORGE, Flávio Cheim. *Teoria geral dos recursos*. 7. ed. São Paulo: Revista dos Tribunais, 2015, p. 236 e 239; *Idem*; SIQUEIRA, Thiago Ferreira. Um novo paradigma para o juízo de admissibilidade dos recursos cíveis. *Revista do Advogado*. São Paulo: Associação dos Advogados de São Paulo, n. 126, p. 83-88, maio de 2015, p. 86-88; SICA, Heitor Vitor Mendonça. *Recorribilidade das interlocutórias e sistema de preclusões no novo CPC – primeiras impressões*, p. 43.

2.4. A causa de pedir e o pedido na apelação

A atividade do tribunal volta-se, no julgamento da apelação, ao conjunto das demandas deduzidas em primeiro grau de jurisdição. Se ao juízo *a quo* é defeso avançar sobre os direitos e obrigações das partes não postos *sub judice*, com muito mais razão a regra da congruência, adstrição ou correlação entre a decisão de mérito e as demandas veiculadas pelos litigantes se impõe ao juízo *ad quem*.

Não se identifica simetria entre a petição inicial e a apelação. Assim, "as razões do pedido de reforma ou de decretação de nulidade" não assumem vestes de causas de pedir recursais[118]. Trata-se, em verdade, de mera motivação do inconformismo manifestado contra a decisão que prejudica a parte recorrente e podem não ter qualquer correspondência com a relação substancial objeto do processo. Dissociam-se os fundamentos de fato e de direito da pretensão e da irresignação recursal, por exemplo, quando se apela sob o fundamento exclusivo da consumação de vício processual. Assim, caso o recorrente tenha por fim, exclusivamente, a anulação da sentença que obstou a produção da prova pericial que supostamente comprovaria a constituição do seu crédito, independentemente do direito vindicado, as razões recursais não tangenciarão o fato que o constituiu e o fato que o violou, tampouco os efeitos que o ordenamento jurídico lhes cominaria.

Da mesma forma, "o pedido de nova decisão" não se confunde com o pedido que concretiza a pretensão do litigante[119]. O pedido propriamente dito outorga autorização ao Poder Judiciário de se ingerir na regulação dos direitos e obrigações das partes. O "pedido de nova decisão" na apelação é mero requerimento do recorrente de anulação ou reforma da sentença na medida em que lhe foi desfavorável, não tendo aptidão de revogar a autorização inicialmente conferida, sequer de estender os seus limites.

Causa de pedir e pedido são conceitos caros ao direito processual, correspondendo aos elementos objetivos da demanda. Há tempos a doutrina e a jurisprudência debruçam-se sobre a delimitação de seu conteúdo e o regramento de sua estabilização. Não convém à evolução da ciência colocar sob idêntico manto fenômenos que com eles não se assimilam, sob pena de se impor a necessidade de reavaliação de seus conceitos e de compatibilização da sua disciplina.

---

118 Em sentido diverso, ASSIS, Araken de. *Manual dos recursos*. 6. ed. São Paulo: Revista Tribunais, 2014, p. 144; MACÊDO, Lucas Buril de. *Objeto dos recursos cíveis*. Salvador: JusPodivm, 2019, p. 345-346.

119 Contra, MACÊDO, Lucas Buril de. *Objeto dos recursos cíveis*. Salvador: JusPodivm, 2019, p. 357-358

O ato postulatório recursal é diferente do ato postulatório inicial, tendo um regime típico, o que facilita sua exegese. Manejando um dos recursos previstos no sistema processual, exsurge insíta à prática do ato processual a vontade da parte consistente na anulação ou reforma da decisão impugnada. Conquanto o requerimento de anulação ou reforma seja devestido de maior clareza, via de regra, inexistirá prejuízo ao exercício do contraditório e da ampla defesa, tampouco ao julgamento do recurso. Por sua vez, a extensão do inconformismo manifestado pode ser compreendida dos fundamentos alinhavados nas razões recursais[120].

No recurso de apelação, o apelante pode requerer que lhe seja outorgado menos ou somente parte do que pediu em primeiro grau[121], de forma que admissível a limitação da extensão da devolução. As decisões podem ser impugnadas no todo ou em parte, como se extrai do artigo 1.002. Consequentemente, a apelação pode ser total ou parcial, como todos os demais recursos[122], impugnando todos os capítulos do *decisum*, ou não[123]. O julgamento do órgão recursal, então, subordina-se não só às demandas deduzidas, mas também aos limites do inconformismo dos sucumbentes[124].

Pedida, na petição inicial, a resolução do contrato, por inadimplemento, cumulada com indenização por perdas e danos materiais emergentes e morais nos importes, respectivamente, de R$15.000,00 e R$20.000,00. A sentença proferida declara a resolução do contrato e condena o réu somente ao ressarcimento por danos materiais, no importe de R$5.000,00, Nesse caso, o autor pode recorrer postulando pela reforma, exclusivamente, do capítulo que rejeitou a reparação por danos morais. Pode, também, pleitear tão-somente a majoração dos danos materiais, para que alcance os R$15.000,00 pedidos inicialmen-

120 Cf. BARIONI, Rodrigo. *Efeito devolutivo da apelação civil.* São Paulo: Revista dos Tribunais, 2008, p. 97.

121 Cf. LIEBMAN. Enrico Tullio. *Manual de direito processual civil*, v. III. Intelectos: Tocantins, 2003, p. 64; OLIVA SANTOS, Andrés de la. DÍEZ-PICAZO GIMÉNEZ, Ignacio; VEGAS TORRES, Jaime. *Curso de derecho procesal civil*, v. II. 3. ed. Madrid: Universitaria Ramón Areces, 2016, p. 286 e 291-292; *Idem. Objeto del proceso y cosa juzgada en el proceso civil.* Madrid: Civitas, p. 31.

122 Cf. BARBOSA MOREIRA, José Carlos. *Comentários ao Código de Processo Civil*, v. V. 15. ed. Rio de Janeiro: Forense, 2010, p. 252; DINAMARCO, Cândido Rangel. *Capítulos de sentença*. 4. ed. São Paulo: Malheiros, 2009, p. 100.

123 Cf. ASSIS, Araken de. *Manual dos recursos*. 6. ed. São Paulo: Revista Tribunais, 2014, p. 146; ARAÚJO CINTRA, Antônio Carlos de. *Sobre os limites objetivos da apelação civil*. Tese. São Paulo: [s.n.], 1986, p. 54-55; DINAMARCO, Cândido Rangel. *Capítulos de sentença*. 4. ed. São Paulo: Malheiros, 2009, p. 98; LIEBMAN. Enrico Tullio. *Manual de direito processual civil*, v. III. Intelectos: Tocantins, 2003, p. 26.

124 Cf. RASCIO, Nicola. *L´oggetto dell´appello civile*. Napoli: Jovene, 1996, p. 103.

te, conformando-se com a negativa de ter os danos morais alegados reparados.

Atacando concomitante sentenças e decisões interlocutórias não agraváveis, o apelante pode optar por impugnar mais de uma que venha a prejudicá-lo, de sorte que no recurso se dará a cumulação de requerimentos de invalidação ou reforma. Tendo, pois, contra si proferidas no curso do processo decisões que aplicaram sanção por litigância de má-fé e negaram a substituição de testemunha, sobrevindo, ao final, sentença que refuta as suas pretensões, o autor pode impugnar todos ou somente um ou alguns dos provimentos jurisdicionais.

Não se faz necessário que o apelante limite expressamente seu recurso, suprimida do ordenamento processual presunção que se extraía do artigo 811 do Código de Processo Civil de 1939 de que a apelação é total na ausência de especificação[125]. Deve-se colher da peça processual a extensão da irresignação do recorrente, não se subentendendo que, no silêncio, impugnou tudo aquilo que lhe foi desfavorável[126]. Com efeito, não basta o pleito genérico de nova decisão, devendo vir acompanhado das razões para sua anulação ou reforma, a permitir a compreensão de quais capítulos foram impugnados.

Ao se manejar a apelação, não se pode desejar mais do que foi pedido no ato de postulação inicial e que seria possível obter na sentença prolatada, ou, então, bem da vida ou situação jurídica diversa[127]. Ressalva-se a existência de expressa autorização legal como aquela retratada no artigo 499, que permite a conversão da tutela específica, a requerimento do autor ou, se impossível, em perdas e danos, a qual se aplica em segundo

---

125 Cf. BONIZZI, Marcelo José Magalhães. *Capítulos de sentença e efeitos dos recursos.* São Paulo: RCS, 2006, p. 120-123; PONTES DE MIRANDA, Francisco Cavalcanti. *Comentários ao código de processo civil,* t. VII. Rio de Janeiro: Forense, 1999, p. 171. Manifestam-se contrariamente José Roberto Neves Amorim, Araken de Assis e Alcides de Mendonça Lima para os quais, na omissão, presume-se que a apelação ataca todos os capítulos desfavoráveis ao recorrente (*Coisa julgada parcial no processo civil.* Rio de Janeiro: Elsevier, 2011, p. 209; *Manual dos recursos.* 6. ed. São Paulo: Revista Tribunais, 2014, p. 425; *Introdução aos recursos cíveis.* 2. ed. São Paulo: Revista dos Tribunais, 1976, p. 346).

126 Cf. LUCON, Paulo Henrique dos Santos. Art. 515, 3º, do Código de Processo Civil, ordem pública e prequestionamento. *Os poderes do juiz e o controle das decisões judiciais: estudos em homenagem à professora Teresa Celina de Arruda Alvim Wambier.* Coordenação MEDINA, José Miguel Garcia; CRUZ, Luana Pedrosa de Figueiredo; CERQUEIRA, Luis Otavio Sequeira de. GOMES JÚNIOR, Luiz Manoel. São Paulo: Revista dos Tribunais, 2008, p. 37-46, p. 38.

127 Cf. OLIVA SANTOS, Andrés de la. DÍEZ-PICAZO GIMÉNEZ, Ignacio; VEGAS TORRES, Jaime. *Curso de derecho procesal civil,* v. II. 3. ed. Madrid: Universitaria Ramón Areces, 2016, p. 286.

grau de jurisdição. No exemplo anterior, o autor não pode recorrer nem requerendo a elevação do ressarcimento por danos materiais à quantia de R$30.000,00, nem a condenação do réu ao ressarcimento por danos materiais na modalidade lucros cessantes. Tampouco pode o tribunal, ao julgar o recurso, ir além do requerido pela parte apelante, reformando capítulos da sentença que não foram objeto de impugnação. Se assim o fizer, sua decisão padece de nulidade. Nessa linha de ideias, o recurso é interposto dentro da relação processual que já pendia entre as partes e o seu julgamento não se estenderá para além dos pedidos levados a efeito em primeiro grau de jurisdição

Todavia, o recurso devolve a integralidade do capítulo impugnado. Caso pretenda limitar o julgamento em segundo grau de jurisdição à parte do que foi pedido na instância inferior, o apelante deve manifestar expressamente seu desejo, equivalendo o seu silêncio a admitir a devolução integral do capítulo ou dos capítulos impugnados[128]. Assim, mesmo no capítulo ou nos capítulos impugnados, é facultado seja pleiteado no recurso menos do que a parte almejava inicialmente. O demandante pede a condenação do demandado ao pagamento do montante de R$10.000,00. Julgada improcedente sua demanda, pode recorrer, então, para obter só a condenação no importe de R$5.000,00.

No recurso de apelação, portanto, admite-se que a parte busque alcançar menos do que pediu, ao deduzir sua demanda. Porém, fora dos casos expressamente previstos em lei, não pode alcançar mais ou coisa diversa dos bens jurídicos ou situações jurídicas objeto de seus pedidos. A decisão do órgão recursal fica adstrita aos limites do pedido tanto quanto aquela proferida em primeiro grau de jurisdição, incidindo, pois, em igual medida, os artigos 141 e 492, *caput*, no julgamento do recurso de apelação[129].

Sem embargo, os efeitos decorrentes da lei, como correção monetária, juros moratórios, honorários advocatícios, em que pese não terem sido expressamente pedidos ou sequer angariados na sentença, podem ser objeto da irresignação recursal. Pode o recorrente, então, pretender que sejam inicialmente acolhidos ou, se o caso, modificados, a fim de que resultem em situação mais favorável. Assim, embora não pedido na petição inicial, lícito que deseje a fixação dos juros moratórios legais ou, se a sentença os estipulou, a alteração de seu termo *a quo*,

128 Cf. BEDAQUE, José Roberto dos Santos. Apelação: questões sobre a admissibilidade e efeitos. *Revista da Procuradoria Geral do Estado de São Paulo*. São Paulo: Procuradoria Geral do Estado, n. especial, p. 107-148, 2003, p. 126.

129 Cf. CRUZ E TUCCI, José Rogério. *Comentários ao Código de Processo Civil*, v. VII. Coordenação GOUVÊA José Roberto Ferreira; BONDIOLI, Luís Guilherme Aidar; FONSECA, João Francisco Naves da. São Paulo: Saraiva, 2016, p. 87.

O recurso de apelação ostenta função rescindente e função substitutiva. Pode, em consequência, o apelante almejar com o ato de sua interposição a supressão dos efeitos da sentença, por reputá-la nula ou o procedimento que a antecedeu. Pode, também, buscar a prolação de novo julgamento, substituindo o anterior, com a reforma da integralidade da sentença ou de um ou de alguns de seus capítulos. Entretanto, requerida apenas a anulação da sentença, na hipótese de provimento do recurso, o tribunal deve prosseguir no seu julgamento, quando preenchidos os pressupostos do artigo 355, alcançando o mérito do processo[130].

2.5. O mérito e o objeto do processo na apelação

A pretensão recursal não é diretamente de tutela, mas, sim, uma pretensão de tutela modulada por expressar a impugnação a uma sentença anterior[131]. Busca-se, por meio do provimento do recurso, sanando-se vícios de procedimento e julgamento, a outorga do provimento jurisdicional e do bem da vida ou da nova situação jurídica requeridos no ato de postulação inicial. As questões de mérito na apelação, assim, podem coincidir, ou não, com as questões de mérito no processo[132]. Contudo, o *meritum causae* não poderá ser alterado em grau de recurso, decidindo-se sobre as pretensões nos exatos termos em que exercidas na fase postulatória, caso preenchidos os requisitos de admissibilidade para seu conhecimento[133]. Excepcional hipótese que admite irresignação para além das pretensões deduzidas em primeiro grau consiste naquela que tenha por alvo sentença *ultra* ou *extra petita*. Pode, entretanto, o julgamento em segundo grau ficar aquém do mérito do processo na medida em que nem todas as pretensões albergadas ou rejeitadas na decisão atacada sejam impugnadas pelas partes[134]. Nessa esteira, o apelante,

---

130 Trata detalhadamente do ponto o item 3.1.2.

131 Cf. OLIVA SANTOS, Andrés de la. *Objeto del proceso y cosa juzgada en el proceso civil*. Madrid: Civitas, 2005, p. 31.

132 Cf. DINAMARCO, Cândido Rangel. O conceito de mérito em processo civil. *Fundamentos do processo civil moderno*, t. I. 6. ed. São Paulo: Malheiros, 2010, p. 299-348, p. 332; LEONEL, Ricardo de Barros. Cognição judicial em grau de apelação, à luz das reformas do CPC. *Justitia*. São Paulo: Ministério Público do Estado de São Paulo, v. 64, n. 197, p. 199-210, julho a dezembro de 2007, p. 202.

133 Cf. DINAMARCO, Cândido Rangel. Os efeitos dos recursos. *Nova era do processo civil*. 3. ed. São Paulo: Malheiros, 2009, p. 114-161, p. 127; FREDERICO MARQUES, José. *Manual de direito processual civil*, v. III. São Paulo: Saraiva, 1974, p 142; LIEBMAN, Enrico Tullio. Parte o capo di sentenza. *Rivista di Diritto Processuale*. Padova: CEDAM, n. 19, p. 47-63, 1964, p. 58.

134 Cf. SEABRA FAGUNDES, Miguel. *Dos recursos ordinários em matéria civil*. Rio de Janeiro: Forense, 1946, p. 277.

ao interpor o recurso, estabelece quais das suas pretensões rechaçadas e quais das pretensões adversárias acolhidas em primeiro grau deseja impugnar, reputando-se as demais pretensões aceitas, contanto objeto de capítulos autônomos e independentes entre si[135].

O objeto do juízo recursal corresponde ao próprio conteúdo da impugnação à decisão atacada[136]. Preliminares nos recursos referem-se a questões afetas à admissibilidade do seu conhecimento. Preliminar na resposta à demanda, por sua vez, "é defesa indireta, de natureza processual, destinada a impedir ou retardar o julgamento do mérito, não a influir em seu teor"[137]. Constata-se, pois, que "certas questões qualificadas como *preliminares* em relação ao processo globalmente considerado (matéria preliminar ao julgamento do mérito da causa) às vezes acabam ficando integradas ao mérito do recurso"[138]. Logo, pressupostos processuais, condições da ação, nulidades, pressupostos negativos, prescrição, decadência, que se tratam de questões prejudiciais ao julgamento do mérito propriamente dito do processo, consubstanciam-se em questões objeto do juízo recursal quando por seu intermédio são alvo de inconformismo. Logo, o objeto do recurso de apelação abarca os vícios de procedimento (*errores in procedendo*), quando desrespeitadas as regras que lhe são afetas, e os vícios de juízo (*errores in iudicando*), provocando a injustiça da decisão[139]. O primeiro

---

135 Cf. CHIOVENDA, Giuseppe. *Principios de derecho procesal civil*, t. II. Tradução José Casáis y Santaló. Madrid: Editorial Reus, 1925, p. 500-501.

136 Cf. ARAÚJO CINTRA, Antônio Carlos de. *Sobre os limites objetivos da apelação civil*. Tese. São Paulo: [s.n.], 1986, p. 103; BARBOSA MOREIRA, José Carlos. *Comentários ao Código de Processo Civil*, v. V. 15. ed. Rio de Janeiro: Forense, 2010, p. 267.

137 DINAMARCO, Cândido Rangel. *Instituições de direito processual civil*, v. III. 2. ed. São Paulo: Malheiros, 2002, p. 467.

138 *Idem*. O conceito de mérito em processo civil. *Fundamentos do processo civil moderno*, t. I. 6. ed. São Paulo: Malheiros, 2010, p. 299-348, p. 333.

139 Cf. BARIONI, Rodrigo. *Efeito devolutivo da apelação civil*. São Paulo: Revista dos Tribunais, 2008, p. 93; CONSOLO, Claudio. *Spiegazioni di diritto processuale civile*, v. II. 10. ed. Torino: G. Giappichelli, 2015, p. 505; FAZZALARI, Elio. *Instituições de direito processual*. Tradução Elaine Nassif. Campinas: Bookseller, 2006, p. 199; MARINONI, Luiz Guilherme ARENHART, Sergio Cruz; MITIDIERO, Daniel. *Novo curso de processo civil*, v. II. São Paulo: Revista Tribunais, 2015, p. 528; NERY JUNIOR, Nelson. *Princípios fundamentais: teoria geral dos recursos*. 4. ed. São Paulo: Revista dos Tribunais, 1997, p. 366; PONTES DE MIRANDA, Francisco Cavalcanti. *Comentários ao Código de Processo Civil*, t. VII. 3. ed. Rio de Janeiro: Forense, 1999, p. 164; PROTO PISANI. Andrea. *Lezioni di diritto processuale civile*. Atualização Remo Caponi. 6. ed. Napoli: Jovene, 2014, p. 484; REZENDE FILHO, Gabriel José Rodrigues de. *Curso de direito processual civil*, v. III. 7. ed. São Paulo: Saraiva, 1966, p. 96.

vício inquina os atos processuais em si; o segundo, o conteúdo da decisão[140].

O *error in procedendo* constitui-se no desvio ou afastamento dos meios assinalados pelo direito processual para sua direção pelo juiz, de sorte a comprometer a forma dos atos, sua estrutura externa, seu modo natural de realizar-se, diminuindo as garantias do contraditório e privando as partes de uma defesa plena de seu direito[141]. Independe tenha a norma como destinatário primário o juiz ou as partes, sempre que o ato que dela se distancie tenha aptidão para causar gravame comporta correção pela via recursal[142].

O *error in iudicando* qualifica-se como o desvio que corresponde à incorreta valoração dos fatos ou à inadequada aplicação dos princípios e regras do ordenamento jurídico[143]. Desconsidera-se alegação de fato comprovada ou cuja prova é dispensada porque notório, incontroverso, confessado ou presumido. Toma-se em conta alegação de fato que deveria ter sido provado, contudo não o foi. Suprimem-se os efeitos jurídicos atribuídos pelo ordenamento jurídico ou se confere efeitos jurídicos que nele não encontram amparo, vez que individuada, interpretada ou aplicada incorretamente uma norma[144]. Incide sobre questões que são prejudiciais à sua admissibilidade e o mérito do processo propriamente dito[145].

Embora a apelação fundada em *error in procedendo* ou em *error in iudicando* tenha por objeto a insubsistência da decisão recorrida, não se confunde a função rescindente com a função substitutiva do recurso. De fato, "no primeiro caso, o julgamento recursal se limita a suprimir os efeitos da sentença defeituosa; no segundo caso, novo julgamento substitui o anterior, que apenas por isso tem seus efeitos suprimidos"[146]. A di-

---

140 Cf. LIEBMAN, Enrico Tullio. *Manual de direito processual civil*, v. III. Intelectos: Tocantins, 2003, p. 21.

141 Cf. COUTURE, Eduardo Juan. *Fundamentos do direito processual civil.* Tradução Henrique de Carvalho. Florianópolis: Conceito Editorial, 2008, p. 188.

142 Cf. NERY JUNIOR, Nelson. *Princípios fundamentais: teoria geral dos recursos.* 4. ed. São Paulo: Revista dos Tribunais, 1997, p. 216-217.

143 Cf. COUTURE, Eduardo Juan. *Fundamentos do direito processual civil.* Tradução Henrique de Carvalho. Florianópolis: Conceito Editorial, 2008, p. 188; PROTO PISANI. Andrea. Appunti sull'appello civile (alla stregua della L. 353/90). *Il Foro Italiano*, Societa Editrice Il Foro Italiano, n. 117, p. 193-209, 1994, p. 194.

144 Cf. CHIOVENDA, Giuseppe. *Principios de derecho procesal civil*, t. II. Tradução José Casáis y Santaló. Madrid: Editorial Reus, 1925, p. 400.

145 Cf. ASSIS, Araken de. *Manual dos recursos.* 6. ed. São Paulo: Revista Tribunais, 2014, p. 144.

146 Cf. ARAÚJO CINTRA, Antônio Carlos de. *Sobre os limites objetivos da apelação civil.* Tese. São Paulo: [s.n.], 1986, p. 74.

ferenciação tem natureza histórica, porquanto a apelação era o recurso cabível contra vícios de julgamento da sentença e a *querela nullitatis* tinha por fim sua invalidação por vício de procedimento. Absorvendo a querela de nulidade, a apelação, no direito brasileiro, pode assumir veste rescindente[147], o que, no entanto, não obsta o tribunal proferir, desde logo, julgamento acerca do mérito do processo. Na evolução do direito processual, houve a superação da distinção entre função rescindente e rescisória[148].

O objeto do recurso de apelação é definido pela apelação principal, pela apelação na forma adesiva, pelas contrarrazões e pelas matérias reputadas cognoscíveis de ofício pelo ordenamento jurídico. A apelação pode reeditar todas as questões postas ao conhecimento do órgão *a quo*. Pode, contudo, o recurso impugnar um dentre vários capítulos da sentença ou, impugnando todos, não levar ao crivo do órgão *ad quem* todas as questões processuais e meritórias debatidas no grau inferior. É lícito, ainda, à parte trazer questões inteiramente novas em segundo grau e fundar sua apelação exclusivamente nestas, nas hipóteses autorizadas pelo legislador.

A despeito de raro na prática, o recurso pode se fundar somente no cerceamento de defesa decorrente do óbice à produção de uma prova reputada imprescindível pelo recorrente para fazer valer sua pretensão. Por sua vez, nas hipóteses de superveniência, é possível uma variação do aspecto fático, diante de fatos de que não se pôde valer em primeiro grau, por desconhecê-los, por se estar impedido de alegá-los ou por terem ocorrido após o último momento processual útil para sua arguição; bem como a relação havida entre as partes pode ser objeto de regulação por nova norma jurídica que se torna vigente após a prolação da sentença.

Em que pese a natureza predominantemente de controle que a apelação assume no sistema processual civil brasileiro, o conhecimento de questões que não foram objeto de julgamento ou que tampouco foram aduzidas em primeiro grau de jurisdição pode - e deve - ser levado a efeito diretamente pelo tribunal. O recurso não se limita à anulação ou revisão da sentença. Coloca o ordenamento jurídico frente ao tribunal o conhecimento de toda a matéria impugnada, assim como das questões que lhe foram transferidas por força da lei. Destarte, a

---

147 Cf. ARAÚJO CINTRA, Antônio Carlos de. *Sobre os limites objetivos da apelação civil.* Tese. São Paulo: [s.n.], 1986, p. 75; GUIMARÃES, Luiz Machado. Efeito devolutivo da apelação. *Estudos de direito processual.* Rio de Janeiro: Jurídica e Universitária, 1969, p. 216-226, p. 219-220.

148 Cf. PROTO PISANI. Andrea. *Lezioni di diritto processuale civile.* Atualização Remo Caponi. 6. ed. Napoli: Jovene, 2014, p. 458-459.

decisão do juízo da apelação tem por substrato tanto o material transferido do juízo inferior como aquele perante si diretamente produzido, quando admitido por lei.

Com efeito, portanto, o objeto do processo pode confundir-se com o objeto da apelação, mas também pode ser parcialmente ou até inteiramente diferente[149]. Embora excepcionalmente, o objeto do processo pode ser alargado em segundo grau de jurisdição. Logo, é possível ao órgão *ad quem* o conhecimento de questões que não foram alvo de alegação pelas partes, tampouco de decisão pelo órgão *a quo*, nos casos previstos em lei.

2.6. A manutenção da ineficácia da sentença ("efeito suspensivo") e outros "efeitos" da apelação

Ao contrário das demais decisões proferidas no processo (artigo 995, *caput*), as sentenças não produzem efeitos imediatamente (artigo 1.012, *caput*), o que somente se sucede nas exceções tipicamente arroladas (artigo 1.012, §1º). Em linha de princípio, os provimentos jurisdicionais declaratórios e constitutivos desencadeiam seus efeitos na regulação da relação entre as partes somente após o seu trânsito em julgado[150]. Os provimentos jurisdicionais condenatórios iniciam a produção de seus efeitos, com a admissão da instauração de fase voltada ao seu cumprimento, se não impugnados por apelação no prazo de quinze dias ou com o julgamento desta pelo órgão competente.

A contenção da eficácia da sentença não decorre da interposição da apelação, mas sim da opção do legislador consagrada no ordenamento

149 Cf. ASSIS, Araken de. *Manual dos recursos*. 6. ed. São Paulo: Revista Tribunais, 2014, p. 422; OLIVA SANTOS, Andrés de la. *Objeto del proceso y cosa juzgada en el proceso civil*. Madrid: Civitas, 2005, p. 30.

150 No sentido da ausência de executividade às sentenças declaratórias e constitutivas antes do seu trânsito em julgado, salvo expressa disposição legal, COMOGLIO, Luigi Paolo; FERRI, Corrado; TARUFFO, Michele. *Lezioni sul processo civile*, v. I. 5. ed. Bolonha: Il Mulino, 2011, p. 697; FAZZALARI, Elio. *Instituições de direito processual*. Tradução Elaine Nassif. Campinas: Bookseller, 2006, p. 200; *Idem*. Riflessioni generali sulla reforma. *La riforma del processo civile*. Verona: CEDAM, 1992, p. 291-297, p. 294. Com limitação da posição às sentenças declaratórias, TARZIA, Giuseppe. O novo processo civil de cognição na Itália. Tradução Clayton Maranhão. *Revista da Associação dos Juízes do Rio Grande do Sul*. Porto Alegre: Departamento Revista da AJURIS, n. 65, p. 73-91, novembro de 1995, p. 87.

jurídico[151], o que prescinde, inclusive, de requerimento do apelante[152]. Ao revés, haveria a produção de efeitos entre a prolação da sentença e a interposição do recurso. Não é, portanto, como, generalizadamente, assentado na doutrina, a apelação que suspende os efeitos do julgado[153], mas apenas prolonga a ineficácia inerente ao *decisum* que se sujeita à sua eventual interposição[154]. Já dizia Giuseppe Chiovenda que o "efeito suspensivo" significa a falta normal de executoriedade da sentença de primeiro grau entre o prazo para apelar e o julgamento da apelação[155]. Assim, "o efeito suspensivo é mais efeito da recorribilidade do que do recurso"[156].

---

151 "A prevalência de tal efeito tem um fundo político, na exata medida em que se opta conscientemente por valorizar muito pouco as decisões dos juízes de primeiro grau. Com a desconfiança das decisões dos juízos hierarquicamente inferiores, herdada principalmente do sistema das ordenações lusitanas, o legislador valoriza de forma clara as decisões dos juízes de segundo grau, que não têm contato direto com as partes nem tampouco com as provas" (LUCON, Paulo Henrique dos Santos. Abuso do exercício do direito de recorrer. *Aspectos polêmicos e atuais dos recursos cíveis e de outras formas de impugnação às decisões judiciais.* Coordenação NERY JUNIOR, Nelson; WAMBIER, Teresa Celina de Arruda Alvim. São Paulo: Revista dos Tribunais, 2001, p. 873-904, p. 875).

152 Cf. JORGE, Flávio Cheim. *Teoria geral dos recursos.* 7. ed. São Paulo: Revista dos Tribunais, 2015, p. 393.

153 Cf. ASSIS, Araken de. *Manual dos recursos.* 6. ed. São Paulo: Revista Tribunais, 2014, p. 237; BERMUDES, Sérgio. Considerações sobre o efeito suspensivo dos recursos cíveis. *Revista da Escola da Magistratura do Estado do Rio de Janeiro.* Rio de Janeiro *Escola da Magistratura do Estado do Rio de Janeiro*, v. 3, n. 11, p. 66-71, 2000, p. 69; MONTEIRO, João. *Programma do curso de processo civil: ou apontamentos para as lições da 3. cadeira do 4. anno da Faculdade de Direito de S. Paulo*, v. III. São Paulo: Typografhia da Industrial, 1901, p. 157; RAMALHO, José Ignacio. *Practica civil e comercial.* São Paulo: Typografia Imparcial de Joaquim Roberto de Azevedo Marques, 1861, p. 248; REZENDE FILHO, Gabriel José Rodrigues de. *Curso de direito processual civil*, v. III. 7. ed. São Paulo: Saraiva, 1966, p. 99; SANTOS, Moacyr Amaral. *Primeiras linhas de direito processual civil*, v. III. 26. ed. Atualização Maria Beatriz Amaral Santos Köhnen. São Paulo: Saraiva, 2013, p. 133.

154 Cf. BARBOSA MOREIRA, José Carlos. *Comentários ao Código de Processo Civil*, v. V. 15. ed. Rio de Janeiro: Forense, 2010, p. 258; LEONEL, Ricardo de Barros. Revisitando a teoria geral dos recursos: o efeito suspensivo. *Aspectos polêmicos e atuais dos recursos cíveis e assuntos afins*, v. IX. Organização NERY JUNIOR, Nelson; WAMBIER, Teresa Arruda Alvim. São Paulo: Revista dos Tribunais, 2006, p. 466-526, p. 503.

155 *Principios de derecho procesal civil*, t. II. Tradução José Casáis y Santaló. Madrid: Editorial Reus, 1925, p. 489.

156 PONTES DE MIRANDA, Francisco Cavalcanti. *Comentários ao código de processo civil*, t. VII. Rio de Janeiro: Forense, 1999, p. 11.

Interposta a apelação, a contenção da eficácia da sentença limita-se aos capítulos impugnados e àqueles que destes são dependentes[157]. Os demais produzem, a partir de então, seus efeitos, comportando execução definitiva. Recorrendo um dos litisconsortes, se o fundamento da irresignação aproveita aos demais, o provimento jurisdicional não produzirá efeitos em desfavor de qualquer deles[158]. Todavia, mesmo na pendência do recurso com "efeito suspensivo", lícita a constituição da hipoteca judiciária (artigo 495). De seu turno, as decisões interlocutórias impugnáveis por meio de apelação produzem, incontinenti, seus efeitos, não tendo a interposição do recurso aptidão para conter sua eficácia, o que exige decisão do relator (artigo 995, parágrafo único)[159]. Se o alvo do inconformismo é exclusivamente decisão interlocutória não agravável, a produção dos efeitos pela sentença exigirá um juízo acerca da existência e da medida da relação de dependência entre elas.

Em uma demanda em que cumulados os pedidos de inexigibilidade de débito e ressarcimento por danos materiais, julgados procedentes na sentença, é lícito que o réu maneje seu recurso contra a decisão proferida no curso da fase de conhecimento que, sob o fundamento de reputá-los incontroversos, indeferiu seu pedido de produção de prova pericial para apuração dos prejuízos suportados pelo autor. Não haverá obstáculo para que o autor exclua seu nome dos cadastros de inadimplentes mantidos pelos órgãos de proteção ao crédito ou cancele protesto contra si lavrado. O pedido de inexigibilidade de débito, independentemente do desfecho da apelação, não sofrerá qualquer alteração.

Deveria, no entanto, ter o legislador liberado, desde a sua prolação, a eficácia das sentenças condenatórias, permitindo a sua execução provisória. Entre o risco de ter o vencedor seu direito não satisfeito em futura fase de cumprimento de sentença ou de se dar a reversão do julgado em favor do inicialmente vencido, na hipótese de interposição de recurso, deveria ter sido assumido o legislador o segundo[160]. Assim, propõe-se,

---

157 Cf. BERMUDES, Sérgio. Considerações sobre o efeito suspensivo dos recursos cíveis. *Revista da Escola da Magistratura do Estado do Rio de Janeiro*. Rio de Janeiro *Escola da Magistratura do Estado do Rio de Janeiro*, v. 3, n. 11, p. 66-71, 2000, p. 66-67.

158 Cf. BERMUDES, Sérgio. Considerações sobre o efeito suspensivo dos recursos cíveis. *Revista da Escola da Magistratura do Estado do Rio de Janeiro*. Rio de Janeiro *Escola da Magistratura do Estado do Rio de Janeiro*, v. 3, n. 11, p. 66-71, 2000, p. 67.

159 Cf. DIDIER JUNIOR, Fredie Souza. CUNHA, Leonardo Carneiro da. *Curso de direito processual civil*, v. III. 13. ed. Salvador: JusPodivm, 2016, p. 184; SICA, Heitor Vitor Mendonça. *Recorribilidade das interlocutórias e sistema de preclusões no novo CPC – primeiras impressões*, p. 25.

160 No anteprojeto apresentado pela comissão de juristas e no texto aprovado no Senado Federal, desde logo, a sentença, como regra, era apta à produção de seus

com acerto, a "redistribuição do ônus do tempo, com seu corolário de que o dano marginal do processo deve ser suportado não só pelo autor, mas também pelo réu, mormente quando tenha sido vencido na demanda, ainda que a sentença esteja sujeita a recurso"[161].

A opção de contenção da eficácia das sentenças não se coaduna com um sistema em que a tutela de urgência e a tutela da evidência são generalizadamente admitidas (artigo 300 e 311). Em se tratando de tutela antecipada, a decisão que a outorga, inclusive, pode assumir vestes de estabilidade, caso pleiteada de forma antecedente não tenha sido objeto de recurso, depois de emendada a petição inicial pelo autor e citado o réu (artigo 304, *caput*)[162]. Adquire o juízo de cognição sumária inerente às tutelas provisórias maior gravidade na regulação dos direitos e obrigações das partes do que a sentença proferida em juízo de cognição exauriente, comportando execução definitiva[163].

---

efeitos (artigos 908 e 949, respectivamente). A situação se alterou na tramitação do projeto na Câmara dos Deputados (artigo 1.025).

161 LEONEL, Ricardo de Barros. Revisitando a teoria geral dos recursos: o efeito suspensivo. *Aspectos polêmicos e atuais dos recursos cíveis e assuntos afins*, v. IX. Organização NERY JUNIOR, Nelson; WAMBIER, Teresa Arruda Alvim. São Paulo: Revista dos Tribunais, 2006, p. 466-526, p. 506. Na mesma direção, MARINONI, Luiz Guilherme ARENHART, Sergio Cruz; MITIDIERO, Daniel. *Novo curso de processo civil*, v. II. São Paulo: Revista Tribunais, 2015, p. 525-526.

162 A estabilidade torna-se qualificada passados dois anos da extinção do processo em que requerida a tutela antecipada antecedente sem o ajuizamento de ação com vistas a revê-la, reformá-la ou invalidá-la (artigo 304, §§2º, 5º e 6º). O fenômeno não se identifica, no entanto, com a imunização decorrente da coisa julgada material, porquanto não obsta a discussão da mesma relação jurídica em outro processo. Logo, impede o julgamento do mesmo lítígio (função negativa da coisa julgada), porém não exige que a decisão seja observada em processos futuros entre os mesmos litigantes (função positiva da coisa julgada) (cf. SICA, Heitor Vitor Mendonça. Primeiras impressões sobre a "estabilização da tutela antecipada". *Revista do Advogado*. São Paulo: Associação dos Advogados de São Paulo, n. 126, p. 115-123, maio de 2015, p. 120-121). Há, no entanto, quem repute, sob pena de inconstitucionalidade, por violar "o direito ao processo justo" e a "inafastabilidade da ação exauriente para formação da coisa julgada", possível o ajuizamento de ação com vistas a contrastar a decisão estabilizada até "que os prazos previstos no direito material para a estabilização das situações jurídicas atuem sobre a esfera jurídica das partes" (MITIDIERO, Daniel. Autonomização e estabilização da antecipação da tutela no novo Código de Processo Civil. *Revista Magister de Direito Civil e Processual Civil*. Porto Alegre: Magister, n. 63, p. 24-29, novembro a dezembro de 2014, p. 28-29).

163 Cf. SICA, Heitor Vitor Mendonça. Primeiras impressões sobre a "estabilização da tutela antecipada". *Revista do Advogado*. São Paulo: Associação dos Advogados de São Paulo, n. 126, p. 115-123, maio de 2015, p. 120.

Destoa a escolha de contenção da eficácia da sentença, do mesmo modo, da liberação da produção dos seus efeitos pela decisão parcial de mérito (artigo 356), que pode ser prontamente liquidada ou executada (artigo 356, §2º), o que somente pode vir a ser obstado com a atribuição de efeito suspensivo ao agravo de instrumento cabível para a sua impugnação (artigo 356, §5º, combinado com o artigo 1.019, inciso I)[164]. Em um único processo, duas decisões com idêntica natureza assumem regimes diversos de produção de efeitos em razão da necessidade, ou não, de dilação probatória para a solução das questões controvertidas. Por outro lado, provimentos jurisdicionais com o mesmo conteúdo, porém objeto de processos diversos, podem ter eficácia ou não, tendo sido alvo de decisão parcial ou de sentença.

A sentença condenatória é prolatada com observância do contraditório e produção das provas eventualmente necessárias à comprovação das alegações das partes. A execução da condenação seria provisória, respondendo o exequente pelos danos que viessem a ser causados ao executado, se reformado o provimento jurisdicional (artigo 520, inciso I), assim como se sujeitando o levantamento de dinheiro e os atos de expropriação à prestação de caução idônea (artigo 520, inciso IV). Admitida a execução provisória do julgado, a tendência seria, nas visões de Oreste Nestor de Souza Laspro e de Flávio Luiz Yarshell, de diminuição da interposição de recursos infundados[165]. A parte sucumbente suportararia, desde logo, os efeitos do julgado, não havendo motivo para que prolongue o desfecho do processo ciente de que não tem razão.

Os dados obtidos junto à Seção de Estatística e Indicadores de Desempenho da Secretária Judiciária do Egrégio Tribunal de Justiça do Estado de São Paulo acerca das apelações interpostas no período de janeiro de 2014 a julho de 2017 dão conta que a maior parte não galga sequer parcial provimento, conforme se depreende das planilhas:

---

164 Contra Pedro Miranda de Oliveira, para quem a decisão parcial nasce ineficaz (O regime especial do agravo de instrumento contra a decisão parcial de mérito. *Revista de Processo*. São Paulo: Revista dos Tribunais, n. 264, p. 183-204, fevereiro 2017, p. 193).

165 Respectivamente, *Duplo grau de jurisdição no direito processual civil*. São Paulo: Revista dos Tribunais, 1995, p. 173; Brevissimas reflexões sobre o sistema recursal no novo Código de Processo Civil. *Cadernos Jurídicos*. São Paulo: Escola Paulista da Magistratura, v. 16, p. 27-31, 2015, p. 27.

2014	PRIVADO				PÚBLICO	CRIMINAL	ÓRGÃO ESPECIAL	CÂMARA ESPECIAL	TOTAL
	PRIVADO 1	PRIVADO 2	PRIVADO 3	TOTAL					
Provimento	9.677	13.075	10.960	33.712	24.069	7.660	0	1.233	**66.674**
Provimento Parcial	11.716	16.385	13.033	41.134	22.039	23.288	0	1.132	**87.593**
Negaram Provimento	36.181	36.468	34.099	106.748	74.130	40.797	0	12.943	**234.618**
Outros Resultados	6.505	13.612	7.502	27.619	17.773	5.960	0	316	**51.668**
TOTAL	**64.079**	**79.540**	**65.594**	**209.213**	**138.011**	**77.705**	**0**	**15.624**	**440.553**

2015	PRIVADO				PÚBLICO	CRIMINAL	ÓRGÃO ESPECIAL	CÂMARA ESPECIAL	TOTAL
	PRIVADO 1	PRIVADO 2	PRIVADO 3	TOTAL					
Provimento	11.195	17.372	12.435	41.002	25.841	9.175	0	1.261	**77.279**
Provimento Parcial	14.737	19.869	15.587	50.193	23.287	30.177	0	1.713	**105.370**
Negaram Provimento	40.653	46.562	40.971	128.186	82.401	49.629	0	12.785	**273.001**
Conversão de Julgamento em Diligência	182	48	82	312	1.465	43	0	27	**1.847**
Outros Resultados	8.425	15.639	8.283	32.347	17.052	6.518	0	378	**56.295**
TOTAL	**75.192**	**99.490**	**77.358**	**252.040**	**150.046**	**95.542**	**0**	**16.164**	**513.792**

2016	PRIVADO				PÚBLICO	CRIMINAL	ÓRGÃO ESPECIAL	CÂMARA ESPECIAL	TOTAL
	PRIVADO 1	PRIVADO 2	PRIVADO 3	TOTAL					
Provimento	10.405	19.091	13.691	43.187	30.829	8.145	0	1.273	**83.434**
Provimento Parcial	12.494	19.635	15.879	48.008	23.613	30.435	0	2.397	**104.453**
Negaram Provimento	36.219	52.969	46.211	135.399	77.755	46.897	0	11.721	**271.772**
Conversão de Julgamento em Diligência	155	65	56	276	1.670	40	0	42	**2.028**
Outros Resultados	8.243	19.799	10.163	38.205	14.655	4.588	0	638	**58.086**
TOTAL	**67.516**	**111.559**	**86.000**	**265.075**	**148.522**	**90.105**	**0**	**16.071**	**519.773**

2017 (Janeiro a Julho)	PRIVADO				PÚBLICO	CRIMINAL	ÓRGÃO ESPECIAL	CÂMARA ESPECIAL	TOTAL
	PRIVADO 1	PRIVADO 2	PRIVADO 3	TOTAL					
Provimento	6.826	10.345	7.377	24.548	17.355	3.940	0	981	**46.824**
Provimento Parcial	10.744	8.960	8.704	28.408	13.005	15.266	0	2.098	**58.777**
Negaram Provimento	22.188	32.548	27.397	82.133	41.301	23.611	0	8.452	**155.497**
Conversão de Julgamento em Diligência	131	100	25	256	765	35	0	15	**1.071**
Outros Resultados	4.871	10.513	5.748	21.132	11.062	1.395	0	305	**33.894**
TOTAL	**44.760**	**62.466**	**49.251**	**156.477**	**83.488**	**44.247**	**0**	**11.851**	**296.063**

Como se pode observar, de um total de 882.805 apelações manejadas perante as três Seções de Direito Privado, 142.449 foram integralmente providas, atingindo 16,13%. De seu turno, 167.743 foram parcialmente providas, alcançando 19%. Logo, 64,87% das decisões impugnadas foram mantidas incólumes. Não bastasse o percentual de manutenção dos julgados, apenas parte dos recursos é interposta pelo demandado vencido, ou seja, aquele que pode se sujeitar a eventual execução provisória.

Andou o Código de Processo Civil de 2015, outrossim, na contramão dos diplomas processuais contemporâneos, que têm consagrado a eficácia imediata das sentenças[166]. Assim, no direito alemão, quase totalidade das sentenças comporta a produção dos seus efeitos imediatamente. Adota-se o sistema *ope iudicis* de liberação ou contenção de sua eficácia. Desta forma, basta que o juiz declare que a sentença possa ser executada provisoriamente (§ 704, 1). Ressalvam-se aquelas que tratam de menores ou matrimônios (§ 704, 1). O executado, no entanto, pode alcançar a suspensão dos efeitos do julgado demonstrando que suportará dano irreparável, prestando caução ou consignado a prestação devida em juízo (§ 712).

No direito espanhol, a *Ley de Enjuiciamiento Civil* confere, via de regra, eficácia imediata às sentenças condenatórias[167], como se constata da análise dos seus artigos 456, 2 e 3, 524 e 567. Não admitem, porém, execução provisória, segundo o artigo 525, 1, 2 e 3, as sentenças que decidem questões referentes a estado civil (artigo 525, 1, 1ª), condenem à emissão de declaração de vontade (artigo 525, 1, 2ª), declarem a caducidade de títulos de propriedade industrial (artigo 525, 1, 3ª); as sentenças estrangeiras não transitadas em julgado, salvo disposição em contrário em tratado internacional (artigo 525, 2); e as sentenças que condenem ao pagamento de indenização por violação da honra, da intimidade pessoal e familiar e da própria imagem (artigo 525, 3). A interposição da apelação, bem como dos demais recursos ordinários, não impede a execução da sentença, podendo o executado, mediante a demonstração de que suportará dano de difícil reparação, solicitar ao juiz da execução a sua suspenção, com a prestação de caução suficien-

166 Já anotava Alcides de Mendonça Lima que "a tendência legislativa é para permitir a executoriedade da sentença contra a qual foi interposto recurso, inclusive a apelação" como "corolário da autoridade que se empresta às decisões como atos do Estado, ainda que o recurso seja um direito assegurado às partes" (*Introdução aos recursos cíveis*. 2. ed. São Paulo: Revista dos Tribunais, 1976, p. 293).

167 Cf. MONTERO AROCA, Juan; GÓMEZ COLOMER, Juan Luis; BARONA VILAR, Silvia; CALDERÓN CUADRADO, Maria Pía. *Derecho jurisdiccional*, v. II. 23. ed. Valência: Tirant lo Blanch, 2015, p. 577.

te para responder pelos prejuízos que o atraso puder produzir (artigo 567). Assim, afirma-se que a *Ley de Enjuiciamiento Civil* vigente inovou radicalmente na amplitude da admissibilidade da execução provisória e na dispensa da prestação de caução[168].

No direito italiano, quando da reforma do ano de 1990 pela Lei n. 353, houve concordância acerca da necessidade de maior valorização do juízo de primeiro grau, reconhecendo, então, o legislador a eficácia imediata da sentença de mérito, a fim de diminuir o número de apelações infundadas que visavam a dilatar o desfecho do processo, com a outorga da possibilidade pelo juízo da apelação de suspensão dos seus efeitos[169]. Antes, a sentença permanecia sem produzir seus efeitos se interposto o recurso de apelação e durante o prazo conferido para tanto às partes, exceto se houvesse sido declarada exequível provisoriamente[170]. Com a alteração do artigo 282, tornou-se a sentença de primeiro grau sempre provisoriamente executiva *ope legis*[171]. Superou-se a característica tradicional da suspensividade da apelação[172]. As exceções à eficácia imediata da sentença encontram-se nos artigos 283, 373, 401 e 407 do Código de Processo Civil Italiano. O artigo 283 cuida, especificamente, da suspensão quando impugnada por apelação[173]. Permite ao juízo responsável pelo julgamento do recurso, mediante requerimento da parte,

168 Cf. MONTERO AROCA, Juan; GÓMEZ COLOMER, Juan Luis; BARONA VILAR, Silvia; CALDERÓN CUADRADO, Maria Pía. *Derecho jurisdiccional*, v. II. 23. ed. Valência: Tirant lo Blanch, 2015, p. 574

169 Cf. COMOGLIO, Luigi Paolo; FERRI, Corrado; TARUFFO, Michele. *Lezioni sul processo civile*, v. I. 5. ed. Bolonha: Il Mulino, 2011, p. 667; MANDRIOLI, Crisanto. CARRATA, Antonio. *Diritto processuale civile*, v. II, 25. ed. Torino: G. Giappichelli, 2016, p. 504; TARZIA, Giuseppe. O novo processo civil de cognição na Itália. Tradução Clayton Maranhão. *Revista da Associação dos Juízes do Rio Grande do Sul*. Porto Alegre: Departamento Revista da AJURIS, n. 65, p. 73-91, novembro de 1995, p. 87.

170 Cf. LIEBMAN. Enrico Tullio. *Manual de direito processual civil*, v. III. Intelectos: Tocantins, 2003, p. 61.

171 Cf. COMOGLIO, Luigi Paolo; FERRI, Corrado; TARUFFO, Michele. *Lezioni sul processo civile*, v. I. 5. ed. Bolonha: Il Mulino, 2011, p. 669; CONSOLO, Claudio. *Spiegazioni di diritto processuale civile*, v. II. 10. ed. Torino: G. Giappichelli, 2015, p. 495; PROTO PISANI. Andrea. Appunti sull'appello civile (alla stregua della L. 353/90). *Il Foro Italiano*, Roma: Società Editrice Il Foro Italiano, n. 117, p. 193-209, 1994, p. 209; *Idem*. *Lezioni di diritto processuale civile*. Atualização Remo Caponi. 6. ed. Napoli: Jovene, 2014, p. 504; TARZIA, Giuseppe. O novo processo civil de cognição na Itália. Tradução Clayton Maranhão. *Revista da Associação dos Juízes do Rio Grande do Sul*. Porto Alegre: Departamento Revista da AJURIS, n. 65, p. 73-91, novembro de 1995, p. 74.

172 Cf. CONSOLO, Claudio. *Spiegazioni di diritto processuale civile*, v. II. 10. ed. Torino: G. Giappichelli, 2015, p. 41.

173 O artigo 373 trata da sua suspensão na pendência de recurso de cassação, o artigo 401 dispõe sobre a suspensão pelo juiz da revogação e o artigo 407 disciplina a suspensão pelo juiz no procedimento de oposição por terceiro.

quando presentes motivos graves e fundados, inclusive no que toca à possibilidade de insolvência de um dos seus adversários, suspender, no todo ou parte, a eficácia executiva da sentença, com ou sem a exigência de caução. A fórmula ampla "permite ao Juiz do recurso valorar sumariamente até que ponto seja fundado o recurso, bem como o perigo que da execução possa derivar para o sucumbente um grave dano, ainda que não irreparável"[174]. Caso o pleito de suspensão dos efeitos da sentença impugnada seja inadmissível ou manifestamente infundado, o juiz pode condenar a parte, por decisão irrecorrível, ao pagamento de sanção pecuniária entre duzentos e cinquenta e dez mil euros.

No direito português, a regra é a eficácia imediata da sentença (artigo 647, 1)[175]. Não há, no entanto, a produção dos seus efeitos nas hipóteses em que julgue o estado das pessoas (artigo 647, 3, "a"); disponha sobre posse e propriedade de imóvel usado para habitação (artigo 647, 3, "b"); aprecie a validade, subsistência ou cessação do contrato de arrendamento, exceto se destinados à habitação não permanente ou para fins especiais transitórios (artigo 647, 3, "b", combinado com o artigo 629, 3, "a"); decida sobre o valor da causa nos procedimentos cautelares, com o fundamento de que o seu valor excede a alçada do tribunal de que se recorre (artigo 647, 3, "b", combinado com o artigo 629, 3, "b"); indefira incidente processado em apenso (artigo 647, 3, "c"); indefira liminarmente ou não ordene providência cautelar (artigo 647, 3, "d"); aplique multa ou outra sanção processual (artigo 647, 3, "e", combinado com o artigo 644, 2, "e"); ordene o cancelamento de qualquer registro (artigo 647, 3, "e", combinado com o artigo 644, 2, "f"); além dos demais casos previstos em lei (artigo 647, 3, "f"). O apelante pode, ainda, requerer a contenção da eficácia da sentença por conta da interposição do seu recurso, aduzindo que sofrerá prejuízo considerável e prestando caução (artigo 647, 4). Não podendo ou não querendo levar a cabo a execução provisória, o apelado pode exigir do apelante, se não resguardado por hipoteca judicial, a prestação de caução (artigo 649, 2). A liberação dos efeitos da sentença como regra geral já se verificava antes do advento do Código de Processo Civil de 2013, como se constata do artigo 692 da legislação pretérita[176].

---

174 TARZIA, Giuseppe. O novo processo civil de cognição na Itália. Tradução Clayton Maranhão. *Revista da Associação dos Juízes do Rio Grande do Sul*. Porto Alegre: Departamento Revista da AJURIS, n. 65, p. 73-91, novembro de 1995, p. 88.

175 Cf. ABRANTES GERALDES, António Santos. *Recursos no novo Código de Processo Civil*. 3. ed. Coimbra: Almedina, 2016, p. 190; TEIXEIRA DE SOUSA, Miguel. Reflexões sobre a reforma dos recursos, p. 7.

176 Cf. COELHO, Gláucia Mara. Direito processual civil português. *Direito processual civil europeu contemporâneo*. Coordenação CRUZ E TUCCI, José Rogério. São Paulo: Lex, 2010, p. 285-331, p. 321.

No direito pátrio, produz efeitos imediatamente após a sua publicação a sentença que homologa divisão ou demarcação de terras (artigo 1.012, §1º, inciso I); condena a pagar alimentos (artigo 1.012, §1º, inciso II); extingue sem resolução do mérito ou julga improcedentes os embargos do executado (artigo 1.012, §1º, inciso III); julga procedente o pedido de instituição de arbitragem (artigo 1.012, §1º, inciso IV); confirma, concede ou revoga tutela provisória (artigo 1.012, §1º, inciso V)[177]; decreta a interdição (artigo 1.012, §1º, inciso VI); além de outras hipóteses expressamente previstas em lei (artigo 1.012, §1º).

Colhem-se outros exemplos de eficácia imediata das sentenças fora do Código Processo Civil. Assim se dá naquelas proferidas em ações de despejo, consignação em pagamento de aluguel e acessórios de locação, revisionais de aluguel e renovatórias de locação (artigo 58, inciso V, da Lei n. 8.245/91); ações civis públicas (artigo 14 da Lei n. 7.347/85); mandados de segurança (artigo 14, §3º, da Lei n. 12.016/09); *habeas data* (artigo 15, parágrafo único, da Lei n. 9.507/97); pedidos de restituição em falências (artigo 90, *caput*, da Lei n. 11.101/05); no sistema dos juizados especiais cíveis (artigo 43 da Lei n. 9.099/95).

Nestes casos, possível, desde logo, a execução provisória (artigo 1.012, §2º), exceto se suspensos os efeitos da sentença no segundo grau de jurisdição (artigo 1.012, §3º), o que exige pleito em petição apartada das razões da apelação (artigo 1.012, §3º). Até a distribuição do recurso, o requerimento é dirigido ao tribunal (artigo 1.012, §3º, inciso I) e, a partir de então, ao relator sorteado (artigo 1012, §3º, inciso II). Necessária, para tanto, a demonstração da probabilidade de provimento do recurso ou, sendo relevante a fundamentação, houver risco de dano grave ou de difícil reparação (artigo 1.012, §4º). Assim sendo, incumbe ao apelante no seu requerimento de outorga de efeito suspensivo alinhavar motivos que atestem que a jurisprudência do tribunal para o qual dirigido ou dos tribunais de sobreposição vem ao encontro de sua pretensão recursal, ou, quando presente risco de dano grave ou de difícil reparação, revelem a plausibilidade de que sejam acolhidas suas razões. Nestes casos, propriamente, o recurso de apelação suspenderá os efeitos que a sentença vinha produzindo.

A manutenção da ineficácia da sentença, portanto, não se trata de efeito do recurso[178]. Se a suspensão fosse mesmo desencadeada pela apelação, haveria uma relação, embora não certa, ao menos provável de

---

177 A pronta produção de efeitos pelo capítulo da sentença dá-se em todas as modalidades de tutelas provisórias: tutela de urgência antecipada, tutela de urgência cautelar e tutela de evidência.

178 Cf. JORGE, Flávio Cheim. *Teoria geral dos recursos*. 7. ed. São Paulo: Revista dos Tribunais, 2015, p. 339 e 388-389.

causa e efeito. O que suspende a eficácia da sentença é a lei, optando o legislador no Código Processo Civil de 2015 pela regra da sua contenção. De outro lado, há variadas hipóteses que a sentença é eficaz após a sua publicação e o recurso manejado não ostenta aptidão para suspendê-la.

De mais a mais, tem-se arrolado entre os "efeitos" da apelação na doutrina variados fenômenos acidentais decorrentes do ato de interposição do recurso, bem como outros que se tratam de consequências da sua devolutividade, da nova fase processual que lhe sucede ou do seu julgamento[179]. Assim se diz que a apelação possui efeito iterativo, extensivo, substitutivo, obstativo, translativo, diferido e expansivo.

A apelação, em excepcionais hipóteses, permite ao órgão jurisdicional do qual emanou a sentença que impugna o exercício do juízo de retratação. É o denominado efeito iterativo ou regressivo, o qual se contraporia à devolução, propiciando a invalidação ou reforma da decisão impugnada pelo próprio órgão prolator[180]. Verifica-se no recurso interposto contra a sentença que indefere a petição inicial (artigo 331, *caput*), assim como naquele manejado contra sentenças que julgam, liminarmente, improcedentes os pedidos (artigo 332, §3º), tendo o juiz a faculdade de se retratar no prazo de cinco dias. Na ausência de retratação, o réu é citado para responder ao recurso (artigo 331, §1º, e artigo 332, §4º).

Na existência de litisconsórcio, a apelação intentada por um dos litisconsortes aproveita a todos os outros, ressalvada a distinção ou oposição entre os seus interesses (artigo 1.005, *caput*). Sucede-se, igualmente, na solidariedade passiva, quando interposta por um devedor favorece aos demais, se as defesas opostas ao credor lhes forem comuns (artigo 1.005, parágrafo único). É o chamado efeito extensivo[181]. Assim,

---

179 Cf. APRIGLIANO, Ricardo de Carvalho. *A apelação e seus efeitos*. 2. ed. São Paulo: Atlas, 2007, p. 306; ELIAS, Carlos Eduardo Stefen. *Apelação: os limites objetivos do efeito devolutivo*. São Paulo: Atlas, 2010, p. 6-7; JORGE, Flávio Cheim. *Teoria geral dos recursos*. 7. ed. São Paulo: Revista dos Tribunais, 2015, p. 340.

180 Cf. Cf. ASSIS, Araken de. *Manual dos recursos*. 6. ed. São Paulo: Revista Tribunais, 2014, p. 239; LIMA, Alcides de Mendonça. *Introdução aos recursos cíveis*. 2. ed. São Paulo: Revista dos Tribunais, 1976, p. 289.

181 Cf. PUOLI, José Carlos Baptista. Breves considerações a respeito dos efeitos da apelação. *Direito processual civil*, v. II. Coordenação CARVALHO, Milton Paulo de; CASTRO, Daniel Penteado de. São Paulo: Quartier Latin, 2011, p. 387-399, p. 392. Denomina o fenômeno efeito expansivo APRIGLIANO, Ricardo de Carvalho. *A apelação e seus efeitos*. 2. ed. São Paulo: Atlas, 2007, p. 302. Nomeiam-no como efeito expansivo subjetivo ASSIS, Araken de. *Manual dos recursos*. 6. ed. São Paulo: Revista Tribunais, 2014, p. 238; MARINONI, Luiz Guilherme ARENHART, Sergio Cruz; MITIDIERO, Daniel. *Novo curso de processo civil*, v. II. São Paulo: Revista Tribunais, 2015, p. 526; NERY JUNIOR, Nelson. *Princípios fundamentais: teoria geral dos recursos*. 4. ed. São Paulo: Revista dos Tribunais, 1997, p. 406.

a despeito da ausência de interposição de recurso por um ou alguns dos litisconsortes, não se forma a coisa julgada, tampouco se admite a execução provisória em seu desfavor[182]. As duas hipóteses retratadas devem ser interpretadas no sentido de basta para o proveito que os fundamentos do recurso de um litisconsorte, embora de natureza processual, beneficiem aos demais, não se conformando o legislador, nestes casos, com o conflito lógico interior ao provimento jurisdicional de mérito que vem a regular a relação entre as partes.

Assinala-se, no entanto, a presença na doutrina de concepção restritiva, limitando a incidência do dispositivo aos casos de litisconsórcio unitário[183]. Todavia, por exigir desfecho uniforme a todos os litisconsortes, em razão da incindibilidade da relação jurídica que integram, inerente ao instituto a conclusão na direção do benefício de todos os litisconsortes, o que tornaria despicienda a disposição legal. Há variados casos em que o litisconsórcio não é unitário, tampouco necessário que infirmam a posição. Veja-se a demanda proposta contra empresa e preposto, fundada em ato ilícito praticado por este. O recurso interposto pela empresa diante da sentença de procedência que condena ambos os réus, ao ser provido sob o fundamento da presença de excludente de responsabilidade tal como o fato exclusivo da vítima, aproveita, indubitavelmente, ao preposto. Do mesmo modo, a demanda formulada para cobrança de aluguéis contra dois locatários. Condenados pela sentença proferida, se apenas um recorre e tem seu recurso provido, fundado na celebração de contrato de comodato, a solução beneficia ao seu litisconsorte. Há de se aferir, pois, a extensão do recurso segundo o proveito dos seus fundamentos ao litisconsorte que se conformou com o julgado que

---

182 Cf. APRIGLIANO, Ricardo de Carvalho. *A apelação e seus efeitos*. 2. ed. São Paulo: Atlas, 2007, p. 305.

183 Cf. BARBOSA MOREIRA, José Carlos. *Comentários ao Código de Processo Civil*, v. V. 15. ed. Rio de Janeiro: Forense, 2010, p. 383; BONIZZI, Marcelo José Magalhães. *Capítulos de sentença e efeitos dos recursos*. São Paulo: RCS, 2006, p. 138-143; OLIVEIRA, Gleydson Kleber Lopes. *Apelação no direito processual civil*. Tese de Doutorado. São Paulo: Faculdade de Direito da Pontifícia Universidade Católica de São Paulo, 2005, p. 241; JORGE, Flávio Cheim. *Teoria geral dos recursos*. 7. ed. São Paulo: Revista dos Tribunais, 2015, p. 380-381; PUOLI, José Carlos Baptista. Breves considerações a respeito dos efeitos da apelação. *Direito processual civil*, v. II. Coordenação CARVALHO, Milton Paulo de; CASTRO, Daniel Penteado de. São Paulo: Quartier Latin, 2011, p. 387-399, p. 392.

lhe prejudica[184], o que se aplica mesmo ao litisconsórcio facultativo[185]. Por mais que admitidas decisões diferentes para cada litisconsorte, é imperiosa a existência no interior do processo de homogeneidade na solução das questões de fato e de direito.

Conhecida a apelação, o julgamento havido substitui a decisão impugnada naquilo que tiver sido objeto do inconformismo (artigo 1.008). É o que se diz efeito substitutivo do recurso[186]. Embora mantida a decisão impugnada pelos seus próprios fundamentos, o *decisum* emanado do órgão recursal vem a substituí-la[187]. Parcial o apelo, a substituição alcança os capítulos impugnados e aqueles que lhes são dependentes, não toda a sentença. Haverá dois provimentos jurisdicionais regulando a relação posta sob o crivo do Poder Judiciário, que se complementam e exigem interpretação conjugada para fins de eventual liquidação ou execução que se faça necessária, bem como para a extração da norma concreta a produzir efeitos na esfera de direitos das partes[188]. A substituição, todavia, nem sempre se opera. Não se consuma nas hipóteses em que o recurso não alcança admissibilidade, em virtude da falta do preenchimento dos seus pressupostos. Do mesmo modo, se tribunal emite unicamente um juízo rescindente da sentença ao julgar a apelação e impõe o retorno dos autos para prosseguimento da marcha processual em primeiro grau de jurisdição, não se constata substituição[189]. Assim se dá somente quando o tribunal reforma a sentença ou, após, anulá-la prossegue no julgamento e atinge o mérito do processo.

O efetivo obstativo da apelação retardaria a formação da coisa julgada sobre a sentença impugnada, mantendo o processo em curso (ar-

184 Cf. CRUZ E TUCCI, José Rogério. *Limites subjetivos da eficácia da sentença e da coisa julgada*. São Paulo: Revista dos Tribunais, 2006, p. 283; PAULA BAPTISTA, Francisco de. *Compendio de theoria e pratica do processo civil comparado com o commercial e de hermeneutica jurídica, para uso das faculdades de direito do Brasil*. 6. ed. Rio de Janeiro: H. Garnier Livreiro-Editor, 1901, p. 306; SANTOS, Moacyr Amaral. *Primeiras linhas de direito processual civil*, v. III. 26. ed. Atualização Maria Beatriz Amaral Santos Köhnen. São Paulo: Saraiva, 2013, p. 117-118.

185 Cf. NERY JUNIOR, Nelson. *Princípios fundamentais: teoria geral dos recursos*. 4. ed. São Paulo: Revista dos Tribunais, 1997, p. 409; SEABRA FAGUNDES, Miguel. *Dos recursos ordinários em matéria civil*. Rio de Janeiro: Forense, 1946, p. 180.

186 Cf. APRIGLIANO, Ricardo de Carvalho. *A apelação e seus efeitos*. 2. ed. São Paulo: Atlas, 2007, p. 307; ASSIS, Araken de. *Manual dos recursos*. 6. ed. São Paulo: Revista Tribunais, 2014, p. 280; NERY JUNIOR, Nelson. *Princípios fundamentais: teoria geral dos recursos*. 4. ed. São Paulo: Revista dos Tribunais, 1997, p. 415.

187 Cf. RASCIO, Nicola. *L'oggetto dell'appello civile*. Napoli: Jovene, 1996, p. 378.

188 Cf. BARBOSA MOREIRA, José Carlos. *Comentários ao Código de Processo Civil*, v. V. 15. ed. Rio de Janeiro: Forense, 2010, p. 399.

189 Cf. *Idem. Ibidem*, p. 401.

tigo 502)[190]. Contudo, "o recurso em si não produz o efeito de obstar o trânsito em julgado, senão porque é apenas um ato processual que tem aptidão para prolongar um estado já iniciado"[191]. O efeito translativo possibilitaria o conhecimento, de ofício, pelo órgão responsável pelo seu julgamento de matérias que não foram alegadas pelas partes, tendo por substrato o princípio inquisitório que se contraporia ao princípio dispositivo[192]. O efeito diferido subordinaria o conhecimento de um recurso à admissibilidade de outro[193], como se verificava, no regime do Código de Processo Civil de 1973, com a apelação e o agravo retido, em que a decisão deste exigia, ainda, sua reiteração nas razões ou contrarrazões daquela (artigos 522 e 523 do Código de Processo Civil de 1973)[194]. O efeito expansivo interno faria a decisão do órgão recursal afetar os capítulos que lhe são dependentes, não obstante a apelação tenha por objeto somente o capítulo principal, ao passo que o efeito expansivo externo refletiria, além do impugnado, em outro provimento jurisdicional[195], como ocorre na irresignação frente à decisão interlocutória não agravável que, bem-sucedida, afete a sentença.

---

190 Cf. ASSIS, Araken de. *Manual dos recursos.* 6. ed. São Paulo: Revista Tribunais, 2014, p. 241; MARINONI, Luiz Guilherme ARENHART, Sergio Cruz; MITIDIERO, Daniel. *Novo curso de processo civil,* v. II. São Paulo: Revista Tribunais, 2015, p. 527; NERY JUNIOR, Nelson. *Princípios fundamentais: teoria geral dos recursos.* 4. ed. São Paulo: Revista dos Tribunais, 1997, p. 176; PUOLI, José Carlos Baptista. Breves considerações a respeito dos efeitos da apelação. *Direito processual civil,* v. II. Coordenação CARVALHO, Milton Paulo de; CASTRO, Daniel Penteado de. São Paulo: Quartier Latin, 2011, p. 387-399, p. 391; ROSENBERG, Leo. *Tratado de derecho procesal civil,* t. II. Tradução Angela Romera Vera. Buenos Aires: Ediciones Jurídicas Europa-América, 1955, p. 349.

191 JORGE, Flávio Cheim. *Teoria geral dos recursos.* 7. ed. São Paulo: Revista dos Tribunais, 2015, p. 337.

192 O ponto é tratado de forma minudente no item 3.2.3.

193 Cf. ASSIS, Araken de. *Manual dos recursos.* 6. ed. São Paulo: Revista Tribunais, 2014, p. 239; LIMA, Alcides de Mendonça. *Introdução aos recursos cíveis.* 2. ed. São Paulo: Revista dos Tribunais, 1976, p. 289-290.

194 O agravo retido foi extirpado do Código de Processo Civil de 2015, não se sujeitando à imediata preclusão as decisões interlocutórias proferidas, que devem ser impugnadas no recurso de apelação, ressalvadas aquelas que admitem a interposição de agravo de instrumento para seu ataque (artigo 1.009, §1º).

195 Cf. ASSIS, Araken de. *Manual dos recursos.* 6. ed. São Paulo: Revista Tribunais, 2014, p. 238; COMOGLIO, Luigi Paolo; FERRI, Corrado; TARUFFO, Michele. *Lezioni sul processo civile,* v. I. 5. ed. Bolonha: Il Mulino, 2011, p. 661; CONSOLO, Claudio. *Spiegazioni di diritto processuale civile,* v. II. 10. ed. Torino: G. Giappichelli, 2015, p. 443; VELLANI, Mario. Appello (Diritto Processuale Civile). *Enciclopedia del diritto,* v. II. Milano: Giuffrè, 1958, p. 718-756, p. 753.

2.7. O agravo de instrumento contra as decisões parciais terminativas e de mérito

A recorribilidade das decisões interlocutórias é um intrincado problema a ser enfrentado pelos sistemas processuais, variando a possibilidade de sua impugnação, a forma de processamento do recurso e a outorga de eficácia suspensiva do curso do procedimento em primeiro grau[196]. O debate no Brasil remonta às primeiras décadas do século XIX, digladiando-se liberais pela supressão e conservadores pela manutenção dos agravos contra decisões interlocutórias[197]. O Código de Processo Civil de 1939 trazia rol exaustivo das hipóteses de impugnação das decisões interlocutórias (artigos 842 e 851), ao passo que o diploma que o sucedeu estabeleceu a sua ampla recorribilidade (artigo 522)[198]. O Código de Processo Civil de 2015 voltou a tentar estabelecer em *numerus clausus* o cabimento de recurso de agravo contra decisões interlocutórias (artigo 1.015). Aliás, já se defendia previamente à edição do diploma legal a restrição à recorribilidade imediata das decisões interlocutórias[199].

Dentre outros casos expressos no artigo 1.015, é admitida a impugnação por agravo de instrumento das decisões parciais terminativas e das decisões parciais de mérito[200]. As disposições retratadas nos artigos 354, parágrafo único, 356, §5º, e 1.015, inciso II, diante identidade de substância entre as decisões interlocutórias atacadas e as sentenças que tratam das hipóteses retratadas nos artigos 485 e 487, vem a interessar ao presente estudo.

O agravo de instrumento, como regra, tem devolução limitada. Somente as questões arroladas nas razões do inconformismo manifes-

---

196 Cf. BARBOSA MOREIRA, José Carlos. *Comentários ao Código de Processo Civil*, v. V. 15. ed. Rio de Janeiro: Forense, 2010, p. 486-487.

197 Cf. LOPES, José Reinaldo de Lima. *História da justiça e do processo no Brasil do século XIX*. Curitiba: Juruá, 2017, p. 137-138.

198 Para exposição mais detalhada da recorribilidade das decisões interlocutórias nos ordenamentos que vigeram no Brasil, SICA, Heitor Vitor Mendonça. *Recorribilidade das interlocutórias e sistema de preclusões no novo CPC – primeiras impressões*, p. 1-9.

199 Cf. *Idem*. O agravo e o "mito de Prometeu": considerações sobre a lei n. 11.187/2005. *Aspectos polêmicos e atuais dos recursos cíveis e assuntos afins*, v. IX. Organização NERY JUNIOR, Nelson; WAMBIER, Teresa Celina de Arruda Alvim. São Paulo: Revista dos Tribunais, 2006, p. 193-219, p. 216-217.

200 Cessam-se, por conseguinte, as dúvidas acerca do recurso cabível e da forma de sua interposição, afastando o legislador a pecha de "interlocutória faz de conta" que a doutrina emprestou à luz do Código de Processo Civil de 1973 ao provimento jurisdicional de mesma substância (cf. OLIVEIRA, Bruno Silveira de. A "interlocutória faz de conta" e o "recurso ornitorrinco". *Revista de Processo*. São Paulo: Revista dos Tribunais, v. 37, n. 203, p. 73-96, janeiro 2012, p. 82-83).

tado pela parte admitem consideração pelo órgão recursal, para além daquelas cognoscíveis de ofício[201]. Contudo, no caso do seu manejo contra decisões parciais terminativas e de mérito, há que se reconhecer que o recurso ostenta limites objetivos idênticos à apelação. Não se sustenta posição diversa porque estabeleceria profunda distinção na impugnação de provimentos jurisdicionais com o mesmo conteúdo. Com efeito, em que pese o legislador ter nominado como agravo e, por conseguinte, exigir que sejam preenchidos os requisitos de admissibilidade e a forma de processamento deste, em sua essência, o recurso é de apelação[202].

Em verdade, melhor teria sido o legislador optar pela contraposição das decisões interlocutórias terminativas e de mérito pela apelação, na forma de instrumento, evitando dúvidas acerca dos limites objetivos do recurso[203]. De se anotar que o recurso não é definido pela forma de sua interposição[204], inexistindo relação necessária entre a exigência de formação de instrumento para seu manejo diretamente frente ao órgão recursal e a assunção da natureza de agravo[205].

Logo, a ausência de englobamento da questão pelo recurso de agravo de instrumento não impede o órgão recursal de proceder ao seu conhecimento. Tampouco se faz necessário que a questão tenha sido objeto da decisão impugnada. Basta que tenha sido suscitada e discutida em primeiro grau de jurisdição, bem como madura para julgamento, ou seja, quando desnecessária a produção de outras provas para a sua solução e as partes tenham podido fornecer os elementos de convicção que repu-

---

201 Cf. ELIAS, Carlos Eduardo Stefen. *Apelação: os limites objetivos do efeito devolutivo*. São Paulo: Atlas, 2010, p. 64; PONTES DE MIRANDA, Francisco Cavalcanti. *Comentários ao código de processo civil*, t. VII. Rio de Janeiro: Forense, 1999, p. 99.

202 Cf. OLIVEIRA, Bruno Silveira de. A "interlocutória faz de conta" e o "recurso ornitorrinco". *Revista de Processo*. São Paulo: Revista dos Tribunais, v. 37, n. 203, p. 73-96, janeiro 2012, p. 87-88. Em sentido parcialmente diverso, Pedro Miranda de Oliveira reputa que as formas de processamento devem ser idênticas, diferindo, com exclusividade, o órgão perante o qual o recurso é interposto (O regime especial do agravo de instrumento contra a decisão parcial de mérito. *Revista de Processo*. São Paulo: Revista dos Tribunais, n. 264, p. 183-204, fevereiro 2017, p. 203).

203 Cf. SICA, Heitor Vitor Mendonça. *Recorribilidade das interlocutórias e sistema de preclusões no novo CPC – primeiras impressões*, p. 20-22, que, ainda, aponta o tratamento dissonante acerca do "efeito suspensivo" dos recursos cabíveis em cada caso e da possibilidade de sustentação oral.

204 Cf. OLIVEIRA, Bruno Silveira de. A "interlocutória faz de conta" e o "recurso ornitorrinco". *Revista de Processo*. São Paulo: Revista dos Tribunais, v. 37, n. 203, p. 73-96, janeiro 2012, p. 83-87.

205 Veja-se, por exemplo, o artigo 645 do Código de Processo Civil Português que disciplina a interposição da apelação nos próprios autos ou em separado, em conformidade à natureza da decisão impugnada.

tassem necessários à formação do convencimento jurisdicional. Do mesmo modo, no caso, aplicável ao agravo de instrumento a teoria da causa madura[206], as regras sobre honorários sucumbenciais recursais[207] e a disciplina da superveniência que informa a apelação[208]. Evidentemente, caso deficiente o instrumento, de sorte a impedir o conhecimento de todas as questões devolvidas, a parte agravante deve ser intimada a regularizá-lo, sob pena de negativa de conhecimento do recurso (artigo 932, parágrafo único, combinado com o artigo 1.017, §3º)[209].

Veja-se o exemplo de demanda deduzida com a cumulação dos pedidos de resolução do contrato de locação e ressarcimento de danos causados ao bem locado. Sua causa de pedir remota ativa seria o entabulamento do negócio jurídico entre as partes. As causas de pedir remotas passivas, de seu turno, corresponderiam ao inadimplemento da obrigação do locatário de pagar pontualmente os aluguéis devidos, à ausência da contratação de seguro contra incêndio e ao descumprimento do dever do locatário de conservar o bem que lhe foi locado. Pode vir a ser proferida decisão parcial de mérito declarando a resolução do contrato de locação, com a consequente desocupação do imóvel, sob pena de despejo, fundada na primeira causa de pedir remota passiva. Entrementes, instaurar-se fase de instrução processual para a apuração, por meio de prova pericial, da ocorrência e extensão de danos ao imóvel. Interposto agravo de instrumento, a segunda causa de pedir remota passiva não enfrentada pela decisão parcial de mérito é devolvida ao tribunal, que dela deve conhecer se afastado que o locatário tenha deixado de pagar a contraprestação que lhe competia, sequer se fazendo necessário que tenham sido alinhavadas entre os fundamentos de sua irresignação pelo agravante. Caso, porém, decidido que os aluguéis foram pagos tempestivamente e o seguro validamente contratado, a decisão parcial de mérito será reformada integralmente, prosseguindo-se em primeiro grau de jurisdição até o desfecho da dilação probatória, para que seja proferida sentença apreciando não só o pedido de ressarcimento de danos, mas também de resolução do contrato de locação, já que ambos estão esteados no descumprimento do dever do locatário de conservar o bem que lhe foi locado.

---

206 Cf. OLIVEIRA, Pedro Miranda. O regime especial do agravo de instrumento contra a decisão parcial de mérito. *Revista de Processo*. São Paulo: Revista dos Tribunais, n. 264, p. 183-204, fevereiro 2017, p. 196.

207 Cf. *Idem. Ibidem*, p. 200.

208 Vejam-se sobre os três temas os itens 3.1.2, 3.4 e 4.2.

209 Cf. JORGE, Flávio Cheim; SIQUEIRA, Thiago Ferreira. Um novo paradigma para o juízo de admissibilidade dos recursos cíveis. *Revista do Advogado*. São Paulo: Associação dos Advogados de São Paulo, n. 126, p. 83-88, maio de 2015, p. 87.

Por outro lado, interposto agravo de instrumento contra a decisão parcial terminativa ou de mérito, as partes, na minuta ou contraminuta, têm o ônus de impugnar as decisões interlocutórias que se constituam como pressupostos do julgamento da parcela do processo e que lhe foram desfavoráveis[210]. Assim, não lhes é lícito, conformando-se na ocasião, venham a manifestar irresignação por ocasião do manejo do recurso de apelação. Haverá a consumação da preclusão ou da coisa julgada, obstando a futura rediscussão da questão. Mesmo se a decisão interlocutória não agravável respeite tanto à parcela do mérito objeto da decisão parcial quanto à parcela do mérito a ser julgado na sentença, deve ser objeto de agravo de instrumento[211]. Caso pendente de julgamento a questão que lhe é objeto pelo órgão recursal, o artigo 946 afasta a possibilidade julgados contraditórios em segundo grau.

Entretanto, o julgamento do agravo de instrumento contra as decisões parciais terminativas e de mérito pode, eventualmente, repercutir na sentença, como ocorre na Itália. Em conformidade ao ordenamento processual italiano, quando acertada a subsistência de um direito, mas ainda controversa o *quantum* da prestação devida, é admitida a prolação de uma sentença de condenação genérica (artigo 278). Por sua vez, são denominadas sentenças não definitivas aquelas que, sem julgar todas as pretensões, decidem sobre questões de competência, questões prejudiciais relacionadas ao processo, questões preliminares de mérito e, no caso de demandas cumuladas, questões de mérito, prosseguindo com a fase instrutória (artigo 279, 1 a 4). Nas hipóteses, a parte sucumbente pode optar por apelar imediatamente ou reservar-se ao direito de recorrer unicamente contra a sentença definitiva (artigo 340). Eleita pela parte a apelação imediata, o órgão recursal deve se limitar a pronunciar-se nos limites da decisão impugnada, não sendo lícito avançar sobre as questões pendentes de decisão em primeiro grau de jurisdição e sobre as quais pende a produção de provas para a solução da controvérsia instaurada (artigos, 329, 342, 343 e 356)[212]. Optando pela reserva de impugnação para quando da prolação da sentença definitiva, a parte é obrigada a recorrer imediatamente quando

210 Cf. OLIVEIRA, Pedro Miranda. O regime especial do agravo de instrumento contra a decisão parcial de mérito. *Revista de Processo*. São Paulo: Revista dos Tribunais, n. 264, p. 183-204, fevereiro 2017, p. 191-192.

211 Cf. DIDIER JUNIOR, Fredie Souza. CUNHA, Leonardo Carneiro da. *Curso de direito processual civil*, v. III. 13. ed. Salvador: JusPodivm, 2016, p. 229-230.

212 Cf. RASCIO, Nicola. *L´oggetto dell´appello civile*. Napoli: Jovene, 1996, p. 348-351; VELLANI, Mario. Appello (Diritto Processuale Civile). *Enciclopedia del diritto*, v. II. Milano: Giuffrè, 1958, p. 718-756, p. 750.

da sua irresignação ou de outro sujeito processual contra outra sentença não definitiva[213].

As sentenças de condenação genérica e as sentenças não definitivas assemelham-se às decisões parciais terminativas e de mérito, tanto quanto a apelação imediatamente interposta ao agravo de instrumento voltado a atacá-las. As soluções propostas pela doutrina italiana ao problema da pronta recorribilidade, assim, aplicam-se integralmente ao nosso sistema processual. Anulada ou reformada a decisão parcial terminativa ou de mérito, o juiz de primeiro grau deve adaptar o *decisum* proferido que determinou a dilação probatória amoldando-o ao provimento emanado do segundo grau de jurisdição[214]. Prolatada sentença, embora essa fosse dependente do resultado do julgamento do agravo de instrumento, o recurso não resta prejudicado[215], podendo com seu posterior julgamento acarretar a sua anulação. Observe-se que a reforma da decisão parcial pode resultar na extinção de todo o processo, por exemplo, ao reconhecer a falta de condição da ação[216]. Assim ocorre, entre outras situações, quando reconhecida a ilegitimidade ativa *ad causam* para deduzir todas as pretensões levadas a cabo, tendo sido uma ou algumas julgadas parcialmente por decisão interlocutória.

De se anotar que em todas as vezes que o órgão recursal reputar que presente a probabilidade de provimento do agravo de instrumento e o risco de dano grave, de difícil ou impossível reparação o pedido de suspensão do trâmite processual deve ser acolhido (artigo 1.019, inciso I, combinado com o artigo 995, parágrafo único). Assim, no caso da resolução do contrato de locação e ressarcimento de danos causados no bem locado, vislumbrando-se que a decisão parcial de mérito será reformada e que a instrução processual terminará antes do seu julgamento,

213 Cf. CONSOLO, Claudio. *Spiegazioni di diritto processuale civile*, v. II. 10. ed. Torino: G. Giappichelli, 2015, p. 428; PROTO PISANI. Andrea. *Lezioni di diritto processuale civile*. Atualização Remo Caponi. 6. ed. Napoli: Jovene, 2014, p. 476.

214 Cf. VELLANI, Mario. Appello (Diritto Processuale Civile). *Enciclopedia del diritto*, v. II. Milano: Giuffrè, 1958, p. 718-756, p. 750. Para Andrea Proto Pisani, deve se reputar que os efeitos da decisão da apelação que reforma a sentença não definitiva produzem-se sobre os atos e provimentos que dela são dependentes somente a partir da sua passagem em julgado, a despeito da letra do artigo 336 em contrário (*Lezioni di diritto processuale civile*. Atualização Remo Caponi. 6. ed. Napoli: Jovene, 2014, p. 479).

215 Cf. VELLANI, Mario. Appello (Diritto Processuale Civile). *Enciclopedia del diritto*, v. II. Milano: Giuffrè, 1958, p. 718-756, p. 751 e 754.

216 Cf. VELLANI, Mario. Appello (Diritto Processuale Civile). *Enciclopedia del diritto*, v. II. Milano: Giuffrè, 1958, p. 718-756, p. 756. Contra, inclusive no que toca às questões cognosíveis de ofício, RASCIO, Nicola. *L´oggetto dell´appello civile*. Napoli: Jovene, 1996, p. 345-346 e 351-352.

o procedimento em primeiro grau de jurisdição deve ser suspenso. Na hipótese de não se ter outorgado a suspensão e a sentença vier a ser proferida, decidindo o pedido de ressarcimento de danos, o tribunal deve julgar, então, a resolução do contrato de locação à luz dos elementos de prova produzidos em primeiro grau para, se necessário, concluir pelo descumprimento, ou não, do dever do locatário de conservar o bem que lhe foi locado.

3

A DEVOLUÇÃO NA APELAÇÃO

A interposição da apelação acarreta a submissão da sentença e da decisão interlocutória não agravável ao juízo competente segundo as normas de organização judiciária para novo julgamento, contanto preenchidos os seus requisitos de admissibilidade. É o que se denomina efeito devolutivo. A nomenclatura deriva de razões históricas, volvendo ao tempo em que a autoridade do soberano acumulava o poder jurisdicional. Delegava o seu exercício a outros órgãos da organização hierárquica estatal e avocava-o, por iniciativa própria ou por provocação das partes, de sorte a operar a si a sua devolução[1].

Assim, nas monarquias absolutas, "tributárias da visão de que o poder de dizer o justo seria prerrogativa exclusiva do soberano, arrimou-se a ideia de que cabia ao rei ou ao príncipe, em todo caso, dar a *palavra final* em qualquer matéria litigiosa levada aos Tribunais do reino ou principado" e recuperou-se "a noção de *recurso* – e, por detrás dela, a de direito de recurso (ou do direito ao *duplo grau de jurisdição*)" como "forma de *subalternizar* a jurisprudência à vontade do monarca"[2]. Veja-se o exemplo do direito romano em que a apelação surgiu no principado, com Augusto, quando Roma consolidou sua estrutura hierárquica tendo como ápice a figura do imperador, a quem competia a criação do direito[3]. Do mesmo modo, no direito lusitano, o recurso foi concebido, em meados do século XIII, em lei de D. Afonso III, por influência dos homens bons, com o objetivo de suprimir os óbices à insurgência contra a justiça dos senhores ou juízes da terra, submetendo-a ao monarca[4].

---

1 Cf. ELIAS, Carlos Eduardo Stefen. *Apelação: os limites objetivos do efeito devolutivo.* São Paulo: Atlas, 2010, p. 12-13; JORGE, Flávio Cheim. *Teoria geral dos recursos.* 7. ed. São Paulo: Revista dos Tribunais, 2015, p. 345; LIMA, Alcides de Mendonça. *Introdução aos recursos cíveis.* 2. ed. São Paulo: Revista dos Tribunais, 1976, p. 286, nota 421.

2 FELICIANO, Guilherme Guimarães. A função revisora dos tribunais na perspectiva histórica e jusfundamental: o direito de recorrer. Origens e limites externos. *Revista Jurídica LEX*, n. 81, São Paulo: Lex, p. 11-28, maio a junho 2016, p. 17.

3 Cf. CRUZ E TUCCI, José Rogério. *Jurisdição e poder: contribuição para a história dos recursos cíveis.* São Paulo: Saraiva, 1987, p. 31; ORESTANO, Riccardo. Appello (Diritto Romano). *Enciclopedia del diritto*, v. II. Milano: Giuffrè, 1958, p. 708-717, p. 708-709.

4 Cf. AZEVEDO. Luiz Carlos de. Ainda a origem e introdução da apelação no direito lusitano. *Revista da Faculdade de Direito.* São Paulo: Universidade de São Paulo, v. 90, p. 67-82, 1995, p. 81-82.

Com a Revolução Francesa, apartou-se a jurisdição do Poderes Executivo e Legislativo e cominou-se o seu exercício a órgãos do Poder Judiciário compostos, sobretudo, por magistrados de carreira[5]. O exercício dos poderes jurisdicionais decorre, por conseguinte, diretamente da lei. Não se opera a devolução pelo órgão prolator da decisão impugnada do poder de conhecer matérias e decidir pretensões que lhe tenham sido delegados pelo órgão recursal. Cada qual atua na sua órbita segundo o estabelecido pela ordem jurídica. Verifica-se, em verdade, a transferência ao órgão jurisdicional eleito pelo legislador do exame da decisão impugnada para que profira um novo julgamento, tendo em conta as matérias cuja cognição é admitida pela lei[6].

No caso da apelação, a devolução verifica-se a um órgão jurisdicional hierquicamente superior na organização judiciária àquele que proferiu o julgamento impugnado, ressalvadas as excepcionais hipóteses de admissão do juízo de retratação (artigos 331, *caput*, 332, §3º). Não se identifica, porém, relação de subordinação entre os juízos, mas sim, propriamente, de fracionamento da competência funcional entre eles para o julgamento[7]. A consequência necessária do ato de apelar é a prolação de um novo julgamento[8]. Portanto, efeito presente no recurso de apelação, mantida a sua nomenclatura como reminiscência histórica, é propriamente o devolutivo[9].

Fixadas as premissas necessárias e delineados os principais caracteres do recurso, alcança-se, aqui, ao lado da superveniência, o alvo primordial do presente estudo: com o ato de interposição da apelação civil quais matérias são devolvidas ao tribunal.

A devolução na apelação deve ser vista sob o viés da sua extensão e da sua profundidade. A extensão corresponde aos capítulos da

---

5 Cf. CRUZ E TUCCI, José Rogério. *Jurisdição e poder: contribuição para a história dos recursos cíveis*. São Paulo: Saraiva, 1987, p. 1-2.

6 A propósito, já se propugnou na doutrina a alteração da sua denominação para "efeito de transferência" (LIMA, Alcides de Mendonça. *Introdução aos recursos cíveis*. 2. ed. São Paulo: Revista dos Tribunais, 1976, p. 287).

7 Cf. JORGE, Flávio Cheim. *Teoria geral dos recursos*. 7. ed. São Paulo: Revista dos Tribunais, 2015, p. 345.

8 Cf. JORGE, Flávio Cheim. *Teoria geral dos recursos*. 7. ed. São Paulo: Revista dos Tribunais, 2015, p. 336.

9 Cf. *Idem. Ibidem*, p. 335. Para Lucas Buril de Macêdo, "o efeito devolutivo contrapõe-se a demanda recursal, já que está é a afirmação do princípio dispositivo e proporciona o dever de decidir nos limites da impugnação, enquanto aquele é corolário do princípio inquisitivo e atribuir poder de decidir questões que o órgão judicante repute relevantes" (*Objeto dos recursos cíveis*. Salvador: JusPodivm, 2019, p. 368).

decisão impugnada objeto de devolução, ao passo que a profundidade se liga ao material que admite conhecimento pelo tribunal quando do seu julgamento. O conteúdo da devolução comporta regramento nos diversos ordenamentos, variando no tempo, segundo a opção legislativa[10]. A matéria tratada nos artigos 505, 515, *caput*, §§1° e 2°, e 516 do Código de Processo Civil de 1973 é agora objeto dos artigos 1.002, 1.009, §1°, e 1.013, *caput*, §§1° e 2°, do Código de Processo Civil de 2015.

3.1. Extensão

A extensão da devolução da apelação não é ampla. Como decorrência da liberdade que ostentam em matéria processual, as litigantes podem optar por submeter a novo julgamento pelo tribunal uma ou mais dentre as partes da sentença ou da decisão interlocutória não agravável que os prejudicam, conformando-se com as demais. Logo, a amplitude do inconformismo manifestado na apelação estabelece, exatamente, os limites da atividade do tribunal ao proceder ao seu julgamento[11], de modo a tornar defeso que avance sobre toda a esfera de direitos e obrigações dos litigantes.

Contudo, a interposição do recurso pode desencadear cognição de questões, inclusive de mérito, que não foram objeto da sentença. É admissível, inclusive, que o tribunal venha a anulá-la, com a prolação de novo julgamento, não se limitando à sua reforma. Destarte, embora não tenham sido julgadas em primeiro grau de jurisdição, porque extinto o processo, sem resolução de mérito, é possível que o órgão *ad quem* decida, diretamente, as pretensões exercidas pelas partes, em virtude da expressa previsão legislativa.

10 Cf. ELIAS, Carlos Eduardo Stefen. *Apelação: os limites objetivos do efeito devolutivo.* São Paulo: Atlas, 2010, p. 17-18; LIEBMAN, Enrico Tullio. Parte o capo di sentenza. *Rivista di Diritto Processuale.* Padova: CEDAM, n. 19, p. 47-63, 1964, p. 58.

11 Cf. LUCON, Paulo Henrique dos Santos. Art. 515, 3º, do Código de Processo Civil, ordem pública e prequestionamento. *Os poderes do juiz e o controle das decisões judiciais: estudos em homenagem à professora Teresa Celina de Arruda Alvim Wambier.* Coordenação MEDINA, José Miguel Garcia; CRUZ, Luana Pedrosa de Figueiredo; CERQUEIRA, Luis Otavio Sequeira de. GOMES JÚNIOR, Luiz Manoel. São Paulo: Revista dos Tribunais, 2008, p. 37-46, p. 37; PONTES DE MIRANDA, Francisco Cavalcanti. *Comentários ao código de processo civil,* t. VII. Rio de Janeiro: Forense, 1999, p. 99; PUOLI, José Carlos Baptista. Breves considerações a respeito dos efeitos da apelação. *Direito processual civil,* v. II. Coordenação CARVALHO, Milton Paulo de; CASTRO, Daniel Penteado de. São Paulo: Quartier Latin, 2011, p. 387-399, p. 394.

3.1.1. Apelação e capítulos da sentença

A decomposição do provimento jurisdicional em capítulos não se faz pelo juiz no momento da sua prolação. A atividade realiza-se em momento posterior, por ocasião de se fazer necessária sua interpretação, sobretudo para a finalidade de se aferir a extensão da impugnação levada a cabo pelo recorrente em seu reclamo[12].

A despeito de ampla a profundidade da devolução da apelação, a extensão do conhecimento das questões pelo tribunal que não tenham sido impugnadas pelas partes limita-se aos capítulos impugnados e àqueles que deles sejam dependentes[13]. Nesse diapasão, o artigo 1.013, *caput* e §§ 1º e 2º, deve ser interpretado em conjunto com o artigo 1.002. Definitivamente, o recurso de apelação, como qualquer outro, pode impugnar parte do provimento jurisdicional ou a sua integralidade.

O requerimento de reforma ou anulação na apelação estabelece a extensão das partes da decisão que foram impugnadas. Compete ao litigante pleitear a reforma da sentença naquilo que é contrária aos seus interesses. Caso a sentença seja impugnada somente no que toca a alguns dos seus capítulos, subsistem os demais, salvo se dependentes de capítulo que se busca anulação ou reforma.

Porém, para o alcance dos capítulos dependentes quando do julgamento do recurso voltado ao ataque do dominante, é insuficiente a mera vinculação lógica entre os capítulos[14]. Tende, em regra, o sistema processual a extirpar a contradição prática, resignando-se com a contradição teórica. Nesse passo, em demanda voltada ao ressarcimento por danos materiais e à reparação por danos morais, a sentença acolhe o primeira e nega a segunda pretensão. Se recorrer somente o demandante, a despeito de fundados os pedidos em idêntico ilícito, o órgão recursal, reputando presente a ilegitimidade *ad causam*, não pode prolatar julgamento de extinção, sem resolução de mérito abarcando o capítulo da sentença contra o qual não houve manifestação do inconformismo. O capítulo do

---

12 Cf. ELIAS, Carlos Eduardo Stefen. *Apelação: os limites objetivos do efeito devolutivo*. São Paulo: Atlas, 2010, p. 35.

13 Cf. ARAÚJO CINTRA, Antônio Carlos de. *Sobre os limites objetivos da apelação civil*. São Paulo: [s.n.], 1986, p. 93; BARBOSA MOREIRA, José Carlos. *Comentários ao Código de Processo Civil*, v. V. 15. ed. Rio de Janeiro: Forense, 2010, p. 356; CALAMANDREI, Piero. Appunti sulla "reformatio in peius". *Rivista di Diritto Processuale*. Padova: CEDAM, v. 6, n. 1, p. 297-307, 1929, p. 299; CHIOVENDA, Giuseppe. *Principios de derecho procesal civil*, t. II. Tradução José Casáis y Santaló. Madrid: Editorial Reus, 1925, p. 664.

14 Cf. BARBOSA MOREIRA, José Carlos. *Comentários ao Código de Processo Civil*, v. V. 15. ed. Rio de Janeiro: Forense, 2010, p. 356.

decisum que condenou ao ressarcimento por danos materiais é imutável por ocasião do julgamento do recurso.

O tribunal não pode ir além da extensão dos limites da devolução operada com a interposição do recurso, embora injustos os capítulos que não foram impugnados[15], formando-se a coisa julgada sobre estes. A decisão que avança sobre os capítulos que não foram objeto do recurso padece, nesta parte, de nulidade[16]. Daí se dizer que, desde "que se permite o recurso de apelação parcial, a parcialidade tem de ter eficácia objetiva, na determinação das questões a serem examinadas, com a consequência, positiva, de terem os juízes de examiná-las, e a consequência, negativa, de não irem além desses limites"[17].

Mesmo capítulos formados pela divisão quantitativa da pretensão, quando alvo apenas um deles da impugnação, não podem ter o outro alcançado[18]. Nesse passo, julgado parcialmente procedente o pedido de condenação ao pagamento de R$10.000,00 para reconhecer ao autor crédito contra o réu de R$5.000,00, a apelação daquele não pode resultar na improcedência. Negado provimento o recurso, em que pese pelo fundamento da inexistência da dívida, subsiste o capítulo do provimento jurisdicional que condenou a pagar R$5.000,00.

Embora presente relação de dependência entre os capítulos, manifestada a irresignação, exclusivamente, quanto ao dependente, o dominante mantém-se incólume[19]. No exemplo da cumulação dos pedidos de investigação de paternidade e petição de herança julgados procedentes, a impugnação do segundo, não subtrai a condição de filho do apelado, devendo, na ausência de fundamentos a lhe atacar, a filiação ser tomada em conta no julgamento da apelação. Houve o trânsito em julgado do primeiro capítulo que não pode ser desconsiderado pelo órgão recursal.

Diversa, no entanto, é a hipótese em que o apelante alinhave fundamentos contra a condição de filho do adversário, a despeito da falta de requerimento expresso da reforma do capítulo. Haverá, em verdade,

---

15 Cf. CHIOVENDA, Giuseppe. *Principios de derecho procesal civil*, t. II. Tradução José Casáis y Santaló. Madrid: Editorial Reus, 1925, p. 501; NERY JUNIOR, Nelson. *Princípios fundamentais: teoria geral dos recursos*. 4. ed. São Paulo: Revista dos Tribunais, 1997, p. 409.

16 Cf. DINAMARCO, Cândido Rangel. *Capítulos de sentença*. 4. ed. São Paulo: Malheiros, 2009, p. 105.

17 PONTES DE MIRANDA, Francisco Cavalcanti. *Comentários ao código de processo civil*, t. VII. Rio de Janeiro: Forense, 1999, p. 148.

18 Contra RASCIO, Nicola. *L'oggetto dell'appello civile*. Napoli: Jovene, 1996, p. 374.

19 Cf. BONIZZI, Marcelo José Magalhães. *Capítulos de sentença e efeitos dos recursos*. São Paulo: RCS, 2006, p. 129. Contra BARIONI, Rodrigo. *Efeito devolutivo da apelação civil*. São Paulo: Revista dos Tribunais, 2008, p. 125.

inconformismo frente à integralidade da decisão. O que se mostra necessário é debruçar-se o órgão jurisdicional sobre a apelação, a fim de proceder à sua exegese com vistas a identificar a extensão da irresignação da parte, o que exige recorra também à sua fundamentação, em consonância ao disposto pelo artigo 322, §2º, do Código de Processo Civil[20]. Na dúvida acerca do seu alcance, há que prevalecer a interpretação restritiva, o que obsta a provocação de prejuízo ao recorrido ao formular suas contrarrazões.

A devolução do recurso abrange os capítulos prejudicados, embora não impugnados, caso a irresignação alcance o capítulo prejudicial, desobstruindo o seu conhecimento. Em consequência, julgado improcedente o pedido de divórcio, a reforma da sentença quando do julgamento da apelação implica a devolução da questão relativa à partilha ao tribunal. Admite-se o *ius novorum* no que toca aos capítulos prejudicados, na medida em que "seria incoerente reunir em um processo duas ou mais pretensões e dizer que isso é feito em nome da economia e da harmonia entre os julgados, para depois renunciar a essa harmonia e permitir que a causa prejudicada (dependente) ficasse afinal julgada de modo discrepante do julgamento da prejudicial (dominante)"[21].

A atuação do tribunal não é ilimitada sequer no conhecimento das questões de ordem pública e de outras matérias cognoscíveis de ofício[22]. Restringe-se, igualmente, ao capítulo impugnado e àqueles que dele são dependentes, violando a coisa julgada a decisão que vem a reconhecer vício que inquine capítulo da sentença com o qual a parte nele sucum-

20 Cf. ELIAS, Carlos Eduardo Stefen. *Apelação: os limites objetivos do efeito devolutivo*. São Paulo: Atlas, 2010, p. 36.

21 DINAMARCO, Cândido Rangel. *Capítulos de sentença*. 4. ed. São Paulo: Malheiros, 2009, p. 111.

22 Em sentido contrário, Francisco Cavalcanti Pontes de Miranda que apesar de admitir que, "vez que a impugnação da sentença só atinge parte da sentença, excluída está a competência do órgão *ad quem* para as outras partes", aparentemente, não põe a salvo as matérias cognoscíveis de ofício, ao afirmar que "pensemos em se tratar de incidência de lei (*quaestiones iuris*), e não poderia o órgão *ad quem* deixar ignorar a lei e fugir à sua missão de prestar o que o Estado prometeu com a tutela jurídica" (*Comentários ao Código de Processo Civil*, t. VII. Rio de Janeiro: Forense, 1999, p. 173). No mesmo diapasão, BARIONI, Rodrigo. *Efeito devolutivo da apelação civil*. São Paulo: Revista dos Tribunais, 2008, p. 107-108, 113 e 126; NERY JUNIOR, Nelson. *Princípios fundamentais: teoria geral dos recursos*. 4. ed. São Paulo: Revista dos Tribunais, 1997, p. 412-413; assim como julgados do Superior Tribunal de Justiça (AgRg no AREsp 537.694/RS, Terceira Turma, Rel. Ministro Marco Aurélio Bellizze, julgado em 11/11/2014, DJe 20/11/2014; AgRg no AREsp 424.043/PR, Primeira Turma, Rel. Ministro Sérgio Kukina, julgado em 24/03/2015, DJe 06/04/2015).

bente resignou-se[23]. Portanto, o tribunal está adstrito à *auctoritas rei iudicatae* que revestiu os capítulos não abarcados pela extensão da devolução da apelação. Destarte, não se admite a anulação ou reforma da sentença, sem embargo de viciada por matéria cognoscível de ofício, para além dos capítulos que foram objeto de impugnação pela apelação. Caso não se admita a formação da coisa julgada sobre os capítulos impugnados, o recurso de apelação jamais será parcial, pois sempre haverá a possibilidade de cognição de ofício de questões permitidas por lei pelo tribunal[24].

A coisa julgada tem o efeito de sanar nulidades[25]. Em consequência, eventuais vícios que inquinam os capítulos não impugnados e que

23 Cf. AMORIM, José Roberto Neves. *Coisa julgada parcial no processo civil*. Rio de Janeiro: Elsevier, 2011, p. 213; ARAÚJO CINTRA, Antônio Carlos de. *Sobre os limites objetivos da apelação civil*. São Paulo: [s.n.], 1986, p. 104; ASSIS, Araken de. *Manual dos recursos*. 6. ed. São Paulo: Revista Tribunais, 2014, p. 429; BEDAQUE, José Roberto dos Santos. Os elementos objetivos da demanda examinados à luz do contraditório. *Causa de pedir e pedido no processo civil: questões polêmicas*. Coordenação BEDAQUE, José Roberto dos Santos; CRUZ E TUCCI, José Rogério. São Paulo: Revista Tribunais, 2002, p. 13-52, p. 48; ; BONIZZI, Marcelo José Magalhães. *Capítulos de sentença e efeitos dos recursos*. São Paulo: RCS, 2006, p. 173-174; DINAMARCO, Cândido Rangel. *Capítulos de sentença*. 4. ed. São Paulo: Malheiros, 2009, p. 97; GIANNICO, Maurício. *A preclusão no direito processual civil brasileiro*. São Paulo: Saraiva, 2005, p. 169; OLIVEIRA, Gleydson Kleber Lopes. *Apelação no direito processual civil*. Tese de Doutorado. São Paulo: Faculdade de Direito da Pontifícia Universidade Católica de São Paulo, 2005, p. 326-327; JORGE, Flávio Cheim. *Teoria geral dos recursos*. 7. ed. São Paulo: Revista dos Tribunais, 2015, p. 351; MARCATO, Ana Cândida Menezes. *O princípio do duplo grau de jurisdição e a reforma do Código de Processo Civil*. São Paulo: Atlas, 2006, p. 121-122; PUOLI, José Carlos Baptista. Breves considerações a respeito dos efeitos da apelação. *Direito processual civil*, v. II. Coordenação CARVALHO, Milton Paulo de; CASTRO, Daniel Penteado de. São Paulo: Quartier Latin, 2011, p. 387-399, p. 393; RASCIO, Nicola. *L´oggetto dell´appello civile*. Napoli: Jovene, 1996, p. 373; SICA Heitor Vitor Mendonça. *Preclusão processual civil*. 2. ed. São Paulo: Atlas, 2008, p. 222. Em outra obra, Heitor Vitor Mendonça Sica, porém, ressalva a possibilidade de rediscussão das matérias cognoscíveis *ex officio* que puderem ser alegadas em sede de ação rescisória (*Recorribilidade das interlocutórias e sistema de preclusões no novo CPC – primeiras impressões*, p. 30).

24 Cf. APRIGLIANO, Ricardo de Carvalho. *Ordem pública e processo*. São Paulo: Atlas, 2011, p. 202.

25 Cf. BEDAQUE, José Roberto dos Santos. Nulidades processuais e apelação. *Revista de Direitos e Garantias Fundamentais*. Vitória: Faculdade de Direito de Vitória, n. 1, p. 225-254, 2006, p. 236; CAPIOTTO, Gabriele Mutti. *Dos limites objetivos da coisa julgada material na jurisdição trabalhista individual*. Dissertação de Mestrado. São Paulo: Faculdade de Direito da Universidade de São Paulo, 2015, p. 99; KOMATSU, Roque. *Da invalidade no processo civil*. São Paulo: Revista dos Tribunais, 1991, p. 264; SICA, Heitor Vitor Mendonça. *Preclusão processual civil*. 2. ed. São Paulo: Atlas, 2008, p. 251.

transitaram em julgado restaram sanados. Busca o sistema evitar a contradição prática, não preservar a existência de coerência lógica entre os julgamentos. Validamente, "cada um dos capítulos de mérito tem vida própria e é capaz de produzir seus efeitos práticos na vida das pessoas, independentemente do que estiver disposto em outro capítulo – e independentemente também de eventual vício processual que o inquine"[26]. Tratando-se de pretensões independentes, a parte poderia optar por propor demandas diversas, exemplificativamente, para pleitear o ressarcimento por danos materiais e a reparação por danos morais decorrentes de um mesmo ato ilícito. Gerados dois processos diferentes, um deles poderia ser extinto, sem resolução do mérito, ao passo que o outro poderia ter resolvido o seu mérito, convivendo harmonicamente os julgados consubstanciados em sentenças diversas. Sob a mesma razão, os julgamentos diversos podem conviver no mesmo processo em que cumulados os pedidos[27].

A questão prejudicial solvida na sentença com aptidão ao trânsito em julgado material deve ser objeto de expressa impugnação pela parte a quem prejudica a esfera de direitos[28]. Do contrário, sua devolução à cognição do tribunal ficará restrita às hipóteses em que presente relação de dependência com os capítulos impugnados.

A função positiva da coisa julgada material atua com idêntico rigor interna e externamente ao processo. Transitada em julgado decisão parcial de mérito na qual decidida questão prejudicial na forma do artigo 503, §§1º e 2º, ao tribunal fica vedado proferir julgamento que venha a afrontá-la. No mesmo passo, cuidando-se de capítulos dependentes do provimento jurisdicional, impugnado somente o subordinado ou condicionado na apelação, resta vedado desconsiderar-se o resultado do subordinante ou condicionante. Assim, em um e outro caso, operando-se o trânsito em julgado da decisão parcial de mérito ou do capítulo da sentença que estabeleceu a existência entre as partes de relação locatícia, não se admite ao

---

26 DINAMARCO, Cândido Rangel. *Capítulos de sentença*. 4. ed. São Paulo: Malheiros, 2009, p. 114.

27 Cf. APRIGLIANO, Ricardo de Carvalho. *Ordem pública e processo*. São Paulo: Atlas, 2011, p. 207.

28 Cf. DIDIER JUNIOR, Fredie Souza. CUNHA, Leonardo Carneiro da. *Curso de direito processual civil*, v. III. 13. ed. Salvador: JusPodivm, 2016, p. 180; *Idem*. Extensão da coisa julgada à resolução da questão prejudicial incidental no novo Código de Processo Civil brasileiro. *Civil Procedure Review*, v. 6, n. 1, p. 81-94, janeiro a abril de 2015, p. 87; LUCON, Paulo Henrique dos Santos. Inovações do Código de Processo Civil de 2015 e seus reflexos em matéria recursal. *O Novo Código de Processo Civil*. Organização MENDES, Aluisio Gonçalves de Castro. Rio de Janeiro: Escola da Magistratura Regional Federal da 2ª Região, 2016, p. 307-319, p. 314.

órgão recursal ao ser chamado a decidir sobre o montante dos aluguéis reputar que, em verdade, o contrato havido era de comodato.

Não se consolida, todavia, a coisa julgada sobre os capítulos não impugnados nas hipóteses retratadas no artigo 1.005. Havendo litisconsórcio, embora simples, o recurso de um litisconsorte beneficia aos demais na medida dos fundamentos que lhe são comuns[29]. Neste caso, o legislador não se compraz com o conflito lógico interno ao provimento jurisdicional. Por conseguinte, pendendo recurso que pode vir a aproveitar litisconsorte que se conformou com a decisão, fica obstado em seu desfavor o trânsito em julgado dos capítulos que não impugnou.

Correção monetária e juros moratórios formam capítulos dependentes do capítulo que estabelece o montante da condenação pecuniária sobre o qual incidem. Honorários advocatícios e demais encargos decorrentes da sucumbência dão origem, igualmente, a capítulos dependentes daqueles nos quais julgadas as pretensões exercidas pelas partes. Julgado procedente pedido de condenação ao pagamento de certo valor, dado provimento à apelação interposta pelo réu para julgá-lo improcedente, a despeito da ausência de impugnação no recurso dos capítulos que fixaram o índice de correção monetária e o percentual dos juros de mora, estes não subsistem por si. Da mesma forma reformada a decisão impugnada, torna à cognição do tribunal o capítulo que dispôs sobre o custeio do processo, exigindo o mais das vezes sua revalorização.

A questão intrincada trata-se da possibilidade de alteração pelo órgão recursal dos efeitos que derivam da lei na ausência de irresignação por qualquer dar partes tendo por objeto os capítulos que os estabelecem. Caso não tenham sido alvo do recurso de apelação e não dependam de qualquer dos capítulos impugnados, ficam suprimidos da cognição do tribunal[30]. Contudo, omitida sua fixação em primeiro grau de jurisdição, faz-se imperativa a disposição em segundo grau sobre correção monetária, juros moratórios, honorários advocatícios e demais encargos decorrentes da sucumbência. A conclusão, que já valia à luz do diploma processual pretérito, inclusive para os honorários advocatícios sucumbenciais[31], fica

29 Ver sobre o tema o contido no 2.6.

30 Cf. STJ, REsp 954.353/RS, Terceira Turma, Rel. Ministra Nancy Andrighi, j. 17/06/2010, DJe 30/06/2010; Contra STJ, AgRg no AREsp 424.043/PR, Primeira Turma, Rel. Ministro Sérgio Kukina, j. 24/03/2015, DJe 06/04/2015; AgRg no AREsp 537.694/RS, Terceira Turma, Rel. Ministro Marco Aurélio Bellizze, j. 11/11/2014, DJe 20/11/2014.

31 Contra, na vigência do Código de Processo Civil de 1973, STF, ACO 493 AgR, Tribunal Pleno, Rel. Min. Carlos Velloso, j. 11/02/1999, DJ 19-03-1999; ELIAS, Carlos Eduardo Stefen. *Apelação: os limites objetivos do efeito devolutivo*. São Paulo: Atlas, 2010, p. 59.

extreme de dúvida ante o artigo 85, §18, do Código de Processo Civil de 2015. Assim, admissível a imposição no julgamento da apelação de juros moratórios olvidados na decisão impugnada, entretanto, defesa a alteração do seu percentual ou de seu termo *a quo*.

A atuação do tribunal deve ocorrer, outrossim, diante de flagrante erro material, não obstante a ausência de irresignação manifestada pelos litigantes quanto ao capítulo em que presente. Como a qualquer tempo o provimento jurisdicional pode ter corrigidos, de ofício ou a requerimento da parte, inexatidões materiais ou erros de cálculo pelo juiz (artigo 494, inciso I), com mais razão, ainda na fase de conhecimento, o órgão recursal deve saná-los. Tomem-se em conta juros incidentes por ocasião da mora no adimplemento de obrigação fixados na sentença em dez ao invés de um por cento ao mês (artigos 406 e 407 do Código Civil combinado com o artigo 161, parágrafo 1º, do Código Tributário Nacional); ou pagamentos comprovados pelo réu no montante de R$100.000,00 cuja subtração do crédito do autor contabiliza apenas R$10.000,00. Em ambos os casos, os equívocos devem ser corrigidos no julgamento do recurso, embora constem de capítulos não impugnados.

Há duas correntes acerca da extensão da apelação, na forma adesiva, como ensina Andrea Proto Pisani. Segundo a primeira posição, o recurso que assume a modalidade adesiva estaria limitado ao capítulo objeto de impugnação no recurso principal, operando-se o trânsito em julgado com relação aos demais. Na linha da segunda posição, a apelação interposta adesivamente poderia impugnar a integralidade da sentença[32]. Por exemplo, é julgada parcialmente procedente a demanda para condenar ao ressarcimento por danos materiais de R$5.000,00 e à reparação por danos morais de R$5.000,00, tendo o demandante pleiteado R$10.000,00 em cada um dos seus pedidos. Recorrendo o demandado exclusivamente no que toca ao capítulo que arbitrou os danos morais, eventual apelação, na forma adesiva, estaria restrita à reforma da sentença para majorar o valor da reparação, na esteira da primeira corrente, enquanto poderia buscar, igualmente, a exasperação do ressarcimento, conforme a segunda corrente.

A previsão inserta no artigo 997, §1º, no entanto, não restringindo a extensão do recurso de apelação, na modalidade adesiva, deve ser interpretada no sentido de que obsta a formação da coisa julgada sobre todos os capítulos da sentença. Em consequência, é admitido ao recorrido que, no prazo para oferta de contrarrazões, impugne qualquer dos

---

32 Cf. Appunti sull'appello civile (alla stregua della L. 353/90). *Il Foro Italiano*, Societa Editrice Il Foro Italiano, n. 117, p. 193-209, 1994, p. 195-196.

capítulos que restou vencido, ainda que parcialmente, não obstante a apelação independente não o tenha abarcado[33].

Nos pedidos múltiplos cumulados sucessivos, negado o pedido principal na sentença, na hipótese de sua reforma quando do julgamento da apelação interposta pelo autor, os demais pedidos são devolvidos ao tribunal[34]. Tendo sido julgados todos procedentes, a apelação interposta a fim de impugnar o capítulo da sentença que acolhe o primeiro, caso provida, diante da relação de dependência havida, acarreta o julgamento de improcedência dos demais. Todos os capítulos, portanto, são devolvidos ao conhecimento do tribunal, em virtude da relação de preliminariedade ou prejudicialidade entre si. Na mesma situação, negado provimento à apelação, no entanto, os capítulos dependentes, porquanto não impugnados, não são alcançados pelo órgão recursal[35]. O regramento a ser aplicado às intervenções de terceiro que impliquem dedução de pedidos que tenham restado prejudicados é idêntico[36].

Assim, julgada improcedente demanda pleiteando a declaração de inexigibilidade de débito e a condenação à reparação por danos morais por conta de protesto indevido, se o recurso do autor é provido, sob o fundamento de que a dívida é inexigível, os julgadores em segundo grau devem conhecer da reparação por danos morais. De seu turno, julgada procedente demanda declarando a sonegação no inventário pelo herdeiro e a perda do direito que sobre o bem lhe cabia, a apelação acolhida para afastar que tivesse sido sonegado leva, irremediavelmente, a insubsistência da pena respectiva. No mais, julgada procedente demanda declarando a união estável e partilhando os bens adquiridos na constância da convivência, caso o réu impugne, exclusivamente, o preenchimento dos requisitos para a configuração da questão de estado ao se debater pela improcedência, é defeso ao tribunal, não acolhendo seus motivos, prosseguir no julgamento a fim de incluir ou excluir bem do patrimônio reconhecido comum. Por fim, julgado improcedente o pedido deduzido na petição inicial, a denunciação da lide ou o chamamento ao processo feito pelo réu não comportará julgamento (artigo 129, parágrafo úni-

---

33 Cf. YARSHELL, Flávio Luiz. Brevissimas reflexões sobre o sistema recursal no novo Código de Processo Civil. *Cadernos Jurídicos*. São Paulo: Escola Paulista da Magistratura, v. 16, p. 27-31, 2015, p. 29.

34 Cf. ASSIS, Araken de. *Manual dos recursos*. 6. ed. São Paulo: Revista Tribunais, 2014, p. 427.

35 Cf. BARIONI, Rodrigo. *Efeito devolutivo da apelação civil*. São Paulo: Revista dos Tribunais, 2008, p. 123.

36 Cf. ASSIS, Araken de. *Manual dos recursos*. 6. ed. São Paulo: Revista Tribunais, 2014, p. 428; BARIONI, Rodrigo. *Efeito devolutivo da apelação civil*. São Paulo: Revista dos Tribunais, 2008, p. 150, nota 217.

co). Provida apelação interposta pelo autor, as demandas secundárias submetem-se ao conhecimento do órgão recursal.

Nos pedidos múltiplos não cumulados subsidiários, rejeitados o pedido principal e o subsidiário, o autor pode apelar para que se dê o acolhimento de qualquer deles ou de apenas um. Neste caso, o órgão recursal fica adstrito a escolha, não podendo lhe conferir bem ou situação jurídica diversa daquela alvo da postulação recursal[37]. Ainda, nos pedidos múltiplos não cumulados subsidiários, acolhido o pedido principal na sentença, em caso de sua reforma por ocasião do julgamento da apelação interposta pelo réu, o pedido subsidiário é devolvido ao tribunal, que deve prosseguir com seu julgamento[38]. E, para tanto, não há necessidade de recurso na forma adesiva, para cujo manejo faleceria ao autor interesse, vez que integralmente vencedor em primeiro grau[39]. Nesse passo, o artigo 1.013, §§1º e 2º, merece interpretação a fim de abarcar, além das causas de pedir, o pedido subsidiário, que foi, igualmente, suscitado e discutido no processo. Do contrário, estaria esvaziada no segundo grau de jurisdição a faculdade conferida pelo artigo 326, *caput*, ao autor de deduzir pedidos subsidiários. Em todos os casos, o tribunal somente não deve prosseguir no julgamento do pedido que não foi objeto de decisão em primeiro grau de jurisdição se necessária dilação probatória, quando deve reenviar os autos ao juízo *a quo* para a instauração da fase de instrução.

A título de exemplo, caso o autor venha a pedir o pagamento de indenização securitária por sinistro suportado por bem de sua propriedade objeto de contrato de seguro ou, subsidiariamente, devolução do prêmio pago, uma vez vencido, pode apelar contra a sentença que refuta ambos para ver acolhido apenas um ou outro dos seus pleitos. Optando pelo recebimento do prêmio pago, o órgão recursal não pode dar provimento ao recurso para condenar o demandado a pagar a indenização securitária. Na mesma hipótese, acolhida a postulação de recebimento

---

37 Cf. STJ, REsp 22.814/SP, Quarta Turma, Rel. Min. Dias Trindade, j. 29/11/1993, DJ 21/02/1994.

38 Cf. ASSIS, Araken de. *Manual dos recursos*. 6. ed. São Paulo: Revista Tribunais, 2014, p. 430; BARIONI, Rodrigo. *Efeito devolutivo da apelação civil*. São Paulo: Revista dos Tribunais, 2008, p. 117; ELIAS, Carlos Eduardo Stefen. *Apelação: os limites objetivos do efeito devolutivo*. São Paulo: Atlas, 2010, p. 54; Enunciado n. 102 do Fórum Permanente de Processualistas Civis.

39 Há, porém, quem repute presente interesse recursal ao autor se a superveniência havida no prazo recursal provocar a alteração da ordem de prioridade dos pedidos, porque o pedido subsidiário tornou-se mais favorável à sua esfera de direitos, devendo a sucumbência ser aferida à luz do momento da prolação da sentença, não aquele do ajuizamento da ação (cf. ELIAS, Carlos Eduardo Stefen. *Apelação: os limites objetivos do efeito devolutivo*. São Paulo: Atlas, 2010, p. 52-53).

da indenização securitária do segurado em primeiro grau, se provido o apelo da seguradora para afastá-la, fica obrigado o tribunal a enfrentar a repetição do prêmio pago.

3.1.2. Aplicação da teoria da causa madura no segundo grau de jurisdição

Na linha da técnica prevista pelo legislador, ao cabo da fase postulatória, três hipóteses se abrem ao juiz no rito comum: a extinção do processo, sem resolução ou com falsa resolução do mérito, o saneamento do processo e a organização da prova ou o julgamento antecipado do mérito. Encontra-se o processo na fase do julgamento conforme o estado do processo (artigos 354 a 357).

No julgamento conforme o estado do processo, a decisão judicial é construída progressivamente no caso concreto[40]. O julgador analisa se presentes os requisitos de admissibilidade do julgamento do mérito. Negativo o juízo, concede à parte a quem cabível a oportunidade de corrigir, se sanável, o vício (artigos 139, inciso IX, 317 e 352). Caso insanável o vício ou não sanado no prazo outorgado, extingue o processo, sem ou com falsa resolução do mérito. Positivo o juízo, passa ao exame das alegações dos litigantes. Na hipótese da necessidade de instauração de fase de instrução para solução dos pontos de fato controvertidos, realiza o saneamento do processo e organização da prova a ser produzida. Despicienda a dilação probatória, procede ao julgamento antecipado do mérito (artigos 355 e 356)[41], sem necessidade de prévia manifestação das partes[42].

O julgamento antecipado do mérito é medida de rigor, uma vez repelidas as questões que lhe são prejudiciais, sempre que desnecessária

---

40 Cf. MENDES, Anderson Cortez; CAPIOTTO, Gabriele Mutti. Saneamento do processo no novo Código de Processo Civil. *Revista de Processo*. São Paulo: Revista dos Tribunais, v. 266, p. 79-97, abril de 2017, p. 80.

41 "Das inovações consagradas na reforma processual de 1973 e mais de perto relacionadas com a questão, a uma deve reconhecer-se bom êxito: a possibilidade de julgar-se o mérito da causa, no procedimento ordinário e nos que o tomam como padrão, logo após o encerramento da fase postulatória, quando não haja necessidade de prova que justifique a realização da audiência, obrigatória no sistema do Código anterior (de 1939), sem qualquer vantagem prática, antes com o grave inconveniente de procrastinar, às vezes de modo notável, a solução do litígio" (BARBOSA MOREIRA, José Carlos. A função social do processo civil moderno e o papel do juiz e das partes na direção e na instrução do processo. *Revista brasileira de direito processual*. Uberaba/Rio de Janeiro/Belo Horizonte: Vitória Artes Gráfica/Forense/Fórum, v. 49, p. 51-68, janeiro a março de 1986, p. 55).

42 Cf. enunciado n. 27 da I Jornada de Direito Processual Civil ("Não é necessário o anúncio prévio do julgamento do pedido nas situações do art. 355 do CPC").

a produção de novas provas[43]. Impõe-se, então, nos casos em que ausente controvérsia, ou os pontos controvertidos têm natureza de direito que não precisa ter provado seu teor e vigência, ou, ainda, os pontos controvertidos de fato foram solucionados pela prova produzida na fase postulatória (artigo 355, inciso I). Da mesma forma, deve ser levado a efeito quando o réu é revel e não interveio nos autos, oportunamente, para a prática de atos probatórios (artigo 355, inciso II, combinado com o artigo 349), uma vez que as alegações formuladas pelo autor são presumidas verdadeiras e, assim, como regra, não exigem comprovação (artigo 344)[44].

Portanto, o processo está pronto para decisão acerca das pretensões deduzidas, independentemente de qualquer outra providência. Daí a denominação acolhida pela doutrina de teoria da causa madura, cuja aplicação é dever do julgador em atendimento à efetividade do processo e à garantia constitucional de sua razoável duração (artigo 5º, inciso LXXVIII, da Constituição Federal)[45]. Não se pode admitir sirva a fase de instrução processual mais ao intuito protelatório dos litigantes do que à solução das questões controvertidas[46]. Ao revés, a instauração de dispensável fase instrutória aparta da parte a tutela jurisdicional tempestiva a que tem direito. Decididamente, não comporta guarida no ordenamento jurídico direito absoluto à produção de provas, impondo-se a rejeição pelo juiz do pleito das partes de produção de provas inúteis ou procrastinatórias (artigo 370, parágrafo único). Não há margem à discricionariedade. Frente ao preenchimento dos requisitos legais, o julgador deve levar a efeito o julgamento imediato do mérito.

O emprego da teoria da causa madura faz-se imperativo em segundo grau de jurisdição. O conhecimento direto das questões de mérito e das pretensões exercidas é permitido ao tribunal, porquanto abarcado pelo efeito devolutivo da apelação à luz da expressa previsão do legis-

43 Cf. DINAMARCO, Cândido Rangel. *Instituições de direito processual civil*, v. III. 2. ed. São Paulo: Malheiros, 2002, p. 555.

44 Consoante o artigo 345, *caput* e incisos, o efeito da revelia consistente na presunção de veracidade das alegações da parte adversa não se produz, caso, havendo pluralidade de réus, algum deles contestar a ação; o litígio versar sobre direitos indisponíveis; a petição inicial não estiver acompanhada de instrumento que a lei considere indispensável à prova do ato; as alegações de fato formuladas pelo autor forem inverossímeis ou estiverem em contradição com a prova constante dos autos.

45 Cf. SILVA, Ricardo Alexandre da. *Breves comentários ao novo Código de Processo Civil*. Coordenação WAMBIER, Teresa Celina de Arruda Alvim; DIDIER JUNIOR, Fredie; TALAMINI, Eduardo; DANTAS, Bruno. São Paulo: Revista dos Tribunais, 2015, p. 956.

46 Cf. BONIZZI, Marcelo José Magalhães. *Proporcionalidade e processo: a garantia constitucional da proporcionalidade, a legitimação do processo civil e o controle das decisões judiciais*. São Paulo: Atlas, 2006, p. 80.

lador[47]. Por ocasião das hipóteses de sua consumação, a devolução vai além dos capítulos impugnados[48]. Admite o legislador que o julgamento em segundo seja mais amplo do que em primeiro grau de jurisdição[49]. Verifica-se a opção pela celeridade, efetividade e razoável duração do processo em detrimento do duplo grau de jurisdição, atribuindo, no caso, competência ao órgão recursal para que julgue, desde logo, o mérito. A legitimação da solução imposta pelo Poder Judiciário satisfaz-se com a mera possibilidade de dois exames sucessivos do mérito, não exigindo que, em primeiro grau, tenha o julgador efetivamente julgado as pretensões veiculadas pelas partes[50]. Daí não comportar falar-se em supressão de instância[51].

Na Alemanha, a regra, quando da anulação da sentença no julgamento da apelação, é a prolação de nova decisão (§ 538, 2)[52], competindo ao órgão recursal, inclusive, a produção das provas indispensáveis para a formação do seu convencimento (§ 538, 1). A devolução ao pri-

---

47 Cf. GUIMARÃES, Luiz Machado. Efeito devolutivo da apelação. *Estudos de direito processual*. Rio de Janeiro: Jurídica e Universitária, 1969, p. 216-226, p. 218.

48 Cf. DINAMARCO, Cândido Rangel. *Capítulos de sentença*. 4. ed. São Paulo: Malheiros, 2009, p. 108.

49 Cf. LUCON, Paulo Henrique dos Santos. Art. 515, 3º, do Código de Processo Civil, ordem pública e prequestionamento. *Os poderes do juiz e o controle das decisões judiciais: estudos em homenagem à professora Teresa Celina de Arruda Alvim Wambier*. Coordenação MEDINA, José Miguel Garcia; CRUZ, Luana Pedrosa de Figueiredo; CERQUEIRA, Luis Otavio Sequeira de. GOMES JÚNIOR, Luiz Manoel. São Paulo: Revista dos Tribunais, 2008, p. 37-46, p. 38.

50 Cf. GUIMARÃES, Luiz Machado. Efeito devolutivo da apelação. *Estudos de direito processual*. Rio de Janeiro: Jurídica e Universitária, 1969, p. 216-226, p. 217.

51 "Em certos casos, o aprimoramento dos resultados a serem atingidos no processo apenas pode ser alcançado com o desafio a antigos e injustificáveis dogmas. Diante do dispositivo em tela, esconder-se sob o 'princípio' do duplo grau de jurisdição e deixar de julgar matéria objeto do recurso quando não existem outras provas a produzir constitui uma atitude profundamente misoneísta e totalmente descompromissada com os avanços da moderna ciência processual" (LUCON, Paulo Henrique dos Santos. Art. 515, 3º, do Código de Processo Civil, ordem pública e prequestionamento. *Os poderes do juiz e o controle das decisões judiciais: estudos em homenagem à professora Teresa Celina de Arruda Alvim Wambier*. Coordenação MEDINA, José Miguel Garcia; CRUZ, Luana Pedrosa de Figueiredo; CERQUEIRA, Luis Otavio Sequeira de. GOMES JÚNIOR, Luiz Manoel. São Paulo: Revista dos Tribunais, 2008, p. 37-46, p. 39).

52 Cf. BARBOSA MOREIRA, José Carlos. Breve notícia sobre a reforma do processo civil alemão. *Temas de direito processual*, 8. série, São Paulo: Saraiva, 2004, p. 199-210, p. 204; JAUERNIG, Othmar. *Direito processual civil*. 25. ed., totalmente refundida, da obra criada por Friedrich Lent. Tradução F. Silveira Ramos. Coimbra: Almedina, 2002, p. 376.

meiro grau de jurisdição ocorre somente se necessária a discussão sobre a matéria objeto do processo e a requerimento de uma das partes (§ 538, 2), quando o procedimento de primeiro grau foi acometido de vício essencial e, por sua conta, é necessário o desenvolvimento de uma complexa produção de provas (§ 538, 2, 1); a sentença impugnada rejeitou por inadmissível uma exceção (§ 538, 2, 2); a sentença decidiu apenas sobre a admissibilidade do julgamento do mérito (§ 538, 2, 3); no caso de crédito controverso sobre sua existência e montante, a sentença rejeitou a demanda só com base na sua inexistência, salvo se a questão sobre o montante do crédito já esteja pronta para a decisão (§ 538, 2, 4); a sentença foi proferida com reserva de direitos nos processos documentais e cambiais (§ 538, 2, 5); a sentença foi prolatada à revelia (§ 538, 2, 6); a sentença é parcial e foi emitida com violação do § 301, que trata do tema (§ 538, 2, 7). Em todos os casos, dar-se-ia a privação das partes da oportunidade de discussão sobre a matéria de fato[53], o que se mostra consentâneo com um sistema processual que privilegia a oralidade e restringe a cognição do conjunto fático em segundo grau de jurisdição. Ou seja, a devolução só é admitida se pendente de debate uma questão fundamental ao julgamento[54]. Ao revés, o tribunal da apelação deve, desde logo, proceder ao julgamento, o que, segundo Othmar Jauernig, vem ao encontro do interesse das partes, porque a devolução atrasa e encarece o processo[55]. A remessa, ainda, é defesa, na lição de Leo Rosenberg, caso as partes declarem que não pretendem questionar o vício de procedimento ou quando o tribunal a repute inconveniente, porque admissível sua correção na instância superior sem dispêndio de muito tempo e trabalho[56].

Na Espanha, se a violação processual houver sido praticada quando da prolação da sentença de primeiro grau, o órgão recursal, após anulá-la, resolverá as questões objeto do processo e decidirá o mérito (artigo 465, 3), sem possibilidade de reenvio dos autos[57]. Independe o

53 Cf. JAUERNIG, Othmar. *Direito processual civil*. 25. ed., totalmente refundida, da obra criada por Friedrich Lent. Tradução F. Silveira Ramos. Coimbra: Almedina, 2002, p. 376.

54 Cf. SCHÖNKE, Adolf. *Direito processual civil*. Tradução Karina Andrea Fumberg, Vera Longuini e Diego Alejandro Fabrizio. Campinas: Romana, 2003, p. 412.

55 *Direito processual civil*. 25. ed., totalmente refundida, da obra criada por Friedrich Lent. Tradução F. Silveira Ramos. Coimbra: Almedina, 2002, p. 376.

56 *Tratado de derecho procesal civil*, t. II. Tradução Angela Romera Vera. Buenos Aires: Ediciones Jurídicas Europa-América, 1955, p. 399.

57 Cf. OLIVA SANTOS, Andrés de la. DÍEZ-PICAZO GIMÉNEZ, Ignacio; VEGAS TORRES, Jaime. *Curso de derecho procesal civil*, v. II. 3. ed. Madrid: Universitaria Ramón Areces, 2016, p. 288.

julgamento, no caso, de requerimento do apelante[58]. Entretanto, caso a nulidade insanável acometa os atos do procedimento, o tribunal, ao declará-la, determinará o retorno do seu prosseguimento em primeiro grau de jurisdição desde quando a infração ocorreu (artigo 465, 4). Não se declarará a nulidade, se o vício puder ser sanado em segundo grau, dando-se o julgamento da apelação após a correção ou a produção da prova admitida (artigo 465, 4). Assinala-se que é manifesta a intenção da *Ley de Enjuiciamiento Civil* de evitar a declaração de nulidade pelo órgão *ad quem* do trabalho realizado pelo órgão *a quo*, bem como que se resigna com a existência de uma decisão sobre as pretensões exercidas, depois de sanado o vício que inquinava o processo[59].

Na Itália, o retorno dos autos ao primeiro grau de jurisdição verifica-se nas hipóteses excepcionais e insuscetíveis de aplicação analógica dos artigos 353 e 354 do Código de Processo Civil, tendo, então, a apelação caráter meramente rescindente e não substitutivo[60]. Ocorre no defeito da sentença por incompetência absoluta (entre jurisdição ordinária e administrativa, entre jurisdições especiais, entre jurisdições estrangeiras); se declarada nula a citação, se reconhecida a necessidade de integração de litisconsorte necessário ou se indevida a exclusão de uma parte do processo; se faltante a assinatura do juiz, na forma do artigo 161; se o juiz julgou extinto erroneamente o processo nas hipóteses do artigo 308, quando a sentença é proferida fora da audiência; se houve nulidade ou vício insanável no procedimento em primeiro grau[61].

---

58 Cf. OLIVA SANTOS, Andrés de la. DÍEZ-PICAZO GIMÉNEZ, Ignacio; VEGAS TORRES, Jaime. *Curso de derecho procesal civil*, v. II. 3. ed. Madrid: Universitaria Ramón Areces, 2016, p. 292

59 Cf. MONTERO AROCA, Juan; GÓMEZ COLOMER, Juan Luis; BARONA VILAR, Silvia; CALDERÓN CUADRADO, Maria Pía. *Derecho jurisdiccional*, v. II. 23. ed. Valência: Tirant lo Blanch, 2015, p. 467-468.

60 Cf. COMOGLIO, Luigi Paolo; FERRI, Corrado; TARUFFO, Michele. *Lezioni sul processo civile*, v. I. 5. ed. Bolonha: Il Mulino, 2011, p. 702-703; CONSOLO, Claudio. *Spiegazioni di diritto processuale civile*, v. II. 10. ed. Torino: G. Giappichelli, 2015, p. 505; MANDRIOLI, Crisanto. CARRATA, Antonio. *Diritto processuale civile*, v. I, 25. ed. Torino: G. Giappichelli, 2016, p. 535 e 537; TARZIA, Giuseppe. O novo processo civil de cognição na Itália. Tradução Clayton Maranhão. *Revista da Associação dos Juízes do Rio Grande do Sul*. Porto Alegre: Departamento Revista da AJURIS, n. 65, p. 73-91, novembro de 1995, p. 89.

61 Cf. COMOGLIO, Luigi Paolo; FERRI, Corrado; TARUFFO, Michele. *Lezioni sul processo civile*, v. I. 5. ed. Bolonha: Il Mulino, 2011, p. 703-704; CONSOLO, Claudio. *Spiegazioni di diritto processuale civile*, v. II. 10. ed. Torino: G. Giappichelli, 2015, p. 506-512; LIEBMAN. Enrico Tullio. *Manual de direito processual civil*, v. III. Intelectos: Tocantins, 2003, p. 70-71; SATTA, Salvatore. *Direito processual civil*, v. II. Tradução Ricardo Rodrigues Gama. Campinas: LZN, 2003, p. 26-28; VELLANI, Mario. Appello (Diritto Processuale Civile). *Enciclopedia del diritto*, v. II. Milano: Giuffrè, 1958, p. 718-756, p. 751-753.

Do contrário, o juízo da apelação deve prosseguir no julgamento, sempre que possível renovando o ato viciado, com a produção das provas necessárias, na forma dos artigos 191 e seguintes, que tratam da instrução probatória[62]. Prevalece a exigência de razoável duração do processo sobre o duplo grau de jurisdição[63]. Portanto, como regra, "encontrando uma nulidade na sentença apelada ou no procedimento que a antecedeu, o juiz deve, apesar disso, julgar a apelação no mérito"[64]. Assim, as nulidades somente excepcionalmente levam ao retorno do processo ao primeiro grau, procedendo-se, em geral, ao novo julgamento, imediatamente, o órgão recursal[65]. Assume, se necessário, o órgão recursal a estrutura do juízo de primeiro grau, superando preclusões e praticando atos sucessivos àquele viciado[66]. Caso determinada a remessa do feito ao primeiro grau, a parte, no prazo de três meses da notificação da decisão, deve pleitear o seu seguimento (artigo 353).

Em Portugal, segundo o artigo 636.3, a determinação pelo juízo *ad quem* de retorno dos autos ao juízo *a quo* resta limitada à falta das provas necessárias à apreciação do ponto de fato que se tornou controvertido. Em qualquer hipótese, já detendo os elementos que permitam decidir todas as questões pendentes, o tribunal deve proceder à sua apreciação; do contrário, exigindo o julgamento que novos elementos venham aos autos, deve proceder à sua baixa[67].

No Brasil, o julgamento direto do mérito em segundo grau de jurisdição teve acolhimento nas Ordenações Filipinas, em seu livro III, título 68, que impunha ao tribunal prosseguir com o julgamento, quando da reforma da sentença terminativa, exceto se as partes requeressem o retorno dos autos para prosseguimento em primeiro grau de jurisdição[68].

---

62 Cf. LIEBMAN. Enrico Tullio. *Manual de direito processual civil*, v. III. Intelectos: Tocantins, 2003, p. 71; PROTO PISANI. Andrea. Appunti sull'appello civile (alla stregua della L. 353/90). *Il Foro Italiano*, Roma: Società Editrice Il Foro Italiano, n. 117, p. 193-209, 1994, p. 202; VELLANI, Mario. Appello (Diritto Processuale Civile). *Enciclopedia del diritto*, v. II. Milano: Giuffrè, 1958, p. 718-756, p. 749-750.

63 Cf. MANDRIOLI, Crisanto. CARRATA, Antonio. *Diritto processuale civile*, v. I, 25. ed. Torino: G. Giappichelli, 2016, p. 535, nota 157.

64 LIEBMAN. Enrico Tullio. *Manual de direito processual civil*, v. III. Intelectos: Tocantins, 2003, p. 70.

65 Cf. *Idem. Ibidem*, p. 38.

66 Cf. MANDRIOLI, Crisanto. CARRATA, Antonio. *Diritto processuale civile*, v. I, 25. ed. Torino: G. Giappichelli, 2016, p. 540-541.

67 Cf. ABRANTES GERALDES, António Santos. *Recurso no novo Código de Processo Civil*. 3. ed. Coimbra: Almedina, 2016, p. 104.

68 Cf. PEREIRA E SOUSA, Joaquim José Caetano. *Primeiras linhas sobre o processo civil*, t. II. Lisboa: Typografia Rollandiana, 1863, p. 54-55.

O Código de Processo Civil de 1939, segundo entendimento doutrinário, limitou-o, impondo o duplo exame de mérito, ao prever, em seu artigo 846, o cabimento do agravo de petição contra a sentença que extinguia o processo, sem resolução de mérito, uma vez que o efeito devolutivo do recurso não admitiria o julgamento das pretensões deduzidas[69]. Por sua vez, o Código de Processo Civil de 1973 admitiu a incidência da teoria da causa madura no julgamento do recurso de apelação, após as alterações empreendidas pela Lei n. 10.352/01 e pela Lei n. 11.276/06 em seu texto.

O amplo conhecimento direto do mérito pelo órgão recursal na apelação já era defendido na jurisprudência e na doutrina na vigência do Código de Processo Civil de 1973, cuja redação do artigo 515, §3º, fazia menção à "causa versar questão exclusivamente de direito e estiver em condições de imediato julgamento"[70]. Ausente diferenciação de natureza entre os provimentos jurisdicionais, já se extraía do dispositivo que o julgamento do mérito em segundo grau de jurisdição não se limitava à reforma da sentença terminativa, mas albergava outras hipóteses em que prescindível a dilação probatória.

Agora, diante da letra do artigo 1.013, §3º, do Código de Processo Civil de 2015, a exegese é irrefutável. Houve melhor regramento do julgamento direto do mérito pelo tribunal, arrolando, agora, várias hipóteses que outrora eram implicitamente contidas no artigo 515, §3º, do diploma processual pretérito. É expressamente admitido quando reformada a sentença que extinguiu o processo, sem resolução de mérito, ou reconheceu a prescrição ou a decadência (artigo 1013, §3º, inciso I, e §4º); decretada sua nulidade por incongruência com o pedido ou com a causa de pedir, ou, ainda, por falta de fundamentação (artigo 1013, §3º, inc. II e IV); omitida a apreciação de pedido deduzido pela parte (artigo 1013, §3º, inciso III).

O rol não é exaustivo. Nessa linha de ideias, o órgão recursal deve valer-se da teoria da causa madura sempre que, a despeito de não conhecido o mérito em primeiro grau de jurisdição, estar diante das hipóteses retratadas no artigo 355[71]. Deve abarcar, por exemplo, qualquer

69 Cf. GUIMARÃES, Luiz Machado. Efeito devolutivo da apelação. *Estudos de direito processual*. Rio de Janeiro: Jurídica e Universitária, 1969, p. 216-226, p. 218.

70 Cf. WAMBIER, Teresa Celina de Arruda Alvim. *Nulidades do processo e da sentença*. 7. ed. São Paulo: Revista dos Tribunais, 2013, p. 250-251; STJ, REsp 1179450/MG, Quarta Turma, Rel. Min. Luis Felipe Salomão, j. 15/05/2012, DJe 28/05/2012. Contra BARIONI, Rodrigo. *Efeito devolutivo da apelação civil*. São Paulo: Revista dos Tribunais, 2008, p. 166-167.

71 Cf. STJ, EREsp 874.507/SC, Corte Especial, Rel. Ministro Arnaldo Esteves Lima, julgado em 19/06/2013, DJe 01/07/2013.

hipótese de nulidade do processo ou do provimento jurisdicional impugnado. O reenvio dos autos do processo ao juízo *a quo* somente se justifica quando necessária a prática de atos cuja estrutura dos órgãos integrantes do segundo grau de jurisdição não é capaz de levar a efeito. Entre o duplo exame do mérito e a aceleração do julgamento, escolheu o legislador a esta.

Não se restringe, pois, a aplicação da teoria da causa madura em segundo grau de jurisdição às hipóteses em que a controvérsia objeto do processo corresponda a questões, exclusivamente, de direito[72], tampouco quando bastante ao julgamento a prova documental produzida[73]. Alcança, igualmente, casos em que, a despeito da presença de pontos controvertidos de fato, a prova já colhida aos autos até a prolação do julgamento pelo tribunal, independentemente de sua natureza, mostre-se suficiente para a sua solução, permitindo a decisão sobre as pretensões deduzidas[74].

Evidentemente, necessária a dilação probatória, a solução a ser adotada, ordinariamente, é a anulação da sentença e retorno dos autos para abertura da fase de instrução em primeiro grau de jurisdição. Contudo, eventualmente, detendo o juízo *ad quem* meios para tanto, pode realizá-la diretamente perante si ou converter o julgamento em di-

---

72 Contra Rodrigo Barioni, que defende a necessidade de duplo exame das questões de mérito, o que não se exigiria no que toca às questões de direito ante sua recorribilidade aos tribunais de sobreposição (*Efeito devolutivo da apelação civil*. São Paulo: Revista dos Tribunais, 2008, p. 185).

73 Cf. APRIGLIANO, Ricardo de Carvalho. *A apelação e seus efeitos*. 2. ed. São Paulo: Atlas, 2007, p. 171.

74 Cf. JORGE, Flávio Cheim. *Teoria geral dos recursos*. 7. ed. São Paulo: Revista dos Tribunais, 2015, p. 365; LEONEL, Ricardo de Barros. Cognição judicial em grau de apelação, à luz das reformas do CPC. *Justitia*. São Paulo: Ministério Público do Estado de São Paulo, v. 64, n. 197, p. 199-210, julho a dezembro de 2007, p. 204; LUCON, Paulo Henrique dos Santos. Art. 515, 3º, do Código de Processo Civil, ordem pública e prequestionamento. *Os poderes do juiz e o controle das decisões judiciais: estudos em homenagem à professora Teresa Celina de Arruda Alvim Wambier*. Coordenação MEDINA, José Miguel Garcia; CRUZ, Luana Pedrosa de Figueiredo; CERQUEIRA, Luis Otavio Sequeira de. GOMES JÚNIOR, Luiz Manoel. São Paulo: Revista dos Tribunais, 2008, p. 37-46, p. 38; MALLET, Estêvão. Reforma da sentença terminativa e julgamento imediato do mérito no processo do trabalho. *Revista da Faculdade de Direito*. São Paulo: Universidade de São Paulo, v. 98, p. 245-268, 2003, p. 255-257; PUOLI, José Carlos Baptista. Breves considerações a respeito dos efeitos da apelação. *Direito processual civil*, v. II. Coordenação CARVALHO, Milton Paulo de; CASTRO, Daniel Penteado de. São Paulo: Quartier Latin, 2011, p. 387-399, p. 395; SIQUEIRA, Thiago Ferreira. Duplo grau de jurisdição e "teoria da causa madura" no Novo Código de Processo Civil. *Processos nos tribunais e meios de impugnação às decisões judiciais*. Organização MACÊDO, Lucas Buril; PEIXOTO, Ravi; FREIRE, Alexandre. Salvador: JusPodivm, 2015, p. 583-610, p. 598.

ligência, delegando a produção de provas ao juízo *a quo*, em consonância ao disposto pelo artigo 938, §3º. Não se identifica na adoção da conduta qualquer nulidade, contanto conferida às partes ampla participação na instrução processual instaurada em segundo grau de jurisdição, por ausência de prejuízo. A decisão monocrática ou acórdão do órgão recursal, *in casu*, tem natureza de decisão interlocutória[75].

No mesmo diapasão, não tendo sido citado o réu para a sua integração ao processo, imperativa a remessa dos autos ao órgão jurisdicional de origem, a fim de que o devido processo legal transcorra, com a garantia do exercício da ampla defesa e do contraditório. Há que se ressalvar, contudo, a possibilidade de constatar o tribunal que o julgamento do mérito em segundo grau de jurisdição resultará favorável ao réu, do que não se divisará prejuízo ao contraditório[76]. Por conseguinte, o recurso à teoria da causa madura é de rigor, inclusive, nas hipóteses de reforma das decisões que indeferem a petição inicial ou julgam liminarmente improcedente o pedido do autor (artigos 330 e 332), tanto assim que se exige que o réu sempre seja citado para responder ao recurso (artigo 331, §1º e 332, §4º). Nos casos em que o julgamento não resulte em favor do réu, em observância ao devido processo legal, os autos devem ser enviados ao juízo *a quo*, como se depreende do artigo 331, §2º, que, apesar de integrar a disciplina da apelação que reforma a decisão que indefere a petição inicial, porque presente a mesma razão, deve abarcar o julgamento de improcedência liminar do pedido[77]. Eventualmente não tendo sido citado, o réu será apenas cientificado da tutela jurisdicional que lhe foi outorgada, após o trânsito em julgado na fase de conhecimento (artigo 241 e artigo 332, §2º).

O prosseguimento do julgamento em segundo grau de jurisdição, com alcance do mérito do processo, consubstancia-se em dever a ser praticado de ofício, independendo de expresso pleito do recorrente ou do recorrido[78]. A conclusão que já se alcançava à luz do artigo 513, §3º,

---

75 Cf. PONTES DE MIRANDA, Francisco Cavalcanti. *Comentários ao código de processo civil*, t. VII. Rio de Janeiro: Forense, 1999, p. 39.

76 Cf. SIQUEIRA, Thiago Ferreira. Duplo grau de jurisdição e "teoria da causa madura" no Novo Código de Processo Civil. *Processos nos tribunais e meios de impugnação às decisões judiciais*. Organização MACÊDO, Lucas Buril; PEIXOTO, Ravi; FREIRE, Alexandre. Salvador: JusPodivm, 2015, p. 583-610, p. 603; WAMBIER, Teresa Celina de Arruda Alvim. *Nulidades do processo e da sentença*. 7. Ed. São Paulo: Revista dos Tribunais, 2013, p. 254-255.

77 Contra DIDIER JUNIOR, Fredie Souza. CUNHA, Leonardo Carneiro da. *Curso de direito processual civil*, v. III. 13. ed. Salvador: JusPodivm, 2016, p. 182.

78 Cf. BARIONI, Rodrigo. *Efeito devolutivo da apelação civil*. São Paulo: Revista dos Tribunais, 2008, p. 171-174; BEDAQUE, José Roberto dos Santos. Apelação: ques-

do Código de Processo Civil de 1973 é afirmada pelo artigo 1.013, §3º, do novel diploma, ao estabelecer que o "tribunal deve decidir desde logo o mérito". Nesse passo, "a obtenção do maior rendimento com a atividade processual, idéia que, em correspondência com o princípio da economia processual, inspira a norma do § 3º, do art. 515, do CPC, não pode ficar na dependência da vontade do julgador. Constitui, pelo contrário, objetivo a ser perseguido permanentemente, sem prejuízo das garantias conferidas aos litigantes"[79].

O artigo 1.013, §3º trata-se de exceção disciplinada pelo legislador à regra da limitação da devolutividade da apelação e, assim, embora o apelante limite seu requerimento à anulação da sentença, sob o fundamento da necessidade de produção de novas provas, pode ao tribunal, entendendo pela suficiência do conjunto probatório, proceder ao julgamento do mérito, inclusive em seu desfavor[80]. Evidentemente, o órgão

tões sobre a admissibilidade e efeitos. *Revista da Procuradoria Geral do Estado de São Paulo*. São Paulo: Procuradoria Geral do Estado, n. especial, p. 107-148, 2003, p. 124; JORGE, Flávio Cheim. *Teoria geral dos recursos*. 7. ed. São Paulo: Revista dos Tribunais, 2015, p. 365; LEONEL, Ricardo de Barros. Cognição judicial em grau de apelação, à luz das reformas do CPC. *Justitia*. São Paulo: Ministério Público do Estado de São Paulo, v. 64, n. 197, p. 199-210, julho a dezembro de 2007, p. 204; LUCON, Paulo Henrique dos Santos. Art. 515, 3º, do Código de Processo Civil, ordem pública e prequestionamento. *Os poderes do juiz e o controle das decisões judiciais: estudos em homenagem à professora Teresa Celina de Arruda Alvim Wambier*. Coordenação MEDINA, José Miguel Garcia; CRUZ, Luana Pedrosa de Figueiredo; CERQUEIRA, Luis Otavio Sequeira de. GOMES JÚNIOR, Luiz Manoel. São Paulo: Revista dos Tribunais, 2008, p. 37-46, p. 38; MALLET, Estêvão. Reforma da sentença terminativa e julgamento imediato do mérito no processo do trabalho. *Revista da Faculdade de Direito*. São Paulo: Universidade de São Paulo, v. 98, p. 245-268, 2003, p. 257-258; OLIVEIRA, Gleydson Kleber Lopes. *Apelação no direito processual civil*. Tese de Doutorado. São Paulo: Faculdade de Direito da Pontifícia Universidade Católica de São Paulo, 2005, p. 253-254; WAMBIER, Teresa Celina de Arruda Alvim. *Nulidades do processo e da sentença*. 7. ed. São Paulo: Revista dos Tribunais, 2013, p. 251-253; STJ, REsp 1166052/AM, Segunda Turma, Rel. Ministro Og Fernandes, julgado em 20/02/2014, DJe 18/03/2014. Contra APRIGLIANO, Ricardo de Carvalho. *A apelação e seus efeitos*. 2. ed. São Paulo: Atlas, 2007, p. 163; ASSIS, Araken de. *Manual dos recursos*. 6. ed. São Paulo: Revista Tribunais, 2014, p. 433; DIDIER JUNIOR, Fredie Souza. CUNHA, Leonardo Carneiro da. *Curso de direito processual civil*, v. III. 13. ed. Salvador: JusPodivm, 2016, p. 194-195.

79 Cf. MALLET, Estêvão. Reforma da sentença terminativa e julgamento imediato do mérito no processo do trabalho. *Revista da Faculdade de Direito*. São Paulo: Universidade de São Paulo, v. 98, p. 245-268, 2003, p. 259.

80 Consagrando entendimento diverso, Cândido Rangel Dinamarco afirma que "juiz algum pode dar ao autor mais ou coisa diferente no *petitum*, assim também o juiz dos recursos não pode dar ao recorrente mais ou coisa diferente do que lhe houver sido pedido na interposição recursal" (Os efeitos dos recursos. *Nova era do proces-*

julgador deve fundamentar a aplicação da teoria da causa madura no caso concreto, indicando que se amolda ao disposto pelo artigo 1.013, §3°, combinado com o artigo 355. Aliás, igualmente, ao remeter os autos ao primeiro grau de jurisdição, deve motivar a necessidade de dilação probatória, apontando qual alegação de fato controvertida não encontra respaldo nas provas até então colhidas e, se possível, qual meio de prova deve ser produzido para seu aclaramento.

Não se cuida o julgamento direto de todo ou de parte do mérito do processo no recurso de apelação em prejuízo do apelante em *reformatio in peius*, porque ausente qualquer decisão em seu favor sobre a pretensão deduzida[81]. Tampouco provoca indevida surpresa, vulnerando o contraditório ou a ampla defesa, porquanto expressamente previsto em lei e desnecessárias novas provas para a solução da controvérsia[82]. Como bem acentua Teresa Arruda Alvim Wambier, "as partes devem,

---

so civil. 3. ed. São Paulo: Malheiros, 2009, p. 114-161, p. 128). Apesar de ressalvar a "hipótese de que, por aplicação extensiva do §3° do art. 515 do Código de Processo Civil, aceitar-se que, também em caso de reconhecer uma nulidade, possa o tribunal, em dadas circunstâncias, decidir desde logo o *meritum causae*", conclui que "tendo a parte a faculdade de optar entre pedir a anulação ou a reforma pelo mérito, mas pedindo apenas aquela, o tribunal atuaria *extra petita* caso concedesse o que não foi pedido" (*Idem. Ibidem*, p. 129-130).

---

81 Para José Roberto dos Santos Bedaque, dá-se a "antecipação de um resultado que, mais cedo ou mais tarde, viria a ocorrer" e, caso se entenda pela configuração de *reformatio in peius*, "o sistema processual brasileiro passou a admitir, ainda que em caráter excepcional" (Apelação: questões sobre a admissibilidade e efeitos. *Revista da Procuradoria Geral do Estado de São Paulo*. São Paulo: Procuradoria Geral do Estado, n. especial, p. 107-148, 2003, p. 126-127). No mesmo sentido, ASSIS, Araken de. *Manual dos recursos*. 6. ed. São Paulo: Revista Tribunais, 2014, p. 128; BARIONI, Rodrigo. *Efeito devolutivo da apelação civil*. São Paulo: Revista dos Tribunais, 2008, p. 174; LUCON, Paulo Henrique dos Santos. Art. 515, 3º, do Código de Processo Civil, ordem pública e prequestionamento. *Os poderes do juiz e o controle das decisões judiciais: estudos em homenagem à professora Teresa Celina de Arruda Alvim Wambier*. Coordenação MEDINA, José Miguel Garcia; CRUZ, Luana Pedrosa de Figueiredo; CERQUEIRA, Luis Otavio Sequeira de. GOMES JÚNIOR, Luiz Manoel. São Paulo: Revista dos Tribunais, 2008, p. 37-46, p. 38; RASCIO, Nicola. *L´oggetto dell´appello civile*. Napoli: Jovene, 1996, p. 372-373; OLIVEIRA, Gleydson Kleber Lopes. *Apelação no direito processual civil*. Tese de Doutorado. São Paulo: Faculdade de Direito da Pontifícia Universidade Católica de São Paulo, 2005, p. 255; SIQUEIRA, Thiago Ferreira. Duplo grau de jurisdição e "teoria da causa madura" no Novo Código de Processo Civil. *Processos nos tribunais e meios de impugnação às decisões judiciais*. Organização MACÊDO, Lucas Buril; PEIXOTO, Ravi; FREIRE, Alexandre. Salvador: JusPodivm, 2015, p. 583-610, p. 595 e 600.

82 Cf. LEONEL, Ricardo de Barros. Cognição judicial em grau de apelação, à luz das reformas do CPC. *Justitia*. São Paulo: Ministério Público do Estado de São Paulo, v. 64, n. 197, p. 199-210, julho a dezembro de 2007, p. 204.

ao interpor a apelação, contar com essa possibilidade, que, de todo modo, lhes traria benefícios, já que não há interesse legítimo em que os processos sejam morosos!"[83]. Assim, recorrente e recorrido, na apelação contra sentença terminativa, contra a sentença que reconhece a prescrição ou a decadência e contra a sentença reputada nula, têm o ônus de debater o mérito do processo em suas razões e contrarrazões[84].

No conhecimento direto de questões, inclusive de fato, pelo tribunal verifica-se a admissão do *ius novorum*[85]. Verifica-se o afastamento do julgador da prova oral produzida, contudo, o problema é decorrência da amplitude da devolução do recurso da apelação, não exclusivamente da regra inserta no artigo 1.013, §3º[86]. Assim, admite-se que o tribunal "cubra área maior do que aquela examinada pelo magistrado *a quo*"[87].

O duplo grau de jurisdição não subsiste no sistema processual como garantia absoluta, não valendo por si, mas na medida de sua previsão pelo legislador. Na ausência de previsão legal, não impõe que sejam todas as questões objeto do processo conhecidas por dois órgãos jurisdicionais diversos e hierarquicamente distintos, o que afasta o argumento da consumação de supressão de instância[88]. A apelação, pois, conduz ao duplo exame do processo, mas não exige que haja duplicidade de pronunciamentos sobre o mérito[89].

---

83 *Nulidades do processo e da sentença*. 7. ed. São Paulo: Revista dos Tribunais, 2013, p. 254-255.

84 Cf. MALLET, Estêvão. Reforma da sentença terminativa e julgamento imediato do mérito no processo do trabalho. *Revista da Faculdade de Direito*. São Paulo: Universidade de São Paulo, v. 98, p. 245-268, 2003, p. 264-265.

85 Cf. SIQUEIRA, Thiago Ferreira. Duplo grau de jurisdição e "teoria da causa madura" no Novo Código de Processo Civil. *Processos nos tribunais e meios de impugnação às decisões judiciais*. Organização MACÊDO, Lucas Buril; PEIXOTO, Ravi; FREIRE, Alexandre. Salvador: JusPodivm, 2015, p. 583-610, p. 593.

86 Cf. MALLET, Estêvão. Reforma da sentença terminativa e julgamento imediato do mérito no processo do trabalho. *Revista da Faculdade de Direito*. São Paulo: Universidade de São Paulo, v. 98, p. 245-268, 2003, p. 252-253.

87 Cf. JORGE, Flávio Cheim. *Teoria geral dos recursos*. 7. ed. São Paulo: Revista dos Tribunais, 2015, p. 361.

88 Cf. BARIONI, Rodrigo. *Efeito devolutivo da apelação civil*. São Paulo: Revista dos Tribunais, 2008, p. 165; PUOLI, José Carlos Baptista. Breves considerações a respeito dos efeitos da apelação. *Direito processual civil*, v. II. Coordenação CARVALHO, Milton Paulo de; CASTRO, Daniel Penteado de. São Paulo: Quartier Latin, 2011, p. 387-399, p. 395.

89 Cf. SATTA, Salvatore. *Direito processual civil*, v. II. Tradução Ricardo Rodrigues Gama. Campinas: LZN, 2003, p. 9.

Logo, entre outras hipóteses, nas sentenças que extinguem o processo, sem resolução de mérito, nas sentenças que reconhecem a prescrição ou a decadência, nas sentenças *citra*, *ultra* e *extra petita* e nas sentenças deficientemente fundamentada, sempre que desnecessária a dilação probatória, deve prosseguir com o julgamento do mérito, após reformada a sentença ou afastado o vício que inquina o ato impugnado. Portanto, não se pode admitir que, obrigando-o a lei ao julgamento do recurso, o órgão jurisdicional *ad quem* devolva injustificadamente os autos ao grau inferior[90]. Assim agindo, causa "considerável gasto adicional de tempo e significativo acréscimo de custo para o aparelho judiciário, com ganho qualitativo pouco expressivo"[91]. Definitivamente, inexiste justificativa para atuação diversa do tribunal, com a antieconômica remessa dos autos à instância inferior[92].

3.1.2.1. Apelação contra sentença terminativa e contra a sentença que reconhece a prescrição ou a decadência

As sentenças que consagram quaisquer das hipóteses de extinção do processo, sem resolução de mérito, são decisões "sobre o processo não sobre a pretensão trazida", tendendo a lhe colocar fim, porém não dizimando "o direito de ação e muito menos o direito material"[93]. Denominam-se terminativas, em contraposição às sentenças definitivas, que, efetivamente, julgam o mérito do processo.

A apelação é o recurso apto a atacar as sentenças terminativas. Do seu julgamento pode resultar o afastamento da hipótese de extinção do processo, sem resolução de mérito. Subsequentemente à reforma da decisão impugnada, o órgão recursal está em posição análoga ao juízo de primeiro grau por ocasião do julgamento conforme o estado do processo. Assim, tem diante de si o tribunal todo o originário objeto do processo,

90 Cf. BARIONI, Rodrigo. *Efeito devolutivo da apelação civil.* São Paulo: Revista dos Tribunais, 2008, p. 165; LUCON, Paulo Henrique dos Santos. Art. 515, 3º, do Código de Processo Civil, ordem pública e prequestionamento. *Os poderes do juiz e o controle das decisões judiciais: estudos em homenagem à professora Teresa Celina de Arruda Alvim Wambier.* Coordenação MEDINA, José Miguel Garcia; CRUZ, Luana Pedrosa de Figueiredo; CERQUEIRA, Luis Otavio Sequeira de. GOMES JÚNIOR, Luiz Manoel. São Paulo: Revista dos Tribunais, 2008, p. 37-46, p. 38.

91 MALLET, Estêvão. Reforma da sentença terminativa e julgamento imediato do mérito no processo do trabalho. *Revista da Faculdade de Direito.* São Paulo: Universidade de São Paulo, v. 98, p. 245-268, 2003, p. 252.

92 Cf. CONSOLO, Claudio. *Spiegazioni di diritto processuale civile,* v. II. 10. ed. Torino: G. Giappichelli, 2015, p. 506.

93 DINAMARCO, Cândido Rangel. *Instituições de direito processual civil,* v. III. 2. ed. São Paulo: Malheiros, 2002, p. 184.

não meramente a sentença impugnada[94]. Deve, então, realizar o exame da presença dos demais requisitos de admissibilidade do julgamento do mérito. Positivo o juízo, deve proceder, necessariamente, à apreciação da possibilidade de julgamento do mérito, conhecendo diretamente das pretensões exercidas, caso desnecessária a dilação probatória (artigo 1.013, §3º, inciso I).

Portanto, impõe o legislador o julgamento direto do mérito do processo pela superior instância, na hipótese de afastamento do fundamento da sentença terminativa por ocasião do julgamento da apelação, sem embargo não se tenha enfrentado o mérito do processo no juízo *a quo*[95]. A aplicação da teoria da causa madura alcança todas as modalidades de extinção do processo, sem resolução do mérito propriamente dito. Basta que as questões objeto do processo sejam exclusivamente de direito ou, se de fato e de direito, a matéria fática debatida prescinda da produção de outras provas para seu aclaramento, para além daquelas já constantes dos autos.

O mérito do processo corresponde ao conjunto das pretensões veiculadas pelas partes para seu julgamento pelo Estado-juiz. Nessa linha de ideias, apenas a hipótese prevista no artigo 487, inciso I, cuida de verdadeira sentença de mérito, pois, neste caso, houve julgamento pelo Poder Judiciário das pretensões deduzidas pelas partes. As sentenças que reconhecem a prescrição ou a decadência, bem como as que homologam atos autocompositivos (reconhecimento do pedido, transação, renúncia ao direito), tratam-se, pois, de "falsas sentenças de mérito", porquanto qualificadas pelo legislador como de mérito com o objetivo de serem revestidas pela *auctoritas rei iudicatae*, obstando sua rediscussão em processo diverso.

Os provimentos jurisdicionais que se limitam a homologar atos autocompositivos das partes, via de regra, não comportam a interposição de recurso, a fim de impugná-los, porquanto falece interesse recursal àquele que manifestou sua vontade no processo com vistas a reconhecer o pedido do adversário, transacionar ou renunciar ao seu direito. O cabimento de recurso de apelação estaria restrito a raras hipóteses, como da ausência de intervenção do Ministério Público em processos em que obrigatória sua atuação como fiscal da ordem jurídica.

---

94 Cf. RASCIO, Nicola. *L'oggetto dell'appello civile.* Napoli: Jovene, 1996, p. 339-342 e 366.

95 Antônio Carlos de Araújo Cintra já defendia, quinze anos antes da modificação introduzida pela Lei n. 10.352/01, a possibilidade, *de lege ferenda*, do julgamento direto do mérito em segundo grau de jurisdição, se reformada a sentença terminativa (*Sobre os limites objetivos da apelação civil.* Tese. São Paulo: [s.n.], 1986, p. 106-107).

Entretanto, cotidianamente, sentenças são proferidas reconhecendo a consumação da prescrição e da decadência, com sua impugnação por meio da interposição do recurso de apelação. Constatando o tribunal que a pretensão ou o direito potestativo não estavam extintos pelo decurso do prazo estipulado em lei para o seu exercício, deve levar a efeito a reforma da sentença e, deparando-se com a subsunção do caso à disciplina do artigo 355, julgar o mérito propriamente dito do processo. Caso pendentes questões de fato de solução por meio da produção de provas, os autos devem ser reenviados ao primeiro grau para instauração de regular fase de instrução processual.

O julgamento do mérito era imposto à superior instância, por ocasião da reforma da sentença terminativa na vigência do Código de Processo Civil de 1973, como se extrai do seu artigo 515, § 3º. Não obstante a ausência de expressa previsão legal, a doutrina e a jurisprudência já se posicionavam no sentido de que o tribunal deveria proceder da mesma forma quando da impugnação pelo recurso das "falsas sentenças de mérito", como aquelas que reconhecem a prescrição e decadência[96]. Evidentemente, idênticas as hipóteses a exigir a mesma solução, em que pese não as ter o legislador disciplinado especificamente. Atento ao rigor técnico, caminhou o Código de Processo Civil de 2015 na direção da regulação expressa da aplicação da teoria da causa madura nos casos de reforma das sentenças que declaram a consumação da prescrição ou da decadência (artigo 1.013, §4º, do Código de Processo Civil), dissipando, doravante, quaisquer dúvidas acerca do seu cabimento.

3.1.2.2. Apelação contra sentença nula

O processo é instrumento de consecução do direito material. Os atos do procedimento que o integram devem observar a forma previamente estabelecida em lei para sua prática. Contudo, não se pode admitir transmude-se a forma em mera formalidade, despida de valor intrínseco. Sua imposição somente é válida à medida que seu desrespeito afaste o ato procedimental da finalidade colimada pelo legislador. Sempre que a inobservância à forma não causar prejuízo ao adversário deve ser descon-

96 Cf. ARAÚJO CINTRA, Antônio Carlos de. *Sobre os limites objetivos da apelação civil*. Tese. São Paulo: [s.n.], 1986, p. 106-107; BARIONI, Rodrigo. *Efeito devolutivo da apelação civil*. São Paulo: Revista dos Tribunais, 2008, p. 161; ELIAS, Carlos Eduardo Stefen. *Apelação: os limites objetivos do efeito devolutivo*. São Paulo: Atlas, 2010, p. 61; OLIVEIRA, Gleydson Kleber Lopes. *Apelação no direito processual civil*. Tese de Doutorado. São Paulo: Faculdade de Direito da Pontifícia Universidade Católica de São Paulo, 2005, p. 231-232; STJ, EREsp 89.240/RJ, Corte Especial, Rel. Ministro Sálvio de Figueiredo Teixeira, julgado em 06/03/2002, DJ 10/03/2003.

siderada. De seu turno, o agente estatal comprometido com a outorga da tutela jurisdicional justa deve conferir à parte que infringiu a disposição legal, se possível, oportunidade de correção do vício, aproveitando o processo. Os compromissos com a instrumentalidade, celeridade e efetividade do processo são exigidos dos juízes atuantes em todos os graus de jurisdição. Logo, no julgamento do recurso de apelação, defeso ao tribunal deles se afastar[97].

Nulidades, na esfera processual, são máculas que acometem os atos do procedimento. Diferentemente do plano do direito material em que as nulidades absolutas não admitem conservação ou convalidação, tanto estas como as nulidades relativas comportam sejam desconsideradas ou sanadas no processo civil, em virtude dos princípios da economia, instrumentalidade das formas e da ausência de prejuízo[98]. O aproveitamento do ato ou a admissão de seu reparo não se liga à gravidade do vício[99], tampouco exige manifestação da parte interessada[100]. Da mesma forma, na seara processual, não persiste diferença entre exigência de desconstituição das nulidades relativas e mera declaração das nulidades absolutas, vez que todas impõem sejam decretadas[101].

Os provimentos jurisdicionais, como qualquer outro ato processual, podem vir a ser acoimados de nulidade. O vício pode alcançar a decisão proferida em si ou os atos que lhe são antecedentes, gerando, por

---

97 "Resumindo: ser juiz ativo e interessado não é função apenas do primeiro grau. Com efeito, a mesma postura deve ser cobrada dos julgadores em segunda instância, eis que o atual 'momento' de compreensão da técnica dos efeitos da apelação em muito pode colaborar no acesso à ordem jurídica justa e para obtenção da tutela jurisdicional em prazo razoável e sem dilação indevida" (PUOLI, José Carlos Baptista. Breves considerações a respeito dos efeitos da apelação. *Direito processual civil*, v. II. Coordenação CARVALHO, Milton Paulo de; CASTRO, Daniel Penteado de. São Paulo: Quartier Latin, 2011, p. 387-399, p. 399).

98 Cf. BEDAQUE, José Roberto dos Santos. Nulidades processuais e apelação. *Revista de Direitos e Garantias Fundamentais*. Vitória: Faculdade de Direito de Vitória, n. 1, p. 225-254, 2006, p. 227-228 e 230; NERY JUNIOR, Nelson. *Princípios fundamentais: teoria geral dos recursos*. 4. ed. São Paulo: Revista dos Tribunais, 1997, p. 171; WAMBIER, Teresa Celina de Arruda Alvim. *Nulidades do processo e da sentença*. 7. ed. São Paulo: Revista dos Tribunais, 2013, p. 133. Contra KOMATSU, Roque. *Da invalidade no processo civil*. São Paulo: Revista dos Tribunais, 1991, p. 254.

99 Cf. WAMBIER, Teresa Celina de Arruda Alvim. *Nulidades do processo e da sentença*. 7. ed. São Paulo: Revista dos Tribunais, 2013, p. 288.

100 Cf. BEDAQUE, José Roberto dos Santos. Nulidades processuais e apelação. *Revista de Direitos e Garantias Fundamentais*. Vitória: Faculdade de Direito de Vitória, n. 1, p. 225-254, 2006, p. 231.

101 Cf. KOMATSU, Roque. *Da invalidade no processo civil*. São Paulo: Revista dos Tribunais, 1991, p. 206-208; WAMBIER, Teresa Celina de Arruda Alvim. *Nulidades do processo e da sentença*. 7. ed. São Paulo: Revista dos Tribunais, 2013, p. 149-150.

consequência, a sua nulidade. A sentença deve compor-se de relatório, fundamentação e dispositivo (artigo 469, incisos I, II e III). Há uma variada gama de vícios que podem atingi-la. A análise exemplificativa focará naqueles mais presentes nos julgamentos dos recursos de apelação[102].

O relatório deve, sucintamente, indicar as partes; alinhavar as alegações de fato que amparam a pretensão (causa de pedir remota); expor os efeitos jurídicos que o ordenamento jurídico a eles cominaria, segundo afirmado pelos litigantes (causa de pedir próxima); reproduzir os pedidos; arrolar os fundamentos de fato e de direito da defesa; e registrar as principais ocorrências havidas no curso do processo com aptidão de influenciar na formação do convencimento do julgador, sobretudo, as provas que foram produzidas.

A fundamentação contém o exame do preenchimento dos requisitos de admissibilidade do julgamento do mérito; das alegações de fato consoante o conjunto probatório coligido aos autos; e dos fundamentos jurídicos (causa de pedir próxima e fundamentos da defesa). Portanto, não são examinadas apenas questões controvertidas de fato e de direito, abarcando a fundamentação, inclusive, a identificação de quais alegações resultaram em pontos pacíficos, já que nem todas são, ordinariamente, objeto de controvérsia.

O dispositivo tem por conteúdo a decisão sobre o mérito do processo, julgando, então, as pretensões deduzidas pelas partes e concretizadas nos pedidos. Também, eventual desfecho anômalo do processo por sua extinção, sem ou com falsa resolução de mérito.

Defeitos que inquinam o relatório consubstanciam-se em meras irregularidades, insuscetíveis de invalidar o comando sentencial. Todavia, os vícios que alcançam a fundamentação e o dispositivo têm aptidão para se revestirem da qualidade de nulidades.

O artigo 93, inciso IX, da Constituição Federal exige que todas as decisões dos órgãos do Poder Judiciário sejam motivadas, sob pena de nulidade. A fundamentação deve ser vista sob o prisma do contraditório, possibilitando a impugnação pela parte inconformada com

102 A par da discussão acerca da afetação do plano da existência ou da validade, por exemplo, outro defeito arrolado pela doutrina é a prolação de sentença por órgão despido de jurisdição (cf. JAUERNIG, Othmar. *Direito processual civil*. 25. ed., totalmente refundida, da obra criada por Friedrich Lent. Tradução F. Silveira Ramos. Coimbra: Almedina, 2002, p. 314; WAMBIER, Teresa Celina de Arruda Alvim. *Nulidades do processo e da sentença*. 7. ed. São Paulo: Revista dos Tribunais, 2013, p. 468). Veja-se a hipótese não impossível de se deparar com juiz que tenha requerido sua aposentadoria voluntária e, não obstante, profere sentença ou participa de sessão de julgamento colegiado após seu deferimento.

a decisão proferida[103]. No Código de Processo Civil de 2015, a motivação das decisões judiciais ostenta regramento pormenorizado. Nesse passo, o artigo 489, § 1º, deu contornos de maior concretude à disposição constitucional, explicitando, em rol exemplificativo, o que não se considera uma decisão judicial fundamentada[104]. Todas as hipóteses arroladas correspondem a decisões que são maculadas de invalidade, aplicando-se tanto às decisões interlocutórias como às sentenças.

A falta de fundamentação, evidentemente, vai além das hipóteses listadas. Sempre que uma questão essencial é olvidada ou deficientemente enfrentada padece o julgamento de nulidade. Faz-se necessário estear-se a decisão nos fatos alegados pelas partes ou cuja cognição, por expressa disposição legal, é admissível de ofício[105]. De se anotar que abre a via da ação rescisória o reconhecimento de fato inexistente ou a desconsideração de fato efetivamente ocorrido verificável do exame dos autos, caso não represente ponto controvertido sobre o qual o juiz deveria ter se pronunciado (artigo 966, inciso VIII e §1º)[106]. De seu turno, entendendo que as consequências jurídicas afirmadas como decorrente do arcabouço fático não se produzem no caso *sub examine*, deve negar a tutela jurisdicional pleiteada, não podendo emprestar aos fatos efeitos diversos daqueles pleiteados pelos litigantes. Logo, não se admite ao julgador, sob pena de incorrer em nulidade, distanciar-se das causas de

---

103 Cf. LUCON, Paulo Henrique dos Santos. Inovações do Código de Processo Civil de 2015 e seus reflexos em matéria recursal. *O Novo Código de Processo Civil*. Organização MENDES, Aluisio Gonçalves de Castro. Rio de Janeiro: Escola da Magistratura Regional Federal da 2ª Região, 2016, p. 307-319, p. 314-315.

104 Cf., sobre o tema, MENDES, Anderson Cortez. Dever de fundamentação no novo código de processo civil e os precedentes vinculantes. *Revista Eletrônica de Direito Processual - REDP*. Rio de Janeiro: Universidade Estadual do Rio de Janeiro, v. 16, p. 2-28, julho a dezembro de 2015, p. 18-19 e 24-25.

105 Cf. STJ, AgRg no REsp 1168028/GO, Terceira Turma, Rel. Ministro Massami Uyeda, julgado em 20/11/2012, DJe 03/12/2012.

106 Acolhe-se o entendimento do Supremo Tribunal Federal no sentido de que não "se admite produção de prova tendente a demonstrar a inexistência do fato admitido pelo juiz ou a ocorrência de fato considerado inexistente", assim como que exigida, "para a rescisão do julgado, apenas a existência de fato incontroverso sobre o qual a sentença pronunciou-se" (AR 1.607, Tribunal Pleno, Rel. Ministro Joaquim Barbosa, Rel. p/ Acórdão Ministro Eros Grau, julgado em 30/03/2006, DJ 29-09-2006). "Se o erro ocorreu na análise de um fato essencial, controvertido entre as partes, e que se constituía em tema a ser resolvido pela sentença, não se permite sua revisão em sede de ação rescisória" (BARIONI, Rodrigo. *Breves comentários ao novo Código de Processo Civil*. Coordenação WAMBIER, Teresa Celina de Arruda Alvim; DIDIER JUNIOR, Fredie; TALAMINI, Eduardo; DANTAS, Bruno. São Paulo: Revista dos Tribunais, 2015, p. 2.155).

pedir remota e próxima, bem como dos fatos impeditivos, modificativos ou extintivos levantados não cognoscíveis de ofício.

A sentença, sobretudo, deve se ater as demandas deduzidas. Deduzida a demanda, presente o dever decisório do juiz[107]. Em consequência, a sentença deve, necessariamente, decidir todas as pretensões deduzidas pelas partes, uma vez preenchidos os requisitos de admissibilidade de seu julgamento. A sentença deve, porém, limitar-se a julgar as pretensões na sua exata medida como consequência do princípio da inércia jurisdicional ou da demanda. Assim, é defesa a prolação de provimento outorgando tutela jurisdicional àquele que não assumiu a condição de parte no processo. O provimento jurisdicional deve, pois, julgar, estritamente, o mérito do processo, não podendo ir além, tampouco ficar aquém do seu conteúdo, sob pena de padecer de nulidade. Extrai-se da assertiva a regra da congruência, adstrição ou correlação entre o provimento jurisdicional e as demandas deduzidas pelas partes.

A sentença é *extra petita* nas hipóteses em que destoe das demandas veiculadas. Assim, confere bem da vida ou nova situação jurídica não pleiteada, outorga modalidade de tutela jurisdicional diversa da pedida, funda-se em causa de pedir não arrolada ou impõe a tutela jurisdicional a favor ou em desfavor de quem não foi invocada. A sentença é *ultra petita* se transborda do conjunto das demandas. Logo, concede à parte além do bem da vida ou da nova situação jurídica postulada. Ambas violam aos artigos 141 e 492, *caput*. A sentença é *citra petita* caso não julgue a integralidade das demandas postas. Destarte, deixa de apreciar pretensão exercida de obtenção de um bem da vida ou de uma nova situação jurídica, ou, ainda, uma de suas causas de pedir. Vai, então, de encontro ao disposto pelo artigo 490. Considere-se demanda pedindo declaração de resolução de contrato e o ressarcimento por danos materiais no importe de R$10.000,00. Consiste em sentença *extra petita* aquela que condena à reparação por danos morais, em sentença *ultra petita* aquela que condena ao ressarcimento de R$20.000,00, e em sentença *citra petita* aquela que se limita a decidir sobre a resolução de contrato.

Com efeito, portanto, sentenças sem adequada fundamentação, assim como que vão além ou ficam aquém das demandas deduzidas pelas partes são maculadas de nulidade[108]. Vozes já se levantavam acerca da

---

107 Cf. MANDRIOLI, Crisanto. CARRATA, Antonio. *Diritto processuale civile*, v. I, 25. ed. Torino: G. Giappichelli, 2016, p. 103.

108 Todavia, transitadas em julgado, o vício fica sanado. *Citra petita* o julgado, fica franqueada ao demandante a propositura de nova demanda, com dedução do pedido olvidado, já que o se reveste da autoridade da coisa julgada material são os seus capítulos, não as pretensões exercidas (Cf. BARBOSA MOREIRA, José Carlos. Item do pedido sobre o qual não houve decisão. Possibilidade de reiteração em outro pro-

possibilidade do julgamento direto do mérito quando da anulação das sentenças *extra*, *ultra* e *citra petita*, assim como daquelas deficientemente fundamentadas no julgamento do recurso de apelação[109], o que, agora, vem expressamente consagrado no Código de Processo Civil de 2015. Assim, é mister que órgão de segundo grau prolate provimento jurisdicional agregando a fundamentação faltante (artigo 1.013, §3º, inciso IV), extirpando o capítulo que julga o pedido não deduzido ou que avança sobre seus limites (artigo 1.013, §3º, inciso II), ou, ainda, decidindo o pedido não abarcado na sentença (artigo 1.013, §3º, inciso III).

Em verdade, na sentença *ultra* e, exclusivamente, *extra petita*, a nulidade atinge somente capítulo da sentença que, extirpado, sequer exige a complementação do julgamento[110]. Nas sentenças *citra* e, cumulativa-

---

cesso. *Temas de direito processual*, 2. Série. 2. ed. São Paulo: Saraiva, 1988, p. 241-252, p. 243; MANDRIOLI, Crisanto. CARRATA, Antonio. *Diritto processuale civile*, v. I, 25. ed. Torino: G. Giappichelli, 2016, p. 195). *Ultra ou extra petita* o provimento jurisdicional, o demandado fica sujeito aos seus efeitos, ultrapassado o prazo para ajuizamento da ação rescisória. Contra Teresa Celina de Arruda Alvim Wambier, que defende que a sentença *extra petita* é inexistente, porque faltante o pedido que se constituiria em pressuposto processual de sua existência. Assim seria atacável, a qualquer tempo, por ação declaratória de inexistência (*Nulidades do processo e da sentença*. 7. ed. São Paulo: Revista dos Tribunais, 2013, p. 308, 312 e 472).

---

109 Cf., quanto às sentenças *extra* e *ultra petita*, OLIVEIRA, Gleydson Kleber Lopes. *Apelação no direito processual civil*. Tese de Doutorado. São Paulo: Faculdade de Direito da Pontifícia Universidade Católica de São Paulo, 2005, p. 263; WAMBIER, Teresa Celina de Arruda Alvim. *Nulidades do processo e da sentença*. 7. ed. São Paulo: Revista dos Tribunais, 2013, p. 312; às sentenças *extra* e *citra petita*, LUCON, Paulo Henrique dos Santos. Art. 515, 3º, do Código de Processo Civil, ordem pública e prequestionamento. *Os poderes do juiz e o controle das decisões judiciais: estudos em homenagem à professora Teresa Celina de Arruda Alvim Wambier*. Coordenação MEDINA, José Miguel Garcia; CRUZ, Luana Pedrosa de Figueiredo; CERQUEIRA, Luis Otavio Sequeira de. GOMES JÚNIOR, Luiz Manoel. São Paulo: Revista dos Tribunais, 2008, p. 37-46, p. 39; às sentenças *citra petita*, DINAMARCO, Cândido Rangel. O efeito devolutivo da apelação e de outros recursos. *Nova era do processo civil*. 3. ed. São Paulo: Malheiros, 2009, p. 163-184, p. 183-184; STJ, REsp 918.084/AL, Quarta Turma, Rel. Ministro Luis Felipe Salomão, julgado em 06/08/2009, DJe 24/08/2009; às sentenças sem adequada fundamentação, PUOLI, José Carlos Baptista. Breves considerações a respeito dos efeitos da apelação. *Direito processual civil*, v. II. Coordenação CARVALHO, Milton Paulo de; CASTRO, Daniel Penteado de. São Paulo: Quartier Latin, 2011, p. 387-399, p. 398-399; às sentenças *extra petita*, STJ, AgRg no REsp 1194018/SP, Terceira Turma, Rel. Ministro Ricardo Villas Bôas Cueva, julgado em 07/05/2013, DJe 14/05/2013; REsp 796.296/MA, Primeira Turma, Rel. Ministro José Delgado, julgado em 04/05/2006, DJ 29/05/2006.

110 Cf. SIQUEIRA, Thiago Ferreira. Duplo grau de jurisdição e "teoria da causa madura" no Novo Código de Processo Civil. *Processos nos tribunais e meios de impugnação às decisões judiciais*. Organização MACÊDO, Lucas Buril; PEIXOTO, Ravi; FREIRE, Alexandre. Salvador: JusPodivm, 2015, p. 583-610, p. 604.

mente, *citra* e *extra petita*, ao reconhecer o vício que as inquina no julgamento do recurso de apelação, o tribunal deve decidir a integralidade do mérito do processo, se desnecessária dilação probatória, isto é, deparando-se com a situação retratada no artigo 355. Em que pese a pecha de nula da decisão sem suficiente fundamentação decorrer do disposto na Constituição Federal, inexiste óbice à sua declaração pelo órgão recursal e imediata prolação de novo julgamento com a correção do vício[111]. De fato, o texto constitucional não impõe que os autos sejam remetidos ao juízo *a quo* para novo julgamento, de sorte que o legislador ordinário poderia atribui-lo licitamente ao juízo *a quem*, como fez.

Validamente, intrínseca a nulidade à sentença, acórdão deve ser prolatado, com sua anulação e, incontinenti, substituição, alcançando, se desnecessária a produção de outras provas, o mérito do processo[112]. A anulação da sentença proferida e reenvio do processo para novo julgamento em primeiro grau de jurisdição contraria o direito positivo, bem como os imperativos de efetividade e razoável duração do processo. Diversamente, dar-se-á quando o ato procedimental que precede o *decisum* impugnado é maculado por nulidade insanável, o que abarca a necessidade de produção de outras provas. Neste caso, depois da anulação daquele, vez que os atos posteriores são acoimados de idêntico vício, imperativo o envio dos autos ao juízo *a quo* para seu refazimento e prosseguimento da marcha procedimental, se inviável assim se proceda em segundo grau.

Independentemente da natureza do vício, caso se mostre possível a sua regularização em segundo grau de jurisdição, sem prejuízo ao adversário, o órgão recursal deve conferir a oportunidade para a parte para tanto[113]. Nessa esteira, fala-se "em sanatória do ato inválido, ou de seu

---

111 Cf. SIQUEIRA, Thiago Ferreira. Duplo grau de jurisdição e "teoria da causa madura" no Novo Código de Processo Civil. *Processos nos tribunais e meios de impugnação às decisões judiciais*. Organização MACÊDO, Lucas Buril; PEIXOTO, Ravi; FREIRE, Alexandre. Salvador: JusPodivm, 2015, p. 583-610, p. 606

112 Contra Teresa Celina de Arruda Alvim Wambier e Flávio Cheim Jorge, para quem os autos devem ser remetidos ao primeiro grau, sob pena de violação da ampla defesa e do contraditório pela disposição (*Nulidades do processo e da sentença*. 7. ed. São Paulo: Revista dos Tribunais, 2013, p. 257; *Teoria geral dos recursos*. 7. ed. São Paulo: Revista dos Tribunais, 2015, p. 365). Também, Rodrigo Barioni, para quem acoimado o ato de nulidade absoluta, deve ser remetido à origem para que o vício seja sanado (*Efeito devolutivo da apelação civil*. São Paulo: Revista dos Tribunais, 2008, p. 184). As posições, no entanto, não se sustentam. Tendo podido as partes exercer seus poderes e faculdades, bem como se desincumbir dos seus deveres e ônus, não se divisa qualquer mácula na atribuição do julgamento ao tribunal.

113 Cf. PUOLI, José Carlos Baptista. Breves considerações a respeito dos efeitos da apelação. *Direito processual civil*, v. II. Coordenação CARVALHO, Milton Paulo de; CASTRO, Daniel Penteado de. São Paulo: Quartier Latin, 2011, p. 387-399, p. 399.

convalecimento ou convalidação da nulidade, quando se intenta remover o vício que inquina o ato a fim de que ele possa produzir ou continuar a produzir os efeitos que se tinham e se têm em mira"[114]. Em "todos os casos em que lhe é reconhecida relevância, ato imperfeito tem necessidade, para alcançar a mesma relevância do ato perfeito, de ser seguido de um outro fato, cuja realização está em preencher o elemento faltante ou em sanar o defeito"[115].

Definitivamente, não "é missão do juiz, com respeito às nulidades processuais, unicamente declará-las. Deve, sobretudo, preveni-las"[116]. Em disposição análoga aquela retratada no artigo 515, §4º, do Código de Processo Civil de 1973, constatando a ocorrência de vício sanável, inclusive aquele que possa ser conhecido de ofício, o relator ou o órgão colegiado deverá determinar a realização ou renovação do ato processual, intimadas as partes, prosseguindo sempre que possível no julgamento da apelação, sem decretar a nulidade, depois de cumprida a diligência, no próprio tribunal ou em primeiro grau de jurisdição (artigo 938, §§1º e 4º).

Comportam reparo tanto os vícios surgidos após como antes da prolação do provimento jurisdicional final. Devem-se admitir, inclusive, medidas não previstas no procedimento recursal[117]. Assim, os artigos 4º, 139, IX, 277 e 282, §§1º e 2º, 317, 352 e 488 que consagram os princípios da primazia do julgamento do mérito, da instrumentalidade das formas e do aproveitamento dos atos processuais atuam com idêntica intensidade no processo e julgamento do recurso de apelação. A interpretação é, igualmente, extraída dos artigos 281 e 282, *caput*, que dispõem que anulado o ato, consideram-se de nenhum efeito todos os subsequentes que dele dependam, todavia, o defeito de uma parte do ato não prejudicará as outras que dela sejam independentes; bem como que ao pronunciar a nulidade, o juiz declarará que atos são atingidos e ordenará as providências necessárias a fim de que sejam repetidos ou retificados.

---

114 KOMATSU, Roque. *Da invalidade no processo civil*. São Paulo: Revista dos Tribunais, 1991, p. 260.

115 *Idem. Ibidem*, p. 260.

116 Cf. *Idem. Ibidem*, p. 216.

117 Cf. BEDAQUE, José Roberto dos Santos. Nulidades processuais e apelação. *Revista de Direitos e Garantias Fundamentais*. Vitória: Faculdade de Direito de Vitória, n. 1, p. 225-254, 2006, p. 232. Nesse passo, deve-se trazer até mesmo "parte da instrução, quando isso for razoável e factível no caso concreto, para o procedimento recursal", o que permitirá "o julgamento do mérito em sede recursal sem a necessidade de devolução dos autos à origem, após a anulação da sentença anteriormente proferida" (LEONEL, Ricardo de Barros. Cognição judicial em grau de apelação, à luz das reformas do CPC. *Justitia*. São Paulo: Ministério Público do Estado de São Paulo, v. 64, n. 197, p. 199-210, julho a dezembro de 2007, p. 206).

Cumpre observar, no entanto, que o pronunciamento da nulidade, com repetição do ato ou supressão da falta, sequer deve acontecer se alcançar sua finalidade, não prejudicar a parte que a decretação aproveitaria ou o mérito puder ser decidido em seu favor (artigos 277, 282, §§ 1º e 2º). Incide o que se denominou "princípio da conservação", que "indica a conveniência de preservar a existência, validade e eficácia dos atos e inclusive das próprias instituições, em face da possibilidade de sua anulação ou perda, o que levaria a um resultado desvalioso"[118]. Confere-se a um ato que se distancia do modelo legal os efeitos que seriam produzidos caso praticado o ato perfeitamente[119]. Assim, alcança sua finalidade a intimação da sentença feita à Defensoria Pública pela sua publicação no Diário de Justiça Eletrônico, se vem a ser interposto tempestivamente recurso em favor do seu assistido. Não prejudica o réu a sentença que acolhe impugnação à gratuidade da justiça e, ao mesmo tempo, julga improcedente a demanda sem exigir que o autor, previamente, recolha a taxa judiciária devida. Não impede o acolhimento da integralidade das pretensões que exerceu a irregularidade da representação processual do demandante, uma vez que a exigência de postulação por meio de advogado visa a proteger ao próprio litigante, não ao seu adversário. Em nenhum dos três casos, o desvio do modelo legal deve acarretar a decretação de nulidade.

Do mesmo modo, a declaração da nulidade em segundo grau de jurisdição é inadmissível se consumada a preclusão, o que se verifica quando exige arguição pela parte, salvo se as razões ou contrarrazões da apelação não se tratarem da primeira oportunidade de manifestação ou provado legítimo impedimento para a sua veiculação anterior (artigo 278). Em consequência, a aquiescência, expressa ou tácita, do litigante torna o ato, embora defeituoso, apto a continuar produzindo seus efeitos[120]. Tratando-se por defeito de forma, ainda, é vedado à parte que lhe deu causa arguir sua nulidade (artigo 276).

Logo, deve ser avaliada a possibilidade de conservação ou convalidação do defeito, prosseguindo, então, independentemente de qualquer providência[121]. O ato processual viciado pode ser conservado, convalidado ou sanado, mediante ratificação, retificação ou repetição. O ato processual faltante, por sua vez, pode ser suprido, com a sua prática

118 KOMATSU, Roque. *Da invalidade no processo civil.* São Paulo: Revista dos Tribunais, 1991, p. 247.

119 Cf. *Idem. Ibidem*, p. 249.

120 Cf. KOMATSU, Roque. *Da invalidade no processo civil.* São Paulo: Revista dos Tribunais, 1991, p. 243.

121 Cf. BEDAQUE, José Roberto dos Santos. Nulidades processuais e apelação. *Revista de Direitos e Garantias Fundamentais.* Vitória: Faculdade de Direito de Vitória, n. 1, p. 225-254, 2006, p. 232.

em momento posterior[122]. A conservação, convalidação ou outorga da possibilidade de correção do defeito é dever do órgão recursal[123]. Então, somente se insanável ou se não foi sanado, quando necessária sua correção, a nulidade deverá ser pronunciada. Assim ocorre na hipótese em que a irregularidade da representação do autor é constatada somente em segundo grau de jurisdição e, não obstante intimado, queda-se inerte, deixando de sanar o vício. Não tendo sido debatida no processo anteriormente, antes da sua pronúncia, a questão da nulidade deve ser submetida ao contraditório (artigo 10)[124]. De se anotar que o convalescimento, a renovação ou a retificação alcança o ato processual, não a nulidade em si[125], que "expressa a inidoneidade de alguma ação poder alcançar a conseqüência jurídica, a que se propôs como fim o agente"[126]. Não há, por conseguinte, identidade entre vício e invalidade[127].

3.2. Profundidade

A profundidade da devolução da apelação corresponde ao material transmitido à cognição do tribunal[128]. No sistema processual brasileiro, é ampla dentro da órbita do capítulo impugnado, restringindo-se a limitação, portanto, à sua extensão[129]. O julgamento do recurso pelo tribunal engloba, para além da matéria impugnada expressamente pela parte recorrente, as questões que são dela dependentes e aquelas que o legislador permite conhecimento de ofício. Em consequência, prescinde, em algumas hipóteses, da sua veiculação nas razões ou contrarrazões do

122 Cf. KOMATSU, Roque. *Da invalidade no processo civil*. São Paulo: Revista dos Tribunais, 1991, p. 266.

123 Cf. JORGE, Flávio Cheim. *Teoria geral dos recursos*. 7. ed. São Paulo: Revista dos Tribunais, 2015, p. 378.

124 Cf. BONIZZI, Marcelo José Magalhães. *Princípios do processo no novo Código de Processo Civil*. São Paulo: Saraiva, 2016, p. 219.

125 Cf. JORGE, Flávio Cheim. *Teoria geral dos recursos*. 7. ed. São Paulo: Revista dos Tribunais, 2015, p. 376.

126 Cf. KOMATSU, Roque. *Da invalidade no processo civil*. São Paulo: Revista dos Tribunais, 1991, p. 189.

127 Cf. *Idem. Ibidem*, p. 207.

128 Cf. LUCON, Paulo Henrique dos Santos. Art. 515, 3º, do Código de Processo Civil, ordem pública e prequestionamento. *Os poderes do juiz e o controle das decisões judiciais: estudos em homenagem à professora Teresa Celina de Arruda Alvim Wambier*. Coordenação MEDINA, José Miguel Garcia; CRUZ, Luana Pedrosa de Figueiredo; CERQUEIRA, Luis Otavio Sequeira de. GOMES JÚNIOR, Luiz Manoel. São Paulo: Revista dos Tribunais, 2008, p. 37-46, p. 39.

129 Cf. FREDERICO MARQUES, José. *Manual de direito processual civil*, v. III. São Paulo: Saraiva, 1974, p. 143.

recurso, do conhecimento da questão pelo juiz singular ou, ainda, da sua dedução em primeiro grau de jurisdição[130].

Com efeito, afora a matéria impugnada, são englobadas pela profundidade dos limites objetivos da apelação as questões suscitadas e discutidas no processo, ainda que a sentença não as tenha julgado por inteiro; os fundamentos do pedido ou da defesa, embora acolhido em primeiro grau de jurisdição apenas um deles; as matérias cognoscíveis de ofício, embora não enfrentadas em primeiro grau de jurisdição; e as questões anteriores à sentença, decididas e não impugnáveis por agravo de instrumento ou não decididas. Toda essa gama de questões inerentes aos capítulos impugnados da decisão e àqueles que destes são dependentes tem sua cognição admitida pelo órgão recursal. Nestes limites, o órgão recursal é investido dos mesmos poderes e deveres do juiz de primeiro grau[131].

3.2.1. Matéria impugnada

A apelação resulta da vontade da parte voltada a impugnar uma sentença ou decisão interlocutória não agravável que resultou em prejuízo à sua esfera jurídica. Como consequência do princípio dispositivo, por meio da interposição do recurso, o sucumbente pode, diante do *decisum*, optar por com ele se conformar, atacar a integralidade do ato ou se insurgir parcialmente contra seu conteúdo. Dentro deste esquadro, pode levar todas as questões que foram ou deveriam ter sido objeto da sentença a conhecimento pelo tribunal, a fim de fazer valer sua pretensão à obtenção do bem da vida ou da nova situação jurídica reclamada. Pode, ainda, levar todas as questões que foram decididas incidentalmente no curso do procedimento contra as quais não pôde valer-se do agravo de instrumento. Pode, no entanto, limitar o fundamento do seu inconformismo às questões que, a seu juízo, possuem maior probabilidade em atuar em seu favor na formação do convencimento do julgador.

Consagra, assim, o artigo 1.013, *caput*, o princípio *tantum devolutum quantum appellatum*. A matéria que não tenha sido objeto de motivação pelo apelante em suas razões não é presumida como impugnada, não obrigando ao órgão julgador ao seu enfrentamento no julgamento do recurso[132].

---

130 Cf. ELIAS, Carlos Eduardo Stefen. *Apelação: os limites objetivos do efeito devolutivo*. São Paulo: Atlas, 2010, p. 16-17.

131 Cf. ASSIS, Araken de. *Manual dos recursos*. 6. ed. São Paulo: Revista Tribunais, 2014, p. 90; CHIOVENDA, Giuseppe. *Principios de derecho procesal civil*, t. II. Tradução José Casáis y Santaló. Madrid: Editorial Reus, 1925, p. 492.

132 Cf. BONIZZI, Marcelo José Magalhães. *Capítulos de sentença e efeitos dos recursos*. São Paulo: RCS, 2006, p. 97; ELIAS, Carlos Eduardo Stefen. *Apelação: os limites objetivos do efeito devolutivo*. São Paulo: Atlas, 2010, p. 34.

Portanto, o tribunal não está obrigado a julgar a decisão impugnada, mas sim a rejulgar a matéria objeto da impugnação[133]. Logo, descabe a oposição de embargos de declaração, nestas situações, sob o fundamento de omissão acerca de questões que não foram expressamente impugnadas. Entretanto, as questões que restaram prejudicadas por ocasião da formação do convencimento do juiz singular tornam à cognição do tribunal em caso de impugnação das questões que lhe foram prejudicantes[134]. As questões impugnadas e aquelas prejudicadas, nesta medida, devem ser apreciadas pelo órgão recursal, não se devendo confundi-las com argumentos, juízos de valor e meras considerações das partes, as quais não, necessariamente, devem ser enfrentadas por ocasião do julgamento[135].

Não é lícito, ao apelar, que o autor altere a sua causa de pedir e o seu pedido ou que o réu modifique sua *causa excipiendi*, como se extrai do artigo 1.014, ressalvada a hipótese de superveniência e de outras exceções expressamente consagradas na lei[136]. Não pode, assim, o autor levantar outros fatos constitutivos ou violadores do seu direito que já conhecia, ou, ainda, postular pela incidência de efeito jurídico diverso do inicialmente pleiteado. Do mesmo modo, não se admite ao réu a veiculação de outros fundamentos de fato a corroborar sua oposição à pretensão contra si exercida.

Os fatos, no entanto, que se proíbe a alegação são aqueles tidos por principais, uma vez que a arguição de fatos secundários, já devidamente comprovados nos autos, deve ser permitida, não se sujeitando à preclusão[137]. Nesse diapasão, o "juízo recursal deve agir com muita cautela para não confundir eventual aprofundamento da cognição sobre certa questão discutida no interim processual, com a apresentação de novo fundamento de fato por parte do litigante. Esta é proibida; aquele não"[138]. Enfim, o

133 Cf. BARBOSA MOREIRA, José Carlos. *Comentários ao Código de Processo Civil*, v. V. 15. ed. Rio de Janeiro: Forense, 2010, p. 457.

134 Cf. PONTES DE MIRANDA, Francisco Cavalcanti. *Comentários ao código de processo civil*, t. VII. Rio de Janeiro: Forense, 1999, p. 149.

135 Cf. ABRANTES GERALDES, António Santos. *Recursos no novo Código de Processo Civil*. 3. ed. Coimbra: Almedina, 2016, p. 95-96.

136 Cf. OLIVA SANTOS, Andrés de la. DÍEZ-PICAZO GIMÉNEZ, Ignacio; VEGAS TORRES, Jaime. *Curso de derecho procesal civil*, v. II. 3. ed. Madrid: Universitaria Ramón Areces, 2016, p. 286; SEABRA FAGUNDES, Miguel. *Dos recursos ordinários em matéria civil*. Rio de Janeiro: Forense, 1946, p. 209-210.

137 Cf. PIMENTA, Paulo. *Processo civil declarativo*. Coimbra: Almedina, 2015, p. 138; SEABRA FAGUNDES, Miguel. *Dos recursos ordinários em matéria civil*. Rio de Janeiro: Forense, 1946, p. 294.

138 ELIAS, Carlos Eduardo Stefen. *Apelação: os limites objetivos do efeito devolutivo*. São Paulo: Atlas, 2010, p. 43.

fato provado, mas não alegado, pode ser veiculado em âmbito recursal, preservada a inalterabilidade da causa de pedir remota. Novos fundamentos legais e nova qualificação jurídica podem ser levantados[139], não se admitindo tão-somente que modifique os efeitos jurídicos que se afirmou produziria o ordenamento jurídico sobre os fatos arguidos, ou seja, a causa de pedir próxima.

Pode-se afirmar, especialmente, que se preserva, em segundo grau, a estabilização da demanda e a regra da eventualidade. A máxima segundo a qual não se admite a veiculação de questões novas na apelação, ressalvadas aquelas cognoscíveis de ofício, portanto, deve ser vista com reserva. O que não se permite é a inovação decorrente da dedução de fatos principais embora provados, de fatos secundários não comprovados, de fundamentos de defesa não cognoscíveis de ofício e de efeito jurídico diverso daquele afirmado inicialmente pela parte demandante.

Em geral, as preclusões verificadas em desfavor das partes em primeiro grau operam igualmente em segundo[140]. Questões e provas não deduzidas ou não produzidas oportunamente não são admitidas. Da mesma forma, dependendo da iniciativa da parte, o tribunal fica impedido de conhecê-las de ofício[141]. Em consequência, ao apelar, não é lícito que fundamente o litigante seu recurso em alegações que deveria deduzir na fase postulatória[142]. Ressalvam-se, entretanto, as matérias cognoscíveis *ex officio*, visto que o órgão julgador deve conhecê-las independentemente de alegação da parte. Destarte, medida de rigor a admissão de que seja provocado o órgão recursal a apreciá-las, por ocasião da interposição do recurso. Do mesmo modo, não se permite, fora das

139 Cf. BARIONI, Rodrigo. *Efeito devolutivo da apelação civil.* São Paulo: Revista dos Tribunais, 2008, p. 148; MARINONI, Luiz Guilherme; ARENHART, Sergio Cruz; MITIDIERO, Daniel. *Novo curso de processo civil,* v. II. São Paulo: Revista Tribunais, 2015, p. 530.

140 Cf. BARIONI, Rodrigo. *Efeito devolutivo da apelação civil.* São Paulo: Revista dos Tribunais, 2008, p. 139; CHIOVENDA, Giuseppe. *Principios de derecho procesal civil,* t. II. Tradução José Casáis y Santaló. Madrid: Editorial Reus, 1925, p. 489-490.

141 Cf. OLIVEIRA, Gleydson Kleber Lopes. *Apelação no direito processual civil.* Tese de Doutorado. São Paulo: Faculdade de Direito da Pontifícia Universidade Católica de São Paulo, 2005, p. 224.

142 Assim também se posiciona Miguel Teixeira de Sousa, comentando o artigo 691, 3, do Código de Processo Civil Português de 1961, com a redação que lhe foi dada pelo Decreto-lei n. 303/07, cujo teor foi reproduzido no artigo 644,3, do Código de Processo Civil Português de 2013, dos quais se extrai norma análoga àquela inserida no artigo 1.009, §1º, do nosso Código de Processo Civil (Reflexões sobre a reforma dos recursos, p. 4-5). Entre nós, PONTES DE MIRANDA, Francisco Cavalcanti. *Comentários ao* Código de *Processo Civil,* t. VII. Rio de Janeiro: Forense, 1999, p. 171.

exceções legais, a produção de novos elementos probatórios no procedimento recursal[143]. Trazidos aos autos não podem ser levados em conta na formação do convencimento jurisdicional.

Nesse passo, afirmado vício de consentimento para dar substrato à sua pretensão de nulidade do negócio jurídico, o autor não pode aduzir que o objeto era impossível com as razões de apelação. Por outro giro, não alegado o pagamento em contestação, defeso ao réu veicular a questão no recurso. Entretanto, a prescrição, cognoscível de ofício, pode ser eficazmente suscitada em segundo grau. Não tendo sustentado a incompetência relativa do órgão jurisdicional como preliminar de sua contestação, fica obstado de propugnar seu reconhecimento ao recorrer (artigo 65, *caput*). Contudo, a omissão do levantamento da questão não impede venha a arguir a incompetência absoluta do juízo, porque cognoscível de ofício e passível de alegação pela parte em qualquer grau de jurisdição (artigo 64, §1°). De seu turno, veiculada por qualquer dos litigantes sua incapacidade civil no momento da celebração do contrato, inadmissível o pleito de produção de nova prova pericial com base em relatórios médicos que traz aos autos somente em grau recursal.

Enfim, apesar de ampla, a profundidade da devolução das questões na apelação não é ilimitada. Assim, o recurso não é campo para que sejam sanadas omissões das partes no que toca à arguição de fatos e à produção de provas, tendo função, em linha de princípio, meramente de controle da sentença. A regra, portanto, é da construção pelo órgão recursal da sua decisão com o material produzido em primeiro grau de jurisdição, ressalvadas as matérias que admitem conhecimento de ofício[144].

3.2.2. Questões suscitadas e discutidas no processo, ainda que a sentença não as tenha conhecido por inteiro; fundamentos do pedido ou da defesa, embora acolhido em primeiro grau de jurisdição apenas um deles

A devolução não se restringe à matéria impugnada pelo apelante. Engloba, ainda, as questões veiculadas pelo apelado, se conhecidas na sentença ou debatidas no processo, beneficiando, dentro destes estreitos limites, o recurso a ambas as partes (*beneficium commune*)[145]. Assim,

---

143 Cf. SEABRA FAGUNDES, Miguel. *Dos recursos ordinários em matéria civil*. Rio de Janeiro: Forense, 1946, p. 217 e 271.

144 Cf. BARIONI, Rodrigo. *Efeito devolutivo da apelação civil*. São Paulo: Revista dos Tribunais, 2008, p. 141.

145 Cf. ARAÚJO CINTRA, Antônio Carlos de. *Sobre os limites objetivos da apelação civil*. São Paulo: [s.n.], 1986, p. 95; CHIOVENDA, Giuseppe. *Principios de derecho procesal civil*, t. II. Tradução José Casáis y Santaló. Madrid: Editorial Reus, 1925, p. 501; JOR-

o apelado, nas suas contrarrazões recursais, pode invocar as questões que foram trazidas ao processo em primeiro grau de jurisdição em seu favor até porque, na medida em que se sagrou vencedor, não poderia se valer dos argumentos por meio de recurso autônomo, por lhe faltar interesse[146]. Se ao vencedor, inicialmente, era indiferente a ausência de apreciação ou a rejeição dos fundamentos que invocou, com a possibilidade de provimento do recurso interposto pelo adversário, presente o interesse na sua reintrodução para eventual cognição do tribunal. Entretanto, as contrarrazões, no caso, não assumem as vestes de verdadeiro recurso, limitando-se a ampliar o objeto daquele interposto pela parte adversa[147]. De forma contrária se verifica caso a questão suscitada nas contrarrazões seja ínsita ao bojo de decisão diversa daquela impugnada na irresignação recursal, quando cumulará os caracteres de resposta e recurso independente.

A cognição do tribunal, porém, não se limita às questões veiculadas pelas partes nas suas razões ou contrarrazões recursais. Abrange aquelas decididas na sentença apelada e aquelas que poderiam ter sido apreciadas pelo julgador *a quo* e não o foram[148], em especial porque prejudicadas por ocasião do julgamento recorrido. Basta que tenha havido sua alegação oportuna em primeiro grau de jurisdição. Assim, "uma coisa é o ato volitivo de impugnar uma questão, outra é o efeito do ato-fato da impugnação de um capítulo, que se produz independentemente da vontade do recorrente"[149].

Ausente ônus ao recorrido de ampliar o objeto do recurso, dando-se a devolução por efeito da lei[150]. Nesse diapasão, a ausência de impug-

GE, Flávio Cheim. *Teoria geral dos recursos*. 7. ed. São Paulo: Revista dos Tribunais, 2015, p. 370.

146 Cf. ABRANTES GERALDES, António Santos. *Recurso no novo Código de Processo Civil*. 3. ed. Coimbra: Almedina, 2016, p. 102; GUIMARÃES, Luiz Machado. Efeito devolutivo da apelação. *Estudos de direito processual*. Rio de Janeiro: Jurídica e Universitária, 1969, p. 216-226, p. 224.

147 Cf. ABRANTES GERALDES, António Santos. *Recurso no novo Código de Processo Civil*. 3. ed. Coimbra: Almedina, 2016, p. 105; BARIONI, Rodrigo. Preclusão diferida, o fim do agravo retido e a ampliação do objeto da apelação no novo Código de Processo Civil. *Revista de Processo*. São Paulo: Revista dos Tribunais, n. 243, p. 269-280, maio de 2015, p. 274-275.

148 Cf. BARBOSA MOREIRA, José Carlos. *Comentários ao Código de Processo Civil*, v. V. 15. ed. Rio de Janeiro: Forense, 2010, p. 446.

149 MACÊDO, Lucas Buril de. *Objeto dos recursos cíveis*. Salvador: JusPodivm, 2019, p. 365-366.

150 Cf. ABRANTES GERALDES, António Santos. *Recurso no novo Código de Processo Civil*. 3. ed. Coimbra: Almedina, 2016, p. 109.

nação não conduz à aceitação tácita das questões que não foram objeto da apelação. Não se identifica, em consequência, adstrição do juízo *ad quem* à motivação do recurso, tampouco da decisão impugnada, tornando-se lícita a sua manutenção por fundamentos diversos daqueles que a ampararam, sem embargo de não terem sido levantados nas razões ou contrarrazões[151]. Nesta sede, a vontade das partes é indiferente[152]. Há imposição legal, de sorte que a cognição pelo tribunal independe de iniciativa das partes.

Deve, então, o tribunal conhecer, embora não impugnadas, de todas as questões suscitadas oportunamente e debatidas no processo, ainda que a sentença não as tenha julgado por inteiro[153], bem como dos demais fundamentos do pedido ou da defesa, não obstante a sentença tenha acolhido apenas um ou alguns deles[154]. O órgão recursal deve se ater às questões e aos fundamentos do pedido e da defesa aptos, em tese, a infirmar o resultado da sua decisão, não se afastando da regra de exigência de fundamentação das sentenças[155]. O reenvio dos autos ao juízo *a quo* fica limitado à eventual necessidade de dilação probatória para julgamento das questões[156], caso inconveniente sua produção perante o juízo *ad quem* ou a conversão do julgamento em diligência para a realização do ato pelo juízo *a quo*.

Tome-se em conta, a título ilustrativo, demanda julgada procedente para a declaração de nulidade do contrato motivada na ilicitude do seu

---

151 Cf. ARAÚJO CINTRA, Antônio Carlos de. *Sobre os limites objetivos da apelação civil.* São Paulo: [s.n.], 1986, p. 94; ELIAS, Carlos Eduardo Stefen. *Apelação: os limites objetivos do efeito devolutivo.* São Paulo: Atlas, 2010, p. 44-45; PUOLI, José Carlos Baptista. Breves considerações a respeito dos efeitos da apelação. *Direito processual civil*, v. II. Coordenação CARVALHO, Milton Paulo de; CASTRO, Daniel Penteado de. São Paulo: Quartier Latin, 2011, p. 387-399, p. 394.

152 Cf. BARIONI, Rodrigo. *Efeito devolutivo da apelação civil.* São Paulo: Revista dos Tribunais, 2008, p. 149.

153 Contra Lucas Buril de Macêdo, para quem está-se diante de "uma rara hipótese de poder decidir sem dever fazê-lo" (*Objeto dos recursos cíveis.* Salvador: JusPodivm, 2019, p. 368).

154 Contra Fredie Souza Didier Junior e Leonardo Carneiro da Cunha, para quem se "o fundamento tiver sido examinado pelo juízo *a quo*, deverá o recorrente impugnar a solução judicial no seu recurso, sob pena de preclusão" (*Curso de direito processual civil*, v. III. 13. ed. Salvador: JusPodivm, 2016, p. 179).

155 Encontra-se na doutrina posição diversa, na direção de que o juízo *ad quem*, ao contrário do juízo *a quo*, deveria enfrentar todas as questões e fundamentos (Cf. WAMBIER, Teresa Celina de Arruda Alvim. *Nulidades do processo e da sentença.* 7. ed. São Paulo: Revista dos Tribunais, 2013, p. 341).

156 Cf. ABRANTES GERALDES, António Santos. *Recurso no novo Código de Processo Civil.* 3. ed. Coimbra: Almedina, 2016, p. 108.

objeto, tendo o demandante alegado dois outros fatos violadores do seu direito não enfrentados na sentença, consistentes na sua incapacidade para exercer os atos da vida civil e na ausência de observância da forma prescrita em lei. Em que pese acolhida as razões do demandado em sua apelação de licitude do objeto da contratação, pode o tribunal vir a manter a procedência da demanda calcado em quaisquer dos demais fundamentos alinhavados na petição inicial. Das diferentes causas de pedir arguidas pelo demandante, o juízo recursal pode acolher uma que não foi objeto da sentença e sequer trazida no bojo do recurso de apelação. No caso em tela, pois, é admissível que repute nulo o contrato por incapacidade do agente ou por desrespeito à sua forma, a despeito de não veiculadas as questões nas razões ou contrarrazões recursais.

A referência a "questões" corresponde a pontos de fato e de direito voltados a amparar ou a repudiar as pretensões exercidas, bem como a propiciar ou negar a admissibilidade do seu conhecimento[157]. Em síntese, questão "é um ponto sobre o qual o juiz deverá decidir"[158]. A alusão a "fundamentos" diz respeito às alegações dos fatos constitutivos e violadores do direito do autor (*causa petendi*), bem como às alegações dos fatos modificativos, impeditivos e extintivos aduzidos pelo réu (*causa excipiendi*). Há, pois, redundância no disposto pelos §§ 1º e 2º do artigo 1.013, englobando o primeiro o segundo[159]. Com efeito, dentro do conjunto de questões cognoscíveis encontra-se o subconjunto dos fundamentos do pedido e da defesa.

Quando se fala em questões "discutidas no processo", faz-se alusão à sua submissão ao contraditório, contentando-se com a mera possibilidade de seu exercício pela parte. A controvérsia entre os litigantes é dispensável para que se defina o núcleo do conceito de questão[160]. Validamente, já Francesco Carnelutti assentava que questão é ponto duvidoso de fato ou direito, não exigindo sua concepção o dissenso entre as

---

157 Como bem ilustra José Carlos Barbosa Moreira, dá-se o emprego de "questão", no direito brasileiro, de forma equívoca, variando o legislador o sentido do seu emprego em diversos dispositivos legais (Sentença objetivamente complexa, trânsito em julgado e rescindibilidade. *Revista da Academia Brasileira de Letras Jurídicas.* Rio de Janeiro: Academia Brasileira de Letras Jurídicas, n. 29, p. 93-106, 2006, p. 100).

158 Cf. FONSECA, João Francisco Naves da. *Exame dos fatos nos recursos extraordinário e especial.* Dissertação de Mestrado. São Paulo: Faculdade de Direito da Universidade de São Paulo, 2010, p. 68; SICA, Heitor Vitor Mendonça. *Preclusão processual civil.* 2. ed. São Paulo: Atlas, 2008, p. 190.

159 Cf. ARAÚJO CINTRA, Antônio Carlos de. *Sobre os limites objetivos da apelação civil.* São Paulo: [s.n.], 1986, p. 94.

160 Cf. SICA, Heitor Vitor Mendonça. *Preclusão processual civil.* 2. ed. São Paulo: Atlas, 2008, p. 189-190.

partes[161]. Exige o legislador, pois, que a questão, fática ou jurídica, tenha sido oportunamente suscitada e levada à discussão, embora sobre ela a parte tenha silenciado[162]. Portanto, as questões que não foram abarcadas na sentença e que não admitem conhecimento de ofício não podem ser consideradas pelo tribunal em favor do réu revel ou que não se desincumbiu do ônus da impugnação especificada, porque não postas sob debate oportunamente[163].

Devolvem-se questões processuais e de mérito, questões de fato e de direito. Questões fáticas referem-se à cognição sobre a existência e o modo de ser dos fatos veiculados no processo. Questão de direito correspondem à identificação, interpretação e aplicação das normas jurídicas no caso *sub examine*. A diferenciação entre questões de fato e de direito, contudo, nem sempre resulta clara. Como aponta Danilo Knijnik, "a noção de que fato e direito possam ser separados no contexto de uma decisão judicial é desmentida pela idéia de 'espiral hermenêutica' e de 'pré-compreensão', em que o fato e o direito estão entrelaçados, envolvem-se mutuamente no ato de decidir e não são elementos rigorosamente heterogêneos"[164]. Propõe, então, com apoio na decisão da Suprema Corte Americana no caso Pullman-Standart *versus* Swint uma terceira categoria, a das questões mistas[165]. No julgamento, afirmou-se que nas questões mistas os fatos históricos são admitidos ou estabelecidos e a norma jurídica é incontroversa; entretanto, a *vexata quaestio* corresponde a determinar se os fatos satisfazem o modelo legal ou, posto de outra forma, se a norma jurídica, como aplicada aos fatos estabelecidos, foi ou

161 *Sistema de direito processual civil*, v. II. Tradução Hiltomar Martins Oliveira. 2. ed. São Paulo: Lemos e Cruz, 2004, p. 39.

162 Cf. BARIONI, Rodrigo. *Efeito devolutivo da apelação civil*. São Paulo: Revista dos Tribunais, 2008, p. 152-153; CARNEIRO, Athos Gusmão. O juízo recursal e as novas questões de fato. *Revista da Associação dos Juízes do Rio Grande do Sul*. Porto Alegre: Departamento Revista da AJURIS, n. 62, p. 5-10, novembro de 1994, p. 5.

163 Cf. BARBOSA MOREIRA, José Carlos. *Comentários ao Código de Processo Civil*, v. V. 15. ed. Rio de Janeiro: Forense, 2010, p. 448-449. Contra BARIONI, Rodrigo. *Efeito devolutivo da apelação civil*. São Paulo: Revista dos Tribunais, 2008, p. 187-188.

164 *O recurso especial e a revisão da questão de fato pelo superior tribunal de justiça*. Rio de Janeiro: Forense, 2005, p. 268

165 Cf. *Idem. Ibidem*, p. 169-170. Na mesma direção, MALLET, Estêvão. Reforma da sentença terminativa e julgamento imediato do mérito no processo do trabalho. *Revista da Faculdade de Direito*. São Paulo: Universidade de São Paulo, v. 98, p. 245-268, 2003, p. 254-255.

não violada[166]. Haveria, pois, dúvida acerca da subsunção do conjunto fático a uma norma jurídica[167].

Para a formação da convicção do órgão recursal, cuidando-se de questões de fato, basta tenham sido suscitadas e discutidas no primeiro grau, conquanto o juiz não as tenha tomado em conta na sentença. Pode, pois, considerar comprovada uma alegação de fato quando a decisão impugnada a refutou ou olvidou, tanto quanto reputar insuficientes os elementos de prova que visavam a corroborá-la quando a decisão impugnada os acolheu[168]. Embora arguidas somente na apelação, as questões de direito ou mistas podem sempre ser conhecidas pelo tribunal irrestritamente, dentro dos limites do capítulo impugnado. A sua cognição fica, porém, limitada quando da celebração entre as partes de acordo sobre as questões de fato objeto da prova e as questões de direito relevantes para o julgamento do mérito, devidamente homologado em primeiro grau (artigo 357, §2º). Convindo os litigantes, com beneplácito judicial, defeso ao órgão recursal reputar controvertida alegação de fato tomada por incontroversa ou relevante matéria de direito tida por irrelevante[169].

A admissão da consideração pelo tribunal de questões não deduzidas no recurso ou que não foram objeto da sentença trata-se de opção

166 No caso, trabalhadores negros processaram seus empregadores e alguns sindicatos perante um Tribunal Distrital Federal dos Estados Unidos, alegando a violação do título VII do *Civil Rights Act* de 1964 pela tomada em conta da medida de tempo de serviço contínuo em um departamento específico para fins de demissões e promoções. O Tribunal Distrital considerou que as diferenças em termos, condições ou privilégios de emprego resultantes do sistema de antiguidade não tinham o intento de discriminar por raça ou cor. O julgamento foi revertido pela Corte de Apelação, sob o argumento de que as diferenças de tratamento dos empregados pela sua antiguidade resultariam na intenção de discriminar. Embora reconhecendo que a *Federal Rule of Civil Procedure* 52(a) exigia que as conclusões de fato de um Tribunal Distrital não fossem desconsideradas, a menos que claramente errôneas, foi decidido que a constatação de discriminação ou não discriminação nos termos do § 703 (h) era uma constatação de "fato final" que examinaria fazendo uma apreciação independente das alegações de discriminação, a despeito de vinculadas a conclusões sobre fatos subsidiários que não eram claramente erradas. A questão posta perante a Suprema Corte consistia na violação da regra 52, a qual foi dada por consumada, uma vez que a questão da intenção de discriminação seria uma questão de fato.

167 Cf. FONSECA, João Francisco Naves da. *Exame dos fatos nos recursos extraordinário e especial*. Dissertação de Mestrado. São Paulo: Faculdade de Direito da Universidade de São Paulo, 2010, p. 63.

168 Cf. ABRANTES GERALDES, António Santos. *Recursos no novo Código de Processo Civil*. 3. ed. Coimbra: Almedina, 2016, p. 96-97.

169 Cf. DIDIER JUNIOR, Fredie Souza. CUNHA, Leonardo Carneiro da. *Curso de direito processual civil*, v. III. 13. ed. Salvador: JusPodivm, 2016, p. 180.

legislativa. Contenta-se o legislador pátrio com a sua dedução em primeiro grau de jurisdição e submissão ao contraditório. Assim, o órgão recursal atua com poucas amarras no reexame do conjunto de alegações e provas. O Código de Processo Civil de 2015, no entanto, poderia ter dado passo no sentido do privilégio da oralidade sobre a escritura e, consequentemente, restringido no juízo *ad quem* o debate do arcabouço fático formado no juízo *a quo*, bem como vinculado a cognição das questões de direito à motivação alinhavada pelas partes nas razões recursais, como se sucede em outros ordenamentos[170]. Como assinala Nicola Rascio, a possibilidade de exame pleno do material produzido em primeiro grau, além de desvalorizar a decisão impugnada, dilui a função de controle da apelação à medida que perde em intensidade enquanto ganha em extensão a cognição. Por mais que perca o órgão recursal na visão do conjunto, evita o dispêndio de esforço na apreciação de questões cuja solução as partes concordaram e tendem a acatar[171].

Na Alemanha, por exemplo, admite-se a postulação do reexame da matéria de direito, contudo, restringe-se a nova valoração dos fatos pelo juízo de segundo grau por ocasião da prolação da sua decisão (§ 513, I). O tribunal, pois, deve fundar sua decisão no conjunto fático desenhado pelo juízo de primeiro grau, desde que não haja dúvidas concretas sobre sua correção e completude (§ 529, 1, 1). Logo, a cognição do órgão *ad quem* é limitada, devendo tomar em conta, tendencialmente, os fatos declarados pelo *órgão a quo*[172]. A possibilidade de impugnação pelo recorrente fica restrita à pecha de desacerto ou incompletude do arcabouço fático, gerando dúvidas concretas da sua verificação na motivação do seu

---

170 Em sentido semelhante, Oreste Nestor de Souza Laspro propõe a admissão do recurso de apelação, exclusivamente, para o debate das questões de direito, o que, sem prejudicar a oralidade, asseguraria a função de uniformização da interpretação do ordenamento jurídico pelos tribunais em nosso sistema federativo (*Duplo grau de jurisdição no direito processual civil*. São Paulo: Revista dos Tribunais, 1995, p. 174-175). Na mesma esteira, Guilherme Guimarães Feliciano aduz que se faz necessário "prestigiar a decisão do juiz de primeiro grau nas chamadas questões de fato" (A função revisora dos tribunais na perspectiva histórica e jusfundamental: o direito de recorrer. origens e limites externos. *Revista Jurídica LEX*, n. 81, São Paulo: Lex, p. 11-28, maio a junho 2016, p. 14).

171 *L´oggetto dell´appello civile*. Napoli: Jovene, 1996, p. 108.

172 Cf. BARBOSA MOREIRA, José Carlos. Breve notícia sobre a reforma do processo civil alemão. *Temas de direito processual*. 8. série. São Paulo: Saraiva, 2004, p. 199-210, p. 204; CAPONI, Remo. L'appello nel sistema delle impugnazioni civili (note di comparazione anglo-tedesca). *Rivista di Diritto Processuale*. Padova: CEDAM, ano 64, n. 3, p. 631-645, maio a junho 2009, p. 640; PÉREZ RAGONE, Álvaro J.; ORTIZ PRADILLO, Juan Carlos. *Código Procesal Civil alemán (ZPO)*.Tradução com estudo introdutório ao proceso civil alemão contemporâneo Hanns Prütting e Sandra de Falco. Montevidéu: Fundación Konrad-Adenauer, 2006, p. 117 e 126-127.

recurso[173]. Então, convencido de que pode reconstruí-los de modo mais correto e completo, impõe-se ao juízo de segundo grau imiscuir-se na construção dos fatos realizada na sentença[174]. Do contrário, a cognição fica restrita à alegação de violação do ordenamento jurídico. Atualmente, portanto, a apelação deixou de ser instância para reexame de fatos para exercer, prioritariamente, a função de controle do direito[175].

Na Espanha, o artigo 465,5 da *Ley de Enjuiciamiento Civil* dispõe que o órgão recursal deve pronunciar-se, exclusivamente, sobre os pontos e questões levantados nas razões e contrarrazões da apelação. Afirma-se, então, que sua decisão deve ser exaustiva e congruente, devendo dar resposta a todos os pontos e questões veiculados em segundo grau, mas somente a eles[176].

Na Itália, o efeito devolutivo não opera de modo automático[177]. As demandas subordinadas absorvidas ou prejudicadas em primeiro grau e as exceções não acolhidas, porque absorvidas ou rejeitadas, não integram o objeto de cognição pelo órgão recursal se não veiculadas na apelação, dando-as o artigo 346 de seu Código de Processo Civil como renunciadas[178]. Identifica-se interpretação ainda mais restritiva, com a alteração operada no artigo 342 pelo Decreto-lei n. 83, de 22 de junho de

---

173 Cf. PÉREZ RAGONE, Álvaro J.; ORTIZ PRADILLO, Juan Carlos. *Código Procesal Civil alemán (ZPO).*Tradução com estudo introdutório ao proceso civil alemão contemporâneo Hanns Prütting e Sandra de Falco. Montevidéu: Fundación Konrad-Adenauer, 2006, p. 127.

174 Cf. CAPONI, Remo. L'appello nel sistema delle impugnazioni civili (note di comparazione anglo-tedesca). *Rivista di Diritto Processuale.* Padova: CEDAM, ano 64, n. 3, p. 631-645, maio a junho 2009, p. 641-642.

175 Cf. PÉREZ RAGONE, Álvaro J.; ORTIZ PRADILLO, Juan Carlos. *Código Procesal Civil alemán (ZPO).*Tradução com estudo introdutório ao proceso civil alemão contemporâneo Hanns Prütting e Sandra de Falco. Montevidéu: Fundación Konrad-Adenauer, 2006, p. 120.

176 Cf. OLIVA SANTOS, Andrés de la. DÍEZ-PICAZO GIMÉNEZ, Ignacio; VEGAS TORRES, Jaime. *Curso de derecho procesal civil,* v. II. 3. ed. Madrid: Universitaria Ramón Areces, 2016, p. 290.

177 Cf. PROTO PISANI. Andrea. *Lezioni di diritto processuale civile.* Atualização Remo Caponi. 6. ed. Napoli: Jovene, 2014, p. 504.

178 Cf. COMOGLIO, Luigi Paolo; FERRI, Corrado; TARUFFO, Michele. *Lezioni sul processo civile,* v. I. 5. ed. Bolonha: Il Mulino, 2011, p. 691-692; CONSOLO, Claudio. *Spiegazioni di diritto processuale civile,* v. II. 10. ed. Torino: G. Giappichelli, 2015, p. 489; MANDRIOLI, Crisanto. CARRATA, Antonio. *Diritto processuale civile,* v. II, 25. ed. Torino: G. Giappichelli, 2016, p. 494-495; PROTO PISANI. Andrea. Appunti sull'appello civile (alla stregua della L. 353/90). *Il Foro Italiano,* Societa Editrice Il Foro Italiano, n. 117, p. 193-209, 1994, p. 197; *Idem. Lezioni di diritto processuale civile.* Atualização Remo Caponi. 6. ed. Napoli: Jovene, 2014, p. 488-489; RASCIO, Nicola. *L´oggetto dell´appello civile.* Napoli: Jovene, 1996, p. 336.

2012, convertido na Lei n. 134, de 7 de agosto 2012, que passou a exigir nas razões da apelação a indicação das circunstâncias das quais deriva a violação da lei e da sua relevância para efeito de impugnação da decisão. Para alguns, então, o reexame das questões estaria limitado àquelas questões objeto de impugnação especificamente motivada pelo recorrente[179]. Para outros, a assertiva seria aplicável somente às sentenças que reconhecem a existência do direito, porque, naquelas que a negam ou que extinguem o processo, sem resolução de mérito, constata-se a devolução automática de todos os fatos constitutivos do direito, embora não daqueles que lhe são modificativos, impeditivos ou extintivos[180]. Somente nulidades absolutas não tomadas em consideração pelo juízo *a quo* admitiriam conhecimento de ofício pelo juízo *ad quem*[181].

Em Portugal, o artigo 640 exige que, no recurso, o recorrente impugne a matéria fática, indicando, especificamente, quais fatos foram incorretamente julgados e quais meios de provas ensejariam a adoção de conclusão diversa, sob pena de seu não conhecimento. Abriu-se "a possibilidade de revisão de concretas questões de facto controvertidas relativamente às quais sejam manifestadas e concretizadas divergências"[182]. Dentro destes limites, à luz do artigo 662, pode o órgão recursal apreciar livremente as provas constantes dos autos[183].

3.2.3. Matérias cognoscíveis de ofício na apelação civil

O conhecimento de questões diretamente pelo tribunal é admitido não obstante a ausência de sua abrangência pela decisão impugnada ou pelas razões ou contrarrazões da apelação. Sequer a prévia veiculação e debate perante o órgão jurisdicional *a quo* são exigidos. Destarte, há matérias que, conquanto não tenham sido ventiladas em primeiro grau de jurisdição, são cognoscíveis de ofício pelo tribunal quando do julgamento do recurso[184]. Como bem anota

---

179 Cf. CONSOLO, Claudio. *Spiegazioni di diritto processuale civile*, v. II. 10. ed. Torino: G. Giappichelli, 2015, p. 477; MANDRIOLI, Crisanto. CARRATA, Antonio. *Diritto processuale civile*, v. II, 25. ed. Torino: G. Giappichelli, 2016, p. 490, 494 e 497; RASCIO, Nicola. *L´oggetto dell´appello civile*. Napoli: Jovene, 1996, p. 144 e 367-368.

180 Cf. PROTO PISANI. Andrea. *Lezioni di diritto processuale civile*. Atualização Remo Caponi. 6. ed. Napoli: Jovene, 2014, p. 489-490.

181 Cf. RASCIO, Nicola. *L´oggetto dell´appello civile*. Napoli: Jovene, 1996, p. 310-311.

182 ABRANTES GERALDES, António Santos. *Recurso no novo Código de Processo Civil*. 3. ed. Coimbra: Almedina, 2016, p. 137.

183 Cf. *Idem. Ibidem*, p. 250-251.

184 De modo generalizado, a doutrina afirma que, em recurso especial e extraordinário, a cognição do Supremo Tribunal Federal e Superior Tribunal de Justiça, que

Heitor Vitor Mendonça Sica, "se o sistema reputou irrelevante a inércia da parte em arguir a questão, há de consectariamente reputar irrelevante a omissão do interessado em dela recorrer"[185]. Contudo, sua cognição, em grau recursal, não é irrestrita. Ao revés, atividade do tribunal está limitada aos requisitos para a interposição do recurso e ao capítulo impugnado e àqueles que deles são dependentes[186].

Ostenta a apelação o que, em doutrina, convencionou-se denominar efeito translativo. Há quem defenda a ocorrência de contraposição da translação, decorrente da lei e operada pela interposição do recurso, com a devolução, que ficaria ao alvedrio das partes[187]. O efeito translativo se fundaria no princípio inquisitivo, permitindo o conhecimento pelo órgão *ad quem* das matérias cognoscíveis de ofício, embora gerando situação mais danosa àquele que recorreu. O efeito devolutivo teria por substrato o princípio dispositivo, abarcando as questões que exigem sejam suscitadas pelas partes para seu conhecimento pelo tribunal. O entendimento, porém, não se sustenta, amparando-se na inadequada compreensão da devolução, com espeque em sua acepção na linguagem comum, de modo a olvidar a história que informa o surgimento do recurso[188]. Assim, caso se admita a autonomia do efeito translativo, não é contraposto, mas sim está contido no efeito devolutivo[189]. Portanto, a

---

não integram a jurisdição ordinária, mas excepcional, fica restrita à matéria prequestionada (cf. DINAMARCO, Cândido Rangel, *Instituições de direito processual civil*, v. III. 2. ed. São Paulo: Malheiros, 2002, p. 144-145; NERY JUNIOR, Nelson. *Princípios fundamentais: teoria geral dos recursos*. 4. ed. São Paulo: Revista dos Tribunais, 1997, p. 415). Entretanto, o prequestionamento é requisito de admissibilidade dos recursos que, positivo, embora por conta de outra questão, não pode impedir, à luz do artigo 1.034, o conhecimento da matéria cognoscível de ofício a despeito de não debatida nos graus inferiores de jurisdição, nos limites do capítulo impugnado e daqueles que lhe são dependentes (cf. NEVES, Daniel Amorim Assumpção. *Preclusões para o juiz: preclusão* pro iudicato *e preclusão judicial no processo civil*. São Paulo: Método, 2004, p. 252).

---

185 *Preclusão processual civil*. 2. ed. São Paulo: Atlas, 2008, p. 252.

186 Vide item 3.1.1.

187 Assim se posicionam MARINONI, Luiz Guilherme ARENHART, Sergio Cruz; MITIDIERO, Daniel. *Novo curso de processo civil*, v. II. São Paulo: Revista Tribunais, 2015, p. 524; NERY JUNIOR, Nelson. *Princípios fundamentais: teoria geral dos recursos*. 4. ed. São Paulo: Revista dos Tribunais, 1997, p. 409; NEVES, Daniel Amorim Assumpção. *Preclusões para o juiz: preclusão* pro iudicato *e preclusão judicial no processo civil*. São Paulo: Método, 2004, p. 250; WAMBIER, Teresa Celina de Arruda Alvim. *Nulidades do processo e da sentença*. 7. ed. São Paulo: Revista dos Tribunais, 2013, p. 247.

188 Confira-se o item 3.

189 Cf. ASSIS, Araken de. *Manual dos recursos*. 6. ed. São Paulo: Revista Tribunais, 2014, p. 239.

apelação devolve, isto é, transmite ao conhecimento do juízo recursal questões que dependam ou não de alegação das partes.

Verifica-se o *ius novorum* admitido pelo sistema processual quando matérias cognoscíveis de ofício são devolvidas ao conhecimento do tribunal, independentemente de iniciativa dos litigantes[190]. Portanto, não há que se falar em supressão de instância por violação ao duplo grau de jurisdição. O legislador, expressamente, reconhece a possibilidade de seu conhecimento sem sequer sua arguição no grau jurisdicional inferior. Logo, age o tribunal em consonância ao devido processo legal.

As matérias que devem ser conhecidas de ofício no julgamento da apelação civil cuidam-se, exatamente, daquelas que independem de alegação das partes em primeiro grau. Neste ponto, os poderes do juiz e do tribunal são análogos[191]. Assim sendo, para além das hipóteses expressamente consagradas pelo legislador, como regra, as questões de ordem pública são cognoscíveis no julgamento da apelação, independentemente de provocação das partes[192].

Não só questões processuais, mas, igualmente, materiais que exsurjam do conjunto probatório presente nos autos admitem conhecimento, independentemente da alegação das partes. Nessa esteira, as nulidades que inquinam negócios jurídicos são cognoscíveis de ofício, sequer se permitindo sejam supridas pelo julgador, ainda que a requerimento das partes, como se depreende do artigo 168 do Código Civil. A cognição *ex officio* da questão, contudo, limita-se à sua condição de fato secundário ou fundamento de defesa. Validamente, embora cognoscíveis de ofício os fatos, é vedada a alteração da causa de pedir e do pedido[193]. Logo, propondo demanda com fundamento na incapacidade do autor, não se pode declarar nulo o contrato por inobservância da forma que lhe é essencial.

---

190 Cf. DINAMARCO, Cândido Rangel. *Capítulos de sentença*. 4. ed. São Paulo: Malheiros, 2009, p. 109-110.

191 Cf. CHIOVENDA, Giuseppe. *Principios de derecho procesal civil*, t. II. Tradução José Casáis y Santaló. Madrid: Editorial Reus, 1925, p. 503; FREDERICO MARQUES, José. *Manual de direito processual civil*, v. III. São Paulo: Saraiva, 1974, p 142-143.

192 Cf. ASSIS, Araken de. *Manual dos recursos*. 6. ed. São Paulo: Revista Tribunais, 2014, p. 435; LUCON, Paulo Henrique dos Santos. Art. 515, 3º, do Código de Processo Civil, ordem pública e prequestionamento. *Os poderes do juiz e o controle das decisões judiciais: estudos em homenagem à professora Teresa Celina de Arruda Alvim Wambier*. Coordenação MEDINA, José Miguel Garcia; CRUZ, Luana Pedrosa de Figueiredo; CERQUEIRA, Luis Otavio Sequeira de. GOMES JÚNIOR, Luiz Manoel. São Paulo: Revista dos Tribunais, 2008, p. 37-46, p. 41.

193 Cf. BEDAQUE, José Roberto dos Santos. Os elementos objetivos da demanda examinados à luz do contraditório. *Causa de pedir e pedido no processo civil: questões polêmicas*. Coordenação BEDAQUE, José Roberto dos Santos; CRUZ E TUCCI, José Rogério. São Paulo: Revista Tribunais, 2002, p. 13-52, p. 46-48.

Contudo, é possível ao juiz, diante de uma pretensão de cobrança veiculada pelo autor, rejeitá-la com fundamento na nulidade não suscitada do contrato, contanto observado o contraditório.

Os fatos notórios, confessados, incontroversos e presumidos verdadeiros (artigo 374), assim como os fatos secundários comprovados, são cognoscíveis de ofício em segundo grau de jurisdição na mesma medida da admissão no juízo inferior[194]. Da mesma forma, no que toca à fundamentação legal e à qualificação jurídica dos fatos, o tribunal não encontra limitação na atividade das partes. Em consequência, encontram-se dentro do âmbito da cognição do órgão recursal, conquanto não tenham sido suscitadas ou decididas em primeiro grau, porquanto cabe ao julgador, de ofício, individualizar, interpretar e aplicar as normas jurídicas ao caso concreto, incidindo as máximas *iura novit curia* e *da mihi factum dabo tibi ius* no juízo da apelação[195]. Entretanto, em se tratando de questão, inclusive de direito, não submetida ao contraditório, deve-se conferir à parte oportunidade de manifestação (artigo 10). O que não se admite é a alteração da causa de pedir próxima, isto é, dos efeitos afirmados pela parte que o direito cominaria aos fatos narrados na sua peça processual a estear sua pretensão concretizada no pedido.

Respeitado o contraditório, a qualificação jurídica dos fatos e os fundamentos legais levantados pela parte comportam alteração pelo julgador, independentemente de provocação, por não integrarem os elementos objetivos da demanda, daí não resultando qualquer prejuízo ao adversário. Narrado pelo transportado que o transportador agiu culposamente ao causar-lhe dano na execução de contrato de transporte, devendo indenizá-lo, pode o magistrado, ao julgar procedente a demanda, reputar que o arcabouço fático se amolda à responsabilidade objetiva, contratual ou extracontratual por risco da atividade, tanto quanto pode fundar sua decisão nos artigos 734, *caput*, e 927, parágrafo único, do Código Civil, quando aduzido pelo autor os artigos 186 e 927, *caput*, do mesmo diploma legal.

---

194 Cf. ELIAS, Carlos Eduardo Stefen. *Apelação: os limites objetivos do efeito devolutivo*. São Paulo: Atlas, 2010, p. 114-115; SICA, Heitor Vitor Mendonça. *Preclusão processual civil*. 2. ed. São Paulo: Atlas, 2008, p. 189.

195 Cf. ARAÚJO CINTRA, Antônio Carlos de. *Sobre os limites objetivos da apelação civil*. Tese. São Paulo: [s.n.], 1986, p, p. 101; ASSIS, Araken de. *Manual dos recursos*. 6. ed. São Paulo: Revista Tribunais, 2014, p. 474-475; OLIVEIRA, Gleydson Kleber Lopes. *Apelação no direito processual civil*. Tese de Doutorado. São Paulo: Faculdade de Direito da Pontifícia Universidade Católica de São Paulo, 2005, p. 224-225; PONTES DE MIRANDA, Francisco Cavalcanti. *Comentários ao código de processo civil*, t. VII. Rio de Janeiro: Forense, 1999, p. 174; PROTO PISANI. Andrea. Appunti sull'appello civile (alla stregua della L. 353/90). *Il Foro Italiano*, Societa Editrice Il Foro Italiano, n. 117, p. 193-209, 1994, p. 197.

As matérias cujo conhecimento é admitido de ofício, embora rechaçadas no curso do processo no juízo inferior ou na sentença, podem ser reexaminadas pelo tribunal, não se operando a preclusão[196]. Na lição de Giuseppe Chiovenda, "as questões são preclusas com relação ao juiz que as decidiu, mas não com referência ao juiz superior"[197]. Poderão, ainda, ser alvo de reapreciação pelo tribunal ao julgar o recurso de apelação, embora depois de rejeitadas no curso do processo o recurso de agravo de instrumento interposto contra a decisão interlocutória teve negado seu provimento[198]. Não se consuma a preclusão, tanto quanto ao juízo de primeiro grau, não obstante a questão já ter sido decidida pelo juízo do recurso, admitindo-se o seu reexame porquanto fundadas em normas imperativas. Nesta medida, "toda apelação tem potencial função rescindente", diante da possibilidade de conhecimento de ofício pelo tribunal de matérias cognoscíveis de ofício[199].

De mais a mais, o órgão recursal detém poderes instrutórios idênticos àqueles havido pelo juiz em primeiro grau de jurisdição, podendo, pois, determinar a produção dos elementos de prova que repute aptos à formação de seu convencimento (artigo 932, inciso I)[200]. Reabre-se a instrução processual, garantido o contraditório, se o caso, com a delegação da prática dos atos necessários ao órgão de primeiro grau (artigo

196 Cf. ARAÚJO CINTRA, Antônio Carlos de. *Sobre os limites objetivos da apelação civil*. São Paulo: [s.n.], 1986, p. 86; WAMBIER, Teresa Celina de Arruda Alvim. *Nulidades do processo e da sentença*. 7. ed. São Paulo: Revista dos Tribunais, 2013, p. 248.

197 *Instituições de direito processual civil*. Tradução Paolo Capitanio. 4. ed. Campinas: Bookseller, 2009, p. 1.129.

198 Cf. ASSIS, Araken de. *Manual dos recursos*. 6. ed. São Paulo: Revista Tribunais, 2014, p. 435; NEVES, Daniel Amorim Assumpção. *Preclusões para o juiz: preclusão* pro iudicato *e preclusão judicial no processo civil*. São Paulo: Método, 2004, p. 247-248; WAMBIER, Teresa Celina de Arruda Alvim. *Nulidades do processo e da sentença*. 7. ed. São Paulo: Revista dos Tribunais, 2013, p. 248-249. Contra ARAÚJO CINTRA, Antônio Carlos de. *Sobre os limites objetivos da apelação civil*. São Paulo: [s.n.], 1986, p. 91-92; NERY JUNIOR, Nelson. *Princípios fundamentais: teoria geral dos recursos*. 4. ed. São Paulo: Revista dos Tribunais, 1997, p. 410; SICA, Heitor Vitor Mendonça. *Preclusão processual civil*. 2. ed. São Paulo: Atlas, 2008, p. 220.

199 ARAÚJO CINTRA, Antônio Carlos de. *Sobre os limites objetivos da apelação civil*. São Paulo: [s.n.], 1986, p. 104.

200 Cf. OLIVEIRA, Gleydson Kleber Lopes. *Apelação no direito processual civil*. Tese de Doutorado. São Paulo: Faculdade de Direito da Pontifícia Universidade Católica de São Paulo, 2005, p. 273-274.

938, §3º)[201]. Caso a dilação probatória ocorra perante o órgão recursal, é presidida pelo relator da apelação[202].

Em demanda formulada no sistema dos juizados especiais cíveis, a parte autora pleiteou frente à empresa dedicada ao comércio varejista de eletroeletrônicos o reconhecimento de vício redibitório consistente em risco na tela de televisor. Em sua defesa, a ré arguiu que não comercializava aparelhos da marca supostamente adquirida em seu estabelecimento comercial. Na audiência de instrução e julgamento, diante da concentração dos atos do procedimento, foi tolhida de produzir a prova que a beneficiaria, resultando no julgamento de procedência do pedido de sua adversária. Inverossímeis as alegações constantes da petição inicial à luz dos elementos de prova colacionados aos autos, o julgamento do recurso foi convertido em diligência para a expedição de ofício à fabricante do televisor. Com a resposta, tomou-se conhecimento que, de fato, há anos os televisores da sua marca não eram comercializados pela ré. Mais ainda que do lote do bem supostamente viciado apenas dois exemplares chegaram ao Estado de São Paulo e, sintomaticamente, foram recebidos por empresas voltadas ao comércio de móveis e produtos de decoração e à recreação e ao lazer. Então, foi dado provimento ao recurso, com a consequente improcedência do pedido. Levantada a pecha de parcialidade, restou assinalado que, "com a conversão do julgamento em diligência, este magistrado não colaborou com a produção de prova em favor da recorrente, consoante propalado pela recorrida. Ao contrário, contribuiu com a busca da verdade, fim último do instrumento de solução de controvérsia no qual se constitui o processo. Anote-se, nessa ordem de idéias, que o processo civil, em sua moderna concepção, não é do autor ou do réu, mas sim de resultados, outorgando ao juiz poderes instrutórios"[203].

3.2.4. Questões anteriores à sentença, decididas ou não

Com o advento do Código de Processo Civil de 2015, as questões resolvidas no curso da fase de conhecimento, se a decisão a seu respeito não comportar agravo de instrumento, devem ser objeto de inconformismo nas razões ou contrarrazões da apelação interposta contra a de-

201 Cf. BEDAQUE, José Roberto dos Santos. Nulidades processuais e apelação. *Revista de Direitos e Garantias Fundamentais*. Vitória: Faculdade de Direito de Vitória, n. 1, p. 225-254, 2006, p. 236.

202 Cf. SEABRA FAGUNDES, Miguel. *Dos recursos ordinários em matéria civil*. Rio de Janeiro: Forense, 1946, p. 294.

203 Cf. TJSP, Recurso Inominado 0613114-36.2009.8.26.0100, Sétima Turma Cível do Colégio Recursal Central, Rel. Anderson Cortez Mendes, julgado em 17/11/2011.

cisão final (artigo 1.009, §1º). Na hipótese de irresignação manifestada na resposta do recurso, o contraditório deve ser observado, com intimação do recorrente para manifestação em quinze dias (artigo 1.009, §2º).

O dispositivo emprega, equivocadamente, a expressão "não são cobertas pela preclusão". Contudo, o fenômeno da preclusão não deixa de se manifestar. Se a questão não for impugnada nas razões ou contrarrazões da apelação, fica obstada sua discussão posteriormente (artigo 507)[204]. O que se verifica é a mera postergação da manifestação da irresignação da parte contra a decisão que lhe prejudica para o fim da fase de conhecimento[205]. Não se apega, igualmente, à boa técnica ao assinalar que as questões objeto de decisões interlocutórias não agraváveis "devem ser suscitadas em preliminar de apelação", porque, a toda evidência, de requisitos de admissibilidade do recurso não se cuidam[206]. Deve-se ler o texto como mera indicação para que se arrole os motivos de impugnação da decisão interlocutória não agravável antes daqueles da sentença, uma vez que, via de regra, haverá relação de dependência lógica entre ambos. Todavia, compreensível a extensão do inconformismo, o desrespeito à construção legislativa da ordem de ataque das questões não impede o conhecimento do recurso[207].

A regra insculpida no artigo 516 do Código de Processo Civil de 1973, de pouca repercussão prática, segundo a qual a devolução englobava questões anteriores à sentença, ainda não decididas, foi extirpada no Código de Processo Civil de 2015[208]. A disposição merecia interpre-

---

204 Cf. BARIONI, Rodrigo. Preclusão diferida, o fim do agravo retido e a ampliação do objeto da apelação no novo Código de Processo Civil. *Revista de Processo*. São Paulo: Revista dos Tribunais, n. 243, p. 269-280, maio de 2015, p. 270 e 277; CUNHA, Leonardo Carneiro da; DIDIER JR., Fredie. Apelação contra decisão interlocutória não agravável: a apelação do vencido e a apelação subordinada do vencedor. *Revista de Processo*, n. 241, São Paulo: Revista dos Tribunais, p. 231-242, março 2015, p. 232 e 234-235.

205 Cf. SICA, Heitor Vitor Mendonça. *Recorribilidade das interlocutórias e sistema de preclusões no novo CPC – primeiras impressões*, p. 27.

206 Cf. CUNHA, Leonardo Carneiro da; DIDIER JR., Fredie. Apelação contra decisão interlocutória não agravável: a apelação do vencido e a apelação subordinada do vencedor. *Revista de Processo*, n. 241, São Paulo: Revista dos Tribunais, p. 231-242, março 2015, p. 234.

207 Para Rodrigo Barioni, em posição mais restritiva, "deve ser reputada válida a alegação mesmo após os fundamentos relacionados à sentença, desde que em capítulo próprio do recurso ou das contrarrazões" (Preclusão diferida, o fim do agravo retido e a ampliação do objeto da apelação no novo Código de Processo Civil. *Revista de Processo*. São Paulo: Revista dos Tribunais, n. 243, p. 269-280, maio de 2015, p. 274).

208 Para Nelson Nery Junior, o artigo 516 "era inócuo e pleonástico, porque as questões não decididas já estão devolvidas ao tribunal por força do art. 515" (*Princípios*

tação no sentido de que abarcava a matéria sujeita à preclusão, "mas cuja preclusão não se consumou em virtude da falta de decisão, pois para a matéria livre de preclusão seria inútil a disposição em exame"[209]. Havia omissão do julgador que deixava de apreciar questão processual pendente, como, por exemplo, requerimento levado a efeito pela parte para a declaração de nulidade por inobservância da ordem das oitivas no curso da audiência de instrução e julgamento (artigo 452 do Código de Processo Civil de 1973). Decidida a questão, restava preclusa, se não impugnada por meio do recurso de agravo, que podia ser manejado contra a totalidade das decisões interlocutórias.

Agora, no regime processual vigente, com o afastamento da preclusão sobre as questões decididas na fase de conhecimento em primeiro grau de jurisdição até o transcurso do prazo para a interposição do recurso de apelação, desde que não constante do rol de hipóteses de impugnação por agravo de instrumento, não havia justificativa para sua manutenção.

Obviamente, o que foi arguido e não decidido, com mais razão, não pode se revestir do manto da preclusão. Imagine-se a situação em que, manifestando-se as partes sobre o laudo pericial produzido, sucede-se a prolação da sentença sem apreciação do pleito de prestação de esclarecimentos pelo perito (artigo 477, §2º). A questão da sua pertinência pode ser transferida pela parte ao interpor o recurso de apelação ao julgo do órgão recursal.

Sem embargo de não decidida, não se opera a supressão de instância, porquanto expressamente transferida a questão pela lei à cognição do órgão recursal. Destarte, na hipótese de sua adequada arguição pela parte perante o órgão inferior, mas ou é olvidada ou é acolhida outra questão que lhe é prejudicial, medida de rigor seu conhecimento por ocasião do julgamento do recurso de apelação.

Portanto, no novo regime, as questões incidentais, decididas ou não no primeiro grau de jurisdição, não se revestem imediatamente do manto da preclusão, admitindo conhecimento quando do julgamento da apelação, se suscitadas por uma das partes, ressalvadas as hipóteses arroladas no artigo 1.015 do cabimento da interposição de agravo de instrumento ou de inutilidade do seu julgamento. Há necessidade, porém, de sua expressa impugnação no apelo. Do contrário, não se opera a devolução da questão, obstando seu conhecimento pelo tribunal, res-

---

fundamentais: teoria geral dos recursos. 4. ed. São Paulo: Revista dos Tribunais, 1997, p. 410).

209 ARAÚJO CINTRA, Antônio Carlos de. *Sobre os limites objetivos da apelação civil*. São Paulo: [s.n.], 1986, p. 87, nota.

salvada se cognoscível de ofício. Não se coloca como necessária a prévia oposição de embargos de declaração frente ao *decisum* que se ataca, cuidando-se de seu manejo, no caso, de mera faculdade da parte que a omissão prejudica, não de ônus que lhe é imposto[210].

A confrontação das decisões interlocutórias não agraváveis pode-se se dar nas razões ou contrarrazões quando da interposição da apelação. A impugnação das questões nas contrarrazões não é irrestrita. Limita-se às hipóteses em que o prejuízo ao recorrido não se constata no prazo para a interposição do recurso após a prolação da sentença, porém pode resultar do seu julgamento. Caso o prejuízo é desde logo aferível, a parte deve se valer da apelação, na forma independente, alinhavando os motivos da sua irresignação com a questão que lhe prejudica nas suas razões. Rejeitada, assim, a produção de uma prova postulada pela parte ré, na improcedência da demanda, é-lhe lícito trazer a questão ao conhecimento do tribunal nas contrarrazões ofertadas frente à apelação interposta pelo autor. Se o inconformismo deste for acolhido, o reconhecimento do cerceamento da defesa daquele impedirá o resultado de procedência da demanda. Cuida-se, portanto, de hipótese em que o sistema processual vigente admite a interposição do recurso de apelação pelo vencedor. Todavia, aplicada em desfavor do réu vencedor sanção processual por ato atentatório à dignidade da justiça no curso da fase de conhecimento (artigo 77, §2º), a impugnação da decisão interlocutória não agravável deve ser alvo de recurso de apelação por ele interposto, não comportando veiculação em eventuais contrarrazões.

A impugnação das questões nas contrarrazões pode conferir natureza dúplice ao ato: resposta ao recurso de apelação da parte contrária e recurso de apelação interposto contra a decisão interlocutória não agravável[211]. Subordina-se, tanto quanto aquele manejado na forma adesiva, o recurso veiculado nas contrarrazões àquele interposto inicialmente,

---

210 Cf. LUCON, Paulo Henrique dos Santos. Art. 515, 3º, do Código de Processo Civil, ordem pública e prequestionamento. *Os poderes do juiz e o controle das decisões judiciais: estudos em homenagem à professora Teresa Celina de Arruda Alvim Wambier*. Coordenação MEDINA, José Miguel Garcia; CRUZ, Luana Pedrosa de Figueiredo; CERQUEIRA, Luis Otavio Sequeira de. GOMES JÚNIOR, Luiz Manoel. São Paulo: Revista dos Tribunais, 2008, p. 37-46, p. 39.

211 Cf. CUNHA, Leonardo Carneiro da; DIDIER JR., Fredie. Apelação contra decisão interlocutória não agravável: a apelação do vencido e a apelação subordinada do vencedor. *Revista de Processo*, n. 241, São Paulo: Revista dos Tribunais, p. 231-242, março 2015, p. 236-237; SICA, Heitor Vitor Mendonça. *Recorribilidade das interlocutórias e sistema de preclusões no novo CPC – primeiras impressões*, p. 25-26. Contra BARIONI, Rodrigo. Preclusão diferida, o fim do agravo retido e a ampliação do objeto da apelação no novo Código de Processo Civil. *Revista de Processo*. São Paulo: Revista dos Tribunais, n. 243, p. 269-280, maio de 2015, p. 275-276.

de modo que, na hipótese de desistência ou não conhecimento, as questões que impugna não serão igualmente conhecidas[212]. Do mesmo modo, deve observar os requisitos de admissibilidade exigidos de qualquer recurso de apelação[213], ressalvado o preparo, como, aliás, verificava-se, na vigência do Código de Processo Civil de 1973, com o agravo retido (artigo 522, *caput*).

A apelação interposta diretamente pelo vencido deve ser objeto de julgamento prioritário pelo órgão recursal. Uma vez provida, o recurso do vencedor veiculado nas suas contrarrazões deve ser apreciado. Igualmente bem-sucedido, com a invalidação ou reforma da decisão interlocutória impugnada, todos os atos subsequentes tornam-se nulos, inclusive a sentença proferida, retomando, a partir de então, a marcha processual o seu curso[214]. Não provida a apelação do vencido, o recurso do vencedor perde seu objeto. Assim, a expressão "questão preliminar" objeto do artigo 938, *caput*, deve ser compreendida como correspondendo aos requisitos de admissibilidade do recurso. No mais, o dispositivo, à luz dos princípios da primazia do julgamento do mérito, da instrumentalidade das formas e do aproveitamento dos atos processuais, estabelece ordem de preferência no julgamento que não é absoluta, da mesma forma como ocorre em primeiro grau no tocante a questões que lhe são prejudiciais e questões de mérito.

A ordem de julgamento das questões é disciplinada pelo artigo 660 do Código de Processo Civil Português, segundo o qual o tribunal só dá provimento à irresignação contra as decisões interlocutórias impugnadas conjuntamente com a decisão final quando presente interesse para o recorrente. Ausente repercussão da irresignação contra a questão objeto de decisão interlocutória sobre a sentença ou inapta a produzir efeitos autônomos frente ao litigante, não há interesse a justificar o seu conhecimento[215].

A recorribilidade das decisões interlocutórias não agraváveis, or-

212 Cf. BARIONI, Rodrigo. Preclusão diferida, o fim do agravo retido e a ampliação do objeto da apelação no novo Código de Processo Civil. *Revista de Processo*. São Paulo: Revista dos Tribunais, n. 243, p. 269-280, maio de 2015, p. 276; CUNHA, Leonardo Carneiro da; DIDIER JR., Fredie. Apelação contra decisão interlocutória não agravável: a apelação do vencido e a apelação subordinada do vencedor. *Revista de Processo*, n. 241, São Paulo: Revista dos Tribunais, p. 231-242, março 2015, p. 237.

213 Cf. CUNHA, Leonardo Carneiro da; DIDIER JR., Fredie. Apelação contra decisão interlocutória não agravável: a apelação do vencido e a apelação subordinada do vencedor. *Revista de Processo*, n. 241, São Paulo: Revista dos Tribunais, p. 231-242, março 2015, p. 238.

214 Diz-se, então, que a parte do *decisum* do tribunal acerca da apelação do vencido ficaria "sob condição legal resolutiva" (*Idem. Ibidem*, p. 240).

215 Cf. ABRANTES GERALDES, António Santos. *Recursos no novo Código de Processo Civil*. 3. ed. Coimbra: Almedina, 2016, p. 239.

dinariamente, prescinde de protesto ou qualquer outra modalidade de manifestação pela parte a quem prejudica[216]. O entendimento compatibiliza-se com o disposto pelo artigo 278, que exige, salvo legítimo impedimento, a alegação da nulidade do ato na primeira oportunidade em que couber à parte manifestar-se nos autos, sob pena de preclusão, com a ressalva daquelas que o juiz deva decretar de ofício. Se a pecha de nula inquina a decisão interlocutória não agravável, prevalece a disposição do artigo 1.009, §1º, devendo a questão ser posta nas razões ou contrarrazões da apelação. Entretanto, se a nulidade acomete qualquer outro ato do procedimento, a nulidade deve ser incontinenti suscitada pela parte prejudicada.

Então, no curso da produção da prova pericial, deixando o perito de assegurar aos assistentes das partes o acesso e o acompanhamento das diligências e dos exames que realizar (artigo 466, §2º), há nulidade que, necessariamente, deve ser arguida até a oportunidade para a manifestação sobre o laudo (artigo 477, §2º). Não o fazendo, opera-se a consumação da preclusão. Contudo, nula decisão interlocutória não agravável, por falta de fundamentação, a questão somente pode e deve ser colocada após a prolação da sentença, quando da interposição do recurso de apelação.

No que toca às decisões interlocutórias não agraváveis, o diploma processual, no entanto, trouxe importante restrição à sua impugnação. Realizado o saneamento do processo por escrito, as partes têm o ônus de pedir esclarecimentos ou solicitar ajustes, no prazo comum de cinco dias, findo o qual a decisão se torna estável (artigo 357, §1º). Opera-se a consumação da preclusão temporal, impedindo a arguição das questões referentes ao saneamento e organização do processo em futuro recurso de apelação[217]. A incidência do dispositivo é restrita ao saneamento realizado fora da audiência. Para além da topologia do §1º frente ao §3º, a solenidade volta-se ao saneamento compartilhado, de modo que a discordância de qualquer das partes ao seu conteúdo deve ser objeto de manifestação imediata, com seu devido registro na respectiva ata. Do contrário, a decisão reveste-se de preclusão de natureza lógica, ante a conclusão de que as partes

---

216 Cf. LUCON, Paulo Henrique dos Santos. Inovações do Código de Processo Civil de 2015 e seus reflexos em matéria recursal. *O Novo Código de Processo Civil*. Organização MENDES, Aluisio Gonçalves de Castro. Rio de Janeiro: Escola da Magistratura Regional Federal da 2ª Região, 2016, p. 307-319, p. 309; SICA, Heitor Vitor Mendonça. *Recorribilidade das interlocutórias e sistema de preclusões no novo CPC – primeiras impressões*, p. 23.

217 Contra DIDIER JUNIOR, Fredie Souza. CUNHA, Leonardo Carneiro da. *Curso de direito processual civil*, v. III. 13. ed. Salvador: JusPodivm, 2016, p. 227-228.

produziram a decisão em cooperação com o julgador, o que torna incompatível posterior inconformismo[218].

A prolação de decisão parcial terminativa ou de mérito impõe à parte cuja esfera de direito é prejudicada o manejo do agravo de instrumento. Na ausência de interposição do recurso ou com seu julgamento definitivo, a questão reveste-se do manto da coisa julgada, que se forma progressivamente. Em consequência, torna-se defeso seja veiculada qualquer das questões afetas à decisão parcial na apelação interposta contra a sentença posteriormente prolatada[219]. Embora cognoscível de ofício a questão, é defeso ao órgão recursal avançar sobre a coisa julgada formada. Não importa se não interposto o agravo de instrumento, se não foi conhecido ou, ainda, se alcançou o julgamento da questão que submetia à revisão. A solução será sempre idêntica: a impossibilidade de sua cognição pelo tribunal por ocasião de se valer a parte da apelação a fim de impugnar a decisão final.

3.3. *Reformatio in peius*

A apelação é o recurso posto pelo legislador à disposição das partes, a fim de que, não se conformando com a sentença ou decisão interlocutória não agravável que as prejudique, postulem por sua anulação ou reforma. Do seu julgamento não admite o sistema processual que resulte prejuízo ao apelante. Proscreve-se, então, a *reformatio in peius*, vedando que a decisão do órgão recursal resulte em efeito prático da sua irresignação recursal que lhe seja desfavorável. Em qualquer hipótese, a piora da situação do recorrente com a reforma da decisão impugnada é proibida. Sua excepcional admissão não prescinde de expressa disposição legal[220].

A *reformatio in peius* é vedada no ordenamento processual alemão ante ao disposto pelos §§ 528 e 557[221]. A modificação da sentença impugnada em prejuízo do recorrente é, igualmente, repelida no ordenamento

---

218 Cf. MENDES, Anderson Cortez; CAPIOTTO, Gabriele Mutti. Saneamento do processo no novo Código de Processo Civil. *Revista de Processo*. São Paulo: Revista dos Tribunais, v. 266, p. 79-97, abril de 2017, p. 94.

219 Cf. RASCIO, Nicola. *L'oggetto dell'appello civile*. Napoli: Jovene, 1996, p. 118.

220 Cf. LIMA, Alcides de Mendonça. *Introdução aos recursos cíveis*. 2. ed. São Paulo: Revista dos Tribunais, 1976, p. 343.

221 Cf. PÉREZ RAGONE, Álvaro J.; ORTIZ PRADILLO, Juan Carlos. *Código Procesal Civil alemán (ZPO)*.Tradução com estudo introdutório ao proceso civil alemão contemporâneo Hanns Prütting e Sandra de Falco. Montevidéu: Fundación Konrad-Adenauer, 2006, p. 118.

processual espanhol[222]. Assim, o artigo 465,5 impede que o julgamento do recurso prejudique ao apelante, salvo que se decorrer do provimento da apelação formulada pelo apelado. O artigo 227,2 veda, ainda, por ocasião do julgamento do recurso, a decretação de ofício de nulidade, ressalvada a falta de jurisdição, de competência material ou funcional, bem como a ocorrência de coação. Em que pese a ausência de precisão expressa, a proibição da *reformatio in peius* é extraída pela doutrina do ordenamento processual italiano[223]. No ordenamento processual português, a vedação à reforma para pior é retirada do artigo 635,5[224].

Nas Ordenações do Reino Português, interposta a apelação, podia resultar em solução favorável tanto ao apelante quanto ao apelado, por se tratar de recurso de benefício comum às partes, como se extraia do livro III, título 75, das Ordenações Afonsinas, do livro III, título 57, das Ordenações Manuelinas, e livro III, título 72, Ordenações Filipinas[225]. De se anotar que já se consagrava entendimento no sentido de que a reforma para pior se limitava ao capítulo impugnado. Como se extrai das lições escritas sob a égide dos diplomas, apesar de comum a ambas as partes a apelação, isto se restringiria às sentenças que não continham capítulos autônomos; do contrário, aquele que não se apelou passava em julgado[226]. O Regulamento 737, de 1850, não cuidou do tema, vigo-

---

222 Cf. MONTERO AROCA, Juan; GÓMEZ COLOMER, Juan Luis; BARONA VILAR, Silvia; CALDERÓN CUADRADO, Maria Pía. *Derecho jurisdiccional*, v. II. 23. ed. Valência: Tirant lo Blanch, 2015, p. 444-445; OLIVA SANTOS, Andrés de la. DÍEZ-PICAZO GIMÉNEZ, Ignacio; VEGAS TORRES, Jaime. *Curso de derecho procesal civil*, v. II. 3. ed. Madrid: Universitaria Ramón Areces, 2016, p. 290-291.

223 Cf. MANDRIOLI, Crisanto. CARRATA, Antonio. *Diritto processuale civile*, v. II, 25. ed. Torino: G. Giappichelli, 2016, p. 497; RASCIO, Nicola. *L´oggetto dell´appello civile*. Napoli: Jovene, 1996, p. 368.

224 Cf. ABRANTES GERALDES, António Santos. *Recursos no novo Código de Processo Civil*. 3. ed. Coimbra: Almedina, 2016, p. 97.

225 Cf. CRUZ E TUCCI, José Rogério; AZEVEDO. Luiz Carlos de. *Lições de história do processo civil lusitano*. São Paulo: Revista dos Tribunais, 2009, p. 232 e 234; GUIMARÃES, Luiz Machado. Efeito devolutivo da apelação. *Estudos de direito processual*. Rio de Janeiro: Jurídica e Universitária, 1969, p. 216-226, p. 222; PAULA BAPTISTA, Francisco de. *Compendio de theoria e pratica do processo civil comparado com o commercial e de hermeneutica jurídica, para uso das faculdades de direito do Brasil*. 6. ed. Rio de Janeiro: H. Garnier Livreiro-Editor, 1901, p. 329; PONTES DE MIRANDA, Francisco Cavalcanti. *Comentários ao código de processo civil*, t. VII. Rio de Janeiro: Forense, 1999, p. 143.

226 Cf. PEREIRA E SOUSA, Joaquim José Caetano de. *Primeiras linhas sobre o processo civil*, t. II. Lisboa: Typografia Rollandiana, 1863, p. 56-57; LOBÃO, Manoel de Almeida e Sousa de. *Segundas linhas sobre o processo civil*, v. II. Lisboa: Imprensa Nacional, 1855, p. 384-385; RAMALHO, José Ignacio. *Practica civil e comercial*. São Paulo: Typografia Imparcial de Joaquim Roberto de Azevedo Marques, 1861, p. 252.

rando o entendimento da comunhão do recurso pela aplicação subsidiária das Ordenações Filipinas, em conformidade ao seu artigo 743[227]. O tratamento do tema variou nos códigos estaduais, entre a admissão, proibição e ausência de regramento[228]. O Código de Processo Civil de 1939 não proibiu expressamente a *reformatio in peius*, entretanto, a doutrina consagrou a vedação de que o resultado do julgamento do recurso tivesse por consequência prejuízo ao recorrente[229]. O entendimento foi consolidado na vigência do Código de Processo Civil de 1973, que, igualmente, não positivou a regra[230]. O Código de Processo Civil de 2015 também não trata explicitamente da questão, contudo, a construção doutrinária extraída do sistema processual continua integralmente aplicável[231].

A vedação da *reformatio in peius* vem ao encontro da liberdade que o legislador outorga às partes na órbita processual. Se a parte se conformou com a decisão proferida, deixando de interpor o recurso cabível, defeso ao órgão recursal que atue em seu prejuízo. Cabe às partes delimitar o julgamento que afetará às suas esferas de direitos tanto em primeiro quanto em segundo grau de jurisdição. De fato, as partes "são os únicos árbitros da extensão do pedido ou da recusa, mesmo que dano lhe possa advir de sua atitude"[232]. Vedada a comunhão da apelação interposta, consequência lógica o afastamento da possibilidade de reforma em prejuízo ao recorrente[233].

---

227 Cf. ELIAS, Carlos Eduardo Stefen. *Apelação: os limites objetivos do efeito devolutivo.* São Paulo: Atlas, 2010, p. 71.

228 Cf. SANTOS, Moacyr Amaral. *Primeiras linhas de direito processual civil*, v. III. 26. ed. Atualização Maria Beatriz Amaral Santos Köhnen. São Paulo: Saraiva, 2013, p. 136.

229 Cf. REZENDE FILHO, Gabriel José Rodrigues de. *Curso de direito processual civil*, v. III. 7. ed. São Paulo: Saraiva, 1966, p. 101; SANTOS, Moacyr Amaral. *Primeiras linhas de direito processual civil*, v. III. 26. ed. Atualização Maria Beatriz Amaral Santos Köhnen. São Paulo: Saraiva, 2013, p. 136. Contra LIEBMAN, Enrico Tullio. Agravo nos autos do processo e apelação da parte contrária. *Estudos sobre o processo civil brasileiro.* Araraquara: Bestbook, 2004, p. 131-135, p. 132-133.

230 Cf. ASSIS, Araken de. *Manual dos recursos.* 6. ed. São Paulo: Revista Tribunais, 2014, p. 120; LIMA, Alcides de Mendonça. *Introdução aos recursos cíveis.* 2. ed. São Paulo: Revista dos Tribunais, 1976, p. 344.

231 Cf. BONIZZI, Marcelo José Magalhães. *Princípios do processo no novo Código de Processo Civil.* São Paulo: Saraiva, 2016, p. 225.

232 LIMA, Alcides de Mendonça. *Introdução aos recursos cíveis.* 2. ed. São Paulo: Revista dos Tribunais, 1976, p. 336.

233 Cf. PONTES DE MIRANDA, Francisco Cavalcanti. *Comentários ao código de processo civil*, t. VII. Rio de Janeiro: Forense, 1999, p. 144.

Permitida ao litigante a interposição de apelação parcial, deve--se, necessariamente, admitir a possibilidade de uma devolução parcial[234]. O contrário equivaleria a possibilitar uma devolução sem apelação, ou seja, um efeito sem causa[235]. Acolhida a possibilidade de *reformatio in peius* concebe-se "que o apelante pleiteie a reforma da sentença contra ele próprio, tornando-se de vencedor em vencido"[236]. Corrobora a proibição da reforma para pior a previsão da possibilidade de se recorrer na forma adesiva, já que se a irresignação recursal do adversário poderia lhe resultar em seu proveito, não haveria interesse para que viesse a impugnar a decisão que lhe foi parcialmente desfavorável[237].

A despeito da mingua de previsão legal, a proibição da *reformatio in peius* decorre do princípio dispositivo, o qual exige que o juízo recursal decida de forma congruente ao requerimento da parte que recorre[238]. A parte postula uma reforma para melhor e não para pior da decisão impugnada[239]. Por outro viés, ampare-se na sucumbência, tendo interesse de agir em sede de recurso somente aquele que restou sucumbente no juízo precedente e, dentro destes limites, operando-se a devolução[240]. Ofende ao devido processo legal, outrossim, a decisão que contraria "legítimas expectativas de quem recorre em busca de resultados práticos melhores e acaba sendo surpreendido por uma piora de situação que só

---

234 Cf. CALAMANDREI, Piero. Appunti sulla "reformatio in peius". *Rivista di Diritto Processuale*. Padova: CEDAM, v. 6, n. 1, p. 297-307, 1929, p. 298.

235 Cf. *Idem. Ibidem*, p. 299.

236 Cf. LIMA, Alcides de Mendonça. *Introdução aos recursos cíveis*. 2. ed. São Paulo: Revista dos Tribunais, 1976, p. 348.

237 Cf. SANTOS, Moacyr Amaral. *Primeiras linhas de direito processual civil*, v. III. 26. ed. Atualização Maria Beatriz Amaral Santos Köhnen. São Paulo: Saraiva, 2013, p. 137.

238 Cf. CALAMANDREI, Piero. Appunti sulla "reformatio in peius". *Rivista di Diritto Processuale*. Padova: CEDAM, v. 6, n. 1, p. 297-307, 1929, p. 301; JORGE, Flávio Cheim. *Teoria geral dos recursos*. 7. ed. São Paulo: Revista dos Tribunais, 2015, p. 309-310; MONTERO AROCA, Juan; GÓMEZ COLOMER, Juan Luis; BARONA VILAR, Silvia; CALDERÓN CUADRADO, Maria Pía. *Derecho jurisdiccional*, v. II. 23. ed. Valência: Tirant lo Blanch, 2015, p. 445; SANTOS, Moacyr Amaral. *Primeiras linhas de direito processual civil*, v. III. 26. ed. Atualização Maria Beatriz Amaral Santos Köhnen. São Paulo: Saraiva, 2013, p. 136-137.

239 Cf. MANDRIOLI, Crisanto. CARRATA, Antonio. *Diritto processuale civile*, v. II, 25. ed. Torino: G. Giappichelli, 2016, p. 498.

240 Cf. CALAMANDREI, Piero. Appunti sulla "reformatio in peius". *Rivista di Diritto Processuale*. Padova: CEDAM, v. 6, n. 1, p. 297-307, 1929, p. 302-303; SANTOS, Moacyr Amaral. *Primeiras linhas de direito processual civil*, v. III. 26. ed. Atualização Maria Beatriz Amaral Santos Köhnen. São Paulo: Saraiva, 2013, p. 136.

seria possível se o adversário houvesse recorrido"[241]. Impede, ainda, o exercício do contraditório, porquanto o apelante fica tolhido do debate sobre a manutenção da parte da sentença que lhe beneficiava[242].

A *reformatio in peius* mede-se pelo efetivo prejuízo à esfera de direitos da parte que recorreu. É aferida pela comparação entre os julgados proferidos pelos órgãos *a quo* e *ad quem*. Ou seja, resulta do julgamento do recurso situação pior do que aquela havida quando da prolação do provimento jurisdicional impugnado. Não sobrevém prejuízo à parte, destarte, pela alteração da sua fundamentação pelo órgão recursal, ressalvadas excepcionais hipóteses, como a tutela coletiva do consumidor, a ação civil pública e a ação popular, em que a falta de provas não impede a propositura da mesma demanda (artigo 103, incisos I e II, do Código de Defesa do Consumidor, artigo 16 da Lei n. 7.347/85 e artigo 18 da Lei n. 4.717/65)[243].

A decisão do juiz da apelação sobre o mérito não pode chegar a ser mais desfavorável ao apelante e mais favorável ao apelado do que a decisão de primeiro grau[244]. Tampouco o conhecimento de ofício de questões pelo tribunal pode fazer incorrer em prejuízo ao apelante[245]. Por conseguinte, não é lícito ao tribunal decidir sobre o capítulo que não foi objeto de impugnação no recurso, piorando a situação daquele que se conformou com a sentença, embora parcialmente, e não recorreu. Entretanto, de se anotar que aqueles que contrapõem o efeito translativo ao devolutivo entendem, como consequência, que em se tratando de questões que admitem conhecimento independentemente de alegação da parte, não haveria proibição da *reformatio in peius*[246].

---

241 DINAMARCO, Cândido Rangel. *Capítulos de sentença*. 4. ed. São Paulo: Malheiros, 2009, p. 114.

242 Cf. LIMA, Alcides de Mendonça. *Introdução aos recursos cíveis*. 2. ed. São Paulo: Revista dos Tribunais, 1976, p. 345.

243 Cf. JORGE, Flávio Cheim. *Teoria geral dos recursos*. 7. ed. São Paulo: Revista dos Tribunais, 2015, p. 311; NERY JUNIOR, Nelson. *Princípios fundamentais: teoria geral dos recursos*. 4. ed. São Paulo: Revista dos Tribunais, 1997, p. 154.

244 Cf. ABRANTES GERALDES, António Santos. *Recursos no novo Código de Processo Civil*. 3. ed. Coimbra: Almedina, 2016, p. 97; CHIOVENDA, Giuseppe. *Principios de derecho procesal civil*, t. II. Tradução José Casáis y Santaló. Madrid: Editorial Reus, 1925, p. 502; DINAMARCO, Cândido Rangel. *Capítulos de sentença*. 4. ed. São Paulo: Malheiros, 2009, p. 113-115.

245 Cf. COUTURE, Eduardo Juan. Fundamentos de direito processual civil. Tradução de Henrique de Carvalho. Florianópolis: Conceito Editorial, 2008, p. 205.

246 Por exemplo, ARAÚJO CINTRA, Antônio Carlos de. *Sobre os limites objetivos da apelação civil*. São Paulo: [s.n.], 1986, p. 104; BERMUDES, Sérgio. Considerações sobre a apelação no sistema recursal do Código de Processo Civil. *Revista da Escola da Magistratura do Estado do Rio de Janeiro*. Rio de Janeiro *Escola da Magistratura*

Assim, vencedor na sua pretensão, recorrendo o autor para a majoração dos honorários de seu advogado, não se permite que o julgamento da apelação resulte no julgamento de improcedência dos seus pedidos, o que, aliás, decorre do trânsito em julgado do capítulo não impugnado. Tendo sido julgada parcialmente procedente sua demanda, ao apelar para reforma da sentença, com vistas ao integral acolhimento da sua pretensão, o julgamento do recurso não pode resultar na extinção do processo, sem resolução de mérito. Admite-se que a negativa de julgamento do mérito alcance, exclusivamente, o capítulo recorrido[247]. No mesmo diapasão, tanto quanto o órgão recursal não pode condenar o réu que recorre a pagar R$20.000,00, quando a sentença se limitou a julgar parcialmente procedente o pedido para afirmar que devedor da quantia de R$10,000,00, é-lhe defeso modificar a condenação ilíquida para líquida, segundo o valor apontado na petição inicial, já que a fase de liquidação pode resultar em montante inferior[248]. Todavia, julgada improcedente a demanda, ao recorrer, a parte pode ter contra si proferida decisão julgando o processo extinto, sem resolução de mérito, por conta do conhecimento de ofício de uma questão de ordem pública, o que não viola a proibição à *reformatio in peius*, porquanto inexiste o agravamento de sua situação[249].

Todavia, o reconhecimento pelo órgão recursal de efeitos decorrentes da lei omitidos na decisão impugnada, a despeito de resultarem em

do Estado do Rio de Janeiro, v. 2, n. 6, p. 117-125, 1999, p. 120-121; ELIAS, Carlos Eduardo Stefen. *Apelação: os limites objetivos do efeito devolutivo*. São Paulo: Atlas, 2010, p. 77; MARINONI, Luiz Guilherme ARENHART, Sergio Cruz; MITIDIERO, Daniel. *Novo curso de processo civil*, v. II. São Paulo: Revista Tribunais, 2015, p. 514; NERY JUNIOR, Nelson. *Princípios fundamentais: teoria geral dos recursos*. 4. ed. São Paulo: Revista dos Tribunais, 1997, p. 153-154 e 412; WAMBIER, Teresa Celina de Arruda Alvim. *Nulidades do processo e da sentença*. 7. ed. São Paulo: Revista dos Tribunais, 2013, p. 247.

247 Como bem anota Cândido Rangel Dinamarco, não "é demais advertir: se algum capítulo de mérito também houver sido omitido no recurso, jamais esse capítulo inatacado poderá ser atingido pelo julgamento no sentido de que o autor não tinha direito ao julgamento de mérito; por mais razões que tenha para assim entender, o tribunal limitar-se-á a aplicar sobre o capítulo recorrido a regra emergente dos arts. 245, par., 267 e 516" (*Capítulos de sentença*. 4. ed. São Paulo: Malheiros, 2009, p. 110).

248 Cf. STJ, REsp 846.460/PR, Terceira Turma, Rel. Ministro Humberto Gomes de Barros, julgado em 09/08/2007, DJ 27/08/2007.

249 Cf. DINAMARCO, Cândido Rangel. *Capítulos de sentença*. 4. ed. São Paulo: Malheiros, 2009, p. 110.

piora da situação do recorrente, é medida de rigor[250]. Situação idêntica verifica-se na correção de inexatidões materiais ou erros de cálculo (artigo 494, inciso I). Tendo olvidado o juízo *a quo*, assim, a condenação do vencido ao pagamento das custas e despesas processuais ou dos honorários advocatícios, ou a estipulação da correção monetária ou dos juros moratórios, o juízo *ad quem* deve integrar o *decisum* posto ao seu crivo. Trata-se de *reformatio in peius* admitida pelo sistema processual, por conta da expressa disposição legal que impõe o tratamento da questão. O que não se admite é que o tribunal venha a alterar o conteúdo do julgamento, uma vez decidida a questão no grau jurisdicional inferior, modificando, por exemplo, a base de cálculo dos honorários advocatícios ou o percentual dos juros de mora, o que exigiria impugnação do prejudicado[251].

Obviamente, no julgamento de parcial procedência, se autor e réu recorrem, a piora da situação decorre da interposição do recurso pelo adversário, o que não gera, pois, *reformatio in peius*. A vedação é da piora da situação da parte pelo seu próprio ato de recorrer.

3.4. Honorários de sucumbência em grau recursal

Interposta a apelação, o órgão *ad quem* deve realizar a revalorização dos honorários sucumbenciais. O Código de Processo Civil de 2015 alterou a disciplina da fixação da verba honorária, estabelecendo a necessidade, em alguns casos, de sua majoração quando do julgamento do recurso de apelação. Na linha do artigo 85, §11, o "tribunal, ao julgar recurso, majorará os honorários fixados anteriormente levando em conta o trabalho adicional realizado em grau recursal, observando, conforme o caso, o disposto nos §§ 2º a 6º, sendo vedado ao tribunal, no cômputo geral da fixação de honorários devidos ao advogado do vencedor, ultrapassar os respectivos limites estabelecidos nos §§ 2º e 3º para a fase de conhecimento". Por conseguinte, deu-se o alargamento dos limites objetivos da apelação civil[252].

---

250 Cf. ASSIS, Araken de. *Manual dos recursos*. 6. ed. São Paulo: Revista Tribunais, 2014, p. 128.

251 Cf. COMOGLIO, Luigi Paolo; FERRI, Corrado; TARUFFO, Michele. *Lezioni sul processo civile*, v. I. 5. ed. Bolonha: Il Mulino, 2011, p. 677; STJ, REsp 954.353/RS, Terceira Turma, Rel. Ministra Nancy Andrighi, julgado em 17/06/2010, DJe 30/06/2010. Contra STJ, AgRg no REsp 1394554/SC, Terceira Turma, Rel. Ministro João Otávio de Noronha, julgado em 15/09/2015, DJe 21/09/2015.

252 Cf. NEVES, Daniel Amorim Assumpção. *Novo Código de Processo Civil – Lei nº 13.105/2015*. São Paulo: Método, 2015, p. 88.

Como efeito derivado da lei, a atuação do tribunal consuma-se *ex officio*, independendo de requerimento da parte[253]. Assim, prescindível pleito das partes nas razões ou contrarrazões recursais. O legislador utiliza a expressão "majorará", de forma que a elevação do montante dos honorários não é mera faculdade, mas dever do órgão julgador, independentemente de se tratar de decisão colegiada ou monocrática, unânime ou majoritária[254].

A fixação dos honorários de sucumbência deve observar o importe entre 10% e 20% sobre, em ordem de preferência, o valor da condenação, ou do proveito econômico obtido ou, na impossibilidade de se aferi-lo, da causa (artigo 85, §2º). Nos processos em que a Fazenda Pública for parte, a fixação dos honorários respeita a regramento diverso (artigo 85, §3º). Em grau recursal, por conseguinte, o julgador deve tomar em conta os capítulos impugnados para estabelecer a base de cálculo dos honorários de sucumbência, se parcial o recurso[255].

O intento primordial da disposição é sancionar o litigante que, sem fundamento, vem a interpor recurso contra a decisão em seu desfavor proferida, dissuadindo-o de prolongar o desfecho do processo[256]. O efei-

---

253 Cf. JORGE, Flávio Cheim. Os honorários advocatícios e o recurso de apelação: um enfoque especial nos honorários recursais. *Coleção grandes temas do novo CPC – Honorários advocatícios*, v. II. Coordenação COÊLHO, Marcus Vinícius Furtado; CAMARGO, Luiz Henrique Volpe. 2. ed. Salvador: JusPodivm, 2016, p. 685-709, p. 701; SOUZA, Artur César de. *Código de Processo Civil anotado, comentado e interpretado: parte geral (arts. 1 a 317)*, v. I. São Paulo: Almedina, 2015, p. 514.

254 Cf. CAMARGO, Luiz Henrique Volpe. *Breves comentários ao novo Código de Processo Civil*. Coordenação WAMBIER, Teresa Celina de Arruda Alvim; DIDIER JUNIOR, Fredie; TALAMINI, Eduardo; DANTAS, Bruno. São Paulo: Revista dos Tribunais, 2015, p. 322; JORGE, Flávio Cheim. Os honorários advocatícios e o recurso de apelação: um enfoque especial nos honorários recursais. *Coleção grandes temas do novo CPC – Honorários advocatícios*, v. II. Coordenação COÊLHO, Marcus Vinícius Furtado; CAMARGO, Luiz Henrique Volpe. 2. ed. Salvador: JusPodivm, 2016, p. 685-709, p. 700; NEVES, Daniel Amorim Assumpção. *Novo Código de Processo Civil – Lei nº 13.105/2015*. São Paulo: Método, 2015, p. 87.

255 Cf. LOPES, Bruno Vasconcelos Carrilho. Os honorários recursais no novo Código de Processo Civil. *Coleção grandes temas do novo CPC – Honorários advocatícios*, v. II. Coordenação COÊLHO, Marcus Vinícius Furtado; CAMARGO, Luiz Henrique Volpe. 2. ed. Salvador: JusPodivm, 2016, p. 601-608, p. 607.

256 Cf. CAMBI, Eduardo; POMPÍLIO, Gustavo. Honorários no recurso de apelação e questões correlatas. *Coleção grandes temas do novo CPC – Honorários advocatícios*, v. II. Coordenação COÊLHO, Marcus Vinícius Furtado; CAMARGO, Luiz Henrique Volpe. 2. ed. Salvador: JusPodivm, 2016, p. 663-672, p. 667-668 e 671-672; MENDES, Anderson Cortez; TOKASHIKI, André Shinji; KUHL, Emílio Frederico Perillo. Os honorários advocatícios sucumbenciais e o novo Código de Processo Civil. *Revista de Processo*. São Paulo: Revista dos Tribunais, v. 258, p. 61-83, agosto de 2016, p. 77.

to de remunerar o trabalho excedente do advogado é colateral[257]. Tanto assim que a ausência de oferta de contrarrazões não inibe a exasperação da verba[258]. A redação do artigo 85, §11, ao mencionar "levando em conta o trabalho adicional realizado em grau recursal", apenas estabelece o critério para que o órgão recursal fixe o percentual da majoração, não afetando a sua natureza. Corrobora o caráter dissuasório da disposição o §12 do mesmo dispositivo ao estatuir que os "honorários referidos no § 11 são cumuláveis com multas e outras sanções processuais, inclusive as previstas no art. 77".

A majoração dos honorários em favor do advogado da parte adversa limita-se às hipóteses em que o recorrente não teve conhecido seu recurso ou restou integralmente vencido na sua pretensão recursal[259]. Caso o recurso ostente parcial fundamento, ausente razão a penalizar a parte que dele se utilizou[260]. Recorrendo aquele que restou substancial-

---

257 Contra JORGE, Flávio Cheim. Os honorários advocatícios e o recurso de apelação: um enfoque especial nos honorários recursais. *Coleção grandes temas do novo CPC – Honorários advocatícios*, v. II. Coordenação COÊLHO, Marcus Vinícius Furtado; CAMARGO, Luiz Henrique Volpe. 2. ed. Salvador: JusPodivm, 2016, p. 685-709, p. 699; LOPES, Bruno Vasconcelos Carrilho. Os honorários recursais no novo Código de Processo Civil. *Coleção grandes temas do novo CPC – Honorários advocatícios*, v. II. Coordenação COÊLHO, Marcus Vinícius Furtado; CAMARGO, Luiz Henrique Volpe. 2. ed. Salvador: JusPodivm, 2016, p. 601-608, p. 602; NUNES, Dierle; DUTRA, Victor Barbosa; OLIVEIRA JÚNIOR, Délio Mota. Honorários no recurso de apelação e questões correlatas. *Coleção grandes temas do novo CPC – Honorários advocatícios*, v. II. Coordenação COÊLHO, Marcus Vinícius Furtado; CAMARGO, Luiz Henrique Volpe. 2. ed. Salvador: JusPodivm, 2016, p. 635-661, p. 646; RODRIGUES, Walter Piva. Verba honorária sucumbencial, em especial a instituição de "honorários recursais". *Cadernos Jurídicos*. São Paulo: Escola Paulista da Magistratura, v. 16, p. 133-140, 2015, p. 136.

258 Cf. enunciado n. 7 da I Jornada de Direito Processual Civil ("A ausência de resposta ao recurso pela parte contrária, por si só, não tem o condão de afastar a aplicação do disposto no art. 85, § 11, do CPC").

259 Cf. LOPES, Bruno Vasconcelos Carrilho. Os honorários recursais no novo Código de Processo Civil. *Coleção grandes temas do novo CPC – Honorários advocatícios*, v. II. Coordenação COÊLHO, Marcus Vinícius Furtado; CAMARGO, Luiz Henrique Volpe. 2. ed. Salvador: JusPodivm, 2016, p. 601-608, p. 602. Em sentido contrário, CAMARGO, Luiz Henrique Volpe. *Breves comentários ao novo Código de Processo Civil*. Coordenação WAMBIER, Teresa Celina de Arruda Alvim; DIDIER JUNIOR, Fredie; TALAMINI, Eduardo; DANTAS, Bruno. São Paulo: Revista dos Tribunais, 2015, p. 323; JORGE, Flávio Cheim. Os honorários advocatícios e o recurso de apelação: um enfoque especial nos honorários recursais. *Coleção grandes temas do novo CPC – Honorários advocatícios*, v. II. Coordenação COÊLHO, Marcus Vinícius Furtado; CAMARGO, Luiz Henrique Volpe. 2. ed. Salvador: JusPodivm, 2016, p. 685-709, p. 705.

260 Essa, aliás, é a interpretação do artigo 55, *caput*, da Lei n. 9.099/95 vigente no sistema dos juizados especiais cíveis (cf. CHIMENTI, Ricardo Cunha. *Teoria e prá-*

mente vencedor (artigo 86, parágrafo único), embora malsucedida sua pretensão recursal, não há que se falar em majoração de honorários em desfavor do advogado da parte adversa[261].

Não fixa o tribunal duas verbas honorárias autônomas, uma pelo trabalho desenvolvido em primeiro grau e outra por aquele desempenhado na instância recursal[262]. Se vencedor o recorrente no processo, a verba sucumbencial é arbitrada em caráter inicial, tendo em vista o trabalho desempenhado pelo seu advogado em ambos os graus de jurisdição. Assim, inadmissível a mera inversão dos encargos de sucumbência dispostos na decisão impugnada.

A majoração ocorre em decisões que têm por conteúdo uma das situações do artigo 485 ou do artigo 487. Provida a apelação para anular a sentença, com remessa dos autos ao primeiro grau de jurisdição para prosseguimento, não se arbitra honorários recursais e aqueles fixados

---

tica dos juizados especiais cíveis. 9. ed. São Paulo: Saraiva, 2007, p. 318; enunciado uniforme n. 31 do Conselho Supervisor do Sistema dos Juizados Especiais Cíveis do Estado de São Paulo).

261 Cf. MENDES, Anderson Cortez; TOKASHIKI, André Shinji; KUHL, Emílio Frederico Perillo. Os honorários advocatícios sucumbenciais e o novo Código de Processo Civil. *Revista de Processo*. São Paulo: Revista dos Tribunais, v. 258, p. 61-83, agosto de 2016, p. 78. Contra JORGE, Flávio Cheim. Os honorários advocatícios e o recurso de apelação: um enfoque especial nos honorários recursais. *Coleção grandes temas do novo CPC – Honorários advocatícios*, v. II. Coordenação COÊLHO, Marcus Vinícius Furtado; CAMARGO, Luiz Henrique Volpe. 2. ed. Salvador: JusPodivm, 2016, p. 685-709, p. 698, nota 26.

262 Cf. CAMBI, Eduardo; POMPÍLIO, Gustavo. Honorários no recurso de apelação e questões correlatas. *Coleção grandes temas do novo CPC – Honorários advocatícios*, v. II. Coordenação COÊLHO, Marcus Vinícius Furtado; CAMARGO, Luiz Henrique Volpe. 2. ed. Salvador: JusPodivm, 2016, p. 663-672, p. 665; enunciado n. 8 da I Jornada de Direito Processual Civil ("Não cabe majoração de honorários advocatícios em agravo de instrumento, salvo se interposto contra decisão interlocutória que tenha fixado honorários na origem, respeitados os limites estabelecidos no art. 85, §§ 2º, 3º e 8º, do CPC"). Em sentido contrário, CAMARGO, Luiz Henrique Volpe. Os honorários de sucumbência recursal no novo CPC. *Novas tendências do processo civil - estudos sobre o projeto do novo Código de Processo Civil*, v. I. Organização FREIRE, Alexandre; DANTAS, Bruno; NUNES, Dierle; DIDIER JUNIOR, Fredie; GARCIA MEDINA, José Miguel; FUX, Luiz; CAMARGO, Luiz Henrique Volpe; OLIVEIRA, Pedro Miranda de. Salvador: Jus Podium, 2013, p. 361-378, p. 367; JORGE, Flávio Cheim. Os honorários advocatícios e o recurso de apelação: um enfoque especial nos honorários recursais. *Coleção grandes temas do novo CPC – Honorários advocatícios*, v. II. Coordenação COÊLHO, Marcus Vinícius Furtado; CAMARGO, Luiz Henrique Volpe. 2. ed. Salvador: JusPodivm, 2016, p. 685-709, p. 698, 700 e 702; enunciado n. 243 do Fórum Permanente de Processualistas Civis ("No caso de provimento do recurso de apelação, o tribunal redistribuirá os honorários fixados em primeiro grau e arbitrará os honorários de sucumbência recursal").

no provimento impugnado ficam suprimidos[263]. Decisões interlocutórias que não sejam parciais terminativas ou de mérito, cujo requerimento de reforma ou invalidação foi negado, nada acrescentam à base de cálculo da verba honorária[264]. Podem influir, exclusivamente, no percentual estipulado, segundo a exigência de maior trabalho do advogado do adversário.

Inexistindo recurso contra o capítulo que fixa os ônus de sucumbência, a majoração deve guardar relação de proporcionalidade com a condenação ao pagamento de honorários objeto da decisão *a quo*. Nestas hipóteses, o parâmetro de fixação dos honorários em primeiro grau de jurisdição não pode ser alterado, comportando exasperação o montante em razão tão-somente do trabalho desenvolvido quando da interposição do recurso[265]. O tribunal fica submetido ao teto legal (artigo 85, §§2º e 3º). Em consequência, já fixados no montante máximo, a negativa de conhecimento ou provimento ao recurso não resultará em majoração. Nos processos em que inestimável ou irrisório o proveito econômico ou quando o valor da causa for muito baixo, os honorários já estipulados em valor fixo deverão ser sempre elevados[266].

O grau da ausência de fundamento do recurso interposto ou seu caráter eminentemente protelatório não interferem no arbitramento do *quantum* da majoração, que deve se ater ao grau de zelo do profissional, ao lugar de prestação do serviço, à natureza e à importância da causa e ao trabalho realizado pelo advogado e ao tempo exigido para o seu serviço (art. 85, §§2ºe 11). Assim, indiferente a boa ou má-fé no ato de re-

---

263 Cf. FAZIA, César Cipriano de. Honorários advocatícios e sucumbência recursal. *Coleção grandes temas do novo CPC – Honorários advocatícios*, v. II. Coordenação COÊLHO, Marcus Vinícius Furtado; CAMARGO, Luiz Henrique Volpe. 2. ed. Salvador: JusPodivm, 2016, p. 621-633, p. 630-631.

264 Cf. LOPES, Bruno Vasconcelos Carrilho. Os honorários recursais no novo Código de Processo Civil. *Coleção grandes temas do novo CPC – Honorários advocatícios*, v. II. Coordenação COÊLHO, Marcus Vinícius Furtado; CAMARGO, Luiz Henrique Volpe. 2. ed. Salvador: JusPodivm, 2016, p. 601-608, p. 603-604; NERY JUNIOR, Nelson; NERY, Rosa Maria de Andrade. *Comentários ao Código de Processo Civil*. São Paulo: Revista dos Tribunais, 2015, p. 437.

265 Cf. LOPES, Bruno Vasconcelos Carrilho. Os honorários recursais no novo Código de Processo Civil. *Coleção grandes temas do novo CPC – Honorários advocatícios*, v. II. Coordenação COÊLHO, Marcus Vinícius Furtado; CAMARGO, Luiz Henrique Volpe. 2. ed. Salvador: JusPodivm, 2016, p. 601-608, p. 602, nota 4.

266 Cf. MENDES, Anderson Cortez; TOKASHIKI, André Shinji; KUHL, Emílio Frederico Perillo. Os honorários advocatícios sucumbenciais e o novo Código de Processo Civil. *Revista de Processo*. São Paulo: Revista dos Tribunais, v. 258, p. 61-83, agosto de 2016, p. 79; RODRIGUES, Walter Piva. Verba honorária sucumbencial, em especial a instituição de "honorários recursais". *Cadernos Jurídicos*. São Paulo: Escola Paulista da Magistratura, v. 16, p. 133-140, 2015, p. 139.

correr[267]. A postergação do fim do processo, por meio da interposição de recurso manifestamente infundado, deve fazer incidir a pena respectiva, a qual não se confunde com a elevação dos honorários em grau recursal, mas com esta se cumula com qualquer outra sanção processual aplicada em desfavor da parte (art. 85, §12º)[268].

A elevação de honorários quando da negativa de provimento ao recurso de apelação não acarreta restrição ao duplo grau de jurisdição, tampouco ao acesso à justiça[269]. A via de acesso aos tribunais permanece aberta e sequer vem a ser condicionada. Há mera imposição de sanção àquele que interpõe recurso infundado, postergando o desfecho do trâmite processual. Raciocínio inverso levaria a conclusão de que os honorários arbitrados em primeiro grau em desfavor do vencido restringiriam o acesso à justiça[270]. Estabelece-se um filtro legítimo com vistas a evitar o manejo de recursos, em especial daqueles reconhecidamente protelatórios[271].

3.5. A aplicação de sanções processuais pelo órgão recursal

A decisão proferida pelo tribunal pode ter por conteúdo a aplicação em desfavor de uma das partes de sanção processual. Estende-se, pois,

---

267 Cf. CAHALI, Yussef Said. *Honorários advocatícios*. 4. ed. São Paulo: Revista dos Tribunais, 2011, p. 350; LOPES, Bruno Vasconcelos Carrilho. Os honorários recursais no novo Código de Processo Civil. *Coleção grandes temas do novo CPC – Honorários advocatícios*, v. II. Coordenação COÊLHO, Marcus Vinícius Furtado; CAMARGO, Luiz Henrique Volpe. 2. ed. Salvador: JusPodivm, 2016, p. 601-608, p. 603.

268 Cf. MENDES, Anderson Cortez; TOKASHIKI, André Shinji; KUHL, Emílio Frederico Perillo. Os honorários advocatícios sucumbenciais e o novo Código de Processo Civil. *Revista de Processo*. São Paulo: Revista dos Tribunais, v. 258, p. 61-83, agosto de 2016, p. 80.

269 Cf. CAMBI, Eduardo; POMPÍLIO, Gustavo. Honorários no recurso de apelação e questões correlatas. *Coleção grandes temas do novo CPC – Honorários advocatícios*, v. II. Coordenação COÊLHO, Marcus Vinícius Furtado; CAMARGO, Luiz Henrique Volpe. 2. ed. Salvador: JusPodivm, 2016, p. 663-672, p. 668-669; LOPES, Bruno Vasconcelos Carrilho. Os honorários recursais no novo Código de Processo Civil. *Coleção grandes temas do novo CPC – Honorários advocatícios*, v. II. Coordenação COÊLHO, Marcus Vinícius Furtado; CAMARGO, Luiz Henrique Volpe. 2. ed. Salvador: JusPodivm, 2016, p. 601-608, p. 603.

270 Cf. MENDES, Anderson Cortez; TOKASHIKI, André Shinji; KUHL, Emílio Frederico Perillo. Os honorários advocatícios sucumbenciais e o novo Código de Processo Civil. *Revista de Processo*. São Paulo: Revista dos Tribunais, v. 258, p. 61-83, agosto de 2016, p. 79.

271 Cf. CÂMARA, Alexandre Freitas. Honorários de sucumbência recursal. *Coleção grandes temas do novo CPC – Honorários advocatícios*, v. II. Coordenação COÊLHO, Marcus Vinícius Furtado; CAMARGO, Luiz Henrique Volpe. 2. ed. Salvador: JusPodivm, 2016, p. 593-599, p. 598-599.

a atividade do órgão julgador para além dos lindes estabelecido pelo ato de interposição do recurso[272], dando-se a concepção de novo capítulo no julgado. A aplicação de sanções processuais importa no tratamento dos limites objetivos da apelação sob dois aspectos: a penalização do praticante de ato atentatório à dignidade da justiça e do litigante de má-fé por sua atuação em segundo grau de jurisdição e a medida da revalorização pelo tribunal das condutas desempenhadas em primeiro grau de jurisdição.

O Código de Processo Civil de 2015 imprimiu um modelo cooperativo, a abarcar as interações das partes entre si e destas com o juiz (artigo 6º). A toda evidência, não olvida o legislador o interesse egoístico das partes de fazerem valer suas pretensões. Contudo, coloca sua atuação no processo sob rígidas normas de comportamento, sobretudo atento à intermediação de suas postulações por advogado, cuja função é alçada à condição de essencial à administração da justiça (artigo 133 da Constituição Federal).

A promessa estatal de distribuição da justiça não se compraz com a mera outorga da tutela jurisdicional a uma das partes, buscando, nos limites do instrumento que utiliza, a outorga da tutela jurisdicional para aquela que lhe faz jus. É inconcebível, portanto, que permita o emprego pelos litigantes de meios ilegítimos para sua obtenção[273]. O reconhecimento do caráter público do processo traz como corolário lógico o aumento dos poderes do juiz voltados a coibi-los. Assim, de rigor a fiscalização pelo juiz da conduta das partes no bojo do processo, cominando o ordenamento jurídico sanções processuais aos comportamentos repelidos, por desleais ou ímprobos.

Os comportamentos tanto do autor como do réu contrários à boa-fé e à dignidade da jurisdição são penalizados. Evidentemente, não se cuida "de exigir que a parte ofereça ao adversário armas para que triunfe, mas, sim, obstar que, *maliciosamente*, use de meios que fraudem a função jurisdicional"[274]. Proscreve o legislador os abusos no direito de demandar e no direito de defender-se, bem como todas as condutas desleais levadas a efeito pelas partes no curso do processo. Nem o acesso à justiça, nem a ampla defesa assumem vestes de garantias constitucionais absolutas. São repugnados os comportamentos contrários à probidade processual pelos litigantes desde a propositura da demanda até o

272 Cf. PUOLI, José Carlos Baptista. Breves considerações a respeito dos efeitos da apelação. *Direito processual civil*, v. II. Coordenação CARVALHO, Milton Paulo de; CASTRO, Daniel Penteado de. São Paulo: Quartier Latin, 2011, p. 387-399, p. 397-398.

273 Cf. LIMA, Alcides de Mendonça. O princípio da probidade no Código de Processo Civil brasileiro. *Revista de Informação Legislativa*. Brasília: Senado Federal, v. 16, n. 61, p. 189-220, janeiro a março de 1979, p. 191.

274 Cf. *Idem. Ibidem*, p. 192.

desfecho do processo[275], passando, obviamente, pelo eventual manejo dos recursos previstos em lei. Protege-se o interesse do adversário no alcance da célere e efetiva prestação jurisdicional e do Estado na escorreita administração da justiça[276].

A aplicação das sanções processuais não é inibida pelo eventual sucesso das pretensões da parte que, não obstante vencedora ao cabo do processo, pode vir a suportá-la[277]. É possível que a parte exerça uma pretensão ou se oponha àquela contra si deduzida de forma legítima, contudo, atue de modo improbo no desenrolar da marcha processual. Por outro lado, pode vir a demandar ou defender-se abusivamente, porém atuar em consonância à lealdade no desenvolvimento dos atos procedimentais.

Nessa ordem de ideias, o exercício em concreto das situações jurídicas subjetivas que são inerentes à atuação das partes pode incidir em conduta não desviada da lei, porém incorrer em abusividade ao serem empregadas de forma distanciada dos fins para o quais estipuladas[278]. Constata-se abuso no manejo dos poderes, faculdades, deveres e ônus previstos em lei[279]. Como bem anota Alcides de Mendonça Lima, no caso,

---

275 Cf. LIMA, Alcides de Mendonça. Abuso do direito de demandar. *Revista de Processo*. São Paulo: Revista dos Tribunais, v. 5, n. 19, p. 57-66, julho a setembro de 1980, p. 58.

276 Cf. LUCON, Paulo Henrique dos Santos. Abuso do exercício do direito de recorrer. *Aspectos polêmicos e atuais dos recursos cíveis e de outras formas de impugnação às decisões judiciais*. Coordenação NERY JUNIOR, Nelson; WAMBIER, Teresa Celina de Arruda Alvim. São Paulo: Revista dos Tribunais, 2001, p. 873-904, p. 882; THEODORO JÚNIOR, Humberto. Abuso de direito processual no ordenamento jurídico brasileiro. *Abuso dos direitos processuais*. Coordenação BARBOSA MOREIRA, José Carlos. Rio de Janeiro: Forense, 2000, p. 93-129, p. 128.

277 Cf. LIMA, Alcides de Mendonça. Abuso do direito de demandar. *Revista de Processo*. São Paulo: Revista dos Tribunais, v. 5, n. 19, p. 57-66, julho a setembro de 1980, p. 62; *Idem*. O princípio da probidade no Código de Processo Civil brasileiro. *Revista de Informação Legislativa*. Brasília: Senado Federal, v. 16, n. 61, p. 189-220, janeiro a março de 1979, p. 204; LUCON, Paulo Henrique dos Santos. Abuso do exercício do direito de recorrer. *Aspectos polêmicos e atuais dos recursos cíveis e de outras formas de impugnação às decisões judiciais*. Coordenação NERY JUNIOR, Nelson; WAMBIER, Teresa Celina de Arruda Alvim. São Paulo: Revista dos Tribunais, 2001, p. 873-904, p. 892; THEODORO JÚNIOR, Humberto. Abuso de direito processual no ordenamento jurídico brasileiro. *Abuso dos direitos processuais*. Coordenação BARBOSA MOREIRA, José Carlos. Rio de Janeiro: Forense, 2000, p. 93-129, p. 101.

278 Cf. THEODORO JÚNIOR, Humberto. Abuso de direito processual no ordenamento jurídico brasileiro. *Abuso dos direitos processuais*. Coordenação BARBOSA MOREIRA, José Carlos. Rio de Janeiro: Forense, 2000, p. 93-129, p. 111.

279 Só "se pode admitir abuso do processo quando o sujeito (núcleo da situação subjetiva) é titular de uma posição processual (poder, dever, ônus ou faculdade). Caso contrário, está-se diante de um ato ilícito e não de um ato abusivo" (ABDO, Helena Najjar. *Abuso do processo*. São Paulo: Revista dos Tribunais, 2007, p. 63).

"há uma aparência de exercício legítimo de um direito; mas, no fundo, a intenção é de lesar terceiro, deturpando-se, assim, aquele exercício"[280].

Prevendo a falibilidade da tentativa de estabelecer as condutas repelidas em tipos estritos, o legislador, sob a égide da boa-fé como norma de conduta, empregou conceitos indeterminados na sua estipulação, a exigir o seu preenchimento pelo julgador no caso concreto[281]. A punição do comportamento desleal não exige requerimento da parte adversa que por ele é prejudicada, comportando atuação de ofício do juiz[282]. Se não exsurgir cristalina dos autos, o interessado na aplicação da sanção processual deve comprovar a má-fé, que não admite presunção[283].

As condutas reputadas como atos atentatórios à dignidade da justiça têm regulação no artigo 77. Por sua vez, aquelas tidas por configuradoras da litigância de má-fé são arroladas no artigo 80. Os dispositivos descrevem ações e omissões fundando-se no princípio da probidade do qual decorre o dever de lealdade[284]. O exercício abusivo das situações jurídicas subjetivas "pode manifestar-se no *conteúdo* das alegações feitas por uma das partes litigantes ou na *forma* por meio da qual esta atua no processo, pessoalmente ou por seu procurador"[285].

---

280 Abuso do direito de demandar. *Revista de Processo*. São Paulo: Revista dos Tribunais, v. 5, n. 19, p. 57-66, julho a setembro de 1980, p. 59.

281 Cf. PUOLI, José Carlos Baptista. *Os poderes do juiz e as reformas do processo civil*. São Paulo: Juarez de Oliveira, 2001, p. 186-187.

282 Cf. LIMA, Alcides de Mendonça. Abuso do direito de demandar. *Revista de Processo*. São Paulo: Revista dos Tribunais, v. 5, n. 19, p. 57-66, julho a setembro de 1980, p. 62; LUCON, Paulo Henrique dos Santos. Abuso do exercício do direito de recorrer. *Aspectos polêmicos e atuais dos recursos cíveis e de outras formas de impugnação às decisões judiciais*. Coordenação NERY JUNIOR, Nelson; WAMBIER, Teresa Celina de Arruda Alvim. São Paulo: Revista dos Tribunais, 2001, p. 873-904, p. 893; PUOLI, José Carlos Baptista. *Os poderes do juiz e as reformas do processo civil*. São Paulo: Juarez de Oliveira, 2001, p. 191.

283 Cf. LIMA, Alcides de Mendonça. Abuso do direito de demandar. *Revista de Processo*. São Paulo: Revista dos Tribunais, v. 5, n. 19, p. 57-66, julho a setembro de 1980, p. 63-64.

284 Cf. ABDO, Helena Najjar. *Abuso do processo*. São Paulo: Revista dos Tribunais, 2007, p. 67; LIMA, Alcides de Mendonça. O princípio da probidade no Código de Processo Civil brasileiro. *Revista de Informação Legislativa*. Brasília: Senado Federal, v. 16, n. 61, p. 189-220, janeiro a março de 1979, p. 204.

285 LUCON, Paulo Henrique dos Santos. Abuso do exercício do direito de recorrer. *Aspectos polêmicos e atuais dos recursos cíveis e de outras formas de impugnação às decisões judiciais*. Coordenação NERY JUNIOR, Nelson; WAMBIER, Teresa Celina de Arruda Alvim. São Paulo: Revista dos Tribunais, 2001, p. 873-904, p. 874.

O abuso na interposição de recurso tem aptidão de causar dano ao adversário[286]. Entre os comportamentos reputados como litigância de má-fé, estipula o legislador a interposição de recurso com manifesto intuito protelatório. O escopo de não cumprir uma decisão judicial e de procrastinar o desfecho do processo manejando recurso despido de fundamento desencadeia a aplicação de sanção processual em desfavor da parte. O recorrente pratica o ato processual sem almejar utilidade para si, mas sim dano a outrem. De se anotar que a manifestação do inconformismo recursal tem aptidão de livrar a parte recorrente dos efeitos do *decisum* impugnado, em virtude da contenção da sua eficácia, alongando ou frustrando a satisfação daquele a quem cabe o bem da vida ou a nova situação jurídica. Utiliza-se, então, do meio conferido pelo ordenamento jurídico ao litigante inconformado com sua sucumbência com desvio de finalidade. A despeito de previsto em lei para a impugnação das sentenças, não se pode admitir se valha o vencido do manejo da apelação com vistas, exclusivamente, a frustrar a oportuna satisfação do seu adversário.

O sujeito do abuso pode ser qualquer parte ou interveniente que venha a recorrer, independentemente de lhe conferir a lei legitimidade recursal[287]. Veja-se o caso em que, no curso do processo de execução, terceiro que se diz detentor dos direitos sobre bem registrado como de propriedade do executado vem a interpor apelação contra a sentença que o adjudica ao exequente e declara satisfeita sua pretensão, aduzindo que os atos processuais estão inquinados de nulidade.

Ao exigir o legislador o "intuito manifestamente protelatório", torna necessário dolo ou culpa grave da parte[288]. Evidentemente, deve-se destacar que não configuram litigância de má-fé a ignorância daquele que acredita ter razão ao litigar e a imperícia do advogado que exerce seu patrocínio. O intento desviado da parte, abusando da previsão legal, mede-se por circunstâncias objetivas valoradas do ato de interposição do recurso como seu manejo acompanhado de razões disso-

---

286 Cf. LEONEL, Ricardo de Barros. Revisitando a teoria geral dos recursos: o efeito suspensivo. *Aspectos polêmicos e atuais dos recursos cíveis e assuntos afins*, v. IX. Organização NERY JUNIOR, Nelson; WAMBIER, Teresa Arruda Alvim. São Paulo: Revista dos Tribunais, 2006, p. 466-526, p. 475.

287 Contra Helena Najjar Abdo, para quem o sujeito ativo do abuso pode ser somente aquele que ostenta legitimidade para recorrer (*Abuso do processo*. São Paulo: Revista dos Tribunais, 2007, p. 203).

288 Cf. LUCON, Paulo Henrique dos Santos. Abuso do exercício do direito de recorrer. *Aspectos polêmicos e atuais dos recursos cíveis e de outras formas de impugnação às decisões judiciais*. Coordenação NERY JUNIOR, Nelson; WAMBIER, Teresa Celina de Arruda Alvim. São Paulo: Revista dos Tribunais, 2001, p. 873-904, p. 875, p. 884-885.

ciadas da decisão impugnada[289], ou com o fito de rediscutir questões indubitavelmente preclusas ou que deveriam ter sido suscitadas em primeiro grau[290].

O órgão recursal sempre que se deparar com um recurso interposto com intuito manifestamente protelatório deve aplicar a multa, de 1% a 10% do valor corrigido da causa, com caráter punitivo e dissuasório. A indenização das perdas e danos, porém, deve ser vista caso a caso, a fim de se constatar sua experimentação pelo recorrido. Tratando-se de recurso de apelação, com aptidão para conter a eficácia da sentença ou, ao menos, tornar provisória a execução, obstando a expropriação de bens e o levantamento de valores, geralmente, está-se frente à hipótese de sua fixação ao prejudicado. A destinatária das sanções é a parte adversária, na linha do artigo 96 do Código de Processo Civil. Andou mal, nesse ponto, o legislador, devendo ter direcionado o importe da multa ao Estado, como, aliás, propugnava-se na vigência do diploma processual passado291 Há na prática do ato inerente prejuízo à administração da justiça, com a postergação da apreciação de tantos outros recursos pendentes de julgamento.

Não só o comportamento desleal ou improbo no ato de recorrer comporta reprimenda na instância superior. Não pende dúvida de que, no julgamento do recurso, qualquer ato atentatório à dignidade da jurisdição ou em litigância de má-fé praticado por outros meios deve ensejar a mesma consequência. De mais a mais, deve se admitir a atuação de ofício do tribunal apenando a parte ou o terceiro que venha a intervir no processo por conduta efetivada antes da prolação da sentença. Nos limites dos capítulos impugnados e daqueles que lhes são dependentes, é lícito ao órgão recursal valorar o comportamento havido no primeiro grau e aplicar sanção cominada por ato atentatório à dignidade da jurisdição ou por litigância de má-fé (artigo 77, §2º e artigo 81, *caput*). Trate-se de matéria cognoscível de ofício em qualquer grau de jurisdição

289 Cf. LUCON, Paulo Henrique dos Santos. Abuso do exercício do direito de recorrer. *Aspectos polêmicos e atuais dos recursos cíveis e de outras formas de impugnação às decisões judiciais.* Coordenação NERY JUNIOR, Nelson; WAMBIER, Teresa Celina de Arruda Alvim. São Paulo: Revista dos Tribunais, 2001, p. 873-904, p. 890.

290 Cf. THEODORO JÚNIOR, Humberto. Abuso de direito processual no ordenamento jurídico brasileiro. *Abuso dos direitos processuais.* Coordenação BARBOSA MOREIRA, José Carlos. Rio de Janeiro: Forense, 2000, p. 93-129, p. 122.

291 Cf. LUCON, Paulo Henrique dos Santos. Abuso do exercício do direito de recorrer. *Aspectos polêmicos e atuais dos recursos cíveis e de outras formas de impugnação às decisões judiciais.* Coordenação NERY JUNIOR, Nelson; WAMBIER, Teresa Celina de Arruda Alvim. São Paulo: Revista dos Tribunais, 2001, p. 873-904, p. 875, p. 892-893.

o efeito decorrente da lei de punir o litigante que abusa de suas situações subjetivas processuais. A fixação de indenização em seu favor, no entanto, exige impugnação do adversário.

4

A SUPERVENIÊNCIA NA APELAÇÃO

A interposição do recurso de apelação permite que pontos que não puderam ser conhecidos pelo juízo *a quo*, porque ocorridos posteriormente à sentença ou, simplesmente, desconhecidos integrem o objeto do julgamento pelo juízo *ad quem*. Cuida-se de decorrência do ideal de que o provimento jurisdicional tanto quanto possível deve tomar em conta a realidade vivenciada pelas partes no momento de sua prolação[1].

Fundada a consideração do fato novo, do fato superveniente e do direito superveniente em imperativos de economia e justiça, premente, por conseguinte, na vigência do novo diploma processual a apreciação da questão da superveniência, com a possibilidade da alteração da causa de pedir e do pedido, frente à ideia amplamente propalada na doutrina e, sobretudo, na jurisprudência de supressão de instância quando da sua veiculação na apelação civil.

4.1. Fato novo, fato superveniente e direito superveniente

Em que pese as regras de estabilização dos elementos objetivos da demanda, há que ser permitida uma alteração involuntária do objeto do processo, quando, em uma visão prospectiva, é conhecido ou surge direito ou fato novo, desde que observado o contraditório, com possibilidade de produção das provas eventualmente necessárias. Nessa ordem de ideias, excepcionam a rigidez das regras de estabilização dos elementos objetivos da demanda no Código de Processo Civil de 2015 as hipóteses dos artigos 342, *caput* combinado com inciso I, 493, *caput*, 933 e 1.014, que disciplinam a superveniência[2]. Deve ser possível a arguição de fun-

---

1 Cf. NEVES, Celso. O princípio da congruência no processo civil e os fatos supervenientes. *Revista da Faculdade de Direito*. São Paulo: Universidade de São Paulo, v. 72, p. 319-324, 1977, p. 321.

2 Como bem propugna Ricardo de Barros Leonel, "a visão dicotômica que contrapõe o fato ao direito verificados posteriormente à propositura da demanda, acaba por negligenciar ou pelo menos obscurecer a noção de que, em qualquer ramo do direito, e consequentemente no processo, o fato ou a norma, isoladamente, têm sua relevância reduzida". A noção de superveniência deve ser "identificada como um conceito unitário: tanto quando decorre de um fato, como quando advém de uma norma, a superveniência se verifica com a produção de um efeito jurídico, isto é, valor jurídico condicionado, tomado pelo direito positivo sob a condição de que seja verificada precedente situação de fato" (*Causa de pedir e pedido: o direito superveniente*. São Paulo: Método, 2006, p. 114 e 116).

damentos jurídicos genuinamente novos, os quais devem ser entendidos como aqueles surgidos após a última oportunidade processual que poderiam ser suscitados e quase sempre trazem à baila fatos relevantes novos[3]. Sob o mesmo viés, da regra da preclusão há que se excluír os fatos desconhecidos ou que, por outra sólida razão, não se pôde invocar no momento processual oportuno[4].

O processo, desde a propositura da demanda até o trânsito em julgado, há que observar o *iter* procedimental destinado à colheita das alegações das partes, à produção das provas a fim de comprová-las e ao julgamento, por vezes, por diversos órgãos jurisdicionais. Durante o seu curso, os fatos que dão substrato ao exercício da pretensão e os efeitos que lhe emprestam as normas jurídicas podem sofrer modificação, influenciando no resultado do processo instaurado, de modo que defeso olvidá-los, não obstante a estabilização da demanda. Assim, a decisão de mérito deve refletir o arcabouço fático e jurídico havido por ocasião da sua prolação.

Por conseguinte, as regras que são afetas à estabilização da demanda somente incidem sobre o direito vigente e sobre as alegações de fatos já ocorridos e conhecidos no momento em que deve se dar sua veiculação no processo. O direito novo e os fatos acontecidos ou conhecidos posteriormente não poderiam ter sido invocados pelas partes e, assim, devem excepcioná-las. Na superveniência, venha a introdução do fato ou do direito pela ação das partes ou, nas hipóteses admitidas, de ofício pelo julgador, a ausência de sua alegação oportuna decorre de ato não imputável aos litigantes, de modo a se impor sejam agregados à relação processual instaurada, como corolário da instrumentalidade, efetividade e economia processual.

No Código de Processo Civil Alemão, o conhecimento de fatos supervenientes é angariada, como se constata do seu § 529, 1, 2. De seu turno, depois de estabilizada a demanda, enquadra-se no § 296, 2, dentre as alterações permitidas posteriormente, aquela correspondente ao fato ocorrido anteriormente ao ajuizamento da ação de que o demandante não havia tido conhecimento, sem culpa sua.

Na *Ley de Enjuiciamiento Civil* Espanhola, o artigo 286 aceita a alegação de *hechos nuevos* e de *nueva noticia*, assegurado o contraditório. Possível a alteração da causa de pedir[5]. Se antes do julgamento ocorrer

---

3 Cf. OLIVA SANTOS, Andrés de la. *Objeto del proceso y cosa juzgada en el proceso civil*. Madrid: Civitas, 2005, p. 62.

4 Cf. *Idem. Ibidem*, p. 65.

5 Cf. Cf. OLIVA SANTOS, Andrés de la. DÍEZ-PICAZO GIMÉNEZ, Ignacio; VEGAS TORRES, Jaime. *Curso de derecho procesal civil*, v. II. 3. ed. Madrid: Universitaria Ramón Areces, 2016, p. 291.

ou se conhecer algum fato de relevância, a parte pode dele se valer, com a possibilidade de dilação probatória, em caso de controvérsia[6]. Deve, no entanto, ser rechaçado se não atestada sua novidade no primeiro caso ou se das circunstâncias não se concluir que não poderia ter sido alegado no momento oportuno no segundo caso. Entretanto, em caso de sua arguição fora da fase processual ordinariamente prevista, constatada o ânimo dilatório ou a má-fé processual da parte, desencadear-se-á em seu desfavor sanção processual.

No ordenamento italiano, Giuseppe Chiovenda já enunciava que a estabilização da demanda deveria ceder, por economia, frente à superveniência[7]. A doutrina italiana tem interpretado o artigo 183, que restringe até a primeira audiência designada para comparecimento a formulação de novas alegações, de forma a admitir o conhecimento no curso do processo da superveniência, com a consequente oportunidade de dilação probatória[8]. Sem embargo do conteúdo restritivo do artigo 345 do Código de Processo Civil vigente, propugna-se na doutrina a admissão da alegação da superveniência, abarcando tanto os fatos constitutivos e extintivos do direito do autor, como a lei nova sobrevinda no curso do processo[9]. Afirma-se que, a despeito da ausência de previsão no Código de Processo Civil acerca da introdução de novas alegações no curso do processo, a sentença deve retratar a situação presente por ocasião de sua prolação, a justificar a elasticidade conferida ao procedimento[10].

No Código de Processo Civil Português, o artigo 588 permite a introdução pelas partes de novos fatos constitutivos, modificativos ou extintivos dos seus direitos até o encerramento do debate, tratando-se de supervenientes ou de anteriores ao momento processual de sua alegação, contanto desconhecidos. Diferenciam os doutrinadores a superveniência objetiva, correspondente ao fato superveniente, da subjetiva,

---

6 Cf. OLIVA SANTOS, Andrés de la. DÍEZ-PICAZO GIMÉNEZ, Ignacio; VEGAS TORRES, Jaime. Curso de derecho procesal civil, v. II. 3. ed. Madrid: Universitaria Ramón Areces, 2016, p. 286-287.

7 *Principios de derecho procesal civil*, t. I. Tradução José Casáis y Santaló. Madrid: Editorial Reus, 1922, p. 176-177.

8 Cf. TARZIA, Giuseppe. O novo processo civil de cognição na Itália. Tradução Clayton Maranhão. *Revista da Associação dos Juízes do Rio Grande do Sul*. Porto Alegre: Departamento Revista da AJURIS, n. 65, p. 73-91, novembro de 1995, p. 81.

9 Cf. COSTA, Sérgio. "Ius superveniens". *Novissimo digesto italiano*, v. IX. Torini: UTET, 1963, p. 391-392, p. 391-392; PROTO PISANI. Andrea. *Lezioni di diritto processuale civile*. Atualização Remo Caponi. 6. ed. Napoli: Jovene, 2014, p. 491-492.

10 Cf. TARZIA, Giuseppe. O novo processo civil de cognição na Itália. Tradução Clayton Maranhão. *Revista da Associação dos Juízes do Rio Grande do Sul*. Porto Alegre: Departamento Revista da AJURIS, n. 65, p. 73-91, novembro de 1995, p. 81.

relacionada ao fato novo[11]. Podem ser rejeitados se a arguição oportuna não se deu por culpa da parte ou os fatos trazidos não interessarem à boa decisão do processo. O artigo 611, por sua vez, obriga o julgador à consideração dos fatos constitutivos, modificativos ou extintivos do direito vindicado que se produzam posteriormente ao ajuizamento da ação, ressalvadas as restrições legais, principalmente no que toca à alteração da causa de pedir. Tende a jurisprudência ao óbice à modificação da causa de pedir, posicionando-se em sentido contrário a doutrina[12]. Busca-se que "a decisão final corresponda à situação existente no momento do encerramento da discussão"[13].

No sistema processual pátrio, o artigo 342, *caput*, veda novas alegações defensivas pelo réu após a oferta da contestação, ressalvando seus incisos a arguição relativa a direito e fato superveniente, a matéria que o juiz poderia conhecer de ofício e aquelas que a lei autoriza sua veiculação em qualquer tempo e grau de jurisdição. O artigo 493, *caput*, determina que "se, depois da propositura da ação, algum fato constitutivo, modificativo ou extintivo do direito influir no julgamento do mérito, caberá ao juiz tomá-lo em consideração, de ofício ou a requerimento da parte, no momento de proferir a decisão", exigindo seu parágrafo único que o juiz possibilite manifestação prévia das partes "sobre ele antes de decidir". O artigo 933, *caput*, estipula que, constatada "a ocorrência de fato superveniente à decisão recorrida", serão intimadas "as partes para que se manifestem no prazo de 5 (cinco) dias". O artigo 1.014 assinala que "as questões de fato não propostas no juízo inferior poderão ser suscitadas na apelação, se a parte provar que deixou de fazê-lo por motivo de força maior".

O regramento ora vigente no Código de Processo Civil de 2015 não se distancia daquele previsto no Código de Processo Civil de 1973. O artigo 342, *caput* combinado com o inciso I, consagra agora, expressa-

---

11 Cf. CUNHA, Leonardo Carneiro da. *A atendibilidade dos fatos supervenientes no processo civil: uma análise comparativa entre o sistema português e brasileiro*. Coimbra: Almedina, 2012, p. 95; PIMENTA, Paulo. *Processo civil declarativo*. Coimbra: Almedina, 2015, p. 209; PISSARA, Nuno Andrade. O conhecimento de factos supervenientes relativos ao mérito da causa pelo tribunal de recurso em processo civil. *Revista da Ordem dos Advogados*. Lisboa: Ordem dos Advogados, ano 72, v. I, p. 287-334, janeiro a março de 2012, p. 296.

12 Cf. PISSARA, Nuno Andrade. O conhecimento de factos supervenientes relativos ao mérito da causa pelo tribunal de recurso em processo civil. *Revista da Ordem dos Advogados*. Lisboa: Ordem dos Advogados, ano 72, v. I, p. 287-334, janeiro a março de 2012, p. 297-298.

13 Cf. PIMENTA, Paulo. *Processo civil declarativo*. Coimbra: Almedina, 2015, p. 209.

mente, a possibilidade de veiculação de fato superveniente[14]. Antes, o artigo 303, *caput* combinado com o inciso I, do diploma revogado aduzia que, depois da contestação, só seria lícito deduzir novas alegações quando, relativas a direito superveniente[15]. O artigo 493, *caput*, do estatuto em vigor assumiu redação idêntica ao artigo 462 do Código de Processo Civil de 1973, com adoção do termo "mérito", dotado de maior precisão técnica, ao invés de "lide". Contudo, agora, impõe seu parágrafo único, ao julgador, se constatar de ofício o fato superveniente, ouvir as partes sobre ele antes de decidir, o que, evidentemente, já se tratava de imperativo da garantia constitucional do contraditório. O artigo 933 coloca fim à celeuma acerca da consideração do fato superveniente diretamente pelo órgão recursal. O artigo 1.014 do Código de Processo Civil de 2015 reproduz integralmente o conteúdo do artigo 517 da normatização processual pretérita.

O artigo 342, inciso I, consagra a admissão da veiculação do direito e do fato superveniente pelo réu. O artigo 493, *caput*, impõe a consideração do fato superveniente, de ofício ou a requerimento das partes, pelo juiz. Os dispositivos merecem interpretação no sentido de se admitir arguição tanto pelo autor quanto pelo réu[16], bem como o conhecimento, *ex officio*, pelo julgador do direito e do fato superveniente. Se o réu pode se valer da superveniência, não há qualquer razão de se subtrair sua aplicação em favor do autor. Viola à isonomia a adoção de posição diversa.

---

14 Na vigência do diploma processual passado, já se dava guarida a possibilidade de influência dos fatos supervenientes na doutrina (cf. CARVALHO, Milton Paulo de. *Do pedido no processo civil*. Porto Alegre: Sérgio Antonio Fabris, 1992, p. 156) e nos julgados do Colendo Superior Tribunal de Justiça (REsp 78.714/SP, Rel. Min. Barros Monteiro, Quarta Turma, j. em 08/09/1997, DJ 10/11/1997, p. 57769; AgRg no AREsp 109.985/SP, Rel. Min. Humberto Martins, Segunda Turma, j. em 12/06/2012, DJe 18/06/2012; AgRg no AgRg no RMS 3689/GO, Rel. Min. Benedito Gonçalves, Primeira Turma, j. em 24/04/2012, DJe 27/04/2012).

15 A admissão do direito superveniente era consagrada na jurisprudência do Colendo Superior Tribunal de Justiça, assinalando-se que "o direito vigente à época da decisão deve ser aplicado pelo juiz, ainda que posterior ao ajuizamento da ação, sempre que a lei nova não ressalve os efeitos da lei anterior" (REsp. 30.774/PR, Rel. Min. Peçanha Martins, Segunda Turma, j. em 08/04/1997, DJ 23/06/1997, p. 29073), assim como que "é da melhor doutrina, nacional e estrangeira, que a prestação jurisdicional há de compor a lide como a mesma se apresenta no momento da sua entrega, regra essa que não se limita ao primeiro grau" (REsp 12.673/RS, Rel. Min. Sálvio De Figueiredo Teixeira, Quarta Turma, j. em 01/09/1992, DJ 21/09/1992, p. 15694).

16 Cf. ASSIS, Araken de. *Manual dos recursos*. 6. ed. São Paulo: Revista Tribunais, 2014, p. 476; CUNHA, Leonardo Carneiro da. *A atendibilidade dos fatos supervenientes no processo civil: uma análise comparativa entre o sistema português e brasileiro*. Coimbra: Almedina, 2012, p. 91.

A desigualdade é mais acentuada no que toca ao direito superveniente em um regime em que a autoridade da coisa julgada material repousa sobre os fatos, tornando defesa à luz da sua função negativa a reiteração da pretensão por meio de nova demanda. Consequentemente, vingando entendimento contrário, os novos efeitos emprestados aos fatos por normas jurídicas vindouras somente viriam a incidir em favor do réu. Por outro giro, uma vez que as partes podem suscitar a superveniência do direito, o juiz, de ofício, deve, também, dela conhecer. Validamente, o julgador está autorizado a conhecer dos fatos supervenientes, independentemente de alegação das partes, ao passo que vige no nosso modelo processual as regras *iura novit curia* e *da mihi factum dabo tibi ius*. Por conseguinte, não se pode tolhê-lo de aplicar o arcabouço normativo vigente por ocasião do proferimento do seu julgamento.

O artigo 342, inciso I, e o artigo 493, *caput*, ainda, devem ser objeto de interpretação conjugada com os artigos 933 e 1.014, tornando imperativa a consideração na decisão, de ofício ou a requerimento das partes, em primeiro ou em segundo grau de jurisdição, dos fatos novos e dos fatos supervenientes. Evidentemente, não há justificativa para a adoção de diversidade de disciplina da alegação de fatos e sua tomada de ofício nas decisões prolatadas nos diferentes juízos. Na mesma esteira, as provas sobre os fatos alegados devem seguir idêntica disciplina da superveniência, de modo que, se desconhecido ou tendo surgido após a fase de instrução processual, o meio de prova deve ter admitida sua produção.

A superveniência do direito corresponde à "existência de norma legal produzida posteriormente com incidência no caso concreto", ou "à incidência posterior de norma já existente"[17]. A possibilidade de direito superveniente incidir sobre os fatos postos no processo é excepcional, diante do princípio da irretroatividade das leis insculpido no artigo 5º, inciso XXXVI, da Constituição Federal, a resguardar o ato jurídico perfeito, o direito adquirido e a coisa julgada. No regime de vinculação que o Código de Processo Civil de 2015 visa a instituir, engloba, outrossim, nas mesmas circunstâncias, as decisões do Supremo Tribunal Federal em controle concentrado de constitucionalidade; os enunciados de súmulas vinculantes; os acórdãos em incidente de assunção de competência ou de resolução de demandas repetitivas e em julgamento de recursos extraordinário e especial repetitivos; os enunciados das súmulas do Supremo Tribunal Federal em matéria constitucional e do Superior Tribunal de Justiça em matéria infraconstitucional; a orientação do plenário ou do

17 Cf. LEONEL, Ricardo de Barros. *Causa de pedir e pedido: o direito superveniente*. São Paulo: Método, 2006, p. 108.

órgão especial aos quais estiverem vinculados os juízes e tribunais (artigo 927, incisos I a V).

Fato novo é aquele que, preexistindo ao ajuizamento da ação ou à oferta de resposta à demanda, deixou de ser suscitado perante o órgão jurisdicional, por motivo de força maior[18]. O fato, em verdade, é "velho", porém sua arguição é "nova", ocorrendo, justificadamente, após o momento processual adequado. Engloba fatos constitutivos, modificativos, impeditivos e extintivos. Necessita para a possibilidade de sua influência no julgamento a verificação da ausência de culpa da parte na omissão de sua alegação oportuna[19]. Caracteriza-se nas hipóteses em que a parte não conhecia o acontecimento do fato; ou sabendo da sua ocorrência, não pôde, por circunstâncias alheias à sua vontade, comunicá-lo ao seu representante processual; ou, ainda, quando o advogado ficou impossibilitado de realizar, oportunamente, sua alegação no bojo do processo[20]. A hipótese mais comum, dentro da situação excepcional de surgimento de fato novo no curso da marcha procedimental, é a ausência de seu conhecimento pela parte, o que, via de regra, vem a se dar na fase de instrução processual, impondo-se seja conferida a oportunidade ao adversário de produzir prova que venha a contrapô-lo[21]. Identifica-se, no entanto, na doutrina posicionamento segundo o qual o desconhecimento do fato não se constitui como força maior apta a justificar sua alegação posterior[22].

A exigência da ocorrência de motivo de força maior faz-se imperativa. Tem por fundamento evitar a omissão desleal pela parte da alegação para sua veiculação em momento processual posterior, de forma a suprimir a possibilidade do adversário de eficazmente contraditá-la e defender-se. Logo, a má-fé elide a consideração da superveniência na

---

18 Confira-se, obstando a alegação de fatos a destempo, sem esteio em motivo de força maior, arestos do Superior Tribunal de Justiça: REsp 1120302/RS, Rel. Min. Massami Uyeda, Terceira Turma, j. em 01/06/2010, DJe 15/06/2010; AgRg no AREsp 39.819/MT, Rel. Min. Napoleão Nunes Maia Filho, Primeira Turma, j. em 26/02/2013, DJe 07/03/2013; RMS 9.069/DF, Rel. Min. Felix Fischer, Quinta Turma, j. em 16/12/1997, DJ 16/03/1998.

19 Cf. JORGE, Flávio Cheim. *Teoria geral dos recursos*. 7. ed. São Paulo: Revista dos Tribunais, 2015, p. 383.

20 Cf. BARBOSA MOREIRA, José Carlos. *Comentários ao* Código de *Processo Civil*, v. V. 15. ed. Rio de Janeiro: Forense, 2010, p. 456.

21 Cf. CRUZ E TUCCI, José Rogério. *A* causa petendi *no processo civil*. 3. ed. São Paulo: Revista Tribunais, 2009, p. 191.

22 Cf. ELIAS, Carlos Eduardo Stefen. *Apelação: os limites objetivos do efeito devolutivo*. São Paulo: Atlas, 2010, p. 113.

formação do convencimento judicial[23]. Tampouco pode prevalecer a posição de que suficiente que o fato novo deixe de ser alegado pela parte, "por ter entendido, num primeiro momento, irrelevante para a resolução da controvérsia"[24]. Definitivamente, o conceito de força maior "é o de força maior transindividual"[25], ou seja, não basta para sua configuração a mera incúria da parte ou do profissional que a patrocina para com seus interesses. A consumação da força maior deve ser provada, sobretudo por documentos, contudo, outros meios de prova devem ser admitidos, não se podendo tolher a parte da sua produção[26].

A reforçar a aplicação do artigo 1.014 no primeiro grau de jurisdição e a exegese da expressão motivo de força maior como compreendendo o desconhecimento do fato pela parte, impende tomar em consideração o artigo 223. Em conformidade à letra do dispositivo, que regula a preclusão temporal, em seu *caput*, "decorrido o prazo, extingue-se o direito de praticar ou de emendar o ato processual, independentemente de declaração judicial, ficando assegurado, porém, à parte provar que não o realizou por justa causa". Seu § 1º qualifica a justa causa como "o evento alheio à vontade da parte e que a impediu de praticar o ato por si ou por mandatário", ao passo que seu § 2º dispõe que, uma vez verificada, "o juiz permitirá à parte a prática do ato no prazo que lhe assinar".

Fato superveniente é aquele que se sucedeu à propositura da demanda ou ao exercício da defesa, com a apresentação da contestação. Em virtude da sua própria natureza, torna despicienda a consumação de força maior a amparar sua alegação, porquanto, "por sua novidade, não precisa ser subordinado à prova de que não podia ter sido alegado ou provado: não havia acontecido"[27]. A superveniência envolve fatos constitutivos, modificativos e extintivos do direito. Não abarca fatos impeditivos, porquanto estes são sempre anteriores ou contemporâneos à

---

23 Contra Elicio de Cresci Sobrinho, para quem a sua consequência é a mera aplicação da sanção processual por litigância de má-fé ao litigante (Fatos supervenientes. *Revista de Processo*. São Paulo: Revista dos Tribunais, n. 93, p. 318-322, janeiro a março de 1999, p. 321).

24 CRUZ E TUCCI, José Rogério. *A* causa petendi *no processo civil*. 3. ed. São Paulo: Revista Tribunais, 2009, p. 163.

25 PONTES DE MIRANDA, Francisco Cavalcanti. *Comentários ao Código de Processo Civil*, t. VII. 3. ed. Rio de Janeiro: Forense, 1999, p. 176.

26 Cf. ASSIS, Araken de. *Manual dos recursos*. 6. ed. São Paulo: Revista Tribunais, 2014, p. 480; BARIONI, Rodrigo. *Efeito devolutivo da apelação civil*. São Paulo: Revista dos Tribunais, 2008, p. 144.

27 PONTES DE MIRANDA, Francisco Cavalcanti. *Comentários ao Código de Processo Civil*, t. VII. 3. ed. Rio de Janeiro: Forense, 1999, p. 177.

constituição do direito[28]. O fato superveniente narrado na petição inicial e verificado somente no curso do processo não implica sequer alteração da causa de pedir da demanda, podendo ser tomado em conta a qualquer tempo e grau de jurisdição.

Os fatos novos não aduzidos por motivo de força maior e os fatos supervenientes devem ser levados em consideração no julgamento, independentemente da concordância das partes. A anuência como condição de sua influência na formação do convencimento judicial limita-se à veiculação de fatos anteriores ao ajuizamento da ação ou à oferta de resposta que poderiam ter sido alegados, mas não foram, com o objetivo de se evitar novo processo entre as partes. Em qualquer das hipóteses, deve-se sempre garantir o pleno exercício do contraditório e outorgar às partes a possibilidade da produção de provas[29], se o caso, com a conversão do julgamento em diligência, uma vez surgida a questão fática no segundo grau[30]. O retrocesso à marcha processual verifica-se de forma mais intensa somente nas hipóteses em que, cumulativamente, o fato novo ou superveniente é trazido aos autos após o desfecho da instrução probatória, sua alegação torna-se controvertida e os elementos de prova já produzidos não são suficientes para sua comprovação. Destarte, o retardo do processo será raro e, de todo modo, o prejuízo será inferior àquele causado pela relegação do exercício da pretensão, com espeque no fato novo ou superveniente, à instauração de nova relação processual.

Contudo, na vigência do Código de Processo Civil de 1973, a doutrina dava guarida à exegese por demais estreita do disposto pelo artigo 462 e pelo artigo 517, que correspondem, respectivamente, ao artigo 493, *caput*, e ao artigo 1.014 do atual diploma processual, olvidando sua natureza de exceção conferida pelo legislador ao sistema de estabilização dos elementos objetivos da demanda estabelecido. Nessa esteira, defendia-se a admissão tão-somente da influência do fato novo ou superveniente quando não gerasse a alteração da causa de pedir e do pedido[31]. A despeito da inalterabilidade dos elementos objetivos da de-

---

28 Cf. CUNHA, Leonardo Carneiro da. *A atendibilidade dos fatos supervenientes no processo civil: uma análise comparativa entre o sistema português e brasileiro*. Coimbra: Almedina, 2012, p. 90.

29 Cf. BEDAQUE, José Roberto dos Santos. *Efetividade do processo e técnica processual*. 2. ed. São Paulo: Malheiros, 2007, p. 137.

30 Cf. BARBOSA MOREIRA, José Carlos. *Comentários ao* Código de *Processo Civil*, v. V. 15. ed. Rio de Janeiro: Forense, 2010, p. 456.

31 Cf. APRIGLIANO, Ricardo de Carvalho. *A apelação e seus efeitos*. 2. ed. São Paulo: Atlas, 2007, p. 218; BARBOSA MOREIRA, José Carlos. *Comentários ao* Código de *Processo Civil*, v. V. 15. ed. Rio de Janeiro: Forense, 2010, p. 456; BARIONI, Rodrigo. *Efeito devolutivo da apelação civil*. São Paulo: Revista dos Tribunais, 2008, p. 143;

manda, o demandado poderia veicular fatos modificativos, impeditivos ou extintivos novos ou supervenientes, já que, diante da eficácia preclusiva da coisa julgada, ficaria impedido deles se valer em novo processo[32].

Não bastasse a dificuldade, no caso concreto, de diferenciação entre fatos essenciais, que integram a causa de pedir, e fatos secundários, que não têm aptidão de influir na sua determinação[33], o posicionamento que eleva a estabilização da demanda à posição de dogma vai de encontro aos imperativos de instrumentalidade, efetividade e razoável duração do processo[34]. Trata desigualmente os litigantes e torna o instrumento público de afirmação do ordenamento jurídico em fonte de consagração de injustiça. Comunga-se, pois, do entendimento segundo o qual se deve garantir que "respeitados valores, princípios e garantias constitucionais do processo, o provimento jurisdicional venha a refletir, tanto quanto possível, a situação de fato e de direito demonstrada ao final do desenvolvimento do processo em juízo", de modo a contribuir "para a resolução definitiva do litígio e para o alcance do escopo magno do processo: pacificar definitivamente e com justiça"[35].

BONIZZI, Marcelo José Magalhães. *Capítulos de sentença e efeitos dos recursos*. São Paulo: RCS, 2006, p. 227; *Idem*. *Princípios do processo no novo Código de Processo Civil*. São Paulo: Saraiva, 2016, p. 194; CARNEIRO, Athos Gusmão. O juízo recursal e as novas questões de fato. *Revista da Associação dos Juízes do Rio Grande do Sul*. Porto Alegre: Departamento Revista da AJURIS, n. 62, p. 5-10, novembro de 1994, p. 6; CRESCI SOBRINHO, Elicio de. Fatos supervenientes. *Revista de Processo*. São Paulo: Revista dos Tribunais, n. 93, p. 318-322, janeiro a março de 1999, p. 320; CRUZ E TUCCI, José Rogério. *A* causa petendi *no processo civil*. 3. ed. São Paulo: Revista Tribunais, 2009, p. 160-161.

---

32 Cf. ARAÚJO CINTRA, Antônio Carlos de. *Sobre os limites objetivos da apelação civil*. Tese. São Paulo: [s.n.], 1986, p. 96-97; DINAMARCO, Cândido Rangel. *Instituições de direito processual civil*, v III. 2. ed. São Paulo: Malheiros, 2002, p. 283-286.

33 Em uma ação visando à responsabilidade civil por acidente no tráfego de veículo automotor, a conduta violadora do dever de cuidado objetivo seria fato essencial? Ou se trataria de fato simples, porque essencial seria a verificação, em sentido lato, da culpa na condução do veículo? Em uma ação tendo por objetivo a separação judicial, o adultério cometido em data e com pessoa determinada seria fato essencial? Ou se cuidaria de fato simples, porquanto essencial constituir-se-ia a quebra do dever conjugal de fidelidade? Ainda, o fato essencial em uma demanda pode ser desprezível em outra, em razão da mera alteração do sua qualificação jurídica, como, por exemplo, a conduta culposa na responsabilidade subjetiva ou objetiva.

34 Cf. LEONEL, Ricardo de Barros. *Causa de pedir e pedido: o direito superveniente*. São Paulo: Método, 2006, p. 114.

35 LEONEL, Ricardo de Barros. *Causa de pedir e pedido: o direito superveniente*. São Paulo: Método, 2006, p. 242.

Logo, imperiora a admissão da superveniência com força apta a modificar causa de pedir[36]. Deve-se preservar tão-somente a essência da demanda. Fato constitutivo novo ou superveniente do direito do autor que não guarde relação com aquele inicialmente alegado, dando ensejo ao surgimento de nova pretensão, deve ser objeto da instauração de nova relação processual para amparar o seu exercício. Veja-se a hipótese da cobrança de R$5.000,00 com fulcro em contrato de prestação de serviços. Celebrado novo pacto entre as partes, o autor não pode dele se aproveitar, em que pese inadimplido, para receber o montante ante a prova de quitação pelo réu da sua obrigação anterior.

Vedado ao fato novo ou superveniente influir no convencimento judicial porque provoca inovação dos elementos objetivos da demanda, ausente razão de existir aos artigos 493, *caput*, 933 e 1.014, porque inúteis, trazendo disposição aquém daquela que se induz do próprio sistema. De fato, já se vinha entendendo que os fatos secundários podem ser alegados posteriormente à fase postulatória, mesmo se não enquadrados no conceito de novos[37]. As posições que restringem a veiculação de fatos essenciais novos ou supervenientes pelo demandante, portanto, não se sustentam.

No mesmo diapasão, o desdobramento ou até a alteração dos pedidos deve ser acolhida, em virtude da superveniência[38]. Consequentemente,

---

36 Compartilhando da posição ora assumida, já se assentou que "desde que observado o contraditório, prejuízo nenhum há se admitirmos a introdução de verdadeiras causas de pedir novas, representadas por fatos supervenientes diversos daqueles afirmados na inicial, mas constitutivos do mesmo direito pretendido pelo autor (...). A ocorrência de fato constitutivo, modificativo ou extintivo novo deve ser levada em conta pelo juiz, ainda que implique modificação da causa de pedir" (BEDAQUE, José Roberto dos Santos. *Efetividade do processo e técnica processual*. 2. ed. São Paulo: Malheiros, 2007, p. 136). Do mesmo modo, que "é razoável admitir que a alteração dos contornos objetivos da demanda, fora daqueles limites inicialmente traçados pelo nosso sistema processual, na hipótese de eficácia jurídica superveniente ou sua dedução superveniente, eventual e excepcionalmente poderá ser aceita" (LEONEL, Ricardo de Barros. *Causa de pedir e pedido: o direito superveniente*. São Paulo: Método, 2006, p. 233). Na mesma direção, CUNHA, Leonardo Carneiro da. *A atendibilidade dos fatos supervenientes no processo civil: uma análise comparativa entre o sistema português e brasileiro*. Coimbra: Almedina, 2012, p. 101; MACHADO, Marcelo Pacheco. *Demanda e tutela jurisdicional: estudo sobre forma, conteúdo e congruência*. Tese de Doutorado. São Paulo: Faculdade de Direito da Universidade de São Paulo, 2013, p. 235-236.

37 Cf. SICA, Heitor Vitor Mendonça. *Preclusão processual civil*. 2. ed. São Paulo: Atlas, 2008, p. 189.

38 Cf. NEVES, Celso. O princípio da congruência no processo civil e os fatos supervenientes. *Revista da Faculdade de Direito*. São Paulo: Universidade de São Paulo, v. 72, p. 319-324, 1977, p. 320. Contra CUNHA, Leonardo Carneiro da. *A atendibilida-*

pode o demandante vir a pleitear juros e frutos vincendos, a majoração do ressarcimento por danos materiais ou da reparação por danos morais, em razão agravamento da lesão ou morte, dentre tantas outras possibilidades[39]. Permite, por sua vez, os artigos 497 a 499 a conversão da tutela específica das obrigações de dar, fazer e não fazer na obtenção do resultado prático equivalente ao adimplemento ou, caso impossível, em perdas e danos, o que independe de nova demanda e mesmo requerimento expresso da parte[40]. Na tutela coletiva, é admitida, outrossim, maior elasticidade na exegese do pedido[41]. Por exemplo, caso pedida a instalação de filtros por uma empresa para obstar a poluição, se os elementos de prova evidenciem que outra medida pode galgar a proteção ao meio-ambiente de modo mais efetivo, é lícito o estabelecimento de obrigação diversa no provimento jurisdicional. Defeso, no entanto, se pedida apenas a condenação em obrigação de não fazer consistente na cessação da atividade poluidora, a sentença impor, cumulativamente, à reparação por danos morais coletivos.

Não só questões de mérito, ligadas ao julgamento das pretensões deduzidas, podem sofrer influência da superveniência. Questões processuais, correspondentes à admissibilidade da outorga da tutela jurisdicional, também podem por ela ser afetadas[42]. Assim, no curso do processo, o interesse de agir em juízo pode surgir pela exigibilidade do crédito que se postula ou perder-se pelo perecimento do objeto cuja posse se almeja, tanto quanto a morte da parte pode acarretar sua extinção, sem resolução do mérito, se o bem da vida ou a nova situação jurídica pleiteada for intransmissível (artigo 485, inciso IX). A superveniência pode, ainda, in-

---

de dos fatos supervenientes no processo civil: uma análise comparativa entre o sistema português e brasileiro. Coimbra: Almedina, 2012, p. 104; MACHADO, Marcelo Pacheco. *Demanda e tutela jurisdicional: estudo sobre forma, conteúdo e congruência*. Tese de Doutorado. São Paulo: Faculdade de Direito da Universidade de São Paulo, 2013, p. 237-238.

---

39 Cf. LEONEL, Ricardo de Barros. *Causa de pedir e pedido: o direito superveniente*. São Paulo: Método, 2006, p. 114.

40 Cf. MACHADO, Marcelo Pacheco. *Demanda e tutela jurisdicional: estudo sobre forma, conteúdo e congruência*. Tese de Doutorado. São Paulo: Faculdade de Direito da Universidade de São Paulo, 2013, p. 217.

41 Cf. LEONEL, Ricardo de Barros. *Manual do processo coletivo*. 3. ed. São Paulo: Revista dos Tribunais, 2013, p. 334-335.

42 Cf. CUNHA, Leonardo Carneiro da. *A atendibilidade dos fatos supervenientes no processo civil: uma análise comparativa entre o sistema português e brasileiro*. Coimbra: Almedina, 2012, p. 92; NEVES, Celso. O princípio da congruência no processo civil e os fatos supervenientes. *Revista da Faculdade de Direito*. São Paulo: Universidade de São Paulo, v. 72, p. 319-324, 1977, p. 321-322.

fluenciar na atribuição aos litigantes do custeio do processo[43]. Efetuado o pagamento pelo réu no curso do processo, sobretudo quando já citado, sem embargo de extinto o seu débito, não é lícito impor ao autor que arque com as despesas processuais e os honorários advocatícios.

A interpretação mais ampla da superveniência fática conduz ao tratamento igualitário entre as partes, inibe a provocação de injustiças e tem o condão de suprimir a necessidade de propositura de nova demanda pela parte que esta vem a favorecer para fazer valer seu direito. Para a legitimação do julgamento a ser proferido, é suficiente a garantia pelo órgão julgador de que as partes exerçam o contraditório e a ampla defesa, com a abertura, se necessária, da dilação probatória. Definitivamente, garantido o exercício do contraditório e da ampla defesa ao adversário no processo em curso, não se mostra consentânea a exigência de instauração de nova relação processual pelo litigante, impondo-lhe e ao aparato estatal prejuízo econômico.

4.2. Fato novo, fato superveniente e direito superveniente no segundo grau de jurisdição

A superveniência na apelação consagra hipótese de *ius novorum*. O recurso, no caso, perde o matiz de controle da decisão impugnada para admitir sejam tomadas em conta questões não suscitadas até a prolação do julgamento em primeiro grau de jurisdição. Conhece da questão em primeiro lugar o juízo *ad quem*. Amplia-se o objeto da cognição levada a efeito no juízo *a quo*. Não integra, entretanto, a devolução do recurso, que se limita às questões que foram ou poderiam ter sido conhecidas em primeiro grau de jurisdição. A dedução do fato novo, do fato superveniente e do direito superveniente em segundo grau de jurisdição é admitida na generalidade dos ordenamentos jurídicos.

No processo civil alemão, a despeito de possível, a modificação da demanda em grau de apelação é restringida pelos §§ 513, 1, e 529, 1, 1. Ressalva o § 529, 1, 2 a possibilidade de dedução de fatos novos. O § 532 obsta a alegação de questões relativas à admissibilidade do julgamento do mérito que não foram veiculadas oportunamente pela parte, exceto se o motivo da demora lhe seja escusável. O § 533 permite, em segundo grau de jurisdição, a modificação da demanda pela alegação de compensação ou a dedução de demanda contrária somente se o adversário

---

43 Cf. CHIOVENDA, Giuseppe. *Principios de derecho procesal civil*, t. II. Tradução José Casáis y Santaló. Madrid: Editorial Reus, 1925, p. 407; COSTA, Sérgio. "Ius superveniens". *Novissimo digesto italiano*, v. IX. Torini: UTET, 1963, p. 391-392, p. 391-392; CRESCI SOBRINHO, Elicio de. Fatos supervenientes. *Revista de Processo*. São Paulo: Revista dos Tribunais, n. 93, p. 318-322, janeiro a março de 1999, p. 321-322.

consinta ou o tribunal repute útil para o processo. No processo civil espanhol, a superveniência pode ser aduzida no recurso de apelação, bem como as provas necessárias para sua comprovação produzidas, com o fito de adequar o processo à realidade[44]. No processo civil italiano, consagra a doutrina que os fatos supervenientes e o *ius superveniens* retroativo devem ser conhecidos, se aduzidos no juízo da apelação[45]. Assim, podem ser deduzidos fatos supervenientes, fatos relevantes com base em novas disposições legais, fatos constitutivos de vícios da sentença impugnada e fatos que se fundam em uma reconstrução da *fattispecie* substancial objeto da decisão que não podia ser objeto de arguição no curso do procedimento de primeiro grau[46]. Por consequência, admite-se a dedução pelo adversário de alegações que lhe sejam contrapostas[47]. No processo civil português, a questão não é, porém, pacífica[48]. Defende-se a admissão de fatos supervenientes por acordo das partes e, na sua falta, "desde que, em concreto, seja assegurado o contraditório, a parte que alega os factos tenha procedido de boa fé e da alegação e conhecimento não resulte perturbação inconveniente para o julgamento do pleito", bem como que sejam invocados "até ao termo do prazo para apresentar as alegações de recurso"[49].

No processo civil brasileiro, a parte pode suscitar perante o tribunal, por ocasião do julgamento da apelação, as questões de fato não propostas no juízo inferior, desde que prove que deixou de fazê-lo por motivo de força maior, em conformidade ao artigo 1.014. Faz-se mister, entretanto, a interpretação do dispositivo conjugado com o artigo 342, *caput* combinado com o inciso I, com o artigo 493 e com o artigo 933.

---

44 Cf. MONTERO AROCA, Juan; GÓMEZ COLOMER, Juan Luis; BARONA VILAR, Silvia; CALDERÓN CUADRADO, Maria Pía. *Derecho jurisdiccional*, v. II. 23. ed. Valência: Tirant lo Blanch, 2015, p. 333.

45 Cf. ATTARDI, Aldo. Le preclusioni nel giudizio di primo grado. *La riforma del processo civile*. Verona: CEDAM, 1992, p. 94-114, p. 111; COSTA, Sérgio. "Ius superveniens". *Novissimo digesto italiano*, v. IX. Torini: UTET, 1963, p. 391-392, p. 392; MANDRIOLI, Crisanto. CARRATA, Antonio. *Diritto processuale civile*, v. II, 25. ed. Torino: G. Giappichelli, 2016, p. 501; PROTO PISANI. Andrea. Appunti sull'appello civile (alla stregua della L. 353/90). *Il Foro Italiano*, Roma: Società Editrice Il Foro Italiano, n. 117, p. 193-209, 1994, p. 202.

46 Cf. COMOGLIO, Luigi Paolo; FERRI, Corrado; TARUFFO, Michele. *Lezioni sul processo civile*, v. I. 5. ed. Bolonha: Il Mulino, 2011, p. 687.

47 Cf. RASCIO, Nicola. *L´oggetto dell´appello civile*. Napoli: Jovene, 1996, p. 361.

48 Cf. PISSARA, Nuno Andrade. O conhecimento de factos supervenientes relativos ao mérito da causa pelo tribunal de recurso em processo civil. *Revista da Ordem dos Advogados*. Lisboa: Ordem dos Advogados, ano 72, v. I, p. 287-334, janeiro a março de 2012, p. 304-309.

49 Cf. *Idem*. *Ibidem*, p. 334.

Com efeito, o fato novo que, não obstante preexistente ao momento de sua arguição em juízo, deixou de ser alegado, por causa não imputável à parte, integra expressamente, *ex vi* do artigo 1.014, os limites objetivos do recurso de apelação[50]. Com mais razão, em consequência, o fato, que não havia acontecido, e o direito superveniente, que não tinha seus efeitos regulando a relação entre as partes, devem ser considerados pelo órgão recusal por ocasião do seu julgamento, de ofício ou a requerimento. Deve-se aplicar o artigo 342, *caput* combinado com o inciso I, e o 493 na superior instância[51]. A mera distribuição tópica dos dois dispositivos no regramento dos procedimentos em primeiro grau de jurisdição não impede sua aplicação ao julgamento do recurso de apelação, haja vista a necessidade de interpretação voltada a dar consistência sistemática à disciplina da superveniência conferida por ambos os dispositivos em conjunto com os artigos 933 e 1.014. Corrobora o entendimento o disposto pelo artigo 933, que expressamente acolhe a influência do fato superveniente na formação do convencimento do órgão recursal.

Anote-se, quanto ao direito superveniente, que a apelação não se limita a requerer a correção de um erro do juízo *a quo*, mas sim a prolação de um julgamento atual em consonância à lei[52]. Aplicam-se, pois, ao julgamento em segundo grau de jurisdição o disposto pelos artigos 342, *caput* combinado com o inciso I, 493, 933 e 1.014 do Código de

---

50 Cf. ARAÚJO CINTRA, Antônio Carlos de. *Sobre os limites objetivos da apelação civil.* Tese. São Paulo: [s.n.], 1986, p. 95; BARBOSA MOREIRA, José Carlos. *Comentários ao Código de Processo Civil*, v. V. 15. ed. Rio de Janeiro: Forense, 2010, p. 456.

51 Cf., sobre o direito superveniente, ASSIS, Araken de. *Manual dos recursos.* 6. ed. São Paulo: Revista Tribunais, 2014, p. 424; STJ, REsp 1.109/MG, Quarta Turma, Rel. Min. Sálvio de Figueiredo Teixeira, j. 05/06/1990, DJ 06/08/1990. Sobre o fato superveniente, ARAÚJO CINTRA, Antônio Carlos de. *Sobre os limites objetivos da apelação civil.* Tese. São Paulo: [s.n.], 1986, p. 95; ASSIS, Araken de. *Manual dos recursos.* 6. ed. São Paulo: Revista Tribunais, 2014, p. 477; BARBOSA MOREIRA, José Carlos. *Comentários ao* Código de *Processo Civil*, v. V. 15. ed. Rio de Janeiro: Forense, 2010, p. 433; BERMUDES, Sérgio. Considerações sobre a apelação no sistema recursal do Código de Processo Civil. *Revista da Escola da Magistratura do Estado do Rio de Janeiro.* Rio de Janeiro *Escola da Magistratura do Estado do Rio de Janeiro*, v. 2, n. 6, p. 117-125, 1999, p. 122; CARVALHO, Milton Paulo de. *Do pedido no processo civil.* Porto Alegre: Sérgio Antonio Fabris, 1992, p. 160; CRUZ E TUCCI, José Rogério. *A* causa petendi *no processo civil.* 3. ed. São Paulo: Revista Tribunais, 2009, p. 187 e 204; NERY JUNIOR, Nelson. *Princípios fundamentais: teoria geral dos recursos.* 4. ed. São Paulo: Revista dos Tribunais, 1997, p. 178; STJ, REsp 1089986/RS, Segunda Turma, Rel. Ministro Humberto Martins, j.16/04/2009, DJe 04/05/2009.

52 Cf. COSTA, Sérgio. "Ius superveniens". *Novissimo digesto italiano*, v. IX. Torini: UTET, 1963, p. 391-392, p. 392.

Processo Civil[53]. Aproveitam até mesmo ao réu que teve decretada sua revelia, contudo, ao terceiro prejudicado é defesa a arguição de novas questões fáticas em seu recurso, atuando simplesmente *ad adjuvandum*[54]. Evidentemente, a integralidade dos poderes conferidos pelo legislador ao juiz integrante do órgão *a quo* aplica-se ao igualmente juiz que compõe o órgão *ad quem*.

No mesmo diapasão, os documentos desconhecidos, inacessíveis ou indisponíveis anteriormente podem ser trazidos com as razões ou contrarrazões da apelação, merecendo o artigo 435, parágrafo único, interpretação conjugada com o artigo 1.014. Na vigência do Código de Processo Civil de 1973, em que ausente norma análoga ao artigo 435, parágrafo único, aliás, já se admitia a produção de documentos que a parte não possuía conhecimento na fase postulatória[55]. Não obstante, a questão de fato cuja prova documental produzida visa a corroborar deve ter sido veiculada oportunamente, não elidindo o ônus de alegar na petição inicial e na contestação a impossibilidade de sua comprovação naquele momento[56].

---

53 No mesmo sentido, APRIGLIANO, Ricardo de Carvalho. *A apelação e seus efeitos*. 2. ed. São Paulo: Atlas, 2007, p. 217; DIDIER JUNIOR, Fredie Souza. CUNHA, Leonardo Carneiro da. *Curso de direito processual civil*, v. III. 13. ed. Salvador: JusPodivm, 2016, p. 190-191.

54 Cf. ARAÚJO CINTRA, Antônio Carlos de. *Sobre os limites objetivos da apelação civil*. Tese. São Paulo: [s.n.], 1986, p. 97-98 e 100; ASSIS, Araken de. *Manual dos recursos*. 6. ed. São Paulo: Revista Tribunais, 2014, p. 480; DIDIER JUNIOR, Fredie Souza. CUNHA, Leonardo Carneiro da. *Curso de direito processual civil*, v. III. 13. ed. Salvador: JusPodivm, 2016, p. 192; JORGE, Flávio Cheim. *Teoria geral dos recursos*. 7. ed. São Paulo: Revista dos Tribunais, 2015, p. 384-385. Contra BARIONI, Rodrigo. *Efeito devolutivo da apelação civil*. São Paulo: Revista dos Tribunais, 2008, p. 145; MARINONI, Luiz Guilherme ARENHART, Sergio Cruz; MITIDIERO, Daniel. *Novo curso de processo civil*, v. II. São Paulo: Revista Tribunais, 2015, p. 529.

55 Cf. DINAMARCO, Cândido Rangel. *Instituições de direito processual civil*, v. III. 2. ed. São Paulo: Malheiros, 2002, p. 583; OLIVEIRA, Gleydson Kleber Lopes. *Apelação no direito processual civil*. Tese de Doutorado. São Paulo: Faculdade de Direito da Pontifícia Universidade Católica de São Paulo, 2005, p. 267-268; STJ, REsp 1070395/RJ, Segunda Turma, Rel. Ministro Castro Meira, Rel. p/ acórdão Ministro Herman Benjamin, j. 09/02/2010, DJe 27/09/2010; REsp 780396/PB, Primeira Turma, Rel. Ministra Denise Arruda, j. 23/10/2007, DJ 19/11/2007. Com posicionamento ainda mais amplo acerca da possibilidade da juntada de documento em grau de recurso, dispensando a restrição imposta pelo artigo 517 do Código de Processo Civil, NEGRÃO, Theotonio; GOUVEA, José Roberto Ferreira. *Código de Processo Civil e legislação processual em vigor*. 39. ed. São Paulo: Saraiva, 2007, p. 670; MACHADO, Antônio Cláudio da Costa. *Código de Processo Civil interpretado e anotado*. 2. ed. Barueri: Manole, 2008, p. 716.

56 Cf. MARINONI, Luiz Guilherme ARENHART, Sergio Cruz; MITIDIERO, Daniel. *Novo curso de processo civil*, v. II. São Paulo: Revista Tribunais, 2015, p. 529.

A título ilustrativo, demanda voltada à demolição de construção irregular em unidade condominial, que causava a alteração de sua fachada, foi julgada procedente. Ao recorrer, a demandada veio a produzir prova, que desconhecia, acerca da alegação formulada em primeiro grau de jurisdição consistente na prescrição da pretensão da demandante, uma vez decorrido o prazo para o seu exercício. Assim, trouxe aos autos laudo de avaliação, em processo judicial, de outra unidade do condomínio pelo qual se constatava que a obra que se pretendia demolir já existia há mais de dez anos. Assentou-se no julgamento que na "hipótese *sub judice*, a recorrente não tinha ciência do documento, a fim de instruir a resposta à demanda, tornando-se lícita sua posterior colação aos autos, com o objetivo de se contrapor ao pedido de tutela jurisdicional. A juntada de documentos novos não pode ser obstada, inclusive, acompanhando as razões recursais, em conformidade à interpretação conjugada do artigo 397 com o artigo 517 ambos do Código de Processo Civil, contanto havendo justa causa, exigindo-se tão-somente a observância do contraditório, *in casu*, verificada com a oferta das contra-razões recursais"[57].

A alegação da superveniência deve ocorrer até o momento do julgamento da apelação[58]. Se conhecida no prazo recursal, deve ser deduzida nas razões ou contrarrazões da apelação; se posteriormente, por simples petição dirigida ao relator[59]. Entretanto, tendo se conformado com a sentença, o recorrido não pode se valer do fato novo, do fato superveniente e do direito superveniente para obter situação mais vantajosa do que aquela que lhe resultou do julgamento em primeiro grau. A eficácia da superveniência em seu favor limita-se a contrapor a irresignação recursal do adversário. Imagine-se demanda voltada à responsabilização civil de réu que causou culposamente acidente do qual o autor foi vítima, resultando, inicialmente, na perda do movimento do seu braço direito. Julgados procedentes os pedidos de ressarcimento por danos materiais e de reparação por morais, o réu, ao apelar, poderá aduzir o fato superveniente consistente na recuperação da movimentação do membro superior pelo seu adversário para tentar reverter o julgamento em seu favor. Resignado o autor com a sentença, não fica impedido de suscitar a perda do movimento do seu braço esquerdo para manter o resultado que lhe é favorável; todavia, ante o trânsito em julgado operado, a alegação não pode ser tomada em conta pelo órgão recursal para piorar a situação do

57 Cf. TJSP, Recurso Inominado 0910413-63.2008.8.26.0100, Sétima Turma do Cível Colégio Recursal Central, Rel. Anderson Cortez Mendes, julgado em 28/01/2011.

58 Cf. ASSIS, Araken de. *Manual dos recursos*. 6. ed. São Paulo: Revista Tribunais, 2014, p. 480.

59 Cf. CRESCI SOBRINHO, Elicio de. Fatos supervenientes. *Revista de Processo*. São Paulo: Revista dos Tribunais, n. 93, p. 318-322, janeiro a março de 1999, p. 322.

seu adversário consagrada na sentença. Para exasperar as indenizações angariadas à luz da superveniência, o autor deve propor nova demanda.

Quando da hipótese de superveniência surgida perante o tribunal, a solução de anulação da decisão impugnada pelo recurso para novo julgamento em primeiro grau de jurisdição contraria frontalmente o ordenamento jurídico, bem como as mais comezinhas regras de técnica processual, porquanto não há qualquer vício a maculá-la. Definitivamente, a competência para apreciação da superveniência deduzida em segundo grau de jurisdição é do órgão recursal[60]. Há que se admitir não somente a prova da ocorrência de força maior, mas também da própria alegação feita e daquela que objetiva contrapô-la[61]. A peça processual que a veicula deve vir acompanhada dos documentos necessários à sua comprovação. Em caso de necessidade de dilação probatória, sobretudo, para elaboração de laudo pericial ou oitiva de testemunhas, o tribunal, se inviável a produção no seu seio, deve delegá-la ao órgão de primeiro grau, com espeque no artigo 938, §3º[62].

Em verdade, tampouco quando a superveniência tenha se verificado em primeiro grau e a sentença deixou de considerá-la, sem embargo da sua veiculação pela parte, de sorte a se revestir de nulidade, os autos devem retornar, necessariamente, ao órgão *a quo* para nova decisão. Neste caso, anulada a sentença, o tribunal deve prolatar acórdão a fim de

---

60 Cf. PONTES DE MIRANDA, Francisco Cavalcanti. *Comentários ao código de processo civil*, t. VII. Rio de Janeiro: Forense, 1999, p. 177.

61 Cf. BARIONI, Rodrigo. *Efeito devolutivo da apelação civil.* São Paulo: Revista dos Tribunais, 2008, p. 194; FREDERICO MARQUES, José. *Manual de direito processual civil*, v. III. São Paulo: Saraiva, 1974, p 147; SEABRA FAGUNDES, Miguel. *Dos recursos ordinários em matéria civil.* Rio de Janeiro: Forense, 1946, p. 221-222 e 271.

62 Cf. ASSIS, Araken de. *Manual dos recursos.* 6. ed. São Paulo: Revista Tribunais, 2014, p. 481; DIDIER JUNIOR, Fredie Souza. CUNHA, Leonardo Carneiro da. *Curso de direito processual civil*, v. III. 13. ed. Salvador: JusPodivm, 2016, p. 191; FREDERICO MARQUES, José. *Manual de direito processual civil*, v. III. São Paulo: Saraiva, 1974, p 147; JORGE, Flávio Cheim. *Teoria geral dos recursos.* 7. ed. São Paulo: Revista dos Tribunais, 2015, p. 383; LEONEL, Ricardo de Barros. Cognição judicial em grau de apelação, à luz das reformas do CPC. *Justitia.* São Paulo: Ministério Público do Estado de São Paulo, v. 64, n. 197, p. 199-210, julho a dezembro de 2007, p. 206-207; PONTES DE MIRANDA, Francisco Cavalcanti. *Comentários ao código de processo civil*, t. VII. Rio de Janeiro: Forense, 1999, p. 175. Em sentido contrário, ceifando a possibilidade de produção de provas quando da veiculação do fato em segundo grau de jurisdição, José Rogério Cruz e Tucci aduz que, "sendo possível a dilação probatória, sem tumultuar a marcha processual, deverá ser dada a oportunidade à parte (a quem a prova prejudica) produzir contraprova. Não obstante, em outras situações, para não reabrir indesejada, e até incabível, 'nova instrução', impõe-se ao juiz o exame da dimensão do contraditório" (*A* causa petendi *no processo civil.* 3. ed. São Paulo: Revista Tribunais, 2009, p. 191).

não só cassá-la, mas de também a substituir, avançando, se desnecessária a produção de outras provas, sobre o conhecimento do fato novo, do fato superveniente ou do direito superveniente olvidado.

O tema da superveniência avulta em importância, porquanto muito mais custoso ao Estado e às partes o retorno dos autos ao primeiro grau de jurisdição ou a exigência da instauração de nova relação processual para debate da questão surgida, quando possível seu julgamento em segundo grau de jurisdição no processo previamente instaurado. O prejuízo não é meramente financeiro ao Estado, mas também de uso do seu escasso material humano a fazer frente ao colossal número de demandas postas sob o crivo do Poder Judiciário. Olvidado o fato novo, o fato superveniente e o direito superveniente, verificar-se-á a repetição dos mesmos atos do feito anterior no novo, desafiando, inclusive, a interposição de novo recurso de apelação. O custo às partes não é exclusivamente econômico, porém também emocional, porque o conflito pendente de solução é fonte eminente de transtorno à normalidade psíquica dos indivíduos nele envolvidos.

A hipótese de surgimento de fato novo ou superveniente é excepcional, em especial em segundo grau de jurisdição, o que afasta o argumento de que a produção de provas implicará a indevida postergação da generalidade dos processos. A dilação probatória tampouco será sempre necessária. Quando da observância do contraditório, a alegação fática pode resultar confessada pela parte adversa ou incontroversa, não exigindo sequer a produção de provas (artigo 374), ou ter prova pré-constituída não eficazmente impugnada, a permitir imediato julgamento.

De todo modo, conquanto causasse o alongamento do lapso de curso de muitos processos, a injustiça advinda de solução oposta, que desconsiderasse o fato novo ou superveniente, obsta sua guarida, desatendendo às finalidades do exercício da jurisdição. Nessa esteira, a despeito da possibilidade de ajuizamento de nova ação pelo autor, em especial cuidando-se de fato novo, ou seja, não conhecido, pode se consumar a prescrição da sua pretensão ou a decadência do seu direito potestativo. Da mesma forma, redundarão fulminadas as alegações defensivas em favor do réu pela eficácia preclusiva da coisa julgada (artigo 508).

Forçosa a quebra, portanto, do dogma da supressão de instância. Supressão indevida de instância haverá apenas e tão-somente quando uma questão que deveria ser posta em primeiro grau de jurisdição para decisão é levada diretamente ao segundo grau ou aos tribunais de sobreposição. Não se consuma quando o legislador lhe faculta a arguição diretamente junto ao órgão superior, como nas hipóteses de fato novo, de fato superveniente e de direito superveniente. Definitivamente, os artigos 342, *caput* combinado com o inciso I, 493, 933 e 1.014 trazem ínsitos em sua *mens legis* os imperativos de efetividade e razoável duração do processo. Negar sua aplicação, posto em segundo grau de jurisdição, tem como consequência tornar aquele a quem cominada a função de distribuição da justiça o instrumento de pacificação da sociedade mais injusto, lento e com desfecho em lapso desarrazoado.

CONCLUSÃO

Os limites objetivos do recurso de apelação englobam a devolução gerada pela sua interposição e a superveniência em segundo grau de jurisdição. A devolução por sua vez, deve ser vista das perspectivas da sua extensão e da sua profundidade. Em especial, a extensão da devolução rege-se pelo artigo 1.002; a profundidade da devolução, pelo artigo 1.013; e a superveniência, pelos artigos 342, *caput* e inciso I, 493, 933 e 1.014. Por sua vez, o agravo de instrumento, ordinariamente, tem devolução limitada às questões arroladas nas razões do inconformismo manifestado pelo agravante e àquelas cognoscíveis de ofício. Não obstante, no caso do seu manejo contra decisões parciais terminativas e de mérito, há que se reconhecer que o recurso ostenta limites objetivos idênticos à apelação.

A apelação, em nosso sistema processual, volta-se à anulação ou reforma de uma sentença ou de uma decisão interlocutória não impugnável por meio de agravo de instrumento. Assume vestes, primordialmente, de *revisio prioris instantiae*. Assim, tem por objetivo a crítica da decisão impugnada com amparo no material de cognição produzido perante o juízo *a quo*. Entretanto, nas hipóteses expressamente previstas pelo legislador, admite o *ius novorum*, de sorte que pontos, questões e provas podem ser levados diretamente ao conhecimento juízo *ad quem*.

A atividade do órgão recursal, no julgamento do recurso, fica adstrita ao conjunto das demandas deduzidas em primeiro grau de jurisdição. Nessa linha de ideias, ressalvadas as exceções tipificadas em lei, causa de pedir, pedido e *causa excipiendi* não comportam alteração, tampouco o mérito ou objeto litigioso do processo. Contudo, respeitados esses limites, a decisão do juízo da apelação pode ter por substrato tanto o material transferido do juízo inferior quanto aquele perante si diretamente produzido, quando admitido. Destarte, o objeto do processo pode permanecer o mesmo, reduzir-se ou ampliar-se em segundo grau de jurisdição.

A devolução consiste na transferência do exame da decisão impugnada ao órgão jurisdicional eleito pelo legislador, para que profira um novo julgamento, tendo em conta as matérias cuja cognição é permitida pela ordem jurídica. A sua extensão corresponde aos capítulos da decisão impugnada que serão objeto do novo juízo, ao passo que a sua profundidade, ao material que pode ser utilizado na sua elaboração.

Como regra, ao se manejar a apelação, não se pode desejar mais do que foi pedido no ato de postulação inicial e que seria possível obter no provimento jurisdicional de mérito, ou, então, bem da vida ou situação jurídica diversa. Entretanto, o recorrente pode postular que lhe seja outorgado menos ou somente parte do que pediu em primeiro grau.

Com efeito, a apelação pode impugnar total ou parcialmente a decisão recorrida, confrontando todos os seus capítulos, ou não. Os limites horizontais da devolução são delineados pelo requerimento de anulação ou reforma levado a efeito pelo apelante, devendo ser compreendido à luz dos fundamentos alinhavados nas razões recursais. O julgamento do órgão recursal, então, subordina-se não só às demandas deduzidas, mas também aos limites do inconformismo dos sucumbentes. Logo, a extensão da devolução restringe-se aos capítulos impugnados e àqueles que deles são dependentes. O tribunal não pode desbordar do requerido pelo apelante, avançando sobre capítulos da decisão que não foram objeto de impugnação, sob pena de nulidade. Opera-se a formação da coisa julgada sobre os capítulos que não foram alvo de irresignação. A atuação não é ilimitada sequer no conhecimento das questões de ordem pública e de outras matérias cognoscíveis de ofício. Mesmo a questão prejudicial que se sujeita ao trânsito em julgado material deve ser objeto de expressa impugnação pela parte a quem prejudica a esfera de direitos. Do contrário, sua devolução à cognição do tribunal ficará restrita às hipóteses em que presente relação de dependência com os capítulos impugnados. Nessa ordem de ideias, o apelante, ao interpor o seu recurso, estabelece quais das suas pretensões rechaçadas e quais das pretensões adversárias acolhidas em primeiro grau deseja impugnar.

A interposição da apelação pode desencadear a cognição de questões, inclusive de mérito, que não foram objeto do provimento jurisdicional que ataca. É admissível, inclusive, que o tribunal venha a anulá-la, com a prolação de novo julgamento, não se limitando à sua reforma. A teoria da causa madura, pois, aplica-se em segundo grau de jurisdição, permitindo a devolução para além dos capítulos impugnados. Assim se verifica, em rol exemplificativo, quando reformada a sentença que extinguiu o processo, sem resolução de mérito; ou reconheceu a prescrição ou a decadência; ou, ainda, quando decretada a nulidade do julgado impugnado por deficiência de fundamentação ou inobservância da regra da congruência, adstrição ou correlação entre a decisão de mérito e as demandas veiculadas. O reenvio dos autos do processo ao juízo *a quo* somente se justifica fora das hipóteses retratadas no artigo 355, que cuida do julgamento antecipado do mérito.

A despeito de limitada a extensão da devolução, sua profundidade é ampla. Dentro dos capítulos impugnados e dos dependentes, variada gama de pontos, questões e provas é submetida ao conhecimento do órgão recursal. Nesse diapasão, o artigo 1.013 , *caput* e §§ 1º e 2º, deve ser interpretado em consonância ao artigo 1.002. Os limites verticais da devolução são definidos pelas razões da apelação principal e, eventualmente, daquele interposta na forma adesiva, pelas contrarrazões e pelas matérias reputadas cognoscíveis de ofício pelo ordenamento jurídico.

Por conseguinte, não só o recorrente, mas também o recorrido e a lei ostentam aptidão para fornecer material para cognição do órgão recursal. Nessa esteira, prescindível, em algumas hipóteses, sua veiculação nas razões ou contrarrazões do recurso, do conhecimento da questão pelo juiz singular ou, ainda, da sua dedução em primeiro grau de jurisdição. Validamente, afora a matéria impugnada, são englobadas pela profundidade dos limites objetivos da apelação as questões suscitadas e submetidas ao contraditório no juízo *a quo*, ainda que a decisão impugnada não as tenha solucionado, sobretudo porque prejudicadas; as matérias cognoscíveis de ofício, embora não enfrentadas em primeiro grau de jurisdição; e as questões anteriores à sentença, objeto de decisão, desde que não impugnável por agravo de instrumento, ou não decididas.

Preserva-se, no entanto, a estabilização da demanda e a regra da eventualidade no juízo *ad quem*. As preclusões verificadas em desfavor das partes no juízo *a quo*, em geral, incidem na mesma medida. Em consequência, a inovação decorrente da dedução de fatos principais embora provados, de fatos secundários não comprovados, de fundamentos de defesa não cognoscíveis de ofício e de efeito jurídico diverso daquele afirmado inicialmente pela parte demandante é defesa.

No julgamento da apelação, a decisão não pode resultar em efeito prático desfavorável ao apelante em qualquer hipótese, vedando-se a *reformatio in peius*, salvo expressa disposição legal. Restando o recorrente integralmente vencido, o tribunal deve majorar, se abaixo do teto legal, os honorários advocatícios devidos em favor do patrono do recorrido. O órgão recursal deve aplicar sanções processuais pela prática de ato atentatório à dignidade da justiça e por litigância de má-fé em segundo grau de jurisdição, admitindo-se, nos limites dos capítulos impugnados e daqueles que lhes são dependentes, revalorize a conduta das partes em primeiro grau de jurisdição. Os limites objetivos do recurso, pois, são restringidos na primeira hipótese, enquanto são ampliados nas demais.

A interposição do recurso de apelação permite que pontos que não puderam ser conhecidos pelo juízo *a quo* porque ocorridos posteriormente à sentença ou, simplesmente, desconhecidos, integrem o objeto do julgamento pelo juízo *ad quem*. Busca-se que o provimento jurisdicional tanto quanto possível retrate o substrato fático e jurídico havido no momento de sua prolação. Desta forma, o fato novo, o fato superveniente e o direito superveniente devem ser objeto de cognição pelo tribunal, com observância do contraditório e garantia da possibilidade de produção das provas eventualmente necessárias. A superveniência constitui-se em exceção à estabilização da demanda, podendo, inclusive, provocar a alteração dos seus elementos objetivos em grau recursal, mantida, sem embargo, sua essência individualizadora.

No conhecimento direto de questões, inclusive de fato, pelo órgão recursal verifica-se a admissão do *ius novorum*. Inexiste violação ao duplo grau de jurisdição, pois, como mero corolário do devido processo legal, sua observância será cogente tão-somente quando imposto pelo legislador como etapa de legitimação procedimental do provimento jurisdicional. A apelação conduz ao reexame do processo, mas não exige que haja duplicidade de pronunciamentos sobre o mérito. Ausente, principalmente, o imperativo de que todas as questões que são objeto do processo venham a ser, necessariamente, conhecidas por ao menos duas vezes e por dois órgãos jurisdicionais diversos situados em hierarquia diferente na organização judiciária.

Quebra-se, portanto, o dogma da supressão de instância pela solução de questões pelo tribunal sem sua apreciação pelo juízo inferior, com o reconhecimento de que o duplo grau de jurisdição não se impõe como garantia ou regra de índole constitucional, sequer como princípio expresso ou implícito na Constituição Federal. Supressão indevida de instância haverá apenas e tão-somente quando uma questão que deveria ser posta frente ao órgão inferior para decisão é levada diretamente ao órgão superior. Não se consuma quando o legislador lhe faculta a arguição diretamente junto ao órgão recursal, como nos casos de fato novo, de fato superveniente e de direito superveniente.

BIBLIOGRAFIA

ABDO, Helena Najjar. *Abuso do processo*. São Paulo: Revista dos Tribunais, 2007.

ABRANTES GERALDES, António Santos. *Recursos no novo Código de Processo Civil*. 3. ed. Coimbra: Almedina, 2016.

ALEXY, Robert. *Teoria dos direitos fundamentais*. Tradução Virgílio Afonso da Silva. 2. ed. São Paulo, Malheiros: 2012.

AMBRIZZI, Tiago Ravazzi. *Julgamento fracionado do mérito no processo civil brasileiro*. Dissertação de Mestrado. São Paulo: Faculdade de Direito da Universidade de São Paulo, 2015.

AMORIM, José Roberto Neves. *Coisa julgada parcial no processo civil*. Rio de Janeiro: Elsevier, 2011.

APRIGLIANO, Ricardo de Carvalho. *A apelação e seus efeitos*. 2. ed. São Paulo: Atlas, 2007.

______. *Ordem pública e processo*. São Paulo: Atlas, 2011.

ARAÚJO CINTRA, Antônio Carlos de. *Sobre os limites objetivos da apelação civil*. Tese. São Paulo: [s.n.], 1986.

______; GRINOVER, Ada Pellegrini; DINAMARCO, Cândido Rangel. *Teoria geral do processo*. 17. ed. São Paulo: Malheiros, 2001.

ARAÚJO, José Henrique Mouta. *Coisa julgada progressiva e resolução parcial de mérito*. Curitiba: Juruá, 2008.

ARAÚJO, Luciano Vianna. *Sentenças parciais?* **São Paulo: Saraiva, 2011.**

ASSIS, Araken de. *Manual da execução*. 11. ed. São Paulo: Revista dos Tribunais, 2007.

______. *Manual dos recursos*. 6. ed. São Paulo: Revista Tribunais, 2014.

ATTARDI, Aldo. Le preclusioni nel giudizio di primo grado. *La riforma del processo civile*. Verona: CEDAM, 1992, p. 94-114.

AZEVEDO. Luiz Carlos de. Ainda a origem e introdução da apelação no direito lusitano. *Revista da Faculdade de Direito*. São Paulo: Universidade de São Paulo, v. 90, p. 67-82, 1995.

BADARÓ, Gustavo Henrique Ivahy. Ônus da prova no processo penal. São Paulo: Revista dos Tribunais, 2003.

BARBOSA MOREIRA, José Carlos. A função social do processo civil moderno e o papel do juiz e das partes na direção e na instrução do processo. *Revista brasileira de direito processual*. Uberaba/Rio de Janeiro/Belo Horizonte: Vitória Artes Gráfica/Forense/Fórum, v. 49, p. 51-68, janeiro a março de 1986.

_____. A nova definição de sentença (Lei nº 11.232). Revista Dialética de Direito Processual, n. 39, São Paulo: Saraiva, p. 78-85, junho 2006.

_____. Ações cumuladas. Necessidade de julgamento explícito de todas. *Temas de direito processual*, 2. série. 2. ed. São Paulo: Saraiva, 1988, p. 133-145.

_____. Breve notícia sobre a reforma do processo civil alemão. *Temas de direito processual*, 8. série, São Paulo: Saraiva, 2004, p. 199-210.

_____. *Comentários ao Código de Processo Civil*, v. V. 15. ed. Rio de Janeiro: Forense, 2010.

_____. Correlação entre pedido e sentença. *Revista de Direito do Tribunal de Justiça do Estado do Rio de Janeiro*. Rio de Janeiro: Tribunal de Justiça do Estado do Rio de Janeiro, v. 26, p. 52-59, janeiro a março 1996.

_____. Item do pedido sobre o qual não houve decisão. Possibilidade de reiteração em outro processo. *Temas de direito processual*, 2. série. 2. ed. São Paulo: Saraiva, 1988, p. 241-252.

_____. *O novo processo civil brasileiro*. 28. ed. Rio de Janeiro: Forense, 2010.

_____. O problema da "divisão do trabalho" entre juiz e partes: aspectos terminológicos. *Temas de direito processual*, 4. série. São Paulo: Saraiva, 1989, p. 35-44.

_____. Restrições ilegítimas ao conhecimento dos recursos. *Temas de direito processual*, 9. série. São Paulo: Saraiva, 2007, p. 267-282.

_____. Sentença objetivamente complexa, trânsito em julgado e rescindibilidade. *Revista da Academia Brasileira de Letras Jurídicas*. Rio de Janeiro: Academia Brasileira de Letras Jurídicas, n. 29, p. 93-106, 2006.

_____. Sobre pressupostos processuais. *Temas de direito processual*, 4. série. Rio de Janeiro: Forense, 1989.

BARIONI, Rodrigo. *Breves comentários ao novo Código de Processo Civil*. Coordenação WAMBIER, Teresa Celina de Arruda Alvim; DIDIER JUNIOR, Fredie; TALAMINI, Eduardo; DANTAS, Bruno. São Paulo: Revista dos Tribunais, 2015.

_____. *Efeito devolutivo da apelação civil*. São Paulo: Revista dos Tribunais, 2008.

_____. Preclusão diferida, o fim do agravo retido e a ampliação do objeto da apelação no novo Código de Processo Civil. *Revista de Processo*. São Paulo: Revista dos Tribunais, n. 243, p. 269-280, maio de 2015.

BAUR, Fritz. Da importância da dicção "iuria novit curia". Tradução José Manoel de Arruda Alvim Netto. *Revista de Processo*. São Paulo: Revista dos Tribunais, n. 3, p. 169-177, julho a setembro de 1976.

BEDAQUE, José Roberto dos Santos. Apelação: questões sobre a admissibilidade e efeitos. Revista da Procuradoria Geral do Estado de São Paulo. São Paulo: Procuradoria Geral do Estado, n. especial, p. 107-148, 2003.

_____. *Breves comentários ao novo Código de Processo Civil.* Coordenação WAMBIER, Teresa Arruda Alvim; DIDIER JUNIOR, Fredie Souza; TALAMINI, Eduardo; DANTAS, Bruno. São Paulo: Revista dos Tribunais, 2015.

_____. *Efetividade do processo e técnica processual.* 2. ed. São Paulo: Malheiros, 2007.

_____. Nulidades processuais e apelação. *Revista de Direitos e Garantias Fundamentais.* Vitória: Faculdade de Direito de Vitória, n. 1, p. 225-254, 2006.

_____. Os elementos objetivos da demanda examinados à luz do contraditório. *Causa de pedir e pedido no processo civil: questões polêmicas.* Coordenação BEDAQUE, José Roberto dos Santos; CRUZ E TUCCI, José Rogério. São Paulo: Revista Tribunais, 2002, p. 13-52.

_____. *Poderes instrutórios do juiz.* 4. ed. São Paulo: Revista dos Tribunais, 2009.

BERMUDES, Sérgio. Considerações sobre a apelação no sistema recursal do Código de Processo Civil. *Revista da Escola da Magistratura do Estado do Rio de Janeiro.* Rio de Janeiro: Escola da Magistratura do Estado do Rio de Janeiro, v. 2, n. 6, p. 117-125, 1999.

_____. Considerações sobre o efeito suspensivo dos recursos cíveis. *Revista da Escola da Magistratura do Estado do Rio de Janeiro.* Rio de Janeiro: Escola da Magistratura do Estado do Rio de Janeiro, v. 3, n. 11, p. 66-71, 2000.

BETTI, Emilio. *Interpretação da lei e dos atos jurídicos.* Tradução Karina Jannini. São Paulo: Martins Fontes, 2007.

BONIZZI, Marcelo José Magalhães. *Capítulos de sentença e efeitos dos recursos.* São Paulo: RCS, 2006.

_____. *Princípios do processo no novo Código de Processo Civil.* São Paulo: Saraiva, 2016.

_____. *Proporcionalidade e processo: a garantia constitucional da proporcionalidade, a legitimação do processo civil e o controle das decisões judiciais.* São Paulo: Atlas, 2006.

BOTELHO DE MESQUITA, José Ignácio. A *causa petendi* nas ações reivindicatórias. *Revista da Associação dos Juízes do Rio Grande do Sul.* Porto Alegre: Departamento Revista da AJURIS, n. 20, p. 166-180, novembro de 1980.

BUENO, Cassio Scarpinella. *A nova lei do mandado de segurança.* 2. ed. São Paulo: Saraiva, 2010.

BÜLOW, Oskar Von. *A teoria ds exceções processuais e dos pressupostos processuais.* Tradução Ricardo Rodrigues Gama. Campinas: LZN, 2005.

MACÊDO, Lucas Buril de. *Objeto dos recursos cíveis.* Salvador: JusPodivm, 2019.

BUZAID, Alfredo. Da lide: estudo sobre o objeto litigioso. *Estudos e pareceres de direito processual civil.* São Paulo: Revista dos Tribunais, 2002, p. 72-132.

CABRAL, Antonio do Passo. *Breves comentários ao novo Código de Processo Civil.* Coordenação WAMBIER, Teresa Arruda Alvim; DIDIER JUNIOR, Fredie Souza; TALAMINI, Eduardo; DANTAS, Bruno. São Paulo: Revista dos Tribunais, 2015.

_____. *Convenções processuais.* Salvador: JusPodivm, 2016.

CAHALI, Yussef Said. *Honorários advocatícios.* 4. ed. São Paulo: Revista dos Tribunais, 2011.

CALAMANDREI, Piero. Appunti sulla "reformatio in peius". *Rivista di Diritto Processuale.* Padova: CEDAM, v. 6, n. 1, p. 297-307, 1929.

_____. Sobrevivência da querela de nulidade no processo civil vigente. *Instituições de direito processual civil,* v. III. Tradução Douglas Dias Ferreira. 2. ed. Campinas: Bookseller, 2003, p. 257-274.

CÂMARA, Alexandre Freitas. Honorários de sucumbência recursal. *Coleção grandes temas do novo CPC – Honorários advocatícios,* v. II. Coordenação COÊLHO, Marcus Vinícius Furtado; CAMARGO, Luiz Henrique Volpe. 2. ed. Salvador: JusPodivm, 2016, p. 593-599.

CAMARGO, Luiz Henrique Volpe. *Breves comentários ao novo Código de Processo Civil.* Coordenação WAMBIER, Teresa Arruda Alvim; DIDIER JUNIOR, Fredie Souza; TALAMINI, Eduardo; DANTAS, Bruno. São Paulo: Revista dos Tribunais, 2015.

_____. Os honorários de sucumbência recursal no novo CPC. *Novas tendências do processo civil - estudos sobre o projeto do novo Código de Processo Civil,* v. I. Organização FREIRE, Alexandre; DANTAS, Bruno; NUNES, Dierle; DIDIER JUNIOR, Fredie Souza; GARCIA MEDINA, José Miguel; FUX, Luiz; CAMARGO, Luiz Henrique Volpe; OLIVEIRA, Pedro Miranda de. Salvador: Jus Podium, 2013, p. 361-378.

CAMBI, Eduardo; POMPÍLIO, Gustavo. Honorários no recurso de apelação e questões correlatas. *Coleção grandes temas do novo CPC – Honorários advocatícios,* v. II. Coordenação COÊLHO, Marcus Vinícius Furtado; CAMARGO, Luiz Henrique Volpe. 2. ed. Salvador: JusPodivm, 2016, p. 663-672.

CANOTILHO, José Joaquim Gomes. *Direito constitucional e teoria da Constituição.* 7. ed. Coimbra: Almedina, 2008.

CANOVA, Augusto Cerino. La domanda giudiziale ed il suo contenuto. *Commentario del Codice di Procedura Civile,* l. II, t. I. Coordenação ALLORIO, Enrico. Torino: UTET, 1980.

CAPIOTTO, Gabriele Mutti. *Dos limites objetivos da coisa julgada material na jurisdição trabalhista individual.* Dissertação de Mestrado. São Paulo: Faculdade de Direito da Universidade de São Paulo, 2015.

CAPONI, Remo. L'appello nel sistema delle impugnazioni civili (note di comparazione anglo-tedesca). *Rivista di Diritto Processuale.* Padova: CEDAM, ano 64, n. 3, p. 631-645, maio a junho 2009.

CARNACINI, Tito. Tutela jurisdiccional y tecnica del proceso. Tradução Aurélio Romo. *Revista de la Facultad de Derecho de México*. Ciudad de México: Universidad Nacional Autónoma de México, n. 12, p. 97-182, outubro a dezembro de 1953.

CARNEIRO, Athos Gusmão. O juízo recursal e as novas questões de fato. *Revista da Associação dos Juízes do Rio Grande do Sul*. Porto Alegre: Departamento Revista da AJURIS, n. 62, p. 5-10, novembro de 1994.

CARNELUTTI, Francesco. *Como se faz um processo*. Tradução Ricardo Rodrigues Gama. Campinas: Russel, 2009.

_____. *Sistema de direito processual civil*, v. I. Tradução Hiltomar Martins Oliveira. 2. ed. São Paulo: Lemos e Cruz, 2004.

_____. *Sistema de direito processual civil*, v. II. Tradução Hiltomar Martins Oliveira. 2. ed. São Paulo: Lemos e Cruz, 2004.

_____. *Teoria geral do direito*. Tradução Antônio Carlos Ferreira. São Paulo: Lejus, 2000.

CARVALHO, Milton Paulo de. *Do pedido no processo civil*. Porto Alegre: Sérgio Antonio Fabris, 1992.

_____. Pedido novo e aditamento do pedido. O art. 294 do Código de Processo civil na sua nova redação. *Processo civil, evolução, 20 anos de vigência*. Coordenação CRUZ E TUCCI, José Rogério. São Paulo: Saraiva, 1995, p. 169-177.

CATAUDELLA, Antonino. *Fattispecie. Enciclopedia del diritto*, v. XVI, Milano: Giuffrè, 1967.

CHIMENTI, Ricardo Cunha. *Teoria e prática dos juizados especiais cíveis*. 9. ed. São Paulo: Saraiva, 2007.

CHIOVENDA, Giuseppe. *Instituições de direito processual civil*. Tradução Paolo Capitanio. 4. ed. Campinas: Bookseller, 2009.

_____. *Principios de derecho procesal civil*, t. I. Tradução José Casáis y Santaló. Madrid: Editorial Reus, 1922.

_____. *Principios de derecho procesal civil*, t. II. Tradução José Casáis y Santaló. Madrid: Editorial Reus, 1925.

COELHO, Gláucia Mara. Direito processual civil português. *Direito processual civil europeu contemporâneo*. Coordenação CRUZ E TUCCI, José Rogério. São Paulo: Lex, 2010, p. 285-331.

_____. *Sistematização da assistência litisconsorcial no processo civil brasileiro: conceituação e qualificação jurídica*. Tese de Doutorado. São Paulo: Faculdade de Direito da Universidade de São Paulo, 2013.

COMOGLIO, Luigi Paolo; FERRI, Corrado; TARUFFO, Michele. *Lezioni sul processo civile*, v. I. 5. ed. Bolonha: Il Mulino, 2011.

CONSOLO, Claudio. Domanda giudiziale. *Digesto delle discipline privatistiche – sezione civile*, v. VII. Torino: UTET, 1998.

_____. *Mutatio libelli*: l'accettazione tacita o presunta e l'eccezione di domanda nuova, ovvero di un construtto giurisprudenziale incoerente. *Rivista di Diritto Processuale*. Padova: CEDAM, n. 45, p. 620-649, 1990.

_____. *Spiegazioni di diritto processuale civile*, v. II. 10. ed. Torino: G. Giappichelli, 2015.

CORRÊA, Fábio Peixinho Gomes. Direito processual civil alemão. *Direito processual civil europeu contemporâneo*. Coordenação CRUZ E TUCCI, José Rogério. São Paulo: Lex, 2010, p. 11-53.

_____. *Governança judicial*. São Paulo: Quartier Latin, 2012.

_____. *O objeto litigioso no processo civil*. São Paulo: Quartier Latin, 2009.

CORREIA FILHO, Antonio Carlos Nachif. *Julgamentos parciais no processo civil*. Dissertação de Mestrado. São Paulo: Faculdade de Direito da Universidade de São Paulo, 2015.

COSTA E SILVA, Paula. *Acto e processo – o dogma da irrelevância da vontade na interpretação e nos vícios do acto postulativo*. Coimbra: Coimbra, 2003.

COSTA, Sérgio. "Ius superveniens". *Novissimo digesto italiano*, v. IX. Torini: UTET, 1963, p. 391-392.

COUTURE, Eduardo Juan. *Fundamentos do direito processual civil*. Tradução Henrique de Carvalho. Florianópolis: Conceito Editorial, 2008.

CRESCI SOBRINHO, Elicio de. Fatos supervenientes. *Revista de Processo*. São Paulo: Revista dos Tribunais, n. 93, p. 318-322, janeiro a março de 1999.

CRUZ E TUCCI, José Rogério. *A* causa petendi *no processo civil*. 3. ed. São Paulo: Revista Tribunais, 2009.

_____. A denominada "situação substancial" como objeto do processo na obra de Fazzalari. *Revista da Associação dos Juízes do Rio Grande do Sul*. Porto Alegre: Departamento Revista da AJURIS, n. 60, p. 63-77, março 1994.

_____. A regra da eventualidade como pressuposto da denominada teoria da substanciação. *Revista do Advogado*. São Paulo: Associação dos Advogados de São Paulo, n. 40, p. 39-43, 1993.

_____. *Comentários ao Código de Processo Civil*, v. VII. Coordenação GOUVÊA José Roberto Ferreira; BONDIOLI, Luís Guilherme Aidar; FONSECA, João Francisco Naves da. São Paulo: Saraiva, 2016.

_____. Garantia do processo sem dilações indevidas: responsabilidade do Estado pela intempestividade da prestação jurisdicional. *Revista da Faculdade de Direito*. São Paulo: Universidade de São Paulo, v. 97, p. 323-345, 2002.

_____. *Jurisdição e poder: contribuição para a história dos recursos cíveis*. São Paulo: Saraiva, 1987.

_____; AZEVEDO. Luiz Carlos de. *Lições de história do processo civil lusitano*. São Paulo: Revista dos Tribunais, 2009.

_____. Sobre a eficácia preclusiva da decisão declaratória de saneamento. *Saneamento do processo: estudos em homenagem ao Prof. Galeno Lacerda*. Organização OLIVEIRA, Carlos Alberto Alvaro de. Porto Alegre: Sérgio Antonio Fabris, 1989, p. 275-290.

_____; AZEVEDO, Luiz Carlos de. *Lições de história do processo civil romano*. 2. ed. São Paulo: Revista dos Tribunais, 2013.

_____. *Limites subjetivos da eficácia da sentença e da coisa julgada*. São Paulo: Revista dos Tribunais, 2006.

_____. Reflexões sobre a cumulação subsidiária de pedidos. *Revista dos Tribunais*. São Paulo: Revista dos Tribunais, v. 90, n. 786, p. 57-67, 2001.

CUNHA, Leonardo Carneiro da. *A atendibilidade dos fatos supervenientes no processo civil: uma análise comparativa entre o sistema português e brasileiro*. Coimbra: Almedina, 2012.

_____. DIDIER JUNIOR, Fredie Souza. Agravo de instrumento contra decisão que versa sobre competência e a decisão que nega eficácia a negócio jurídico processual na fase de conhecimento. *Revista de Processo*. São Paulo: Revista dos Tribunais, n. 242, p. 275-284, abril 2015.

_____. DIDIER JUNIOR, Fredie Souza. Apelação contra decisão interlocutória não agravável: a apelação do vencido e a apelação subordinada do vencedor: duas novidades do CPC/2015. *Revista de Processo*. São Paulo: Revista dos Tribunais, v. 40, n. 241, p. 231-242, março 2015.

DIDIER JUNIOR, Fredie Souza. Contradireitos, objeto litigioso do processo e improcedência no CPC-2015. *Coleção grandes temas do novo CPC – improcedência*, v. IV. Coordenação MOUZALAS, Rinaldo; SILVA, Blecaute Oliveira; MARINHO, Rodrigo Saraiva. Coordenação Geral DIDIER JUNIOR, Fredie Souza. Salvador: JusPodivm, 2015, p. 61-72.

_____. CUNHA, Leonardo Carneiro da. *Curso de direito processual civil*, v. III. 13. ed. Salvador: JusPodivm, 2016.

_____. Extensão da coisa julgada à resolução da questão prejudicial incidental no novo Código de Processo Civil brasileiro. *Civil Procedure Review*, v. 6, n. 1, p. 81-94, janeiro a abril de 2015.

_____. Os três modelos de direito processual: inquisitivo, dispositivo e cooperativo. *Ativismo judicial e garantismo processual* DIDIER JUNIOR, Fredie Souza; NALINI, José Renato; RAMOS, Glauco Gumerato; LEVY, Wilson. Salvador: Juspodivm, 2013, p. 207-217.

DINAMARCO, Cândido Rangel. *A reforma da reforma*. 6. ed. São Paulo: Malheiros, 2003.

_____. Ação rescisória contra decisão interlocutória. *Nova era do processo civil*. 3. ed. São Paulo: Malheiros, 2009, p. 283-292.

_____. *Capítulos de sentença.* 4. ed. São Paulo: Malheiros, 2009.

_____. *Instituições de direito processual civil,* v. I. 3. ed. São Paulo: Malheiros, 2003.

_____. *Instituições de direito processual civil,* v. II. 2. ed. São Paulo: Malheiros, 2002.

_____. *Instituições de direito processual civil,* v. III. 2. ed. São Paulo: Malheiros, 2002.

_____. O conceito de mérito em processo civil. *Fundamentos do processo civil moderno,* t. I. 6. ed. São Paulo: Malheiros, 2010, p. 299-348.

_____. O efeito devolutivo da apelação e de outros recursos. *Nova era do processo civil.* 3. ed. São Paulo: Malheiros, 2009, p. 163-184.

_____. Os efeitos dos recursos. *Nova era do processo civil.* 3. ed. São Paulo: Malheiros, 2009, p. 114-161.

DUARTE, Nestor. *Código Civil comentado.* Coordenação PELUSO, Antonio Cezar. Barueri: Manole, 2007.

ELIAS, Carlos Eduardo Stefen. *Apelação: os limites objetivos do efeito devolutivo.* São Paulo: Atlas, 2010.

FAZIA, César Cipriano de. Honorários advocatícios e sucumbência recursal. *Coleção grandes temas do novo CPC – Honorários advocatícios,* v. II. Coordenação COÊLHO, Marcus Vinícius Furtado; CAMARGO, Luiz Henrique Volpe. 2. ed. Salvador: JusPodivm, 2016, p. 621-633.

FAZZALARI, Elio. *Instituições de direito processual.* Tradução Elaine Nassif. Campinas: Bookseller, 2006.

_____. Riflessioni generali sulla reforma. *La riforma del processo civile.* Verona: CEDAM, 1992, p. 291-297.

FELICIANO, Guilherme Guimarães. A função revisora dos tribunais na perspectiva histórica e jusfundamental: o direito de recorrer. Origens e limites externos. *Revista Jurídica LEX,* n. 81, São Paulo: Lex, p. 11-28, maio a junho 2016.

FONSECA, Bartolomé Rodriguez; ORTEGA, José Maria de. *Cuerpo del derecho civil.* Barcelona: Narciso Ramirez y Compañia, 1874.

FONSECA, João Francisco Naves da. *Exame dos fatos nos recursos extraordinário e especial.* Dissertação de Mestrado. São Paulo: Faculdade de Direito da Universidade de São Paulo, 2010.

FREDERICO MARQUES, José. *Manual de direito processual civil,* v. I. São Paulo: Saraiva, 1974.

_____. *Manual de direito processual civil,* v. II. São Paulo: Saraiva, 1974.

_____. *Manual de direito processual civil,* v. III. São Paulo: Saraiva, 1974.

GAJARDONI, Fernando da Fonseca. O princípio constitucional da tutela jurisdicional sem dilações indevidas e o julgamento *antecipadíssimo* da lide. *Revista da Escola Paulista da Magistratura*. São Paulo: Escola Paulista da Magistratura, n. 2, p. 103-136, julho a dezembro de 2006.

GIANNICO, Maurício. *A preclusão no direito processual civil brasileiro*. São Paulo: Saraiva, 2005.

GOLDSCHMIDT, James. *Direito processual civil*. Tradução Ricardo Rodrigues Gama. Curitiba: Juruá, 2009.

_____. *Princípios gerais do processo civil*. Tradução de Hiltomar Martins Oliveira. Belo Horizonte: Líder, 2004.

GONÇALVES, Carlos Roberto. *Direito civil brasileiro*, v. I. 4. ed. São Paulo: Saraiva, 2007.

_____. *Direito civil brasileiro*, v. II. 3. ed. São Paulo: Saraiva, 2007.

_____. *Direito civil brasileiro*, v. VI. 3. ed. São Paulo: Saraiva, 2007.

GRINOVER, Ada Pellegrini. O controle jurisdicional de políticas públicas. *O controle jurisdicional de políticas públicas*. Coordenação GRINOVER, Ada Pellegrini; WATANABE, Kazuo. 2. ed. Rio de Janeiro: Forense, 2013, p. 125-150.

GUIMARÃES, Luiz Machado. Efeito devolutivo da apelação. *Estudos de direito processual*. Rio de Janeiro: Jurídica e Universitária, 1969, p. 216-226.

HABSCHEID, Walther Jakob. L´oggetto del processo nel diritto processuale civile tedesco. Tradução Angela Loaldi. *Rivista di Diritto Processuale*. Padova: Cedam, n. 3, p. 454-464, 1980.

JAUERNIG, Othmar. Direito Processual Civil. 25. ed., totalmente refundida, da obra criada por Friedrich Lent. Coimbra: Almedina, 2002.

JORGE, Flávio Cheim. Os honorários advocatícios e o recurso de apelação: um enfoque especial nos honorários recursais. *Coleção grandes temas do novo CPC – Honorários advocatícios*, v. II. Coordenação COÊLHO, Marcus Vinícius Furtado; CAMARGO, Luiz Henrique Volpe. 2. ed. Salvador: JusPodivm, 2016, p. 685-709.

_____. *Teoria geral dos recursos*. 7. ed. São Paulo: Revista dos Tribunais, 2015.

_____; SIQUEIRA, Thiago Ferreira. Um novo paradigma para o juízo de admissibilidade dos recursos cíveis. *Revista do Advogado*. São Paulo: Associação dos Advogados de São Paulo, n. 126, p. 83-88, maio de 2015.

KNIJNIK, Danilo. *O recurso especial e a revisão da questão de fato pelo superior tribunal de justiça*. Rio de Janeiro: Forense, 2005.

KOMATSU, Roque. *Da invalidade no processo civil*. São Paulo: Revista dos Tribunais, 1991.

LACERDA, Galeno Vellinho de. *Despacho saneador*. 3. ed. Porto Alegre: Sérgio Antonio Fabris, 1990.

LASPRO, Oreste Nestor de Souza. *Duplo grau de jurisdição no direito processual civil*. São Paulo: Revista dos Tribunais, 1995.

LEONEL, Ricardo de Barros. *Causa de pedir e pedido: o direito superveniente*. São Paulo: Método, 2006.

_____. Cognição judicial em grau de apelação, à luz das reformas do CPC. *Justitia*. São Paulo: Ministério Público do Estado de São Paulo, v. 64, n. 197, p. 199-210, julho a dezembro de 2007.

_____. *Manual do processo coletivo*. 3. ed. São Paulo: Revista dos Tribunais, 2013.

_____. Objeto litigioso do processo e o princípio do duplo grau de jurisdição. *Causa de pedir e pedido no processo civil: questões polêmicas*. Coordenação BEDAQUE, José Roberto dos Santos; CRUZ E TUCCI, José Rogério. São Paulo: Revista Tribunais, 2002, p. 343-410.

_____. Revisitando a teoria geral dos recursos: o efeito suspensivo. *Aspectos polêmicos e atuais dos recursos cíveis e assuntos afins*, v. IX. Organização NERY JUNIOR, Nelson; WAMBIER, Teresa Arruda Alvim. São Paulo: Revista dos Tribunais, 2006, p. 466-526.

LIEBMAN, Enrico Tullio. Agravo nos autos do processo e apelação da parte contrária. *Estudos sobre o processo civil brasileiro*. Araraquara: Bestbook, 2004 p. 131-135.

_____. *Eficácia e autoridade da sentença e outros escritos sobre a coisa julgada material*. Tradução Alfredo Buzaid, Benvindo Aires e, dos textos posteriores a 1945, Ada Pellegrini Grinover. 4. ed. Rio de Janeiro: Forense, 2007.

_____. *Embargos do executado*. Campinas: Bookseller, 2003.

_____. *Manual de direito processual civil*, v. I. Tocantins: Intelectos, 2003.

_____. *Manual de direito processual civil*, v. III. Tocantins: Intelectos, 2003.

_____. Parte o capo di sentenza. *Rivista di Diritto Processuale*. Padova: CEDAM, v. 19, p. 47-63, 1964.

LIMA, Alcides de Mendonça. Abuso do direito de demandar. *Revista de Processo*. São Paulo: Revista dos Tribunais, v. 5, n. 19, p. 57-66, julho a setembro de 1980.

_____. *Introdução aos recursos cíveis*. 2. ed. São Paulo: Revista dos Tribunais, 1976.

_____. O princípio da probidade no Código de Processo Civil brasileiro. *Revista de Informação Legislativa*. Brasília: Senado Federal, v. 16, n. 61, p. 189-220, janeiro a março de 1979.

LOBÃO. Manoel de Almeida e Sousa de. *Segundas linhas sobre o processo civil*, v. II. Lisboa: Imprensa Nacional, 1855.

LOPES, Bruno Vasconcelos Carrilho. *Limites objetivos e eficácia preclusiva da coisa julgada*. São Paulo: Saraiva, 2012.

_____. Os honorários recursais no novo Código de Processo Civil. *Coleção grandes temas do novo CPC – Honorários advocatícios*, v. II. Coordenação COÊLHO, Marcus Vinícius Furtado; CAMARGO, Luiz Henrique Volpe. 2. ed. Salvador: JusPodivm, 2016, p. 601-608.

LOPES, José Reinaldo de Lima. *História da justiça e do processo no Brasil do século XIX*. Curitiba: Juruá, 2017.

LUCON, Paulo Henrique dos Santos. Abuso do exercício do direito de recorrer. *Aspectos polêmicos e atuais dos recursos cíveis e de outras formas de impugnação às decisões judiciais*. Coordenação NERY JUNIOR, Nelson; WAMBIER, Teresa Arruda Alvim. São Paulo: Revista dos Tribunais, 2001, p. 873-904.

_____. Art. 515, 3º, do Código de Processo Civil, ordem pública e prequestionamento. *Os poderes do juiz e o controle das decisões judiciais: estudos em homenagem à professora Teresa Arruda Alvim Wambier*. Coordenação MEDINA, José Miguel Garcia; CRUZ, Luana Pedrosa de Figueiredo; CERQUEIRA, Luis Otavio Sequeira de. GOMES JÚNIOR, Luiz Manoel. São Paulo: Revista dos Tribunais, 2008, p. 37-46.

_____. Inovações do Código de Processo Civil de 2015 e seus reflexos em matéria recursal. *O Novo Código de Processo Civil*. Organização MENDES, Aluisio Gonçalves de Castro. Rio de Janeiro: Escola da Magistratura Regional Federal da 2ª Região, 2016, p. 307-319.

MACHADO, Antônio Cláudio da Costa. *Código de Processo Civil interpretado e anotado*. 2. ed. Barueri: Manole, 2008.

MACHADO, Marcelo Pacheco. *Demanda e tutela jurisdicional: estudo sobre forma, conteúdo e congruência*. Tese de Doutorado. São Paulo: Faculdade de Direito da Universidade de São Paulo, 2013.

MALLET, Estêvão. Reforma da sentença terminativa e julgamento imediato do mérito no processo do trabalho. *Revista da Faculdade de Direito*. São Paulo: Universidade de São Paulo, v. 98, p. 245-268, 2003.

MANCUSO, Rodolfo de Camargo. *Recurso extraordinário e recurso especial*. 12. ed. São Paulo: Revista dos Tribunais, 2013.

MANDRIOLI, Crisanto. CARRATA, Antonio. *Diritto processuale civile*, v. I, 25. ed. Torino: G. Giappichelli, 2016.

_____; _____. *Diritto processuale civile*, v. II, 25. ed. Torino: G. Giappichelli, 2016.

MARCATO, Ana Cândida Menezes. *O princípio do duplo grau de jurisdição e a reforma do Código de Processo Civil*. São Paulo: Atlas, 2006.

MARINONI, Luiz Guilherme. *Teoria geral do processo*. 3. ed. São Paulo: Revista dos Tribunais, 2008.

_____; ARENHART, Sergio Cruz; MITIDIERO, Daniel. *Novo curso de processo civil*, v. I. São Paulo: Revista Tribunais, 2015.

_____; ARENHART, Sergio Cruz; MITIDIERO, Daniel. *Novo curso de processo civil*, v. II. São Paulo: Revista Tribunais, 2015.

MENDES, Anderson Cortez. Dever de fundamentação no novo código de processo civil e os precedentes vinculantes. *Revista Eletrônica de Direito Processual*. Rio de Janeiro: Universidade Estadual do Rio de Janeiro, v. 16, p. 2-28, julho a dezembro de 2015.

_____; TOKASHIKI, André Shinji; KUHL, Emílio Frederico Perillo. Os honorários advocatícios sucumbenciais e o novo Código de Processo Civil. *Revista de Processo*. São Paulo: Revista dos Tribunais, v. 258, p. 61-83, agosto de 2016.

_____; CAPIOTTO, Gabriele Mutti. Saneamento do processo no novo Código de Processo Civil. *Revista de Processo*. São Paulo: Revista dos Tribunais, v. 266, p. 79-97, abril de 2017.

MENDES, Gilmar Ferreira; BRANCO, Paulo Gustavo Gonet. *Curso de direito constitucional*. 7. ed. São Paulo: Saraiva, 2012.

MITIDIERO, Daniel. Autonomização e estabilização da antecipação da tutela no novo Código de Processo Civil. *Revista Magister de Direito Civil e Processual Civil*. Porto Alegre: Magister, n. 63, p. 24-29, novembro a dezembro de 2014.

MONIZ DE ARAGÃO, Egas Dirceu. Preclusão. *Saneamento do processo: estudos em homenagem ao Prof. Galeno Lacerda*. Organização OLIVEIRA, Carlos Alberto Alvaro de. Porto Alegre: Sérgio Antonio Fabris, 1989, p. 141-183.

MONTEIRO, João. *Programma do curso de processo civil: ou apontamentos para as lições da 3. cadeira do 4. anno da Faculdade de Direito de S. Paulo*, v. III. São Paulo: Typografhia da Industrial, 1901.

MONTERO AROCA, Juan; GÓMEZ COLOMER, Juan Luis; BARONA VILAR, Silvia; CALDERÓN CUADRADO, Maria Pía. *Derecho jurisdicional*, v. II. 23. ed. Valência: Tirant lo Blanch, 2015.

_____. La nueva Ley de Enjuiciamiento Civil española y la oralidade. *Revista de la Facultad Derecho*. Lima: Pontificia Universidad Católica del Perú, n. 53, p. 583-668, 2000.

NEGRÃO, Theotonio; GOUVEA, José Roberto Ferreira. *Código de Processo Civil e legislação processual em vigor*. 39. ed. São Paulo: Saraiva, 2007.

NERY JUNIOR, Nelson; NERY, Rosa Maria de Andrade. *Comentários ao Código de Processo Civil*. São Paulo: Revista dos Tribunais, 2015.

_____. *Princípios do processo na Constituição Federal*. 10. ed. São Paulo: Revista Tribunais, 2010.

_____. *Princípios fundamentais: teoria geral dos recursos*. 4. ed. São Paulo: Revista dos Tribunais, 1997.

NEVES, Daniel Amorim Assumpção. *Novo Código de Processo Civil – Lei nº 13.105/2015*. São Paulo: Método, 2015.

_____. *Preclusões para o juiz: preclusão* pro iudicato *e preclusão judicial no processo civil*. São Paulo: Método, 2004.

NEVES, Celso. O princípio da congruência no processo civil e os fatos supervenientes. *Revista da Faculdade de Direito*. São Paulo: Universidade de São Paulo, v. 72, p. 319-324, 1977.

NOGUEIRA, Gláucia Assalin. *O julgamento parcial: possibilidade de cisão do julgamento de mérito relativamente à parte incontroversa da demanda*. Dissertação de Mestrado. São Paulo: Faculdade de Direito da Universidade de São Paulo, 2009.

NUNES, Dierle; DUTRA, Victor Barbosa; OLIVEIRA JÚNIOR, Délio Mota. Honorários no recurso de apelação e questões correlatas. *Coleção grandes temas do novo CPC – Honorários advocatícios*, v. II. Coordenação COÊLHO, Marcus Vinícius Furtado; CAMARGO, Luiz Henrique Volpe. 2. ed. Salvador: JusPodivm, 2016, p. 635-661.

OLIVA SANTOS, Andrés de la. DÍEZ-PICAZO GIMÉNEZ, Ignacio; VEGAS TORRES, Jaime. *Curso de derecho procesal civil*, v. II. 3. ed. Madrid: Universitaria Ramón Areces, 2016

_____. *Objeto del proceso y cosa juzgada en el proceso civil*. Madrid: Civitas, 2005.

OLIVEIRA, Bruno Silveira de. *Conexidade e efetividade processual*. São Paulo: Revista dos Tribunais, 2007.

_____. A "interlocutória faz de conta" e o "recurso ornitorrinco". *Revista de Processo*. São Paulo: Revista dos Tribunais, v. 37, n. 203, p. 73-96, janeiro 2012.

OLIVEIRA, Gleydson Kleber Lopes. *Apelação no direito processual civil*. Tese de Doutorado. São Paulo: Faculdade de Direito da Pontifícia Universidade Católica de São Paulo, 2005.

OLIVEIRA, Pedro Miranda. O regime especial do agravo de instrumento contra a decisão parcial de mérito. *Revista de Processo*. São Paulo: Revista dos Tribunais, n. 264, p. 183-204, fevereiro 2017.

OLIVEIRA, Swarai Cervone de. *Jurisdição voluntária: perspectiva atual à luz da teoria geral e da instrumentalidade do processo civil reflexos sobre o âmbito da aplicação da discricionariedade judicial*. Tese de Doutorado. São Paulo: Faculdade de Direito da Universidade de São Paulo, 2011.

ORESTANO, Riccardo. Appello (Diritto Romano). *Enciclopedia del diritto*, v. II. Milano: Giuffrè, 1958, p. 708-714.

ORMAZÁBAL SÁNCHEZ, Guillermo. *Introducción al derecho procesal*. 6. ed. Madrid: Marcial Pons, 2016.

_____. *Iura novit curia: la vinculación del juez a la calificación jurídica de la demanda*. Madrid: Marcial Pons, 2007.

PAULA BAPTISTA, Francisco de. *Compendio de theoria e pratica do processo civil comparado com o commercial e de hermeneutica jurídica, para uso das faculdades de direito do Brasil*. 6. ed. Rio de Janeiro: H. Garnier Livreiro-Editor, 1901.

PEREIRA, Caio Mário da Silva. *Instituições de direito civil*, v. I. 21. ed. Atualização Maria Celina Bodin de Moraes. Rio de Janeiro: Forense, 2005.

PEREIRA E SOUSA, Joaquim José Caetano. *Primeiras linhas sobre o processo civil*, t. I. Lisboa: Typografia Rollandiana, 1863.

_____. *Primeiras linhas sobre o processo civil*, t. II. Lisboa: Typografia Rollandiana, 1863.

PÉREZ RAGONE, Álvaro J.; ORTIZ PRADILLO, Juan Carlos. *Código Procesal Civil alemán (ZPO)*.Tradução com estudo introdutório ao proceso civil alemão contemporâneo Hanns Prütting e Sandra de Falco. Montevidéu: Fundación Konrad-Adenauer, 2006.

PIGNATARI, Alessandra Aparecida Calvoso Gomes. *Efeitos processuais da declaração de inconstitucionalidade*. Dissertação de Mestrado. São Paulo: Faculdade de Direito da Universidade de São Paulo, 2009.

PIMENTA, Paulo. *Processo civil declarativo*. Coimbra: Almedina, 2015.

PISSARA, Nuno Andrade. O conhecimento de factos supervenientes relativos ao mérito da causa pelo tribunal de recurso em processo civil. *Revista da Ordem dos Advogados*. Lisboa: Ordem dos Advogados, ano 72, v. I, p. 287-334, janeiro a março de 2012.

PROTO PISANI. Andrea. Appunti sull'appello civile (alla stregua della L. 353/90). *Il Foro Italiano*, Roma: Società Editrice Il Foro Italiano, n. 117, p. 193-209, 1994.

_____. *Lezioni di diritto processuale civile*. Atualização Remo Caponi. 6. ed. Napoli: Jovene, 2014.

PONTES DE MIRANDA, Francisco Cavalcanti. *Comentários ao Código de Processo Civil*, t. VII. 3. ed. Rio de Janeiro: Forense, 1999.

PUOLI, José Carlos Baptista. Breves considerações a respeito dos efeitos da apelação. *Direito processual civil*, v. II. Coordenação CARVALHO, Milton Paulo de; CASTRO, Daniel Penteado de. São Paulo: Quartier Latin, 2011, p. 387-399.

_____. *Os poderes do juiz e as reformas do processo civil*. São Paulo: Juarez de Oliveira, 2001.

RASCIO, Nicola. *L´oggetto dell´appello civile*. Napoli: Jovene, 1996.

RAMALHO, José Ignacio. *Practica civil e comercial*. São Paulo: Typografia Imparcial de Joaquim Roberto de Azevedo Marques, 1861.

REDENTI, Enrico; VELLANI, Mario. *Diritto processuale civile*. Milano: Giuffrè, 2011.

REZENDE FILHO, Gabriel José Rodrigues de. *Curso de direito processual civil*, v. III. 7. ed. São Paulo: Saraiva, 1966.

RICCI, Gian Franco. Individuazione o sostanziazione nella riforma del processo civile. *Rivista Trimestrale di Diritto e Procedura Civile*. Milano: Giuffré, n. 4, p. 1.227-1.251, dezembro de 1995.

RODRIGUES, Walter Piva. Verba honorária sucumbencial, em especial a instituição de "honorários recursais". *Cadernos Jurídicos*. São Paulo: Escola Paulista da Magistratura, v. 16, p. 133-140, 2015.

ROSENBERG, Leo. *Tratado de derecho procesal civil*, t. II. Tradução Angela Romera Vera. Buenos Aires: Ediciones Jurídicas Europa-América, 1955.

SÁ, Djanira Maria Radamés de. *Duplo grau de jurisdição: conteúdo e alcance constitucional*. São Paulo: Saraiva, 1999.

SANCHES, Sidney. Objeto do processo e objeto litigioso do processo. *Revista de Jurisprudência do Tribunal de Justiça do Estado de São Paulo*. São Paulo: Tribunal de Justiça do Estado de São Paulo, n. 55, p. 13-28, novembro a dezembro de 1978.

SANTOS, Moacyr Amaral. *Primeiras linhas de direito processual civil*, v. II. 22. ed. Atualização Aricê Moacyr Amaral Santos. São Paulo: Saraiva, 2002.

______. *Primeiras linhas de direito processual civil*, v. III. 26. ed. Atualização Maria Beatriz Amaral Santos Köhnen. São Paulo: Saraiva, 2013.

SATTA, Salvatore. *Direito processual civil*, v. I. Tradução Ricardo Rodrigues Gama. Campinas: LZN, 2003.

______. *Direito processual civil*, v. II. Tradução Ricardo Rodrigues Gama. Campinas: LZN, 2003.

SCHÖNKE, Adolf. *Direito processual civil*. Tradução Karina Andrea Fumberg, Vera Longuini e Diego Alejandro Fabrizio. Campinas: Romana, 2003.

SCHWAB, Karl Heinz. *El objeto litigioso en el proceso civil*. Tradução Tomas A. Banzhaf. Buenos Aires: Livraria dos Advogados, 1968.

SEABRA FAGUNDES, Miguel. *Dos recursos ordinários em matéria civil*. Rio de Janeiro: Forense, 1946.

SICA, Heitor Vitor Mendonça. *Cognição do juiz na execução civil*. São Paulo: Revista dos Tribunais, 2017.

______. Direito processual civil espanhol. *Direito processual civil europeu contemporâneo*. Coordenação CRUZ E TUCCI, José Rogério. São Paulo: Lex, 2010, p. 71-112.

______. O agravo e o "mito de Prometeu": considerações sobre a lei n. 11.187/2005. *Aspectos polêmicos e atuais dos recursos cíveis e assuntos afins*, v. IX. Organização NERY JUNIOR, Nelson; WAMBIER, Teresa Arruda Alvim. São Paulo: Revista dos Tribunais, 2006, p. 193-219.

______. *O direito de defesa no processo civil brasileiro: um estudo sobre a posição do réu*. São Paulo: Atlas, 2011.

_____. *Preclusão processual civil*. 2. ed. São Paulo: Atlas, 2008.

_____. Primeiras impressões sobre a "estabilização da tutela antecipada". *Revista do Advogado*. São Paulo: Associação dos Advogados de São Paulo, n. 126, p. 115-123, maio de 2015.

_____. *Recorribilidade das interlocutórias e sistema de preclusões no novo CPC – primeiras impressões*. Disponível em https://www.academia.edu/17570239/2015_-_Recorribilidade_das_interlocutórias_e_sistema_de_preclusões_no_novo_CPC_rev. Acessado em 10 de janeiro de 2017.

SILVA, José Afonso da. *Do recurso adesivo no processo civil brasileiro*. São Paulo: Universidade de São Paulo, 1973.

SILVA. Ovídio Araújo Baptista da. Limites objetivos da coisa julgada no atual direito brasileiro. *Sentença e coisa julgada: ensaios e pareceres*. 4. ed. Rio de Janeiro: Forense, 2003, p. 103-137.

SILVA, Ricardo Alexandre da. *Breves comentários ao novo Código de Processo Civil*. Coordenação WAMBIER, Teresa Arruda Alvim; DIDIER JUNIOR, Fredie Souza; TALAMINI, Eduardo; DANTAS, Bruno. São Paulo: Revista dos Tribunais, 2015.

SIQUEIRA, Thiago Ferreira. Duplo grau de jurisdição e "teoria da causa madura" no Novo Código de Processo Civil. *Processos nos tribunais e meios de impugnação às decisões judiciais*. Organização MACÊDO, Lucas Buril; PEIXOTO, Ravi; FREIRE, Alexandre. Salvador: JusPodivm, 2015, p. 583-610.

SOUZA, Artur César de. *Código de Processo Civil anotado, comentado e interpretado: parte geral (arts. 1 a 317)*, v. I. São Paulo: Almedina, 2015.

TARZIA, Giuseppe. O novo processo civil de cognição na Itália. Tradução Clayton Maranhão. *Revista da Associação dos Juízes do Rio Grande do Sul*. Porto Alegre: Departamento Revista da AJURIS, n. 65, p. 73-91, novembro de 1995.

TEIXEIRA DE SOUSA, Miguel. Aspectos do novo processo civil português. *Revista de Processo*. São Paulo: Revista dos Tribunais, n. 86, p. 174-184, abril a junho de 1997.

_____. Reflexões sobre a reforma dos recursos, p. 1-22. Disponível em http://www.trc.pt/docs/confintmts.pdf. Acessado em 3 de março de 2017.

THEODORO JÚNIOR, Humberto. Abuso de direito processual no ordenamento jurídico brasileiro. *Abuso dos direitos processuais*. Coordenação BARBOSA MOREIRA, José Carlos. Rio de Janeiro: Forense, 2000, p. 93-129.

TJÄDER, Ricardo Luiz da Costa. *Cumulação eventual de pedidos*. Porto Alegre: Livraria do Advogado, 1998.

VELLANI, Mario. Appello (Diritto Processuale Civile). *Enciclopedia del diritto*, v. II. Milano: Giuffrè, 1958, p. 718-756.

VIGNALI, Giovanni. *Corpo del diritto*. Napoli: Achille Morelli, 1859.

WAMBIER, Teresa Arruda Alvim. *Os agravos no CPC brasileiro*. 4. ed. São Paulo: Revista dos Tribunais, 2006.

_____. *Nulidades do processo e da sentença*. 7. ed. São Paulo: Revista dos Tribunais, 2013.

WATANABE, Kazuo. *Cognição no processo civil*. 4. ed. São Paulo: Saraiva, 2012.

YARSHELL, Flávio Luiz. Brevissimas reflexões sobre o sistema recursal no novo Código de Processo Civil. *Cadernos Jurídicos*. São Paulo: Escola Paulista da Magistratura, v. 16, p. 27-31, 2015.

_____. Convenção das partes em matéria processual no Novo CPC. *Revista do Advogado*. São Paulo: Associação dos Advogados de São Paulo, n. 126, p. 89-94, maio de 2015.